MICHEL FOUCAULT DANS LA MÊME COLLECTION

L'origine de l'herméneutique de soi. Conférences prononcées à Dartmouth College, 1980, 2013.

Qu'est-ce que la critique ? suivi de *La culture de soi*, 2015.

Discours et vérité précédé de *La* parrêsia, 2016.

Dire vrai sur soi-même. Conférences prononcées à l'Université Victoria de Toronto, 1982, 2017.

Folie, langage, littérature, 2019.

Généalogies de la sexualité, 2024.

DANS LA MÊME COLLECTION

Stanley CAVELL, *À la recherche du bonheur. Hollywood et la comédie du remariage*, 2017.

Stanley CAVELL, *La projection du monde. Réflexions sur l'ontologie du cinéma*, 2019.

Stanley CAVELL, *En quête de l'ordinaire. Scepticisme et romantisme*, 2024.

Stanley CAVELL, *Le cinéma nous rend-il meilleurs ?*, 2024.

Tristan DAGRON, *Le moi subjugué. Servitude volontaire et clinique de l'aliénation*, 2022.

Pierre FASULA, *L'homme du possible*, 2021.

Aldo Giorgio GARGANI, *Le savoir sans fondements. La conduite intellectuelle comme structuration de l'expérience commune*, 2013.

Ian HACKING, *Anthropologie philosophique et raison scientifique*, 2023.

Ilsetraut HADOT, *Sénèque. Direction spirituelle et pratique de la philosophie*, 2014.

Pierre HADOT, *La philosophie comme éducation des adultes. Textes, perspectives, entretiens*, 2019.

Sandra LAUGIER, *Recommencer la philosophie. Stanley Cavell et la philosophie en Amérique*, 2014.

Todd MEYERS, *La clinique et ailleurs. Anthropologie et thérapeutique de l'addiction*, 2016.

Frédéric PORCHER, *La question-Nietzsche. Les normes au carrefour du vital et du social*, 2023.

Judith REVEL, *Foucault avec Merleau-Ponty. Ontologie politique, présentisme et histoire*, 2015.

Paolo SPINICCI, *Ithaque, enfin. Essais sur l'Odyssée et la philosophie de l'imagination*, 2018.

Histoire de la vérité

Directeurs de collection : Jean-François Braunstein,
Arnold I. Davidson et Daniele Lorenzini

Michel FOUCAULT

Histoire de la vérité

Cours à l'Université d'État de New York
à Buffalo, mars et avril 1972

Édition, introduction et apparat critique par
Henri-Paul Fruchaud et Orazio Irrera

VRIN | Foucault inédit
Philosophie du présent

Les volumes de Michel Foucault sont publiés sous la direction de Jean-François Braunstein, Arnold I. Davidson, Henri-Paul Fruchaud et Daniele Lorenzini

En couverture :
Photo : © OZKOK/SIPA
Michel Foucault au Collège de France (1974-1975)
Photo : © Michèle Bancilhon/AFP

Imprimé en France
ISSN 2270-8669
ISBN 978-2-7116-3238-1
www.vrin.fr

AVERTISSEMENT

Cette édition présente le cours prononcé par Michel Foucault en mars et avril 1972 au département de français de l'Université d'État de New York à Buffalo sous le titre « Histoire de la vérité ».

Le texte du cours a été établi à partir des enregistrements conservés dans les archives de l'université[1].

Les références de ces enregistrements sont les suivantes :

- WBFOUK1010-01 :
  - Séance 1 (14 mars 1972).
  - Séance 2 (16 mars 1972), début.
- WBFOUK1010-02 :
  - Séance 2 (16 mars 1972), fin.
  - Séance 3 (21 mars 1972).
- WBFOUK1010-03 :
  - Séance 4 (21 mars 1972).
  - Séance 5 (28 mars 1972).
- WBFOUK1010-04 :
  - Séance 6 (11 avril 1972).
- WBFOUK1011-01
  - Séance 7 (13 avril 1972).
  - Séances 8 (18 avril 1972), début.
- WBFOUK1011-02
  - Séance 8 (18 avril 1972), fin.
  - Séance 9 (20 avril 1972).
- WBFOUK1011-03

1. Nous remercions Benoît Chantre de nous avoir communiqué les dates des séances, qu'il tient lui-même de Sandor Goodhart, professeur à l'université Purdue à West Lafayette.

– Séance 10 (25 avril 1972).
– Séance 11 (27 avril 1972).

Ces enregistrements sont de bonne qualité. On ne rencontre de difficultés pour la transcription que lorsque le locuteur est éloigné du micro, notamment quand Foucault écrit au tableau ou quand les auditeurs s'expriment et lui posent des questions.

Les textes ont été établis de la façon la plus littérale possible. Nous avons seulement, quand cela paraissait nécessaire, supprimé des répétitions et rectifié la construction de phrases incorrectes. Les modifications significatives sont signalées par des crochets.

INTRODUCTION

Quelques jours après avoir terminé son cours de l'année universitaire 1971-1972 au Collège de France, *Théories et institutions pénales*[1], Michel Foucault se rend à l'Université d'État de New York à Buffalo, où il prononce, au département de français, un cours qu'il intitule « Histoire de la vérité » ou encore « Savoir, pouvoir », comme il le précise au début de la première séance[2]. Dans un premier temps, Foucault avait prévu de consacrer ce cours à « La volonté de vérité dans la Grèce ancienne »[3], sujet qu'il venait d'étudier dans

1. *Théories et institutions pénales. Cours au Collège de France (1971-1972)*, éd. B. E. Harcourt, Paris, EHESS-Gallimard-Seuil, 2015.

2. Michel Foucault était déjà venu à l'université de Buffalo au printemps 1970. Il y avait notamment donné des conférences sur la littérature française (Sade, Balzac, Flaubert), une conférence sur Nietzsche intitulée « La connaissance et le désir » et une version inédite de la conférence « Qu'est-ce qu'un auteur ? », fort différente de la première version prononcée en février 1969 et publiée dans *Dits et écrits* (M. Foucault, « Qu'est-ce qu'un auteur ? », dans *Dits et écrits*, I, éd. D. Defert et F. Ewald, avec la collaboration de J. Lagrange, Paris, Gallimard, 2001, n° 69, p. 817-849). Certaines de ces conférences ont fait l'objet de publications : voir M. Foucault, *La grande étrangère*, Paris, Éditions EHESS, 2013, p. 145-218 ; *Folie, langage, littérature*, éd. J. Revel, H.-P. Fruchaud et D. Lorenzini, Paris, Vrin, 2019, p. 265-304 ; « La connaissance et le désir. Cours donné à l'université de Buffalo (mars-avril 1970) », dans *Nietzsche. Cours, conférences et travaux*, éd. B. E. Harcourt, Paris, EHESS-Gallimard-Seuil, 2024), p. 107-132 ; on trouve une transcription de la conférence « Qu'est-ce qu'un auteur ? » telle qu'elle a été prononcée à Buffalo dans le fonds Foucault NAF 29005 de la Bibliothèque nationale de France, boîte « Lettres Michel Foucault, Buffalo ».

3. Voir la chronologie établie par D. Defert dans M. Foucault, *Œuvres*, II, « Bibliothèque de La Pléiade », Paris, Gallimard, 2015, p. XVII. En réponse à la demande de John K. Simon, directeur du département de français de l'université, qui lui demandait une liste d'ouvrages à conseiller aux étudiants devant assister au cours tel qu'il était initialement envisagé sur la Grèce antique, Foucault avait indiqué les auteurs et les textes suivants : F. Nietzsche, *Le gai savoir* ; Homère ;

les *Leçons sur la volonté de savoir*, le cours au Collège de France de 1970-1971[1]; c'est seulement plus tard qu'il a décidé d'élargir le domaine de ses analyses à l'époque du Moyen Âge occidental et à celle de la naissance des sociétés industrielles au XIXe siècle (il ne pourra d'ailleurs pas, faute de temps, traiter de cette dernière période et n'en dira que quelques mots à la fin de la dernière séance du cours)[2].

I. Le projet d'une histoire de la vérité

Comment s'est constituée, à travers l'histoire, la conception de la vérité qui est aujourd'hui celle de la civilisation occidentale? Tel est le sujet de ce cours, que Foucault étudie à travers deux périodes : l'Antiquité grecque et le Moyen Âge occidental.

Le thème d'une histoire de la vérité parcourt toute l'œuvre de Michel Foucault, depuis *l'Histoire de la folie*[3] jusqu'à ses derniers travaux sur la *parrêsia*[4]. On peut, de façon très schématique, distinguer trois grandes périodes dans son évolution :

– Dans une première période qu'on peut qualifier d'archéologique, jusqu'à la fin des années 1960, il s'agit d'identifier les conditions

Hésiode; Sophocle, *Œdipe-roi*; Platon, *La République*, *Les Lois*; J.-P. Vernant, *Mythe et pensée chez les Grecs* et M. Détienne, *Les Maîtres de Vérité dans la Grèce archaïque* (fonds Foucault NAF 29005 de la Bibliothèque nationale de France, boîte « Lettres Michel Foucault, Buffalo »).

1. M. Foucault, *Leçons sur la volonté de savoir. Cours au Collège de France (1970-1971)*, éd. D. Defert, Paris, Gallimard-Seuil, 2011.

2. Le fonds Foucault NAF 28730 de la Bibliothèque nationale de France contient, dans la boîte 55, dossier 12, et dans la boîte 66, plusieurs manuscrits ayant servi à la préparation du cours sur « L'histoire de la vérité » prononcé à Buffalo en 1972.

3. M. Foucault, *Histoire de la folie à l'âge classique*, Paris, Gallimard, 1972 (première édition : *Folie et déraison. Histoire de la folie à l'âge classique*, Paris, Plon, 1961).

4. M. Foucault, *Le courage de la vérité. Cours au Collège de France (1983-1984)*, éd. F. Gros, Paris, Gallimard-Seuil, 2009; *Discours et vérité, précédé de La* parrêsia, éd. H.P. Fruchaud et D. Lorenzini, Paris, Vrin, 2016.

Pour une présentation synthétique des différentes formes prises par ce projet d'une histoire de la vérité, voir F. Gros, « Michel Foucault, une philosophie de la vérité », dans *Michel Foucault, Philosophie. Anthologie établie par A. I. Davidson et F. Gros*, Paris, Gallimard, 2004, p. 11-25; voir également J. Terrel, « De la critique de la volonté de vérité au courage de la vérité », dans *Cahiers philosophiques*, n° 130, 2012, p. 728; D. Lorenzini, *La force du vrai*, Lormont, Le Bord de l'Eau, 2017.

historiques et les règles de formation qui ont rendu possibles à une époque donnée les discours considérés comme vrais, en particulier sur la folie, la médecine ou les sciences humaines.

– Dans une deuxième période, qui correspond aux années 1970, le projet d'une histoire de la vérité a pour objectif d'établir la généalogie des discours vrais, la manière dont ils se sont formés, à partir des relations de pouvoir qui les rendent possibles.

– Enfin, à partir des années 1980, la vérité, envisagée sous l'angle du dire-vrai, est analysée dans le cadre d'un rapport à soi et aux autres à travers lequel se constitue un sujet dans sa dimension éthique.

Dans les années 1970, Foucault lie donc étroitement le thème d'une histoire de la vérité à la question du pouvoir réfléchi dans ses relations avec le savoir :

> La philosophie, qu'est-ce que c'est, sinon, en gros, poser la question de ce que c'est que la vérité ? Non pas la question : quelles sont les choses qui sont vraies et quelles sont les choses qui sont fausses ? Mais [...] comment se fait-il que dans une civilisation comme la nôtre tout puisse s'ordonner, ou un nombre en tout cas considérable de choses puisse s'ordonner à ce grand partage du vrai et du faux ? C'est un problème philosophique que j'essaie d'aborder non pas avec les instruments de la logique comme on l'a fait longtemps, non pas avec les instruments de la psychologie comme ça s'est fait également, ou de l'analyse de la conscience, mais avec les instruments de l'histoire. [...] il m'a semblé que, non pas dans sa totalité, bien sûr, mais pour une part non négligeable, ce grand partage du vrai et du faux, cette grande organisation, ce grand impératif de vérité, au fond, était sans doute lié à la manière dont le pouvoir s'exerçait dans notre société. D'où l'idée de regarder concrètement quelles sont les techniques que notre société se donne pour exercer le pouvoir et comment, à partir de là, à quel endroit, en quel lieu, en quel point d'articulation précisément la vérité peut jouer. En gros comment le pouvoir est créateur de savoir ? [1]

1. M. Foucault dans « Surveiller et punir, surveiller et guérir », débat sur France Culture, émission « Les lundis de l'histoire », 23 mai 1977, dans M. Foucault, *Entretiens radiophoniques 1961-1983*, éd. H.-P. Fruchaud, Paris, Flammarion-Vrin-Ina, 2024, p. 723.

Le projet de Foucault consiste donc, à ce moment-là, à montrer comment les pratiques sociales et les rapports de pouvoir produisent des effets de savoir sous la forme de discours vrais (ou plus exactement de discours qui prétendent à la vérité). Dans ses trois premiers cours au Collège de France, c'est en prenant pour point de départ le domaine des pratiques juridiques et judiciaires et les relations de pouvoir qui les sous-tendent qu'il étudie la manière dont est établie la vérité :

> Ce que j'ai essayé de parcourir, depuis 1970-1971, c'était le « comment » du pouvoir. Étudier le « comment du pouvoir », c'est-à-dire essayer de saisir ses mécanismes entre deux limites : d'un côté les règles de droit qui délimitent formellement le pouvoir, et d'un autre côté, l'autre extériorité, ce serait les effets de vérité que ce pouvoir produit, que ce pouvoir conduit et qui, à leur tour, reconduisent ce pouvoir. Donc triangle : pouvoir, droit, vérité. [...] Mon problème serait en quelque sorte celui-ci : quelles sont les règles de droit que les relations de pouvoir mettent en œuvre pour produire des discours de vérité ?[1]

Ainsi, à travers la notion d'une histoire de la vérité, c'est la manière dont le savoir et les discours de vérité sont générés par les rapports de production, les relations de pouvoir et les conflits politiques qui était le thème, étudié à trois époques différentes, des premiers cours de Foucault au Collège de France :

En 1970-1971, dans les *Leçons sur la volonté de savoir*[2], partant de l'évolution des modes d'établissement de la vérité dans la pratique judiciaire depuis l'époque homérique jusqu'aux époques classique et hellénistique, il étudie l'apparition, contemporaine de celle de la cité grecque, de la notion de *dikaion*, de juste, étroitement liée à un savoir de la mesure.

En 1971-1972, dans *Théories et institutions pénales*[3], il étudie l'évolution des pratiques de résolution des conflits dans le monde

1. M. Foucault, *« Il faut défendre la société ». Cours au Collège de France (1975-1976)*, éd. M. Bertani et A. Fontana, Paris, Gallimard-Seuil, 1997, p. 21-22. Voir également, *Naissance de la biopolitique. Cours au Collège de France (1978-1979)*, éd. M. Senellart, Paris, Gallimard-Seuil, 2004, p. 35-37.

2. M. Foucault, *Leçons sur la volonté de savoir, op. cit.*

3. M. Foucault, *Théories et institutions pénales, op. cit.*

judiciaire de l'Europe occidentale depuis le droit germanique, dans lequel la justice a essentiellement pour rôle d'encadrer la vengeance privée en la soumettant à des règles, jusqu'à l'apparition à la fin du Moyen Âge d'une justice d'État, dans laquelle l'établissement de la vérité est effectué par l'enquête.

Enfin en 1972-1973, dans *La société punitive*[1], il étudie, au XIXe siècle, les transformations historiques des tactiques pénales qui donnent une place centrale à la pratique de l'enfermement et à la prison, ainsi que l'apparition, avec la moralisation de la pénalité, d'une société disciplinaire, où la vérité est établie à travers la procédure de l'examen.

Il montre également comment, à partir de cette « matrice juridico-politique »[2] et à travers toute une série d'événements, ont progressivement émergé les grandes formes sous lesquelles s'est constitué le savoir de l'Occident qui est encore le nôtre : la mesure, née avec l'apparition de la cité grecque, est à l'origine des sciences exactes (mathématiques, etc.) ; l'enquête, apparue dans la Grèce classique et réactivée au Moyen Âge, est à l'origine des savoirs empiriques et des sciences de la nature ; enfin l'examen, qui émerge à l'époque de la naissance des sociétés industrielles, est à l'origine des sciences humaines (psychologie, sociologie, psychiatrie, etc.)[3].

Foucault consacre également à ces thèmes une partie des cours ou conférences qu'il donne à la même époque aux États-Unis et au Brésil. C'est ainsi qu'au printemps 1972, dans le cours sur « L'histoire de la vérité » donné à l'Université d'État de New York à Buffalo, il reprend les analyses qu'il avait développées dans les deux premiers cours du Collège de France. L'année suivante, dans la série de conférences *La vérité et les formes juridiques* prononcées à l'Université pontificale catholique de Rio de Janeiro au mois de mai 1973, il regroupe le contenu des trois premiers cours, mais au prix d'une simplification

1. M. Foucault, *La société punitive. Cours au Collège de France (1972-1973)*, éd. B. E. Harcourt, Paris, EHESS-Gallimard-Seuil, 2013.

2. *Infra*, p. 47.

3. Voir *Théories et institutions pénales*, résumé du cours, *op. cit.*, p. 231-232.

considérable de l'étude consacrée à la Grèce antique[1]. Beaucoup plus tard, en avril et mai 1981, il reprendra certains aspects de ses analyses du monde grec antique dans les premières leçons du cours *Mal faire, dire vrai*, prononcé en avril et mai 1981 à l'Université catholique de Louvain[2].

Foucault consacre une partie significative du cours sur l'« Histoire de la vérité » à des considérations d'ordre méthodologique. Il s'agit pour lui à la fois d'expliquer sa propre perspective et de la distinguer soigneusement de la pratique des historiens, en particulier de ceux d'obédience marxiste[3].

C'est à partir de l'approche nietzschéenne de la connaissance que Foucault élabore sa propre démarche[4]. Alors que l'analyse philosophique traditionnelle place le sujet à l'origine de la connaissance, l'analyse inspirée de Nietzsche voit au contraire dans la connaissance un effet de rapports de pouvoir. Comme Foucault le précise dans *Théories et institutions pénales*, « ce qui est derrière la

1. M. Foucault, « La vérité et les formes juridiques », dans *Dits et écrits*, I, éd. D. Defert et F. Ewald avec la collaboration de J. Lagrange, n° 139, p. 1406-1514. Des analyses développées dans « L'histoire de la vérité », Foucault ne retient que la contestation entre Ménélas et Antilokhos, traitée dans la première séance du cours de Buffalo, et l'histoire d'Œdipe, qui fait l'objet de la septième séance.

2. M. Foucault, *Mal faire, dire vrai*, éd. F. Brion et B. E. Harcourt, Louvain-la-Neuve, Presses universitaires de Louvain, 2012, p. 17-40 et 47-72. Foucault n'y reprend que la contestation entre Ménélas et Antilokhos, la distinction du *dikazein* et du *krinein* chez Hésiode et dans la loi de Gortyne, et l'histoire d'Œdipe.

3. Foucault expose les principes méthodologiques qui guident sa démarche au début la première séance du cours (*infra*, p. 29-47). Il y revient à plusieurs reprises dans la suite du cours : dans la quatrième séance sur la critique de l'usage marxiste des notions de superstructure, d'infrastructure et d'idéologie (*infra*, p. 173-174) ; dans la sixième séance, sur la différence entre l'histoire de la vérité telle qu'il la conçoit et l'histoire des sciences (*infra*, p. 213-214) ainsi que sur la critique de l'usage des notions d'idéologie et de vision du monde (*infra*, p. 214-217) ; dans la huitième séance, à nouveau sur l'idéologie (*infra*, p. 299-301) et sur la distinction entre l'histoire des sciences et ce qu'il appelle « la dynastique du savoir » (*infra*, p. 302-304).

4. Foucault expose notamment l'approche nietzschéenne de la connaissance dans « La vérité et les formes juridiques », dans *Dits et écrits*, I, *op. cit.*, p. 1410-1420. Voir également les cours et conférences sur Nietzsche prononcés par Foucault à Buffalo en 1970 et à Montréal en 1971 dans *Nietzsche. Cours, conférences et travaux*, *op. cit.*, p. 107-132 et 133-209.

"forme" de la connaissance, le sujet de la connaissance, le champ ouvert de ce qui est à connaître, le corpus des connaissances acquises, ce qui est derrière tout cela ce sont des rapports de pouvoir ; c'est la mise en jeu de formes de pouvoir qui créent du savoir, lequel à son tour accroît le pouvoir : jeu indéfini de formation, déplacement, circulation, concentration où se produisent sans cesse les suppléments, excès, renforcements de pouvoir, et l'accroissement de savoir, le plus de savoir, le sur-savoir. C'est là le niveau du "pouvoir-savoir" »[1]. Dans les années 1970, cette notion de pouvoir-savoir, ou de savoir-pouvoir, occupe une place centrale dans la pensée de Foucault[2] : elle permet d'articuler directement les rapports de pouvoir sur les effets de savoir qu'ils génèrent et qui, en retour, viennent les renforcer, et ceci sans avoir à passer par l'intermédiaire de notions telles que celles d'idéologie ou de *Weltanschauung*, de vision du monde.

Pour mener à bien cette histoire de la vérité, et là encore sous l'influence de Nietzsche[3], Foucault adopte, par opposition à une approche privilégiant la recherche de l'origine et la continuité du développement, une démarche généalogique qui au contraire restitue la modestie des commencements et permet de saisir le parcours dans toute sa contingence. Il faut d'ailleurs noter que, pour caractériser son approche de l'histoire, il n'emploie pas encore le terme de généalogie, mais parle de « dynastique du savoir »[4]. Il n'en reste pas moins qu'avec les trois cours du Collège de France des années 1970-

1. M. Foucault, *Théories et institutions pénales*, *op. cit.*, p. 213.

2. Sur la place de la notion de savoir-pouvoir dans l'évolution de la pensée de Foucault, voir notamment *Du gouvernement des vivants. Cours au Collège de France (1979-1980)*, éd. M. Senellart, Paris, EHESS-Gallimard-Seuil, 2012, p. 12-14. Il explique comment il a élaboré la notion de savoir-pouvoir pour se débarrasser de celle d'idéologie, puis comment il a été amené, à la fin des années 1970, à substituer à cette dernière celle de gouvernement.

3. Sur l'approche généalogique et ses différences avec l'histoire, voir notamment M. Foucault, « Nietzsche, la généalogie, l'histoire », dans *Dits et écrits*, I, *op. cit.*, n° 84, p. 1005-1024.

4. *Infra*, p. 303. Foucault reviendra sur ce terme dans un entretien de septembre 1972 avec S. Hasumi (« De l'archéologie à la dynastique », dans *Dits et écrits*, I, *op. cit.*, n° 119, p. 1273-1284) et dans la leçon du 31 janvier de son cours au Collège de France *La société punitive*, *op. cit.*, p. 86.

1973 et la série de conférences « La vérité et les formes juridiques », le cours prononcé à Buffalo sur l'histoire de la vérité est l'une des premières mises en œuvre par Foucault de sa méthode généalogique.

Dans le cadre de ces considérations d'ordre méthodologique, Foucault est amené à préciser trois points importants touchant à sa démarche.

Le premier concerne le statut de la vérité dont il fait l'histoire. Pour reprendre une formulation utilisée dans une conférence sur Nietzsche donnée à l'Université McGill à Montréal en avril 1971, le propos de Foucault est de « penser l'histoire de la vérité, sans s'appuyer sur la vérité »[1]. C'est ainsi que l'histoire des discours de vérité ne se préoccupe pas de la question de savoir si ceux-ci sont effectivement vrais, mais a pour objectif de montrer comment, à un moment donné, s'est opéré le partage du vrai et du faux. Foucault précise qu'il ne fait pas ici une histoire des sciences, c'est-à-dire de la manière dont elles se sont progressivement constituées dans leur vérité, démarche qui implique de se donner un critère de vérité, mais une histoire des savoirs, qui suspend la question de leur vérité ou de leur fausseté pour analyser leurs relations avec les rapports de pouvoir[2]. Il oppose, à l'histoire de la connaissance, celle du savoir : « L'analyse de la connaissance, c'est l'analyse des conditions qui ont été nécessaires à la formation d'un discours vrai : c'est donc toujours une tâche critique ou normative. L'analyse du savoir, c'est l'analyse, nécessairement régressive, qui cherche à mettre au jour le socle même de ces discours qui sont reconnus, qui sont valorisés, et qui fonctionnent et exercent leurs pouvoirs comme discours vrais »[3].

1. M. Foucault, *Nietzsche. Cours, conférences et travaux*, *op. cit.*, p. 156.

2. Foucault va même jusqu'à dire : « en se foutant éperdument de savoir si c'est vrai ou faux » (*infra*, p. 303). L'année suivante, à Rio de Janeiro, Foucault qualifiera son approche d'histoire « externe » ou « extérieure » de la vérité, par opposition à une histoire interne de la vérité, définie comme « l'histoire d'une vérité qui se corrige à partir de ses propres principes de régulation », qui est celle qui « se fait dans ou à partir de l'histoire des sciences » (M. Foucault, « La vérité et les formes juridiques », dans *Dits et écrits*, I, *op. cit.*, p. 1409).

3. Bibliothèque nationale de France, fonds Michel Foucault NAF 28730, boîte 66, chemise 2.

Le second point consiste dans une critique de l'usage que font les historiens marxistes de la notion d'idéologie, qualifiée par Foucault de « dangereuse à manipuler et fort mal élaborée »[1]. Il leur reproche de placer l'idéologie comme un intermédiaire obligé entre les rapports de pouvoir ou de production et le savoir, intermédiaire susceptible de faciliter, mais aussi de perturber ou d'empêcher le passage des uns à l'autre. L'idéologie suppose toujours un partage préalable du vrai et du faux et interdit une relation directe entre le pouvoir et le savoir :

> Dès que vous employez le mot idéologie, ou du moins dès que vous manipulez la notion marxiste d'idéologie, vous impliquez déjà, vous supposez déjà des rapports de vérité et d'erreur, parce que l'idéologie se définit toujours soit comme illusion, soit comme déformation, soit comme système de représentation qui permet d'accéder à une vérité ou qui empêche d'accéder à une vérité, système de représentation qui induit l'erreur ou qui au contraire permet de l'éviter. De toute façon, vous ne pouvez pas vous servir de la notion d'idéologie sans supposer déjà par-devers vous l'opposition vérité/erreur. Donc vous ne pouvez pas faire l'histoire de la vérité et de l'erreur en utilisant la notion d'idéologie, puisque vous y mettez déjà l'opposition vrai/faux et la connaissance de ce qui est vrai et de ce qui est faux[2].

1. *Infra*, p. 215.

2. *Infra*, p. 215. Quelques années auparavant, dans la leçon 3 de son cours de 1969 au Centre expérimental de Vincennes sur « Le discours de sexualité », Foucault pensait encore qu'il était possible de se servir d'une certaine notion d'idéologie, dont les traits annonçaient cependant ce qu'il appellera par la suite « dispositif » (voir M. Foucault, *La sexualité* suivi de *Le discours de la sexualité*, éd. C.-O. Doron, Paris, EHESS-Gallimard-Seuil, 2018 ; sur ce point, voir également O. Irrera, « L'idéologie et la préhistoire du dispositif », dans *La pensée politique de Foucault*, éd. O. Irrera et S. Vaccaro, Paris, Kimé, 2017, p. 137-155). Peu après, Foucault commencera à mettre en avant, de manière systématique et insistante, le refus d'utiliser cette notion comme outil pour expliquer plusieurs types de phénomènes, jusqu'à affirmer dans son cours au Collège de France de 1979-1980 : « Encore une fois, j'en reviens à ce sur quoi je n'ai pas cessé de revenir, c'est-à-dire le refus de l'analyse en termes d'idéologie [...]. J'y suis revenu pratiquement, je crois, dans chaque cours que j'ai fait chaque année. » (M. Foucault, *Du gouvernement des vivants*, *op. cit.*, p. 74). Pour l'analyse des différentes raisons et questions liées au refus de l'idéologie voir O. Irrera, « Foucault and the Refusal of Ideology », dans *Foucault and the Making of Subjects*, éd. L. Cremonesi *et al.*, London, Rowman and Littlefield, 2016, p. 111-127.

Foucault préconise au contraire l'établissement d'un rapport d'articulation directe du pouvoir sur le savoir : « Est-ce que, là où les marxistes disent idéologie, il ne faudrait pas d'une façon plus radicale voir la manière dont savoir et pouvoir s'enclenchent l'un sur l'autre, se forment l'un sur l'autre, se traitent et se trament l'un sur l'autre ? » [1] ; ou encore : « Si je me situe [...] au niveau des discours de vérité, c'est que je pense que c'est à ce niveau-là qu'on peut établir le rapport entre, disons, la vérité et puis les rapports de production, la lutte de classes, ou encore des déterminations politiques et économiques » [2].

Le troisième point concerne le sujet de connaissance. Dans la mesure où elle maintient séparés les rapports de pouvoir et le savoir, l'idéologie présuppose l'existence d'un sujet universel de connaissance depuis lequel s'opère la distinction du vrai et du faux, tout comme le fait la notion de *Weltanschauung*, de vision du monde, utilisée par certains penseurs marxistes [3]. C'est le maintien de cette conception traditionnelle de la connaissance que conteste Foucault pour qui, au contraire, le sujet de connaissance est historiquement constitué dans des dispositifs de pouvoir-savoir.

Sur l'ensemble de ces points, il résume ainsi son approche méthodologique :

> L'histoire que je voudrais faire comme histoire des discours de vérité n'implique pas, ne suppose pas déjà constituée l'opposition vrai/faux, puisqu'il s'agirait de montrer comment l'opposition vrai/faux est née, s'est formée, s'est constituée, et ne présuppose pas non plus l'histoire d'un sujet de connaissance, puisqu'au contraire il s'agirait de montrer comment s'est constitué à travers l'histoire quelque chose comme un sujet à la fois individuel et universel de connaissance. Alors c'est cette région à l'intérieur de laquelle apparaît l'opposition vrai/faux, cette région à l'intérieur de laquelle se spécifie, se qualifie le sujet de connaissance, c'est cela que j'appelle le savoir et c'est cette région que je voudrais analyser dans ses rapports avec les systèmes de production, la lutte de classes, etc. Et il m'a semblé

1. *Infra*, p. 39.
2. *Infra*, p. 214.
3. *Infra*, p. 215. Foucault mentionne à ce titre notamment Georg Lukács (1885-1971) et Lucien Goldmann (1913-1970).

que l'analyse de ces rapports du savoir avec les conditions de la production impliquait que l'on fasse entrer dans l'analyse, au même titre et sur le même plan que les rapports de production, les rapports de pouvoir. Si bien que c'est cet ensemble rapports de production, rapports de pouvoir et savoir à l'intérieur duquel se spécifient à la fois l'opposition vrai/faux et le sujet de connaissance, c'est cela en somme que je voudrais étudier, c'est cette région que j'appelle la région du savoir-pouvoir. Et cette région du savoir-pouvoir qui se dégage à partir de l'analyse, de l'histoire des discours de vérité, c'est cette région qui, je crois, dans mon point de vue, doit se substituer aussi bien à l'étude des idéologies qu'à l'étude des *Weltanchauungen*, des intuitions du monde[1].

II. La mise en œuvre de l'histoire de la vérité

1. *Le monde grec et l'apparition de la mesure*

La première partie du cours (séances I à VII), de loin la plus développée, est consacrée à l'histoire de la vérité dans l'Antiquité grecque. Foucault y reprend un certain nombre de thèmes étudiés en 1970-1971 dans ses *Leçons sur la volonté de savoir*[2].

Dans un premier temps, Foucault analyse la manière dont la vérité était établie dans les procédures judiciaires de la Grèce antique, depuis l'époque homérique jusqu'au début de l'époque hellénistique. Pour l'époque homérique, il prend pour exemple le règlement du litige qui oppose Ménélas et Antilokhos au chant XXIII de l'*Iliade* : à l'issue de la course de chars organisée à l'occasion des funérailles de Patrocle, Ménélas reproche à Antilokhos d'avoir commis une irrégularité pour le dépasser ; il ne fait pas appel au témoignage de celui qui a assisté à la scène et pourrait dire ce qu'il a effectivement vu, mais préfère mettre Antilokhos au défi de jurer devant les divinités qu'il ne s'est pas comporté de manière irrégulière. Redoutant la vengeance des dieux, Antilokhos refuse de prêter le serment et perd le procès. À l'époque homérique, la vérité n'est donc pas quelque chose qu'on constate, mais plutôt quelque chose qu'on affronte. À cette procédure,

1. *Infra*, p. 216-217.
2. M. Foucault, *Leçons sur la volonté de savoir*, *op. cit.*

caractérisée par un combat entre les parties qui prend la forme, à travers le serment-défi, d'une épreuve exposant celui qui l'a prêté, en cas de mensonge, à la vengeance divine, Foucault oppose la procédure telle qu'elle se déroule à l'époque classique et hellénistique : pour rendre le jugement, le juge a alors besoin que la vérité soit établie au préalable, ce qui n'est possible qu'à partir du constat des faits par des témoins oculaires : la justice et la vérité sont dès lors indissolublement liées, la seconde étant la condition de la première.

Entre le système archaïque et le système classique ou hellénistique, Foucault analyse la procédure judiciaire telle qu'on la trouve, au VIe siècle, dans la loi de Gortyne, où l'on voit juxtaposées deux procédures différentes. La première, désignée par le verbe *dikazein*, est encore très proche du système archaïque : elle prend la forme d'un combat judiciaire où chaque plaideur se présente devant le juge accompagné de co-jureurs, c'est-à-dire de partisans se portant garants de la vérité de ses affirmations ; la décision découle alors mécaniquement du poids social que représente chacune des parties avec le groupe qui la soutient, et le rôle du juge se limite à s'assurer de la régularité de la procédure. Mais à côté de la procédure du *dikazein* apparaît dans la loi de Gortyne une autre procédure, désignée par le verbe *krinein*, qui va progressivement supplanter la précédente, et dans laquelle c'est au juge qu'il appartient de prendre la décision en s'appuyant sur ce que les Grecs appelaient *dikaion kai alêthês*, le juste et le vrai, ou encore *kata to eon*, selon ce qui est.

C'est d'une part dans les textes d'Hésiode, d'autre part à travers les conflits sociaux qui ont agité la Grèce au VIe siècle que Foucault analyse l'émergence de la transformation qui a conduit le système judiciaire grec à une conception de la vérité considérée comme fondement de la décision juste.

Alors que chez Homère la justice était définie comme conformité aux règles, apparaît au VIIe siècle, notamment dans *Les Travaux et les Jours* d'Hésiode[1], dont Foucault fait une analyse détaillée, une conception très différente de cette notion, qui fera l'objet d'un

1. Hésiode, *Les Travaux et les Jours*, dans *Théogonie*, *Les Travaux et les Jours*, *Le Bouclier*, trad. fr. P. Mazon, Paris, Les Belles Lettres, 2002.

élargissement considérable. L'usage de la notion de justice ne se limite plus au seul domaine de la pratique judiciaire, mais il englobe maintenant l'ensemble des relations économiques et sociales, en particulier les relations de voisinage, si importantes dans le monde paysan décrit par Hésiode, et s'étend même à l'ordre naturel des choses qu'il est nécessaire de respecter scrupuleusement : « Vous voyez, explique Foucault, quelle ampleur finalement prend cette notion de *dikaion* dans la pensée grecque, dans l'expérience grecque, dans la société et la culture grecque à partir d'Hésiode. Le *dikaion*, ce n'est plus simplement une caractéristique des sentences judiciaires, c'est une caractéristique des conduites, c'est une caractéristique des hommes, c'est une caractéristique des choses » [1]. La justice nécessite donc un savoir de la mesure des choses et de l'ordre du monde, savoir dans lequel Foucault voit la grande innovation de la civilisation grecque et qui conduit à l'apparition de la rationalité, de la science et de la philosophie grecques.

C'est à l'époque d'Hésiode, au VIIe siècle avant Jésus Christ, qu'apparaît en Grèce ce savoir de la mesure, absent du monde homérique. Foucault consacre une longue analyse à l'influence exercée sur le monde grec par la civilisation assyrio-babylonienne dans l'apparition de ce savoir, tout en soulignant les modifications considérables qu'il a subies en passant des grands États monarchiques du Proche-Orient au monde des cités grecques.

L'un des principaux facteurs de la mutation repérée par Foucault dans les écrits d'Hésiode réside dans la profonde crise sociale qui agite le monde grec aux VIIe et VIe siècles. Elle a pour cause l'appauvrissement des paysans, victimes du partage des terres lié à une poussée démographique, appauvrissement qui entraîne un endettement de plus en plus difficile à supporter. Mais à la même époque, le poids politique de la paysannerie s'accroît considérablement pour deux raisons : d'une part avec le développement de l'artisanat, pratiqué par de nombreux petits paysans pour améliorer leurs revenus ; d'autre part et surtout, avec la transformation de l'organisation militaire, liée au développement de la métallurgie du fer, transformation caractérisée

1. *Infra*, p. 94.

par l'apparition de l'armée hoplitique, principalement formée de paysans fantassins, qui devient un facteur essentiel de la puissance des cités grecques. Face à la petite paysannerie, l'aristocratie se divise entre deux tendances : à côté des grands propriétaires fonciers apparaît une aristocratie commerçante qui s'allie souvent à la petite paysannerie pour prendre le pouvoir. Le renforcement du poids politique de la paysannerie et son alliance avec une fraction de l'aristocratie ont pour effet la prise de mesures en faveur des petits paysans telles que, selon les cités, la redistribution des terres ou l'abolition des dettes.

C'est dans ce contexte politique caractérisé par la recherche d'une juste mesure dans les rapports sociaux à l'intérieur de la cité que Foucault analyse successivement les trois formes que prend la mesure dans l'Antiquité grecque : la monnaie, mesure de la valeur des choses ; le *nomos* (la loi) chargé d'assurer la mise en ordre des choses à l'intérieur de la cité par une répartition harmonieuse du pouvoir ; enfin le partage du pur et de l'impur, qui se traduit par l'individualisation de la faute, préalable nécessaire à l'élimination du mal et de la souillure.

Foucault étudie l'instauration de la monnaie à Corinthe par le tyran Kupselos au VIIe siècle. Il montre que, contrairement à la thèse très répandue selon laquelle la création de la monnaie aurait eu pour seul objectif de favoriser le commerce, l'apparition de la monnaie à Corinthe répondait essentiellement à des objectifs d'ordre politique et de régulation sociale : permettre le prélèvement de l'impôt et la redistribution des richesses ; la monnaie est un instrument de revigoration du corps social. C'est par la monnaie que « les choses entrent [...] dans le système de l'universelle mesure »[1].

L'invention du *nomos* est étudiée à travers la législation mise en place par Solon à Athènes au VIe siècle pour désamorcer la crise sociale, législation caractérisée par l'abolition des dettes et la mise en place d'un système censitaire de répartition des droits politiques, accordant à chaque citoyen un fragment de pouvoir plus ou moins

1. *Infra*, p. 218.

important selon sa fortune. Foucault analyse également les relations complexes que le *nomos* entretient avec le *logos*, l'écriture, la pédagogie et la nature.

Enfin, à travers le partage du pur et de l'impur, Foucault étudie l'émergence en Grèce de la notion d'individualité, d'une part dans le domaine religieux, notamment à travers le développement du culte de Dionysos, d'autre part dans celui de la loi. Apparaît ainsi, à la place d'une responsabilité collective se traduisant par une série indéfinie de vengeances, la notion d'un individu responsable de sa faute ou de son crime dont il s'agit d'établir le fait et qui doit être puni et faire l'objet d'une purification. L'exemple que choisit Foucault pour illustrer cette mutation est celui d'Œdipe dans la tragédie de Sophocle[1], à l'étude de laquelle il consacre la septième séance du cours. Il met en lumière les différentes formes de savoir mises en œuvre dans la pièce, montrant que le savoir du tyran, celui d'Œdipe lui-même, n'est pas en mesure de reconstituer les faits, que celui du devin ne parvient pas à convaincre le chœur de la vérité de ses assertions, et que seul le savoir du peuple, celui des bergers ou des esclaves qui ont effectivement vu ce qui s'est passé, permet d'établir la vérité. De

1. Sophocle, *Œdipe roi*, dans *Tragédies*, II, trad. fr. P. Mazon, Paris, Les Belles Lettres, 2019, p. 72-128. Foucault a consacré de nombreuses analyses à *Œdipe roi*. On peut notamment citer, en plus de celle qu'il développe dans la septième séance du cours sur l'« Histoire de la vérité » :

– La leçon du 17 mars 1971 des *Leçons sur la volonté de savoir*, *op. cit.*, p. 177-192.

– « Le savoir d'Œdipe », texte rédigé par Foucault en août 1972 pour une conférence à l'université de Cornell donnée en octobre de la même année. Ce texte, établi à partir d'un manuscrit qui se trouve dans la boîte 59 du fonds Foucault NAF 28730 de la Bibliothèque nationale de France, figure à la fin des *Leçons sur la volonté de savoir*, *op. cit.*, p. 225-251.

– La deuxième conférence de « La vérité et les formes juridiques », prononcée en mai 1973, dans *Dits et écrits*, I, *op. cit.*, p. 1421-1438.

– Les deuxième, troisième et quatrième leçons du *Gouvernement des vivants*, *op.cit.*, p. 23-42, 47-67 et 71-73.

– La leçon du 8 avril 1981 de *Mal faire, dire vrai*, *op. cit.*, p. 47-72.

Voir l'analyse de ces différentes versions au chapitre 3 intitulé « La scène de la vérité de l'Occident : *Œdipe roi* » de l'ouvrage d'A. Sforzini, *Les scènes de la vérité*, Lormont, Le Bord de l'Eau, 2017, p. 135-171.

ce fait, le savoir n'appartient plus au pouvoir tyrannique ou divin. La boucle est ainsi bouclée : on retrouve, au terme de l'analyse de la pièce de Sophocle, la pratique judiciaire grecque classique évoquée au début du cours par Foucault, pratique qui fait reposer la vérité et la justice sur le témoignage de celui qui a vu.

Dans la conclusion de cette première partie du cours consacrée à l'histoire des discours de vérité dans l'Antiquité grecque, Foucault souligne le caractère de fiction de ces trois formes économico-politiques de la mesure : elles ne font en réalité que masquer les véritables rapports de pouvoir entre les riches et les pauvres ; les dispositions prises en faveur des plus pauvres ont seulement pour objet de calmer l'agitation sociale, mais laissent le pouvoir entre les mains des plus riches :

> Plan illusoire des choses dont on parle, lieu fictif d'où on parle, sujet idéal qui parle, ce sont là les trois grandes fictions qui sont impliquées dans le discours de vérité de l'Occident au moment où ce discours se constituait à travers la pratique de la monnaie, à travers la formation de la loi et à travers la recherche de la faute, de la culpabilité et de la purification [1].

Ces fictions sont pour Foucault la manifestation de la profonde coupure entre le pouvoir et le savoir qui caractérise la pensée grecque depuis Socrate et Platon, selon laquelle le savoir ne peut être que désintéressé et il ne peut y avoir de savoir vrai qu'indépendamment du pouvoir : « Socrate est passé par là, qui a affirmé que, pour savoir la vérité, il fallait être pur, et que pour être pur, il ne fallait pas exercer le pouvoir » [2]. Foucault souligne le fait que cette fiction d'une coupure entre le savoir et le pouvoir, née dans l'Antiquité grecque, s'est maintenue dans la pensée occidentale au moins jusqu'à Nietzsche. Il s'agit au contraire pour lui, en faisant l'histoire de la vérité, de replacer « le jeu de la vérité dans le réseau des contraintes et des dominations. La vérité – je devrais dire plutôt le système du vrai et

1. *Infra*, p. 296-297.
2. *Infra*, p. 280.

du faux aura révélé le visage qu'il a depuis si longtemps détourné de nous et qui est celui de sa violence »[1].

2. *Le Moyen Âge occidental et la naissance de l'enquête*

La seconde partie du cours (séances VIII à X) est consacrée à l'histoire de la vérité au Moyen Âge. Foucault s'y inspire des développements contenus dans les leçons du 2 février au 8 mars 1972 du cours au Collège de France, *Théories et institutions pénales*[2].

Le point de départ de son analyse est le droit germanique, à propos duquel il souligne un certain nombre de ressemblances avec le droit grec archaïque. Dans le droit germanique, l'ordre judiciaire se résume à l'application de certaines règles dans l'exercice de la vengeance privée : si quelqu'un a subi un dommage, lui-même ou un membre de sa famille sont tenus d'infliger un dommage symétrique à son auteur ou à sa famille ; la réponse doit être proportionnée ; enfin la vengeance doit être publique. Il est toujours possible de mettre fin à la série des vengeances en versant une somme d'argent (le *wergeld*) à l'autre partie ; il est également possible de faire appel à un arbitre pour négocier les conditions de la fin de la guerre privée, mais il faut alors le rémunérer pour le risque qu'il prend en lui versant ce qu'on appelle le *fredum*. En résumé, le droit germanique revient à l'instauration d'une certaine régularité dans l'exercice de la guerre privée ; il n'est jamais question d'établir la vérité sur le fond du litige, mais seulement de s'assurer que les règles ont bien été observées.

Au Moyen Âge, à côté de la guerre privée qui subsiste, commence à apparaître un appareil judiciaire permanent avec le personnage du juge. L'un des principaux facteurs de son développement est l'importance considérable des revenus que rapporte l'exercice de la justice au pouvoir royal ou seigneurial, tant du fait de la rémunération

1. M. Foucault, *Leçons sur la volonté de savoir, op. cit.*, p. 6. Sur l'apparition, dans la pensée grecque, d'une conception fondamentalement désintéressée du savoir, voir les quatre premières leçons des *Leçons sur la volonté* de *savoir, op. cit.*

2. M. Foucault, *Théories et institutions pénales, op. cit.*

de l'acte de juger que des sanctions financières infligées à ceux qui perdent des procès (la confiscation des biens est alors l'une des principales manières de punir). Néanmoins un certain nombre d'aspects du droit germanique vont longtemps subsister pendant le Moyen Âge dans le système d'établissement de la preuve, lequel prend la forme d'une épreuve ou d'une lutte, notamment avec le serment, la torture, l'ordalie et le duel judiciaire.

À la fin du Moyen Âge, du XIIIe au XVe siècle, on assiste, notamment en France, à une profonde transformation du système judiciaire, liée au renforcement du pouvoir royal, qui s'appuie sur la puissance que lui donne une armée de mercenaires, et à l'affaiblissement corrélatif du régime féodal. Apparaît alors une justice d'État, caractérisée par l'institution du Parlement et du procureur. La fonction de la justice n'est plus seulement d'arbitrer les conflits entre des particuliers, mais de punir ceux qui provoquent le désordre. On voit alors apparaître la notion d'infraction, définie comme atteinte au pouvoir royal, le rôle du procureur étant d'accuser, devant le juge, celui qui a commis l'infraction : « le pouvoir politique, explique Foucault, s'empare ainsi totalement de la machine judiciaire ; le roi est celui qui est lésé, mais c'est celui qui accuse et c'est celui qui juge, il est donc présent partout : victime, accusateur et juge »[1].

Dans le nouveau système judiciaire qui apparaît à cette époque, le modèle de la lutte n'est évidemment plus adapté pour départager le procureur et celui qu'il accuse. Il est remplacé par la procédure de l'enquête, qui consiste à reconstituer la vérité de ce qui s'est effectivement passé à partir de témoignages, et si possible d'en obtenir la confirmation par l'aveu du coupable. Cette procédure s'inspire d'une ancienne pratique administrative de l'empire carolingien, toujours pratiquée dans le cadre de l'Église pour le contrôle des diocèses ou des monastères. Comme le souligne Foucault, « en passant de la lutte à l'enquête, [le système pénal] est passé d'une forme germanique de la lutte pénale [...] à une forme chrétienne de l'énoncé de vérité dans l'aveu et en référence à la faute. Le triangle vérité,

1. *Infra*, p. 372.

faute et aveu est maintenant inscrit à partir de cette transformation dans le système pénal »[1].

Foucault consacre la dernière séance, qui conclut le cours, à ce qu'il appelle de « libres propos » sur l'histoire des modèles de l'épreuve et de l'enquête rencontrés dans les séances précédentes : il évoque notamment, à titre d'exemples, le maintien jusqu'à la fin du XVIIIe siècle d'une forme d'épreuve comme la torture dans la procédure pénale, ou encore la relation qu'entretiennent avec l'épreuve l'alchimie ou la littérature.

Après avoir rappelé que le discours de vérité né de la mesure au cours de l'Antiquité grecque était à l'origine des mathématiques et des sciences exactes alors que le discours de vérité né de l'enquête au Moyen Âge est à l'origine des sciences empiriques, et que la science moderne, quant à elle, naît de la conjonction de ces deux discours à la fin du XVIe et au début du XVIIIe siècle, Foucault dit quelques mots du troisième discours de vérité apparu au début du XIXe siècle avec la société industrielle, discours que, faute de temps, il n'a pas pu traiter comme les deux précédents : ce discours de vérité, lié à la notion de « normalité », est ordonné à l'examen et donnera naissance aux sciences humaines.

L'histoire de la vérité est donc, avant *La vérité et les formes juridiques* et, beaucoup plus tard, *Mal faire, dire vrai*, un premier essai de Foucault pour regrouper dans le cadre d'un projet commun ses recherches sur l'histoire de la vérité dans ses rapports avec la pratique judiciaire : quelle conception de la vérité, à une époque donnée, trouve-t-on dans la pratique judiciaire, par quelles formes d'analyse y accède-t-on ? Et comment ces formes d'analyse, au-delà du domaine judiciaire qui est leur point de départ, peuvent-elles être à l'origine de savoirs ?

L'histoire de la vérité est également l'un des premiers travaux proprement généalogiques de Foucault et il faut noter que c'est, toujours avec *La vérité et les formes juridiques* et *Mal faire, dire*

1. *Infra*, p. 382.

vrai, l'un des rares exemples dans son travail d'une histoire s'étendant sur une aussi longue durée – du VIIIe siècle avant Jésus-Christ au XVIe siècle après, et même au XIXe siècle si l'on prend en compte la troisième période qu'il n'a pu traiter faute de temps. Cette chronologie longue contraste avec celle, sensiblement plus courte, de ses travaux précédents. À travers cette longue histoire de la vérité, dont il étudie ici quelques épisodes, c'est la généalogie du discours scientifique occidental que Foucault retrace dans ce cours.

HISTOIRE DE LA VÉRITÉ

Cours au département de français de l'Université d'État de New York à Buffalo, mars et avril 1972

SÉANCE I
(14 mars 1972)

Je veux d'abord m'excuser d'être en retard, en retard deux fois, puisque je le suis de dix minutes, et puis en retard parce que je le suis aussi de combien ? Un mois, deux mois, trois mois ? En tout cas, je peux vous dire que je suis très content de me retrouver à Buffalo[1].

Première chose : le titre de ce cours. Je crois que j'ai dû le changer entre le moment où je l'avais proposé et le moment où je le fais ; c'est-à-dire qu'aujourd'hui, j'aurais à intituler, je ne dis pas ce cours, mais ces propos que je vais tenir, je crois que je les intitulerais quelque chose comme l'« Histoire de la vérité », ou encore « Savoir, pouvoir ».

Je voudrais commencer par quelques réflexions de méthode. Je crois qu'en simplifiant les choses et en les grossissant un peu, en les grossissant beaucoup sans doute, on pourrait dire que traditionnellement, en Europe au moins, il y a trois manières d'analyser les rapports entre le savoir et les formations sociales, ou le savoir et les rapports de production. Ces trois manières, on peut les caractériser de la manière suivante.

Ou bien on analyse le savoir, la connaissance, *les* connaissances, comme une sorte de surface d'impression où viennent se marquer, se traduire, s'exprimer, s'inscrire les rapports de production, les formations sociales. Par exemple on explique comment, dans un certain type de connaissances, s'exprime ou se traduit la vision du monde d'une classe sociale. L'évolutionnisme, l'idéologie évolutionniste, la théorie générale de l'évolution du monde, de la vie, des sociétés au XIXe siècle, cette conception générale de l'évolution, on peut dire jusqu'à un certain point, on a dit qu'elle traduisait, et qu'elle traduisait adéquatement, la vision du monde d'une classe sociale en voie de développement, d'extension : c'était la vision du monde de la bourgeoisie, qui trouvait dans l'évolutionnisme, dans l'idée évolutionniste à la fois l'image de son propre développement, la justification aussi de son propre développement, puisque si l'histoire des hommes n'est que la continuation et comme l'épanouissement à un autre niveau de l'histoire même de la vie et de l'histoire même du monde, alors l'histoire de la bourgeoisie est comme l'efflorescence, elle est comme le dernier rameau d'une grande histoire qui la fonde, qui la rend possible et qui la justifie. L'histoire de la bourgeoisie, si vraiment elle vient s'inscrire à l'intérieur de tout le processus de l'évolution du monde, n'est pas le résultat d'une exploitation, elle n'est que l'expression du mouvement même des choses dans leur ordre chronologique. On peut aussi montrer comment, à l'intérieur d'un savoir ou d'un champ de connaissances, se traduisent ou se marquent des luttes sociales. On a ainsi analysé le conflit entre l'évolutionnisme et le fixisme, la conception fixiste de la vie au milieu du XIXe siècle, comme l'opposition entre deux idéologies sociales, l'idéologie sociale d'une classe en évolution et puis l'idéologie sociale, au contraire, d'une classe pour qui l'ordre du monde doit rester tel qu'il est et ne peut pas changer. Enfin, à travers ces exemples, ce que je veux vous montrer, c'est une espèce de méthode d'analyse qui consiste à chercher, à retrouver, à l'intérieur d'un champ de savoir, d'un domaine de savoir, d'un type de connaissance, la trace et la marque de quelque chose comme une formation sociale. Derrière ce type d'analyse se cache la métaphore de l'écriture : le savoir, c'est ce en quoi s'inscrivent, ce en quoi se traduisent et se marquent l'idéologie d'une classe sociale ou les luttes que mène cette classe sociale. Voilà un premier type d'analyse que l'on rencontre fréquemment.

L'autre type d'analyse qui permet d'établir, de déchiffrer les rapports entre savoir et formations sociales, ce second type d'analyse repose au fond sur une autre métaphore ; non plus sur la métaphore de l'écriture, mais sur la métaphore, disons, de la vie, sur la métaphore biologique elle-même. On considère le savoir comme une sorte de force de développement, qui a, qui contient en soi, qui contient dans son secret, dans son principe, la possibilité et comme le droit de se développer, de s'élargir, de s'agrandir, de prendre de nouvelles dimensions ; et ce développement serait empêché ou au contraire favorisé par les formations sociales, ou plus profondément encore par les rapports de production, ou par le développement même des forces de production. Bref, ce sont tous ces éléments proprement économiques et sociaux qui favoriseraient ou empêcheraient le développement des connaissances et du savoir ; le savoir serait en quelque sorte comme un noyau de développement possible qui serait stimulé ou qui serait freiné, qui serait excité ou qui serait au contraire réprimé par les modes de production, par les intérêts de classe, par les luttes sociales entre classes, etc. C'est ainsi qu'on a pu montrer très facilement comment, par exemple, les recherches sur le magnétisme terrestre avaient été favorisées par le développement de la navigation en haute mer. On a pu montrer aussi comment le développement du commerce, le développement des techniques de l'assurance au début, au milieu du XVIIe siècle avaient favorisé le calcul des probabilités. On peut montrer aussi comment les crises agricoles ou les phases de développement agricole favorisent ou au contraire freinent le développement des recherches agronomiques ; pour qu'il y ait eu recherche agronomique, il a fallu qu'il y ait un certain nombre de crises, de crises alimentaires, de crises économiques, témoins par exemple les grandes recherches agronomiques qui ont eu lieu au moment de la nouvelle poussée démographique en Europe à la fin du XVIIIe siècle. Donc là, vous voyez, dans cette forme-là d'analyse, le savoir c'est une sorte de noyau quasi vivant, prêt à se développer, et puis que l'économie, que le rapport de classe, que les formes et forces de production stimulent ou au contraire réfrènent et barrent.

Enfin troisième type d'analyse : le savoir n'est plus considéré comme une surface d'impression où viennent se traduire les rapports économiques et sociaux, non plus comme un noyau prêt à se développer qui est favorisé ou défavorisé, mais il est considéré, traité comme un objet de consommation ; c'est-à-dire que le savoir est considéré comme quelque chose qui circule, qui a de la valeur, qui est désiré, recherché, consommé par certains, auquel certains peuvent avoir accès, tandis que les autres ne peuvent pas y avoir accès. Et dans ces formes-là d'analyse on se demande qui a accès au savoir, qui est exclu du savoir, qui le reçoit, qui fait partie du circuit, qui ne fait pas partie du circuit. On analyse ainsi, par exemple, comment le savoir technique, proprement technologique, circule dans certaines classes sociales à l'intérieur de notre société alors que le savoir scientifique ou théorique ne circule que dans d'autres cercles. Vous voyez, c'est encore une forme d'analyse.

Je crois que là, en caricaturant un peu, en grossissant en tout cas beaucoup les effets, j'ai à peu près défini les trois possibilités majeures de l'analyse, j'allais dire marxiste, de la connaissance, en tout cas trois modèles que les marxistes ou les soi-disant marxistes se sont donnés pour faire l'analyse des rapports entre le savoir et les rapports de production.

Il me semble que de toute façon, que vous preniez le premier, le second ou le troisième de ces modèles, il y a dans toutes ces analyses quelque chose de déficient et quelque chose d'insuffisant. En effet, dans toutes ces analyses, qu'est-ce qu'on remarque ? On remarque que de toute façon les formations sociales, les processus sociaux, les déterminations économiques, les rapports et formes de production, tout cela joue un rôle en quelque sorte extérieur au savoir lui-même. Ces rapports de production, ces formes sociales, ces formations sociales, qu'est-ce qu'elles font dans toutes ces analyses ? Ou elles viennent s'imprimer et se traduire dans le savoir, ou elles le favorisent ou elles le gênent, ou elles en permettent la diffusion ou elles en empêchent la diffusion. Mais de toute façon le savoir dans son contenu et dans sa forme, vous voyez bien qu'il reste extérieur à ces formations. C'est simplement à titre de stimulation ou à titre d'élément à transcrire que la formation sociale vient jouer par rapport au savoir. Le savoir en droit, le savoir en lui-même, le savoir dans sa forme propre et dans son contenu propre est au fond indépendant de ces formations sociales, ou des rapports de production, ou des luttes de classes. C'est simplement comme élément favorisant, c'est simplement comme élément perturbant, c'est simplement comme élément à transcrire que le jeu des instances sociales vient se manifester à l'intérieur du savoir. Le savoir, au fond, reste en lui-même extérieur à tous ces processus sociaux. Il y aurait dans toutes ces analyses, au fond, un certain contenu de connaissance qui existe en droit. Ce contenu de connaissance serait le vrai. En face il y aurait, de l'autre côté, en face de cette vérité, quelque chose comme un sujet capable de connaître, et puis, entre le sujet capable de connaître et ce contenu de vérité qui n'attendrait au fond qu'à être connu, entre les deux, alors, les éléments de formation sociale, les instances sociales, les instances économiques joueraient le rôle d'écran, d'écran plus ou moins transparent, plus ou moins favorable, ou pure transparence ou stimulation ou encore brouillage, ombre, obscurité. Et c'est ce rôle à la fois extérieur et tiers, ce rôle d'intermédiaire, d'intermédiaire positif ou négatif, favorable ou défavorable, c'est cela au fond que joueraient simplement les instances sociales. Vous voyez que dans un schéma comme celui-là, ce qui est préservé, ce qui est préservé dans toutes ces analyses, c'est quoi ? C'est d'une part l'existence d'une vérité, d'une vérité en soi et pour soi, d'une vérité historiquement indépendante, d'une vérité sans insertion historique réelle, et de l'autre côté un sujet, un sujet humain universel, abstrait, général. Et le rapport historique de l'un à l'autre, de ce contenu de droit et de ce sujet universel, passerait simplement au niveau de l'anecdote, il passerait historiquement à travers ces relations sociales, ces instances sociales qui favoriseraient ou défavoriseraient le rapport entre l'un et l'autre.

Si cette schématisation que je vous propose des analyses qu'on fait traditionnellement est vraie, vous voyez que toutes conservent au fond le vieux schéma traditionnel de la philosophie, et de la philosophie classique. Et le problème que je pose est celui-ci : est-ce que l'on peut éviter la remise en jeu de ce schéma classique de la connaissance quand on fait l'analyse des rapports entre savoir et formations sociales ? Est-ce que l'analyse [des rapports] [a] entre savoir et formations sociales doit nécessairement passer par cette espèce de postulat universaliste de la connaissance ? Je crois que la question est importante dans la mesure où, bien sûr, c'est tout le statut de la philosophie qui est engagé par là. C'est le statut de la philosophie,

a. Conjecture ; mots manquants.

puisque la philosophie, c'est bien le discours du savoir universel. Je pense que c'est également le statut de la science, et de la science dans la société, de la fonction et du rôle de la science dans la société qui est engagé par là.

D'une façon plus générale je pense que c'est aussi le statut et le sens de toute action révolutionnaire qui se trouve engagé dans cette question. Car s'il est vrai que le schéma de la connaissance est en quelque sorte plus général, plus universel, que l'on considère que le schéma de la connaissance est antérieur au rapport des formations sociales, il est évident que toute action révolutionnaire, c'est-à-dire toute prise sur les formations sociales, tout bouleversement des formations sociales, toute modification des rapports de pouvoir dans les formations sociales doit obéir à une loi plus générale qui est la loi même de la connaissance. C'est-à-dire que, dans cette perspective-là, seule une théorie, et une théorie considérée comme vraie en termes de connaissance, seule par conséquent une conception scientifique doit pouvoir fonder une action révolutionnaire. Et vous voyez que se trouve engagé par là, finalement, l'essentiel des débats qui se déroulent actuellement autour, disons, de l'action révolutionnaire et du rapport entre la pratique révolutionnaire et la théorie. Vous voyez que, finalement, si l'on admet le schéma qu'on peut appeler grossièrement « althussérien » du marxisme, de la révolution, c'est bien cet ancien schéma de la théorie de la connaissance qu'il faut laisser en place. Pour Althusser, il n'y a d'action révolutionnaire valable, fondée, que dans la mesure où elle est fondée sur quelque chose qui est une théorie scientifiquement vraie, une théorie de la révolution que l'on peut considérer comme scientifique et comme vraie ; c'est-à-dire que quelqu'un comme Althusser réinscrit l'analyse et la pratique révolutionnaires à l'intérieur du schéma classique de la philosophie[2].

Je me demande si toutes ces analyses dont je viens de vous parler ne sont pas un peu liées à ce que j'appellerais, un petit peu en souriant, sinon en riant, un socratisme. Je sais bien que depuis Nietzsche on prête à Socrate beaucoup de défauts et c'est à lui que l'on fait remonter toutes les grandes fautes théoriques de la civilisation occidentale.

Dès que, de la civilisation occidentale, on veut faire la critique, on va chercher du côté de Socrate, et on le trouve évidemment coupable. Il est coupable de tout : il est coupable de la métaphysique, il est coupable du refoulement de l'écriture, il est coupable de l'oubli de l'être, il est coupable d'avoir inventé la morale, il est coupable d'avoir inventé la conscience, il est coupable d'avoir inventé l'humanisme ; de quoi n'est-il pas coupable ? Alors j'ajouterai une culpabilité de plus à Socrate – il n'en est pas à ça près. Mais à dire vrai, quand je dis « Socrate », quand je dis que c'est Socrate le coupable, je veux dire par là que c'est tout de même – et après tout c'est une évidence –, c'est dans la civilisation grecque que l'on trouve l'origine, le foyer d'un certain processus dont je veux vous parler et qui est celui-ci. Ce processus, ou plutôt ce fait, cet événement sous le signe duquel nous sommes encore placés, qu'est-ce que c'est ? C'est celui par lequel on a voulu faire croire aux hommes de la civilisation occidentale que le savoir était tout simplement indépendant du pouvoir.

C'est un thème en effet que vous voyez apparaître avec Socrate, disons plus généralement à l'époque de Socrate, disons pour être plus précis dans la critique des sophistes. Cette grande critique des sophistes, par laquelle la philosophie occidentale s'est considérée longtemps comme inaugurée et fondée, que signifiait-elle ? Évidemment bien des choses. Mais parmi toutes les choses que signifiait la critique des sophistes, il y a ceci : pour les sophistes, discourir, l'emporter sur un autre par le discours, dans le discours, montrer que l'on était plus habile qu'un autre, qu'on pouvait l'emporter sur lui par la dialectique, manifester un surplus de savoir, c'était quoi ? C'était pouvoir l'emporter sur lui au niveau des rapports politiques. Le surplus de savoir était pour le sophiste toujours un surplus de pouvoir ; et on ne cherchait le surplus de savoir que parce que l'on cherchait le plus de pouvoir. L'un et l'autre étaient profondément liés.

Or la critique que les philosophes ont faite des sophistes, Socrate, après lui Xénophon, puis Platon, etc., toute cette critique que les philosophes grecs ont faite des sophistes tendait à quoi ? À dire ceci :

Premièrement, si l'on veut savoir, ça ne peut être que dans la mesure où l'on commence à renoncer au pouvoir ; ou plutôt, ce n'est certainement pas en cherchant le plus de pouvoir que l'on obtiendra le plus de savoir. Le savoir est désintéressé, le savoir ne cherche pas le pouvoir, le pouvoir peut être donné éventuellement au savoir, mais ça ne sera que par surcroît. En lui-même le savoir est indépendant.

Deuxièmement, les philosophes ont dit : non seulement le pouvoir n'est pas lié directement au savoir, mais le pouvoir est dangereux pour le savoir. Le pouvoir est un rapport de tyrannie, le pouvoir est un rapport démesuré, le pouvoir est un rapport de fait, changeant, mobile, précaire. Le rapport de savoir, lui, est un rapport non pas de l'homme à l'homme, mais de l'homme aux choses et à leur vérité. C'est un rapport stable, éternel, définitif, acquis pour toujours et non pas précaire. C'est un savoir enfin qui a une mesure, et cette mesure a un nom : elle s'appelle la vérité. Et dans cette mesure-là, vous voyez que le rapport de savoir n'est en aucune manière superposable ou identifiable au rapport de pouvoir.

Et finalement, troisième proposition, non seulement le savoir est indépendant du pouvoir, non seulement le rapport de savoir est en lui-même absolument différent du rapport de pouvoir, mais le pouvoir est finalement un perpétuel danger qui pèse sur le savoir. Le pouvoir, c'est en effet la passion, le pouvoir, c'est le désir ; or c'est dans le suspens de la passion et du désir que la vérité doit éclater et apparaître. Le pouvoir est toujours du côté de la faute possible, alors que le savoir est toujours du côté, non seulement de l'innocence, mais de la vertu et du bien. Le pouvoir est du côté de la nuit, le savoir du côté du jour.

Ce sont tous ces thèmes qui ont finalement organisé l'idée profondément occidentale que le savoir en sa nature, en son origine, en son fondement, est irréductible, est étranger, est hostile [au pouvoir, en est l'ennemi]. Le pouvoir, c'est l'ombre, le pouvoir, c'est l'autre, le pouvoir, c'est ce à quoi le savoir est étranger. Et c'est peut-être à cause de ce thème profondément inscrit maintenant dans la civilisation occidentale que le pouvoir est sans doute, dans tout ce qui fonctionne à l'intérieur de notre société, ce que l'on connaît le moins, ce sur quoi le savoir s'est le moins interrogé. Car qu'est-ce qu'on sait du pouvoir ? Le pouvoir n'est apparu dans notre champ de connaissance que sous des formes squelettiques ou dérisoires : [sous] la forme squelettique d'une théorie philosophique du pouvoir que vous pouvez trouver chez Hobbes[3] ou chez Spinoza[4] ; ou sous la forme dérisoire de l'analyse technocratique des faiseurs de décisions, des fabricants de décisions, telle que vous pouvez la trouver actuellement chez les sociologues ou d'autres analystes de la société. Mais le pouvoir comme cette chose énigmatique qui s'exerce sans cesse entre tous les hommes, à tous les étages de la société, dans toutes les formations sociales, mais d'une façon plus générale dans toutes les formations culturelles, et jusqu'au cœur du savoir, jusqu'au cœur de la connaissance, le [pouvoir][a] comme trame générale de l'existence humaine, comme trame générale des rapports des hommes entre eux, ce [pouvoir] au fond n'a jamais été envisagé pour lui-même. On peut dire que le [pouvoir], c'est le grand – je ne veux pas dire refoulé justement, ni même oublié –, c'est le grand ignoré de notre culture, c'est ce qui est en effet étranger au savoir, mais non pas parce que sa nature même le rendrait étranger au savoir, c'est parce qu'on a voulu, toute la culture occidentale a voulu établir la coupure, la césure entre savoir et pouvoir.

Cet oubli du pouvoir, cette ignorance du pouvoir comme problème peut-être fondamental dans l'histoire humaine, comme peut-être le grand moteur de l'histoire, on en a mille signes ; je n'en prendrai simplement que deux à notre époque. Regardez par exemple Freud se penchant sur le problème, sur l'histoire, sur le mythe, sur la tragédie d'Œdipe. Après tout les choses sont simples. Œdipe, qui a-t-il tué ? Le roi. Il se trouvait que le roi, c'était son père, mais ce n'est peut-être pas ça l'essentiel. Et si l'essentiel de l'affaire d'Œdipe, c'était que le roi avait été tué ? Et pourquoi Freud ne s'intéresse pas à ça ? Et pourquoi Freud, étudiant le problème d'Œdipe, met absolument entre parenthèses le fait fondamental que c'est le roi qui a été tué ? Je pense qu'actuellement toute l'immense théorie du signifiant comme créateur, comme mécanique, comme machinerie à fabriquer du sens, n'est peut-être qu'une manière encore de ne pas poser le problème

a. Ici et à plusieurs reprises dans la suite du texte fois, Foucault dit « savoir » au lieu de « pouvoir ».

du pouvoir, car il se pourrait bien – c'est l'hypothèse que je voudrais avancer et que je voudrais un petit peu explorer avec vous cette année –, [que ce soit] le pouvoir qui est créateur des effets de sens, le signifiant n'étant tout au plus sans doute qu'un relais dans cette production des effets de sens. Ce n'est pas le signifiant qui produit le sens, mais c'est le pouvoir à travers le signifiant, en s'appuyant sur le signifiant, en s'institutionnalisant dans le signifiant. De telle sorte que l'on pourrait trouver sans doute dans ce psychanalyste célèbre il y a encore quelques années[5] et qui disait que le nom et la loi, le Nom-du-père et la loi, étaient les éléments fondamentaux de l'inconscient, je pense, un bel exemple de quelqu'un qui refuse de poser le problème du pouvoir. Car poser le problème du nom alors qu'il faut poser le problème de l'ordre, du commandement, de l'injonction, et poser le problème de la loi alors qu'il faudrait poser le problème du pouvoir me paraît une belle métathèse, un beau déplacement par rapport au problème actuel.

Mais de tout ceci l'ère, le temps est sans doute maintenant terminé. Nietzsche est là, Nietzsche est revenu, qui est précisément celui qui, le premier, a posé partout, à propos de tout, de la morale, de la philosophie, de la religion, du savoir, cette question universelle : qui commande, qui a dû commander, qui a dû exercer le pouvoir pour que ceci soit possible ? Où et comment le pouvoir s'est-il exercé, où et comment s'exerce-t-il maintenant, dans la morale, dans la religion, dans les sciences, dans les connaissances, dans le savoir ? Le marteau de Nietzsche, c'est la question posée ainsi, cognée ainsi à toutes les portes, contre tous les murs, contre toutes les ouvertures fermées, la question perpétuellement posée : qu'en est-il du pouvoir en ceci ? Qu'en est-il du pouvoir dans la religion, qu'en est-il du pouvoir dans l'opéra, dans la musique, dans le savoir, dans la connaissance, dans la philosophie ? C'est cette question du pouvoir que Nietzsche sans cesse et partout a posée, et c'est dans cette mesure-là que les très pâles, vagues et maigrelettes analyses que je voudrais vous faire s'inscrivent contre Freud, contre le signifiant, contre Saussure, contre la sémiologie, etc., pour Nietzsche[6].

Alors [pour en venir à] ce que je voudrais essayer de vous montrer d'une façon plus précise, et pour revenir à la question que je vous posais tout à l'heure sur le savoir et les formations sociales, je me demande si les marxistes, et disons peut-être pour être tout à fait insolent – mais encore une fois, ce sont des jeux –, on peut se demander si les marxistes, et peut-être Marx lui-même, n'ont pas précisément eux aussi été victimes de cet oubli, de cette mise à part, mise à l'écart du problème du pouvoir – c'est une question que je pose. Au fond lorsque Marx et les marxistes veulent établir le rapport entre un contenu de connaissance ou une forme de connaissance, une science, disons, et puis des formations sociales, [des] rapports de production, ils passent toujours par un élément intermédiaire qui est l'idéologie, et ils essaient de montrer comment on peut aller d'un type de rapport social ou d'un type de production à une forme de connaissance par l'intermédiaire d'une idéologie qui la rend possible, qui la facilite ou qui, au contraire, la perturbe ou la trouble. Et c'est ainsi que par cet intermédiaire, par cette notion d'idéologie, ils laissent finalement en place ce schéma de la connaissance dont je vous parlais en commençant. Or il me semble – et là encore je ne voudrais pas être plus insolent qu'il n'est nécessaire –, je me demande si cette notion d'idéologie qui est si utilisée par les marxistes, et dans des sens si différents, et à des usages si divers, ne recouvre pas précisément une lacune, une sorte de tache aveugle, de plage blanche qu'elle est destinée, cette notion, à recouvrir et à masquer, qu'elle est destinée à occulter ; et cette plage blanche, ce vide, ce creux, ça serait précisément là où devraient être analysés les rapports, mais les rapports intrinsèques, les rapports positifs, de contenu à contenu, de forme à forme, qu'il y a entre savoir et pouvoir. Est-ce que, là où les marxistes disent idéologie, il ne faudrait pas d'une façon plus radicale voir la manière dont savoir et pouvoir s'enclenchent l'un sur l'autre, se forment l'un sur l'autre, se traitent et se trament l'un sur l'autre ?

Et c'est un peu dans ce sens que je voudrais aller : essayer de vous montrer sur un ou deux exemples, deux ou trois peut-être, la genèse réciproque, la genèse simultanée, la formation entrecroisée du pouvoir et du savoir, de quelque chose qu'on pourrait appeler le pouvoir-savoir. J'essaierai de vous montrer comment il n'y a pas, il ne peut pas y avoir de pouvoir d'un homme sur les autres hommes sans qu'il y ait par là même aussitôt formation réciproque d'une sorte de surplus, de supplément de savoir. Là où il y a un plus de pouvoir, il y a nécessairement un plus de savoir. Et inversement, je voudrais vous montrer qu'il ne peut pas y avoir formation d'un supplément de savoir, d'un excès de savoir, d'un plus de savoir sans constitution corrélative d'un plus de pouvoir. Il faudrait donc essayer d'analyser ce niveau où ces processus s'enclenchent, le niveau où il y a flux et déplacement du pouvoir et du savoir, constitution en spirale d'un pouvoir qui toujours se concentre davantage et d'un savoir qui s'accumule sans cesse et toujours. L'humanisme peut être tout simplement une manière de cacher et de masquer ce lien profond, ce lien de constitution réciproque du pouvoir et du savoir, en faisant croire que l'homme par sa nature est destiné à savoir et que seule la tyrannie du pouvoir peut l'empêcher d'accéder à la vérité. C'est cela que nous enseigne l'humanisme. Mais l'humanisme, c'est précisément sans doute ce qu'il faut déraciner pour montrer qu'il n'y a de savoir que là où il y a du pouvoir. Il ne peut y avoir de formation d'un savoir excessif et supplémentaire, d'un savoir en excès, que dans la mesure où il y a en même temps formation d'un excès de pouvoir et réciproquement. Ce que j'essaie de mettre [au] jour, ça serait cette région qui n'est pas du tout celle que les marxistes appellent l'idéologie, ça serait cette région où la formation économique du profit, la formation politique d'un pouvoir et la formation de ce que j'appellerais le sursavoir sont liées les unes aux autres. Formation d'un profit, c'est-à-dire formation d'une économie des suppléments, formation d'un pouvoir politique, c'est-à-dire formation d'un supplément de pouvoir, formation enfin de la science, d'une science qui s'accumule et se transmet selon certaines lois et certaines règles, c'est-à-dire formation d'un sursavoir, ce sont ces trois formations qui sont liées les unes aux autres, et c'est leur lien qu'il faut essayer d'analyser.

Cette analyse des formes du sursavoir ou cette analyse du niveau où le sursavoir, le surpouvoir et le profit sont liés les uns aux autres, c'est une analyse, évidemment, qui est à peine entamée, dont on peut simplement, d'une manière tout à fait programmatique, envisager le domaine. Cette analyse des formes du savoir et du pouvoir, de l'accumulation du savoir et de l'excès de pouvoir, cette analyse, comment est-ce qu'on pourrait la faire ? Je crois qu'on pourrait la faire à plusieurs niveaux.

Premièrement, il faudrait essayer de repérer, d'énumérer, d'inventorier et d'analyser quelles sont les différentes formes dans lesquelles, selon lesquelles s'enclenchent l'une sur l'autre la formation d'un pouvoir politique et la formation d'un savoir, d'un savoir qui s'accumule, d'un sursavoir. Ces différentes formes d'appartenance, de lien entre savoir et pouvoir ou entre pouvoir politique et sursavoir, j'en énumère simplement quelques-unes :

– La prophétie, par exemple, en un certain nombre de sociétés, est une manière d'exercer simultanément le pouvoir et le savoir, d'exercer le pouvoir à travers le savoir, de conserver, de maintenir, de concentrer le pouvoir à travers le savoir et, en même temps, de former, de développer, d'exercer le savoir à travers le pouvoir.

– La magie est encore, dans d'autres formes de sociétés ou éventuellement dans la même, une manière d'exercer le pouvoir à travers le savoir et d'accumuler le savoir à travers l'exercice du pouvoir.

– L'enquête, ce très curieux exercice du pouvoir qui consiste à aller prélever du savoir sur un certain nombre de gens, à l'accumuler, le réunir, le concentrer pour le transformer en décisions, en décisions politiques, l'enquête est une des formes de savoir-pouvoir, de pouvoir-savoir, une des formes d'enclenchement du savoir et du pouvoir qui est la plus caractéristique, sans doute, du monde occidental. L'enquête est une vieille pratique des populations germaniques, une vieille pratique judiciaire des populations germaniques, qui a été utilisée dans l'empire carolingien, au Moyen Âge, dans certaines conditions, qui a été utilisée beaucoup par l'Église sous la forme précisément de l'*inquisitio* (inquisition - enquête), qui a ensuite été une pratique utilisée par les États monarchiques quand ils se sont développés à la fin du Moyen Âge, et qui jusqu'à nos jours a été une des grandes formes, une des grandes façons de déplacer en quelque sorte le savoir, là où on a pu le trouver, de le déplacer, de le concentrer entre certaines mains, de le faire filer et d'en faire bénéficier un certain nombre de gens qui le retournent en décisions politiques, en décisions économiques, en décisions sociales, financières, etc., et d'en faire l'exercice d'un pouvoir. À la fois l'enquête n'est possible que par l'existence d'un pouvoir, qu'elle renforce d'ailleurs en son résultat, et c'est en même temps un savoir qui se déplace en suivant les lignes de force du pouvoir politique, mais qui renforce le pouvoir politique, etc. La spirale du savoir et du pouvoir est assez nette dans la procédure de l'enquête.

Je vous ai cité là quelques exemples tout à fait hétérogènes d'enclenchement du savoir sur le pouvoir. L'étude de cette région que j'ai essayé de définir impliquerait que l'on fasse d'une façon plus précise et plus exhaustive le repérage de ces différentes formes d'enclenchement, de lien, du savoir sur le pouvoir.

Deuxième niveau d'étude dans cette analyse des formes du savoir-pouvoir, des rapports du savoir et du pouvoir, c'est montrer comment ces différentes formes, dont je vous ai donné quelques exemples, la prophétie, la magie, l'enquête – on pourrait citer la mesure, l'examen, etc. –, montrer comment, à l'intérieur d'une société, ces différentes formes de savoir-pouvoir coexistent, se hiérarchisent ou au contraire s'excluent réciproquement, se chassent les unes les autres. Prenez par exemple la manière dont, au Moyen Âge, ont coexisté au moins pendant un certain temps cette forme de pouvoir-savoir qu'est la magie et cette autre forme qu'est l'enquête. Ces deux formes ont parfaitement coexisté, elles se sont articulées sur un certain mode. Et puis, petit à petit, l'une a chassé l'autre à la suite de processus qu'il faudrait analyser ; au bout d'un certain temps, l'enquête est devenue la norme, la règle de tout savoir empirique valable, de tout savoir civilement et religieusement valable, et c'est au nom même de cette enquête qui était censée dire la vérité que petit à petit la magie est devenue une forme de pouvoir-savoir de plus en plus marginalisée, de plus en plus repoussée dans les confins de notre société. Ce processus s'est noué tout simplement lorsque la procédure d'enquête a été judiciairement appliquée à ceux-là mêmes qui pratiquaient la magie. C'est au nom des vérités découvertes dans l'enquête que ceux qui pratiquaient la magie ont été repoussés ainsi dans les marges de la société, et cette forme de pouvoir-savoir qu'est la magie n'a plus été utilisée, n'a plus été pratiquée que par ceux précisément qui ne détenaient pas le pouvoir, qui avaient été rejetés hors de tout exercice du pouvoir par l'ensemble des processus sociaux. Et la magie est devenue le seul savoir ou le seul pouvoir qui était à la portée, à la merci de ceux qui n'avaient plus ni savoir ni pouvoir. Vous ne trouvez plus la magie que dans un certain nombre de couches sociales ou de régions de la société comme la paysannerie un peu archaïque, etc. Vous avez eu là toute une sorte de drames, de luttes politiques et en même temps de luttes de savoir entre la magie et l'enquête ; et tout un pan de l'histoire culturelle de l'Occident peut être analysé en termes de lutte de pouvoir entre la magie et l'enquête.

Troisième niveau d'étude, toujours à propos de ces formes de pouvoir-savoir, ça serait le repérage, l'examen des organisations, des institutions plus exactement, dans lesquelles ce pouvoir-savoir s'investit. Après tout, vous avez, vous avez eu dans la société juive un certain statut, une certaine institutionnalisation du personnage du prophète en tant à la fois qu'il exerçait un certain pouvoir et qu'il détenait un certain savoir, en tant qu'il exerçait ce pouvoir parce qu'il détenait ce savoir. Il faudrait, dans les autres sociétés, analyser ainsi des institutions comme l'institution du lettré en Chine, du scribe dans la société égyptienne. Il faudrait analyser le très curieux, le très fondamental phénomène de la bureaucratie, qui est liée vraisemblablement en Occident à l'existence de cette curieuse forme de pouvoir-savoir qu'est l'enquête. La bureaucratie s'est développée dans la mesure où le pouvoir politique en Occident a eu essentiellement besoin de savoir et s'est exercé à travers un certain savoir qu'il prélevait ainsi sur les gens, auprès des populations, sur leur activité, sur leur technique, etc. Le pouvoir a prélevé ce savoir, il l'a concentré, il l'a appelé jusqu'à lui par l'intermédiaire d'un certain nombre de gens qui étaient précisément les enquêteurs, les bureaucrates, et puis ce savoir ainsi concentré entre les mains de ceux qui détenaient le pouvoir a été reversé ensuite, toujours par l'intermédiaire de la bureaucratie, sur ceux-là auprès desquels on l'avait prélevé. La bureaucratie, l'Église également est une forme d'institutionnalisation du pouvoir-savoir.

Quatrième niveau d'étude, ça serait les liens et les courants, les circulations qui se produisent, l'espèce de formation perpétuelle et réciproque du savoir et du pouvoir. Par exemple, on pourrait montrer comment l'avènement politique de la bourgeoisie en Europe au cours du XVIIIe siècle a été accompagné, ou plutôt a été en partie permis par un très extraordinaire pompage, une véritable rapine, un gigantesque vol de savoir qui a été opéré au cours du XVIIIe siècle. Cette grande rapine de savoir, ce grand prélèvement de savoir, c'est celui par lequel justement les enquêteurs des pouvoirs monarchiques en Occident ont prélevé auprès des populations paysannes, ouvrières, artisanes, techniciennes, toute une série de savoirs empiriques qui ont été centralisés, qui ont été accumulés, qui ont été reformulés en termes généraux, qui ont été mis à la disposition d'un certain nombre de gens, administrateurs, savants, lettrés, hommes politiques, etc., qui ont retourné ce savoir technique en savoir [scientifique][a], en savoir économique, en savoir politique aussi. C'est cette grande activité d'enquête dont l'*Encyclopédie*[7], par exemple, n'a été qu'un des exemples. On dit souvent : « L'*Encyclopédie* de Diderot, quelle merveille ! C'est le premier dictionnaire qui fait enfin place aux métiers et aux techniques ». Et là, il faut regarder les choses comme elles se sont passées. C'est un dictionnaire qui a été ouvert, qui a fait place aux techniques, bien sûr, mais pourquoi, comment, à partir de quoi ? À partir justement de cette rapine de savoir qui était opérée à cette époque-là quotidiennement par des gens, des administrateurs, ou par des commerçants, ou par des ingénieurs, ou par des savants qui allaient voir comment les ouvriers, comment les artisans, comment les paysans travaillaient, et qui, de ce savoir populaire, ont extrait finalement un certain savoir qu'on peut dire déjà technologique et à partir de quoi les grands progrès industriels, commerciaux, techniques, scientifiques et finalement politiques de la bourgeoisie

a. Conjecture ; mot difficilement audible.

ont été rendus possibles dans la seconde moitié du XVIIIe siècle et au cours du XIXe siècle. Gigantesque rapine de savoir. Il faudrait récrire l'histoire du savoir, et non pas des idées, l'histoire du savoir au XIXe siècle en tenant compte justement de ces courants, de ces phénomènes de concentration, de circulation, de ces phénomènes de prélèvement, etc.[8]

Enfin, dernier point, dernier niveau d'analyse possible, montrer comment ces courants, ces concentrations, ces cumuls, bref cette spirale du savoir et du pouvoir entrelacés l'un sur l'autre, comment ces courants ont donné lieu à des luttes, et à des luttes politiques réelles. Par exemple, je vous disais à propos du XVIIIe siècle qu'on a assisté, pendant pratiquement les deux tiers au moins du XVIIIe siècle, à de grands prélèvements du savoir artisanal, du savoir populaire, du savoir ouvrier, prélèvements de savoir retournés en savoir technique entre les mains et au profit de la bourgeoisie. Ceci s'est poursuivi, bien sûr, au XIXe siècle, cette forme-là de prélèvement du savoir technique, du savoir ouvrier, s'est continuée au XIXe siècle, et elle s'est doublée d'une autre forme de prélèvement qui était assez curieuse : ça a été le prélèvement en quelque sorte sur la conscience des ouvriers eux-mêmes. Lorsque le capitalisme s'est trouvé confronté au problème de la pauvreté ouvrière, du chômage, de la santé, de la mortalité dans la population ouvrière, vous savez que le capitalisme a ouvert un certain nombre de grandes enquêtes qui ont été faites auprès des populations ouvrières. En France par exemple, Buret a fait ainsi une grande enquête sur la condition ouvrière pour que le capitalisme puisse être éclairé sur la manière, non pas tellement de réduire cette misère, évidemment, que de l'utiliser[9]. Ces enquêtes faites sur les ouvriers, auprès des ouvriers, ont suscité vers les années 1830-1848, à l'époque même où elles étaient faites, un mouvement de lutte et ont déclenché un certain nombre de contre-enquêtes, qui ont été faites par les ouvriers eux-mêmes, qui voulaient bien en quelque sorte [qu'on enquête][a] sur leur condition, mais à condition que ce soit eux-mêmes qui fassent l'enquête. Aux enquêtes bourgeoises faites sur leur propre

a. Enregistrement : « enquêter ».

condition, ils ont opposé une série d'enquêtes. À partir de là s'est développé tout un mouvement d'enquête, de savoir et de culture populaire qui a éclaté en France, qui s'est épanoui au moment de la révolution de 1848. Il y a eu à ce moment-là véritablement lutte entre deux types de savoir-pouvoir, de pouvoir-savoir, le type bourgeois de pouvoir-savoir établi à partir de ces enquêtes, et puis le type de savoir populaire que le prolétariat ouvrier essayait d'opposer à ce savoir bourgeois. Et vous savez – j'ouvre une parenthèse – comment a été résolu ce problème, par quelle terrible astuce la bourgeoisie, au moins en France et on peut dire en Europe occidentale, a résolu le problème de la lutte entre culture populaire et ces formes-là de prélèvement de savoir ? Ça a été par un moyen très habile qui a été l'éducation obligatoire. L'éducation obligatoire, l'éducation primaire obligatoire, ça a été le moyen par lequel la bourgeoisie a en quelque sorte dit aux ouvriers : vous voulez opposer au savoir que nous prélevons sur vous un savoir que vous formeriez vous-mêmes ; puisque vous voulez savoir, nous allons vous donner la possibilité de savoir, nous allons vous donner la possibilité de vous instruire, nous allons mettre à votre disposition des gens qui seront faits pour vous donner du savoir, mais pour vous donner *le* savoir, *le* vrai savoir, celui non pas que vous vous formez vous-mêmes, mais celui que *nous*, nous avons formé dans nos universités, dans nos lycées, dans notre système d'enseignement. Et la généralisation des systèmes d'enseignement auprès de la classe ouvrière dans la seconde moitié du XIXe siècle a été une manière de résoudre au profit de la bourgeoisie ce conflit en train de naître entre [le] savoir formé par la bourgeoisie, [le] savoir formé à partir du pouvoir bourgeois, et le savoir populaire qui luttait contre lui.

Voilà une série, la série, je crois, des niveaux auxquels on pourrait essayer de faire l'analyse de ce domaine particulier que j'appelle le pouvoir-savoir ou le savoir-pouvoir, ce domaine où pouvoir et savoir s'enclenchent directement l'un sur l'autre sans passer par l'idéologie et sans maintenir la vieille structure universelle de la connaissance, du sujet de connaissance et de la vérité. Voilà méthodologiquement comment je vois les choses et comment je pense qu'on peut poser le problème des rapports entre instances sociales et savoir sans avoir recours ni à la vieille théorie de la connaissance, ni à la théorie des idéologies, [ni], à plus forte raison évidemment, à la conception du signifiant.

Alors maintenant, je voudrais passer à un exemple, un premier exemple d'analyse de ce style, de ce genre. Cet exemple, portera sur un ensemble de notions où, je crois, savoir et pouvoir s'articulent, ensemble de notions qui a été pour notre société, pour notre civilisation absolument déterminant dans la mesure où c'est là, dans ce jeu, qu'est née la forme ou en tout cas une des formes canoniques de notre savoir. Cet ensemble, c'est celui du serment, de la justice et de la mesure dans la société grecque. Et c'est par là, donc, que je commencerai.

Le serment de vérité, l'affirmation juridico-religieuse que l'on dit vrai, la recherche du juste, du *dikaion*, et l'exercice de la mesure, de la mensuration des temps, des surfaces, de la valeur des objets, des choses elles-mêmes, cela a constitué tout un noyau à partir de quoi se sont fondées précisément la science grecque, la connaissance grecque, la philosophie grecque. Je ne pense pas que l'origine du savoir grec, on puisse la retrouver dans quelque chose qui serait l'idéologie de l'aristocratie grecque ou de la bourgeoisie marchande grecque. Je pense que l'origine du savoir grec, on la trouve précisément dans cette espèce de matrice juridico-politique que je voudrais maintenant analyser.

Alors voilà comment je voudrais un peu analyser les choses. Je vais prendre d'abord les choses d'un point de vue extérieur, formel, en étudiant simplement la manière dont on affirmait la vérité, dont la vérité s'affirmait dans la procédure judiciaire des Grecs, et des Grecs archaïques. À vrai dire, je voudrais commencer par la fin. Comment, après la période des grands philosophes, c'est-à-dire au début de l'époque hellénistique, après Socrate, après Platon, après Zénon, après Aristote, comment est-ce que, dans la procédure judiciaire, dans la procédure des tribunaux grecs, on affirmait la vérité, comment est-ce qu'on établissait que les choses s'étaient passées de telle et telle manière ? On a retrouvé – c'est une chance – en Égypte, dans des papyrus dits d'Halicarnasse, des règles de procédure qui valaient dans les cités grecques. On les a retrouvées parce qu'il y avait en Égypte à cette époque-là des colonies grecques importantes, et les manuscrits sur papyrus dans le sable égyptien se conservent beaucoup mieux qu'en Grèce. Alors par une chance on a pu remettre la main là-dessus et, d'après ce qui se passait dans les minorités grecques d'Alexandrie, dans la colonie grecque d'Alexandrie, on peut deviner ainsi ce qui se passait dans les cités grecques de la même époque, c'est-à-dire au début de l'époque hellénistique. Les choses se passaient de la manière suivante. Les deux plaideurs, le demandeur et le défendeur, celui qui se plaignait et celui dont on se plaignait, avaient le droit de faire venir des témoins. Ils faisaient venir des témoins de la manière suivante : ils écrivaient sur une tablette le nom des témoins qu'ils voulaient faire venir en leur faveur, le nom des témoins qu'ils faisaient citer, comme on dit; ils écrivaient également sur ces tablettes le sujet du témoignage; ils disaient donc : c'est untel qui va venir témoigner, il va venir témoigner sur tel sujet et il va venir témoigner de ceci; ils indiquaient donc également la thèse que le témoin allait soutenir : nom du témoin, sujet du témoignage, thèse du témoin. Le plaideur, demandeur ou défendeur, remettait la tablette au magistrat, et le magistrat décidait si, oui ou non, il ferait venir le témoin. Et si le magistrat décidait de faire venir le témoin, alors le témoin, en présence du magistrat, commençait par prêter serment; il jurait, et il jurait que ce qui avait été écrit sur les tablettes, c'est-à-dire son nom, c'est-à-dire le sujet du témoignage et ce qu'il allait en dire, tout cela était parfaitement exact et conforme à la vérité. Après ce serment qui authentifiait en quelque sorte le contenu de la tablette, le témoin déposait, il témoignait sur les faits auxquels il avait assisté, sur ce qu'il avait vu, et il n'avait pas le droit de témoigner sur autre chose que ce à quoi il avait assisté ou que ce qu'il avait vu, et vu de ses propres yeux. Et lorsque, dans une affaire ou à propos d'un certain fait, il y avait des éléments qu'il ne connaissait pas, auxquels il n'avait pas assisté, qu'il n'avait pas vus de ses propres yeux, alors il n'avait pas à en témoigner. Par exemple, si quelqu'un avait été assassiné et qu'un témoin avait vu un tiers entrer dans la maison de la victime, il devait témoigner qu'il avait vu la personne entrer, il ne pouvait pas témoigner sur ce qui s'était passé dans la maison et sur l'assassinat. Et le texte des papyrus d'Halicarnasse le dit clairement : qu'il témoigne pour ce qu'il dit connaître, et qu'il prête le serment qui l'exempte de témoignage sur les faits qu'il ne dit pas connaître. Enfin, dernier point de cette procédure, c'est que s'il s'avérait, après ce témoignage sur les choses vues et qui excluait par conséquent les choses non vues, que le témoignage était faux, alors on pouvait, le juge pouvait, ou plutôt la partie qui se trouvait lésée pouvait demander au juge de réformer le jugement, et le faux témoin était condamné à payer une fois et demie la valeur du litige.

Vous me direz que ce n'était vraiment pas la peine que je vous raconte tout ça, qu'à peu de chose près, avec un certain nombre de variantes, c'est en somme, en gros, ce que nous connaissons. À cette époque-là en Grèce, comme à peu près maintenant pour nous, la validité du jugement repose au moins en partie sur la vérité de certains énoncés. Pour qu'un jugement soit juste, il faut que la vérité ait été dite. Et si ces énoncés sont faux, le jugement ne peut pas être juste ou en tout cas il peut être modifié. La validité du jugement, à cette époque-là de la société grecque comme pour nous, ne repose pas simplement sur la forme suivie par le juge, elle ne repose pas sur la simple régularité de la forme judiciaire ou juridique, la validité du jugement repose au moins en partie sur le fait que la vérité a été dite et que le jugement tient compte de cette vérité. Cette vérité, vous le voyez, elle est dite dans certaines conditions, sur un certain mode, elle est dite à propos d'éléments qui sont déterminés à l'avance sur la tablette, c'est-à-dire dite à propos d'un certain nombre de faits qui doivent être pertinents pour la cause. Il faut que cette vérité, d'autre part, soit dite par des individus qui interviennent ès-qualités dans la mesure où ils sont qualifiés pour la dire ; et ces individus doivent être ceux qui ont précisément vu. Et ce n'est pas en tant que le témoin détient une certaine autorité, c'est essentiellement parce que le témoin a vu, a assisté, qu'il peut dire la vérité. Le témoignage s'organise essentiellement autour de cette présence du témoin à un fait, il s'organise essentiellement autour du rapport qu'il y a entre un certain individu et une chose à laquelle il a assisté et qu'il a vue. La prééminence du regard, du voir, est absolument capitale dans cette conception du témoignage. Démosthène à une période, je crois, à peu près contemporaine – enfin un petit peu avant – disait dans le *Contre Stéphanos* : « La loi prescrit de témoigner de ce qu'on sait, des actes auxquels on a assisté, le tout consigné par écrit pour qu'on ne puisse rien retrancher ni ajouter. Quant au témoignage par ouï-dire, la loi l'interdit, à moins que l'auteur du propos ne soit décédé » [10]. Donc, vous le voyez, l'énonciation de la vérité par un témoin qui a assisté, c'est-à-dire qui a vu un fait, c'est cela qui constitue finalement le noyau du jugement, du jugement juste, du jugement à partir duquel la justice est effectivement rendue.

Je m'excuse d'avoir été si long pour dire des choses encore une fois si proches de nous, si évidentes. Mais pour comprendre leur caractère absolument, je ne veux pas dire paradoxal, mais leur caractère tout de même extraordinairement singulier, il suffit de se rapporter maintenant à ce qu'était une procédure judiciaire dans la Grèce archaïque, c'est-à-dire quatre siècles auparavant à peu près, disons au VIIIe siècle. Au VIIIe siècle, comment est-ce que ça se déroulait, quand on voulait rendre un jugement juste ? Pour cela, pour le savoir, on a à notre disposition un nombre limité de textes, un nombre très limité de textes : on a essentiellement, pour le VIIIe siècle, le témoignage d'Homère. Et pour le VIIe siècle, on a les textes de Gortyne, les lois de Gortyne et les textes d'Hésiode dont on parlera la prochaine fois.

Qu'est-ce qui se passait chez Homère lorsqu'il y avait contestation, lorsque deux personnes s'opposaient à propos d'un certain fait, et puis qu'il fallait décider, qu'il devait y avoir une décision entre ces deux personnes ? On en a deux exemples chez Homère ; je ne parlerai que d'un, l'autre étant une légère modification et, à vrai dire, beaucoup moins claire et pertinente que l'exemple dont je veux parler [11]. L'exemple dont je vous parle, c'est la fameuse histoire de la course de chars au cours de laquelle Ménélas et Antilokhos se sont opposés [12]. Il y avait course de chars au moment des funérailles de Patrocle. Achille avait organisé des jeux ; au cours de ces jeux, il y avait une course de chars et participaient à cette course de chars un certain nombre de guerriers parmi lesquels Ménélas et Antilokhos. La course de chars se déroulait sur une piste ovale. Les chars devaient tourner autour d'une certaine borne et précisément à cette borne on avait placé quelqu'un qu'Homère appelle *istôr*, celui qui voit, le surveillant, le témoin, qu'il appelait Phœnix ; et Homère dit qu'il avait été placé là, Phœnix, pour qu'il se rappelât la course et rapportât la vérité. La course se déroule et voilà que, au moment même où il passe près de la borne, Antilokhos fait une entourloupette à Ménélas – je ne sais plus très bien laquelle[13] –, enfin bref il arrive à bousculer le char de Ménélas qui se trouve déporté ; et Antilokhos arrive le premier[14]. De sorte qu'au moment de la distribution il va recevoir le prix, quand Ménélas arrive à son tour et dit : « Halte-là, il a fait une irrégularité, il s'est mal conduit à mon égard, je suis lésé et je réclame le prix ». Et au moment de cette contestation, cette contestation grave entre deux guerriers, qu'est-ce qui va se passer ? Chose curieuse, on ne fait aucunement appel à celui qui était pourtant là destiné à surveiller. Ménélas se contente de dire d'abord qu'il allait porter sa cause devant les chefs, les guides, les rois des Argiens de façon qu'ils jugent et qu'ils prennent la décision. Puis, aussitôt après avoir dit ça, Ménélas se ravise et il dit : « Non ! Je ne vais pas porter la cause devant les Argiens, je ne vais pas leur demander de décider, je vais donner moi-même le jugement » ; et, dit-il, « en cela j'obéirai à la règle, j'agirai selon la règle ». Et quelle est la règle ? Il la dit lui-même : il demande à Antilokhos de prêter serment, de jurer simplement, de prêter serment sans même dire quoi que ce soit, de prêter serment et de prêter serment par Zeus, c'est-à-dire par celui qui soutient la terre et qui ébranle la mer ; et Antilokhos doit prêter ce serment en tenant d'une main son fouet et de l'autre en touchant l'attelage de ses chevaux. Ménélas intime donc à Antilokhos l'ordre de prêter le serment ou plutôt il lui lance le défi : oseras-tu prêter serment dans la forme que je te dis ? À ce moment-là Antilokhos se dérobe ; Antilokhos dit : « Non, je ne veux pas prêter le serment ». Et du coup Antilokhos perd son procès, perd le prix et se trouve convaincu d'avoir effectivement truqué la course et gêné le char de Ménélas[15].

Bien que le mot même de vérité ne soit à aucun moment employé par Homère dans cet épisode, c'est bien en un sens de vérité qu'il est question dans cette procédure. Mais vous voyez que la vérité se distribue tout autrement que dans le système dont je vous ai parlé tout à l'heure. Dans le système dont je vous ai parlé tout à l'heure – on peut le schématiser de la manière suivante[a] – vous avez un litige qui oppose un demandeur et un défendeur. L'objet de ce litige a été observé et se trouve être connu par quelqu'un qui est un témoin. Ce témoin doit dire la vérité. S'il ne la dit pas, il dit un mensonge, et on verra ce qui arrive ensuite. En tout cas, on suppose que le témoin a dit la vérité, et c'est à partir de la vérité que la décision est prise, cette décision qui donne un perdant et un gagnant, laquelle décision peut être juste ou injuste. Maintenant si le témoin a dit une erreur, la sentence est forcément injuste et il est possible à ce moment-là de la réformer. Et vous voyez que dans ce système de la Grèce hellénistique, qui était déjà celui de la Grèce classique, la décision qui définit un perdant et un gagnant et qui est juste ou qui est injuste est ordonnée à la vérité qui s'oppose à l'erreur. C'est l'opposition vérité/erreur qui déclenche à la fois la décision, l'opposition du perdant et du gagnant et l'opposition entre le juste et l'injuste.

Dans le système dont je vous parle maintenant, vous voyez qu'on est très loin de cela. Vous n'avez pas du tout ce système dans lequel la vérité va déclencher l'ensemble des partages et des opérations. Quand Antilokhos se voit intimer l'ordre, ou reçoit plutôt le défi de prêter serment, qu'est-ce qui se passe, de quoi s'agit-il ? Vous voyez que la vérité qu'on lui demande d'affirmer sous serment, ce n'est pas tellement quelque chose que l'on constaterait, ce n'est pas quelque chose qui serait là, visible, constatable par quelqu'un, la vérité, c'est au fond quelque chose qu'on affronte. On demande à Antilokhos s'il a le courage d'affronter dans son serment quelque chose de redoutable, quelque chose de terrible, quelque chose de menaçant, et qui est la vérité. Au fond nul ne sait ce qu'est la vérité. Seul Antilokhos la sait. Quant au fameux témoin, il est oublié, on ne s'en sert pas. Seul

a. Foucault dessine un schéma au tableau. Voir *infra*, p. 68, note 16.

Antilokhos sait ce qu'est la vérité, les autres ne le savent pas. On demande à Antilokhos s'il veut affronter la vérité, c'est-à-dire s'il veut prêter serment. Après tout, on ne vérifiera pas si Antilokhos dit ou non la vérité ; on lui demande simplement s'il a le courage de parler contre la vérité. C'est-à-dire que vous voyez que la vérité n'est pas tellement à cette époque-là considérée comme un fait constatable, observable, visible, mais comme une force, une force redoutable contre laquelle on peut se placer ou dans le droit fil de laquelle on peut se placer. À l'égard de cette force, on peut s'opposer ou on peut au contraire plier. On peut être contre la force ou on peut être dans le même sens qu'elle, mais on ne la voit pas, on ne la constate pas, elle n'est pas établie comme un fait. Et cette force de la vérité, il faut bien comprendre en quoi elle consiste. Ce n'est pas tellement une force qui, en quelque sorte, soumettrait les hommes à son joug. La vérité, ce n'est pas quelque chose qui contraint. Après tout, Antilokhos est libre de prêter serment, il pourrait parfaitement jurer qu'il n'a pas gêné le char de Ménélas, et s'il avait prêté ce serment-là, il aurait remporté le prix. Donc on peut toujours s'opposer à la vérité. Elle ne s'impose pas, elle est une force certes redoutable, une force à coup sûr qui terrorise puisque finalement on se soumet à elle. Mais elle n'enchaîne pas les hommes, c'est une force qui peut simplement se déchaîner contre eux. D'autre part, ou plutôt par le fait même, vous voyez bien que cette vérité, ce n'est pas quelque chose qui, dans le procès, dans la forme judiciaire, peut être dit par un tiers personnage. La vérité, c'est quelque chose qui n'existe que pour quelqu'un, que pour l'un des partenaires. L'une des deux parties, l'un des deux plaideurs est en quelque sorte en tête-à-tête avec la vérité. Il y a les deux plaideurs, il y a la vérité. La vérité va se retourner contre celui des deux plaideurs qui ira contre elle. Mais il n'y a pas, il n'est pas nécessaire de faire appel à quelqu'un qui, de l'extérieur, viendrait la constater et permettrait de [départager] les deux adversaires. Les deux adversaires [prennent] ou l'un des deux prend le risque ou d'affronter la vérité, ou de se plier à la vérité. Ou il est terrorisé par elle ou au contraire il va la violer, il va la regarder en face, il va refuser de se laisser pétrifier par elle. Il accepte d'être saisi par elle, il accepte de lutter avec elle ou au contraire de renoncer à lutter avec elle. Mais, vous le voyez, il n'y a aucunement ni l'intervention d'un témoin qui, en tiers, viendrait dire : « Voilà ce qui s'est passé », ni l'intervention d'un juge qui, entre les deux parties, viendrait dire : « Puisque le témoin a dit ceci, je jugerai donc de cette manière » [16].

Dans le système classique dont je vous parlais en commençant, vous voyez que, au fond, il y a cinq éléments. Vous avez les deux plaideurs, le défendeur et le demandeur. Vous avez entre eux la vérité. Ni l'un ni l'autre ne sont chargés de dire la vérité. Dans la mesure où ils sont plaideurs l'un et l'autre, ils sont disqualifiés pour dire la vérité, on ne les croira pas. La vérité doit donc être dite par quelqu'un qui est un tiers. Ce tiers, c'est le témoin. On a donc : [le] demandeur, [le] défendeur, la vérité, le témoin qui voit la vérité et, cinquième élément, le juge, à qui le témoin dit de quel côté est la vérité. Dans le jugement homérique, les choses sont à la fois beaucoup plus compliquées et beaucoup plus simples. Beaucoup plus simples puisque, au fond, vous n'avez que trois éléments. Vous avez les deux parties en litige, le défendeur et le demandeur, Ménélas et Antilokhos, et puis vous avez la vérité. Cette vérité, personne n'est là pour la constater, et quand le juge interviendra, c'est simplement, s'il doit intervenir, c'est uniquement pour constater qu'Antilokhos a prêté le serment ou n'a pas prêté le serment. S'il a prêté le serment, il lui donne la récompense. S'il n'a pas prêté le serment, il constate qu'Antilokhos s'est dérobé, a perdu, et il lui retire son prix. Ce rôle, c'est là le seul rôle du juge, vous voyez que c'est un rôle extraordinairement limité. En fait, il n'y a que les deux partenaires et la vérité. Donc système très simple, mais système très compliqué parce que, alors que dans la vérité classique, la vérité se voit tout simplement, le rapport de la vérité au témoin est un rapport simple (l'a-t-il vue, ne l'a-t-il pas vue ?), là le rapport de la vérité au partenaire est beaucoup plus complexe. En effet la vérité, ce n'est donc pas quelque chose qui se dit, c'est quelque chose qui s'affronte, c'est quelque chose qui est dangereux, qui terrorise, auquel on peut s'opposer, auquel au contraire on peut se plier. Et qu'est-ce qui se passe si on dit un mensonge contre la vérité ? Qu'est-ce qui se serait passé si Antilokhos avait prêté serment, avait donc accepté d'affronter ainsi la vérité, qu'est-ce qui se serait passé ? Il aurait remporté le prix. Et puis après ? On ne sait pas, justement. On entre à ce moment-là dans un espace, dans un temps indéfini, illimité de danger et d'incertitude. Si Antilokhos avait prêté serment contre la vérité, avait juré qu'il n'avait pas gêné le char de Ménélas, alors qu'il l'avait gêné, à ce moment-là il aurait été, non pas nécessairement victime de la colère des dieux, il aurait été exposé à la possibilité de la vengeance des dieux, il serait entré à ce moment-là dans l'espace indéfini, problématique, périlleux mais jamais certain de la vengeance des dieux. Vous voyez par conséquent que l'affirmation de la vérité, l'affirmation qui peut être d'ailleurs mensongère de la vérité, dans cette procédure grecque archaïque, n'est pas destinée à établir un fait, elle est destinée à faire passer celui qui prête le serment de vérité, qui affirme quelque chose, à le faire passer d'un certain espace, d'un certain plan qui est le plan humain au plan terrible, au plan indéfini, au plan incertain et toujours ouvert de la vengeance des dieux. Le serment de vérité est un opérateur qui déplace l'individu, qui le promeut, qui le fait glisser, qui le transfère dans l'espace et le temps où les dieux peuvent se venger ; et par conséquent ce serment fait que les hommes, les victimes, le défendeur – Ménélas en l'occurrence – n'ont pas à se venger eux-mêmes puisque les dieux seront là pour châtier Antilokhos, si du moins ils le veulent. Et la terreur d'Antilokhos, c'est la terreur devant cet espace nouveau, devant cet espace à la fois redoutable et sacré de la vengeance des dieux. La vérité est là, la vérité, c'est précisément ce qui s'affirme au seuil de cet espace de la colère et de la vengeance des dieux. C'est un affrontement avec cet espace sacré, ce n'est pas la constatation d'une chose.

Voilà comment fonctionne, d'une façon un peu schématique, le serment dans la Grèce archaïque. On peut dire : ce serment de vérité est tout entier ordonné au système de la lutte. Dans l'histoire, dont je vous parle, de Ménélas et d'Antilokhos, vous aviez non pas un pur et simple litige comme dans le droit grec, vous aviez eu une première lutte, c'était la lutte de Ménélas contre Antilokhos dans le char, un premier *agôn*. Puis ça avait été leur second affrontement non plus sur le char, mais en paroles, lorsque, après le résultat de la course et l'arrivée de la course, Ménélas avait contesté la victoire d'Antilokhos et avait essayé de lui retirer son prix : c'est la deuxième lutte. Le troisième épisode de la lutte, c'est quand Ménélas lance le défi à Antilokhos et lui dit : « Oseras-tu prêter le serment ? », le troisième épisode, c'est ce qu'on pourrait appeler le serment-défi. Ce serment-défi, Antilokhos peut l'accepter ou peut le refuser, il peut le prêter ou il peut se dérober – en l'occurrence il s'est dérobé. Et ce serment-défi peut donc être ou accepté ou refusé. Selon qu'il est accepté ou refusé, la décision est prise, décision automatique : si Antilokhos avait accepté le serment, la décision aurait été qu'il soit gagnant; si Antilokhos avait refusé – et en fait il a refusé –, la décision le donne comme perdant. Et où est la vérité, là-dedans ? Simplement en ceci : c'est que si Antilokhos avait accepté, il aurait en effet gagné, et s'il avait gagné, alors, de deux choses l'une, ou il disait la vérité ou il disait faux; s'il disait la vérité, les dieux ne se vengeaient pas, et s'il disait faux, les dieux pouvaient se venger ou ne pas se venger : vengeance ou non-vengeance. Et c'est simplement là, à l'extrémité du système, que vous voyez l'effet de vérité. L'effet de vérité, l'effet de l'opposition vérité/erreur n'intervient dans le système que dans le jeu de la vengeance des dieux. La vérité et l'erreur, la vérité et la fausseté de l'affirmation sont très importantes puisqu'elles introduisent la vengeance divine, certes; au niveau de ce qui va arriver au personnage, la vérité et la fausseté du mensonge, c'est très important; mais vous voyez que ça n'intervient pas dans la structure même du jugement humain ou de la procédure judiciaire que vous voyez se dérouler. C'est simplement à ce seuil où les dieux apparaissent, c'est [ici], à ce seuil, que la vérité joue. Alors que là, vous voyez que c'est au début même de la procédure, toute la procédure est commandée par l'affirmation, la formulation d'une vérité dès le départ de l'opération judiciaire.

Vous voyez où est le problème : dans ce déplacement de la vérité, qui n'est dans la forme judiciaire archaïque que le seuil sur la vengeance des dieux, sur le temps et l'espace sacré de la vengeance des dieux. Le déplacement de cette vérité, de cette fonction-là, à cette fonction première, fondamentale, cette fonction-noyau en quelque sorte de la procédure judiciaire, cela est, je crois, un phénomène très important qui est absolument lié à toute une série de transformations à la fois dans le système de pouvoir politique et dans le système de savoir chez les Grecs. Et c'est cet ensemble de transformations, dont j'ai simplement posé le problème, que j'essaierai d'analyser la prochaine fois.

Vous avez des questions à poser ?

— *Vous avez présenté la séparation théorique du savoir et du pouvoir comme une caractéristique de la société occidentale. Mais il y a peut-être des sociétés comme l'Inde où c'est encore plus frappant*[a].

— Je ne dis pas du tout que ça soit la propriété exclusive de la société occidentale. Je pense que dans les sociétés occidentales, en tout cas dans la société grecque, la séparation n'est effectivement et définitivement acquise qu'après les sophistes. À vrai dire, les sophistes, ce n'est peut-être d'ailleurs que la dernière réapparition, quasi caricaturale, de ces liens fondamentaux. En tout cas après eux, c'est terminé. Ça ne veut pas dire bien sûr... d'autant plus que chez les Indiens, qui [appartiennent] aussi [à] des sociétés indo-européennes, il est bien normal qu'on retrouve un certain nombre de [ces traits][b].

— *Est-ce qu'on ne trouve pas cette séparation du savoir et du pouvoir dans la tragédie, en particulier chez Sophocle qui, dans* Œdipe-roi, *nous montre l'arbitrage impossible, notamment dans les scènes entre Œdipe, Tirésias et Créon ?*

— Je pense que toute l'histoire d'Œdipe est, tout autant que l'histoire d'un inceste, le problème des rapports savoir-pouvoir. Mais au fond toute la problématique du ve siècle et même encore du IVe siècle en Grèce, ça a bien été ça. Tout le problème : quelle est

a. En raison de l'éloignement du micro, les interventions des auditeurs sont peu audibles, et parfois même complètement inaudibles. Il n'a souvent pas été possible de les transcrire, mais seulement d'essayer de les reconstituer, en les résumant, à partir des quelques passages compréhensibles ainsi que des réponses de Foucault.

b. Conjecture ; Foucault ne termine pas la phrase.

la position du philosophe à l'égard du roi ? Est-ce que le philosophe doit devenir roi ? Est-ce que le roi doit être philosophe ? Tous les problèmes de Platon, de ses rapports avec Denys de Syracuse, etc.

— *Ma question porte sur le rapport avec l'idéologie. Comment placez-vous la théorie du superstructurel ? S'agit-il de la même chose ?*

— Alors là, encore plus, parce que je crois qu'il est tout de même tout à fait facile de montrer quel est le rôle effectif de quelque chose comme le savoir – au sens très général, je ne parle pas seulement de la science – à l'intérieur même de la constitution d'un pouvoir politique dont la possibilité est évidemment donnée par des rapports de production, mais dont le rôle est effectivement le maintien, le renforcement, éventuellement le déplacement de ces rapports de production. De telle sorte que l'idée qu'on puisse hiérarchiser ça à étages, qu'on puisse avoir l'étage des infrastructures, l'étage des superstructures avec les idéologies, etc., je pense que c'est tout à fait insuffisant pour saisir l'ensemble du mécanisme. J'essaierai, si j'ai le temps, à propos du Moyen Âge, de la naissance de l'enquête, de l'inquisition au Moyen Âge, de montrer comment le pouvoir politique au Moyen Âge n'a pu s'établir qu'à travers une gigantesque opération de constitution, de cumul, de concentration, de centralisation de savoirs. Le savoir est au cœur du pouvoir.

— *Vous avez parlé d'une spirale du savoir et du pouvoir. Mais peut-on concevoir une société où cette spirale serait renversée : ignorance serait impuissance ?*

— On peut dire que, dans notre société, le refus de laisser accéder au savoir un certain nombre de gens est bien la condition pour que le pouvoir politique leur soit refusé – pouvoir politique au sens très large. On pourrait même dire que toute notre société, c'est l'envers de la spirale dont j'ai parlé, c'est-à-dire la spirale dont vous, vous parlez, c'est-à-dire ignorance-impuissance. Je situe tout ça, évidemment, par rapport, disons, aux mouvements contemporains. Si ce que je dis est vrai, vous voyez que le problème, ce n'est pas du tout :

science bourgeoise ou science prolétarienne, ce n'est pas ça du tout. Le problème, c'est finalement : dans quel sens, comment se font ces circulations de savoir, ces cumuls de savoir, ces transferts de savoir ? Est-ce que se constitue au profit d'une classe sociale un phénomène de sursavoir, à partir de quoi son pouvoir politique s'établit, se maintient, etc. ? C'est ça le problème. La révolution culturelle chinoise, ce n'est pas la substitution d'une science prolétarienne à la science bourgeoise : la microbiologie moléculaire est la même à Pékin et à New York. En revanche, ce qui est très différent, c'est que ce à quoi en principe doit tendre sans doute idéalement, doit tendre réellement la révolution culturelle, c'est bien le contrôle de ces mécanismes de formation, de concentration, de cumul, de redistribution du savoir : il s'agit d'éviter la formation d'un sursavoir au profit d'une classe privilégiée. Le maoïsme est la politique d'une classe sociale, d'une classe économique. En ce sens la bureaucratie technocratique et scientifique russe, quel que soit le régime économique de l'Union soviétique actuellement, est bien la constitution d'un sursavoir au profit d'une classe sociale.

— *Ma question concerne la vengeance des dieux dans le cas d'un faux serment.*

— Qu'est-ce qu'il y a derrière ?[a]

— *De quoi s'agit-il pour vous ?*

— Oh, je vous vois venir… Je sais que vous venez, d'où vous venez, mais je ne vois pas très bien quelle arme vous portez. Je redoute qu'elle me soit fatale, c'est tout[b].

— *Je veux dire que, dans le système de la société occidentale, tous les éléments sont vraiment connus, tandis que là, l'analyse n'est pas complète dans la mesure où l'alternative, c'est : quelque chose ou rien.*

a. Foucault prononce ces mots à voix basse.
b. Foucault prononce ces mots sur un ton ironique qui fait rire l'auditoire.

— Et après tout, est-ce que les dieux savent? Est-ce qu'il faut que les dieux voient?

— *Mais alors est-ce qu'il n'y a pas un moyen d'analyser ça par rapport aux humains, de ramener la vengeance des dieux à un certain rapport réel dans la société, à une certaine forme de violence? Est-ce que la peur correspond à quelque chose de réel ou est-ce qu'elle est totalement imaginaire?*

— Non, [Antilokhos] avait réellement peur, il mourait au sens strict de peur à l'idée de prêter un serment contre cette vérité. Et pourtant, en un sens, il prêtait ce serment.

— *Ça, c'est vrai dans toutes les sociétés primitives, pas seulement dans la société grecque.*

— C'est très difficile de savoir. Dès qu'on a des textes, disons déjà ironiques, sur la culture grecque, c'est-à-dire dès le Vᵉ siècle, chez Aristophane, les gens prêtent serment à propos de n'importe quoi pour dire les pires énormités. Or à la même époque ou presque, pour les tragiques, prêter un serment contre la vérité, c'est tout de même grave.

— *Probablement, le système là-bas tient le coup tant qu'on a peur.*

— Oui, tant qu'on a peur, bien sûr. C'est très curieux, on voit au cours du haut Moyen Âge une évolution pas tout à fait semblable, mais assez parallèle, où là encore le serment est utilisé à des fins... Dans le droit roumain, en Roumanie, je crois, jusqu'au XIVᵉ ou XVᵉ siècle... en tout cas dans le droit bavarois jusqu'au XIIᵉ ou au XIIIᵉ siècle, quand vous aviez volé un poulet et que vous le teniez d'une main, vous aviez parfaitement le droit de prêter serment de l'autre comme quoi vous n'aviez pas le poulet; et le propriétaire n'avait pas le droit de le récupérer, vous étiez innocent. Simplement vous aviez pris le risque d'être puni par Dieu. Ça, ça vous regarde. À vous d'affronter ce pouvoir, terrorisé.

— *Mais est-ce que dans le texte d'Homère il n'y a pas d'exemples de la punition des dieux ?*

— Si, les punitions des dieux, mais pas après une affaire judiciaire précisément ; à propos de toute infraction à une promesse, à un serment, etc. Mais comme punition après une procédure judiciaire où quelqu'un aurait fait un faux serment, non. Il n'y a que deux procédures judiciaires dans l'*Iliade*, ce sont [celle-ci] et une scène qui se trouve sur le bouclier d'Achille que je ne vous ai pas rapportée parce qu'elle est un peu plus complexe[17].

— *Dans l'*Iliade, *il y a des exemples de punition des dieux.*

— Oui, en tout cas Antilokhos, il a les foies. Il voudrait bien le prix, mais il n'a pas osé.

— *N'est-ce pas une question de hasard ?*

— Il n'y a pas exactement de hasard. Il y a un certain nombre d'incertitudes, c'est-à-dire qu'on ne sait pas ce qui s'est passé.

— *Quelles incertitudes ?*

— Il y en a beaucoup. La première, c'est qu'on ne sait pas ce qui s'est passé. Les chefs qui sont là et qui assistent à la dispute ne le savent pas.

— *Les deux le savent bien.*

— Non, mais je veux dire les autres. La scène se passe devant un certain nombre de chefs grecs, devant l'armée grecque. L'armée grecque ne sait pas ce qui s'est passé. Et personne ne vient lui dire : « J'ai vu, je sais, c'est comme ça ». Donc ce qui s'est passé aux yeux de l'assemblée est incertitude. Deuxième incertitude : Ménélas dit [à Antilokhos] : « Vas-tu prêter serment ? » À ce moment-là, il y a deux possibilités : ou il prête serment ou il ne prête pas serment. Là encore, incertitude. Maintenant, s'il avait prêté serment, troisième incertitude : est-ce que les dieux vont le punir ou pas ? Vous avez donc trois incertitudes qui restent et qui font jouer le système. Alors que là, dans le système récent, celui de l'époque hellénistique, que vous trouvez déjà chez Démosthène, on fait tout pour écarter les incertitudes, on essaie de mettre la vérité à l'entrée du système. Et si c'est l'erreur, le faux serment qui est donné à l'entrée du système, alors tout est faussé ; mais si c'est la vérité, tout doit être régulier. C'est la vérité qui est le principe de régularité, et par conséquent il ne doit plus y avoir en principe d'incertitude. Alors que là, ça a beau être régulier, vous avez des incertitudes partout. C'est un jeu, c'est une lutte, on est toujours dans la lutte, et ça se termine par la lutte entre l'homme et les dieux. Et, vous voyez, tout est lutte, tout est risque, ça peut être ça ou ça peut être le contraire.

— *N'est-ce pas parce qu'il refuse le système qu'Antilokhos ne prête pas le serment ?*

— Non. Il faut tout de même tenir compte du fait que, dans le récit d'Homère, tous les héros – pas tous d'ailleurs, il y en a un certain nombre qui n'obéissent pas aux règles –, mais en tout cas aussi bien Ménélas qu'Antilokhos sont des gens réguliers. D'ailleurs Antilokhos a fait cette irrégularité, mais c'est la seule qu'il ait commise, et c'est précisément la preuve de son honnêteté de ne pas prêter le serment. Donc il n'est pas hors du coup, au contraire, et justement, après ça, il se réconciliera avec Ménélas, et Ménélas lui dira : « Puisque tu n'as pas prêté serment, puisque tu as renoncé, c'est très bien, tu as joué le jeu comme il fallait, et on est réconciliés ». Donc ce n'est pas le refus du système qui lui fait refuser de prêter le serment.

— *Votre analyse de la différence du concept de vérité entre le* VIII*e et le* IV*e siècle est basée sur un exemple isolé. Est-ce qu'il est possible d'en tirer des conclusions ?*

— [Premièrement,] on a un autre procès chez Homère, c'est celui qui est sur le bouclier d'Achille[18]. Deuxièmement, et alors là, je ne l'ai pas dit, parce que c'était entrer là dans l'érudition, vous avez toute une série de traces de ce système archaïque jusque dans le droit grec hellénistique, et en particulier, à l'époque même où ce système était en jeu, pour les cas peu graves vous aviez la possibilité d'utiliser ce système-là. C'est-à-dire [que], lorsque deux individus étaient en litige, et lorsqu'on ne voulait pas ou lorsqu'ils ne voulaient pas et que la cause n'impliquait pas qu'on aille devant le tribunal et qu'on mette en branle toute la machine administrative, alors on utilisait le principe du serment. L'un disait à l'autre : « Vas-tu prêter serment ? ». Alors, entre ces formes simplifiées, déjà marginales, et cette forme-là, on a toute une série d'intermédiaires qu'on a pu reconstituer. Si vous ajoutez à cela que cette forme-là de serment ou d'épreuve judiciaire, vous la retrouvez pratiquement dans la plupart, presque dans toutes les populations indo-européennes de type primitif, vous pouvez être sûrs que c'est le schéma du vieux système. Je crois que ça ne fait aucun doute, malgré la singularité de l'exemple. On a des traces, on a des comparaisons.

— *Les deux concepts de vérité ont pu coexister ?*

— Alors, à partir d'un certain moment, cette forme-là est restée comme truc simplifié. À la limite, elle existe aujourd'hui. Simplement, elle vaut dans la mesure où cette [autre forme] existe à côté et où, si quelqu'un prêtait un faux serment d'une manière trop évidente, alors à ce moment-là on aurait recours à cette grande machinerie et on irait trouver les témoins. On utilise cette forme-là parce que l'on sait que celui qui peut prêter un faux serment est menacé de cette [autre forme] où il risque d'être convaincu du [mensonge][a].

— *Il semble que cette forme de vérité existait déjà dans le système archaïque, puisque Ménélas avait d'abord pensé à aller chercher le témoin.*

— Non, il n'a justement jamais pensé à aller chercher le témoin. Il a dit : « Nous allons faire juges, on va laisser les chefs grecs décider ». Alors là, on laissait une espèce de puissance publique, collective, choisir entre les deux en fonction de l'honorabilité de chacun, de leur âge, de leur crédibilité, de leur force sociale, de leur poids, etc. Puis il ne veut pas, il propose [à Antilokhos] cette épreuve-là, dont il dit qu'elle est conforme aux règles (je ne sais plus quelle est la formule).

a. Conjecture ; Foucault ne termine pas la phrase.

— *Ce serment est très proche de l'ordalie.*

— C'est ça, oui. C'est ce que j'appellerais la vérité-épreuve, que vous trouvez dans le serment, dans l'ordalie, dans le duel judiciaire, etc., où la vérité, ce n'est pas ce qui se prouve et qui se voit, c'est ce qui s'éprouve, ce qu'on affronte.

— *Dans ce système il n'y a pas de témoin?*

— Dans ce système-là ? Non, ou alors on utilise un certain nombre de preuves annexes comme les preuves écrites, comme les indices, comme la réputation des gens, etc.

— *Quel est le rapport entre ce système judiciaire et celui qui lui a succédé?*

— C'est ce que j'essaierai d'expliquer un peu la prochaine fois, c'est-à-dire que ce déplacement de la vérité dans la pratique judiciaire repose en fait sur toute une série de déplacements, de transformations à la fois du pouvoir politique et du savoir, du rapport à la vérité, etc. C'est là le problème ; [ici,] je n'ai fait que poser les termes du problème. Comment est-ce qu'on passe de ça à ça? Comment la vérité se déplace comme ça?

— *Est-ce que c'est un rapport dialectique, qu'on voit à peu près dans toute l'histoire de la justice?*

— Là, j'avoue que je suis trop ignorant des autres formes politiques et judiciaires qu'on trouve dans d'autres sociétés. Mais vous avez au Moyen Âge, et si j'ai le temps je vous l'expliquerai, une évolution un peu semblable, pas tout à fait de même type cependant.

— *Au Moyen Âge, en 1258, saint Louis a aboli le duel judiciaire. Qu'est-ce qui l'a poussé à cela? Il lui a substitué les preuves par témoin et les preuves par enquête, car la forme du pouvoir monarchique a remplacé la forme du pouvoir féodal.*

— Oui, c'est absolument lié en effet à une transformation du pouvoir. Mais l'enquête, l'*inquisitio*, qui a commencé à remplacer, avant même saint Louis, au cours du XIIIe siècle, le duel judiciaire, était tout de même différente de la constatation pure et simple par témoin[19]. Dans [le système de la Grèce antique], vous voyez que c'est chaque partie qui fait venir ses propres témoins, alors que, dans l'*inquisitio* ecclésiastique ou monarchique – on y reviendra, mais comme je vois que vous êtes très savant déjà… – la recherche est faite au nom de quelqu'un que les Grecs ne connaissaient absolument pas et qui était le procureur, c'est-à-dire le représentant du pouvoir public. Et là c'est le pouvoir public, c'est-à-dire le représentant finalement du roi, qui fait l'*inquisitio* et qui va chercher lui-même la vérité, ce que les Grecs ne connaissaient pas. On est encore en pleine procédure accusatoire, même ici. Vous êtes juriste, non ?

— *Médiéviste.*

— Ah vous êtes médiéviste. Qu'est-ce qui vous fait rire[a] ?

— *Dans votre préambule, vous avez cité différentes formes de savoir, la magie, la prophétie, qui sont liées au sacré, ou encore l'enquête, que vous avez qualifiée de vol, de rapt, de rapine ; et à leur propos, vous avez parlé de violence du pouvoir. Cela pose le problème de la rationalité. Un savoir purement rationnel, fondé sur l'adéquation, apparemment détaché de la problématique du pouvoir, comme le savoir occidental à l'origine duquel se trouve Thalès, me paraît être davantage un savoir.*

— En effet j'ai été tout à fait incomplet là-dessus. Ce dont vous parlez, ce que vous désignez en parlant de Thalès, de la clôture de rationalité, de la norme de rationalité, de la clôture du système, de l'adéquation, etc., par là vous définissez ce que j'appellerais la science, ou la scientificité, et qui n'est pas, pour moi, la même chose que le savoir. C'est-à-dire que ce que j'essaie de montrer, ce que j'essaie d'analyser, c'est d'une part comment cet ensemble de processus dont je parle actuellement, et où savoir et pouvoir sont liés, produit à partir d'un certain moment et à un certain stade un sursavoir, dont l'effet majeur en Occident a précisément été la science. La constitution

a. Cette dernière phrase est adressée à l'auditoire, que la remarque de Foucault fait rire.

d'un certain sursavoir à partir des pratiques judiciaires, à partir des pratiques politiques, à partir de la constitution de l'État grec a donné lieu à, a rendu possible en tout cas un certain effet qu'on appelle la science. La science se définit en termes en effet de normes de rationalité, elle se définit en termes d'adéquation, elle se définit en termes de vrai et de faux, de vérifiable [et de] non vérifiable. Le savoir, lui, c'est l'ensemble des processus par lequel ce qui est connu se forme, se déplace, se concentre, s'accumule, se disperse, se redistribue, etc., à l'intérieur d'une société. De telle sorte que toute science est bien fondée et toute science emporte bien avec elle une certaine dimension de savoir, mais ils ne sont pas dans le même espace, ils ne sont pas sur le même plan, en tout cas.

— *C'est autre chose que le purement rationnel, c'est très différent d'analyses comme celle de Husserl dans* L'origine de la géométrie[a] [20].

— Oui, et en ce sens les analyses que je vous propose, je ne veux pas du tout les comparer – je ne me le permettrais pas –, mais elles se situent dans un tout autre axe. Ce n'est absolument pas la genèse de la rationalité, mais c'est la formation réciproque d'un savoir et d'un pouvoir, formation réciproque qui a donné lieu à un sursavoir dont l'effet majeur, essentiel pour l'Occident, a été une certaine norme de rationalité qui est maintenant universalisée.

J'ai peut-être été un peu difficile…[b]

a. Dans un passage presque inaudible, l'intervenant cite également le nom de Heidegger.

b. Foucault prononce ces mots à voix basse, comme pour lui-même.

NOTES

1. Voir *supra*, p. 7, note 2.

2. Voir notamment, L. Althusser, *La philosophie comme arme de la révolution*, dans *Positions*, Éditions sociales, 1976, p. 35-48.

3. T. Hobbes, *Léviathan, traité de la matière, de la forme et du pouvoir de la république ecclésiastique et civile*, trad. fr. F. Tricaud, Paris, Sirey, 1983.

4. B. de Spinoza, *Traité politique*, trad. fr. Ch. Appuhn, dans *Œuvres*, IV, Paris, Garnier-Flammarion, 1966.

5. C'est Lacan que Foucault désigne ainsi.

6. Un an plus tard, dans la première conférence de « La vérité et les formes juridiques », Foucault développera beaucoup plus longuement l'analyse de la conception nietzschéenne de la connaissance, dont sa propre démarche s'inspire (M. Foucault, « La vérité et les formes juridiques », dans *Dits et écrits*, I, *op. cit.*, p. 1410-1420).

7. *Encyclopédie ou Dictionnaire raisonné des sciences, des arts et des métiers*, Paris, 1751-1772.

8. Voir à ce sujet M. Foucault, *« Il faut défendre la société »*, *op. cit.*, p. 159-161.

9. E. Buret, *De la misère des classes laborieuses en France et en Angleterre*, Paris, 1840.

10. Démosthène, *Contre Stéphanos* II, 6, dans *Plaidoyers civils*, II, trad. fr. L. Gernet, Paris, Les Belles Lettres, 1957, p. 187.

11. Foucault fait ici allusion à la scène judiciaire représentée sur le bouclier d'Achille (Homère, *Iliade*, chant XVIII, vers 497-508, t. III, trad. fr. P. Mazon, Paris, Les Belles Lettres, 2002, p. 95). Il y reviendra *infra*, p. 74-75.

12. Foucault étudie l'épisode de la contestation entre Ménélas et Antilokhos au chant XXIII de l'*Iliade* dans la leçon du 27 janvier 1971 des *Leçons sur la volonté de savoir*, *op. cit.*, p. 72-75. Il l'évoque rapidement dans la seconde conférence de « La vérité et les formes juridiques », *op. cit.*, p. 1423-1424 et y revient beaucoup plus longuement dans la leçon du 22 avril 1981 de *Mal faire, dire vrai*, *op. cit.*, p. 20-34.

13. Foucault sera plus explicite, dans *Mal faire, dire vrai*, *op. cit.*, p. 22. En fait, Antilokhos refuse de céder le passage à Ménélas quand la piste, à l'emplacement de la borne, devient plus étroite.

14. Foucault veut dire par là qu'Antilokhos arrive devant Ménélas. En fait, le vainqueur de la course est Diomède, Antilokhos arrive second et Ménélas troisième.

15. Homère, *Iliade*, chant XXIII, vers 566-595, t. III, *op. cit.*, p. 299.

16. On peut essayer de reconstituer de la manière suivante les deux schémas dessinés par Foucault au tableau :

– Époque hellénistique :

Litige – demandeur – témoin – vérité	→	décision juste du juge	
défendeur mensonge	→	décision injuste du juge	→ possibilité de la réformer.

– Époque archaïque :

Litige – demandeur – défi-serment – refus	
défendeur	acceptation – vérité → mensonge → risque d'une vengeance des dieux.

17. Foucault évoque cette scène *infra*, p. 74-75.

18. Voir *infra*, p. 74-75.

19. Foucault traite de l'apparition de l'enquête au Moyen Âge dans la séance X, *infra*, p. 357-383.

20. E. Husserl, *L'origine de la géométrie*, trad. fr. J. Derrida, Paris, P.U.F., 1962.

SÉANCE II
(16 mars 1972)

Mardi dernier j'avais essayé de fixer les termes du problème, c'est-à-dire montrer comment fonctionnait la constatation de la vérité, l'énoncé de la vérité, dans le système juridique, judiciaire de la Grèce classique ou même de la Grèce hellénistique ; c'était le point d'arrivée. Et puis j'avais essayé de remonter vers le point de départ, c'est-à-dire de définir la manière dont la vérité fonctionnait selon les premiers témoignages qu'on en peut recueillir dans la Grèce archaïque, à propos de la Grèce archaïque, c'est-à-dire chez Homère.

Le schéma archaïque était celui-ci[a] : litige transporté, transformé en combat judiciaire. Au cours du combat judiciaire, l'un des deux adversaires lance à l'autre un défi. Ce défi, c'est : « Oseras-tu jurer, auras-tu le courage de prêter serment ? ». Défi-serment que l'autre partenaire, celui auquel on lance le défi-serment, va ou bien accepter, ou bien refuser ; ou bien il va se dérober et dire : « En effet, je ne prête pas serment », et du coup il perd la mise ou il perd l'enjeu ; ou bien il accepte. C'est donc refus ou acceptation. Et s'il a accepté de prêter le serment, alors à ce moment-là le serment peut être un serment vrai ou un faux serment ; il peut être parjure ou au contraire il peut avoir dit la vérité ; et c'est ici, et ici seulement, que l'opposition vrai/faux commence à jouer. Dans le cas où il aurait effectivement prêté un faux serment, dans le cas où il serait parjure, alors il s'expose à la vengeance des dieux. Et c'est simplement là, au seuil de cette vengeance des dieux, et comme opérateur, en quelque sorte, pour passer du litige terrestre à la vengeance indéfinie des dieux, c'est comme opérateur de ce passage qu'on voit fonctionner l'opposition vrai/faux. Voilà pour la formule archaïque.

a. Foucault retrace au tableau les deux schémas qu'il avait présentés à la fin de la leçon précédente (voir *supra*, p. 68, note 16).

La formule récente telle [qu'on la] trouve dans les textes, chez Démosthène, et [qu'on la] trouve dans la pratique judiciaire hellénique et hellénistique, alors c'est le litige avec le demandeur et le défendeur, les témoins qui viennent déposer à la demande du demandeur ou du défendeur et qui, eux, disent la vérité ou au contraire formulent le mensonge. C'est à partir de cet énoncé de la vérité ou du mensonge que se formule la décision du juge qui donne un gagnant et un perdant. Et cette décision sera juste ou injuste selon que les témoins ont dit la vérité ou qu'ils ont dit l'erreur. Par conséquent on voit que là, la vérité fonctionne comme opérateur de la décision et comme déterminant le juste et l'injuste, alors que, dans le système archaïque, le juste et l'injuste sont en quelque sorte indépendants, ou en tout cas antérieurs à la vérité. Il y a justice dans le système archaïque dans la mesure où l'ensemble des règles a été observé. Et c'est l'observation des règles qui définit la justice. *Themis esti*, dit souvent Homère : il est juste, c'est conforme aux règles, c'est comme ça que ça doit être, et ceci indépendamment de la vérité qui opère à un autre niveau et à un autre seuil. Au contraire là, vérité et erreur sont constitutives de la décision, puisque c'est à partir du témoin de vérité que la décision va être prise, et c'est à partir de la vérité et de l'erreur que la justice et l'injustice apparaîtront et seront décidées.

Voilà donc les deux formules, et le problème, c'est en somme d'étudier le système de transformation de la formule archaïque à la formule classique. C'est cela que je voudrais faire. Comment la vérité s'est déplacée, et de cette position en quelque sorte dérivée, en tout cas de cette position terminale de la vérité, cette position liminale de la vérité entre le monde du litige humain et celui de la vengeance indéfinie des dieux, comment en est-elle arrivée ici, avec tout ce que ça implique en ce qui concerne aussi bien le sujet qui dit la vérité que la manière dont la vérité est établie, puisque, ici, la vérité, c'est ce qui est dit par un témoin qui est censé l'avoir vue, l'avoir constatée, alors que là, la vérité, c'est quelque chose qu'on affronte : oseras-tu faire un serment, oseras-tu faire le serment, oseras-tu aller contre la vérité, ou te plieras-tu au contraire aux normes de la vérité ? Ce sont donc deux systèmes absolument différents. Et il s'agit de savoir comment s'opère la transformation.

Aujourd'hui, je voudrais étudier une espèce de formule qui est intermédiaire, essayer de trouver le noyau autour duquel la transformation s'est faite. Pour ça, je me servirai de deux ensembles de textes, l'un purement juridique, ce sont les fameuses lois de Gortyne[1], et puis l'autre, c'est un texte d'Hésiode dans *Les Travaux et les Jours*[2]. Ces deux textes ne sont pas absolument contemporains. La loi de Gortyne est un peu ultérieure, un peu plus récente que le texte d'Hésiode. C'est un texte de loi qui a été retrouvé par des érudits, allemands bien sûr, du XIXe siècle et qui constitue le témoignage, le texte judiciaire, proprement, exclusivement judiciaire, le plus archaïque dont on dispose en ce qui concerne la civilisation grecque, le texte d'Homère n'étant au fond que dérivé, n'étant pas proprement juridique, bien sûr. Alors cette loi de Gortyne est intéressante parce qu'elle fait apparaître qu'au VIIe et au VIe siècle – il est probable que la loi de Gortyne, la gravure qu'on en a, enfin la pierre qu'on en a date du Ve, mais les érudits ont pu établir que la loi de Gortyne fonctionnait dès le début du VIe siècle, la fin du VIIe et le début du VIe en tout cas –, dans cette loi de Gortyne du VIe siècle, disons, on voit qu'il y a deux formes de jugements. L'un qui est appelé du terme, désigné par le verbe *dikazein*. Ce jugement du *dikazein*, ce jugement en forme de *dikazein* présente les caractères suivants. Chaque plaideur – les deux parties, le défendeur et le demandeur – arrive accompagné de ses propres témoins. Mais les témoins qui accompagnent le demandeur ou le défendeur, l'accusateur ou l'accusé, ne sont pas du tout, comme ils le seront dans le droit classique, ceux qui ont vu, qui ont assisté, qui peuvent, comme nous disons maintenant, porter témoignage de quelque chose. Ils n'ont pas vu, ils ne sont pas au courant. S'ils sont témoins, et s'ils jouent un certain rôle à l'intérieur de la procédure, c'est dans la mesure où ils sont non pas témoins, mais partisans. Ils sont témoins en ceci qu'ils viennent avec l'un des deux plaideurs soutenir sa cause. Ils sont en réalité des co-jureurs, c'est-à-dire [que] leur rôle est de jurer avec le plaideur la même chose que lui. Ils ne jurent donc pas, ces témoins, de dire la vérité, ils ne formulent pas la vérité sous serment, ils n'ont pas du tout pour rôle de départager les deux adversaires au nom d'une vérité qu'ils auraient constatée et dont ils donneraient la formulation. Ils prêtent le même serment que l'un des deux adversaires, ils prêtent le même serment que la partie qu'ils soutiennent, ils s'engagent avec la personne qui les a amenés, avec le plaideur qui les a amenés jusque devant le tribunal. C'est-à-dire que le co-jureur n'est rien de plus que quelqu'un qui vient soutenir et participer à l'espèce de danger et de risque que prend le plaideur. Le plaideur va jurer que sa cause est bonne, c'est-à-dire qu'il va s'exposer, selon que son serment sera vrai ou faux, à l'éventuelle vengeance des dieux. Ce serment, ce risque pris, cet affrontement à l'égard de la vérité et des dieux, ce risque, il y a des gens à côté du plaideur qui viennent le prendre avec lui. Le témoin n'est pas autre chose que cet homme qui risque en même temps que le plaideur, et ce n'est pas du tout le sujet de vérité : le témoin ne dit pas la vérité, il partage le risque et il soutient le serment.

Dans ce système du *dikazein* qui est, vous voyez, assez proche du système archaïque, il y a cependant une différence par rapport au serment homérique, au jugement homérique dont je vous parlais la dernière fois. C'est que la sentence est portée par un juge, alors que dans le jugement homérique dont je vous parlais les deux partenaires s'affrontaient, l'un prenait un risque ou ne le prenait pas et il gagnait ou il perdait. Là, il y a maintenant une instance tierce, un personnage qui intervient, qui est le juge. Mais le juge a un rôle qui est extraordinairement réduit. Le juge ne prend pas librement la décision qu'il veut en fonction de son opinion ou en fonction de ce qu'il croit être la vérité. La vérité n'est pas plus présente, au fond, elle n'est pas plus mise en question dans le jugement du juge qu'elle n'est en question dans le serment des jureurs et des co-jureurs. Le juge ne fait pas autre chose que d'enregistrer la régularité de la procédure et de compter le nombre de co-jureurs qu'il y a de part et d'autre. La loi de Gortyne précise en effet que, pour témoigner, par exemple, dans un conflit de propriété, il faut pour l'emporter avoir au moins avec soi neuf témoins, neuf co-jureurs. Le juge enregistre la régularité, pèse en quelque sorte le poids d'hommes, de co-jureurs qu'amène avec lui chaque partenaire ; et le juge ne fait qu'enregistrer cette espèce de décision qui vient d'elle-même, mécaniquement, de l'application des règles et puis de la présence des co-jureurs. Vous voyez que, par conséquent, le serment des parties emporte la décision, et ce n'est pas le juge lui-même qui formule la décision. Et vous voyez les différences et les ressemblances qu'il y a avec le système archaïque d'Homère dont je vous parlais la dernière fois. Dans le système archaïque et homérique, qu'est-ce qu'il y avait? Il y avait l'affrontement égalitaire de deux personnes, Ménélas et Antilokhos qui, étant sur le même plan, s'affrontaient l'un l'autre, se lançaient un défi. Maintenant le débat, le litige, la procédure judiciaire qui liquide le litige, se caractérisent par la différenciation sociale des individus, c'est-à-dire qu'ils ne seront plus à égalité. Il y en aura un qui aura avec lui plus de co-jureurs, il y en a un par conséquent qui aura un poids social plus important que les autres. Au défi lancé par l'un en direction de l'autre, qui était le jeu homérique, va se substituer le face-à-face de deux groupes sociaux, de deux pesanteurs sociales, de deux individus qui, à l'intérieur de la société, représentent un poids spécifique différent. Et c'est ce poids spécifique différent qui va entraîner comme mécaniquement la décision judiciaire.

Vous voyez que, dans une procédure comme celle-là, la vérité, où est-ce qu'on la trouve? Premièrement, on ne la trouve jamais sous la forme d'une vérité constatée. C'est encore et toujours une vérité risquée. Seulement le risque est cette fois partagé par des co-jureurs qui s'exposent comme les parties elles-mêmes à la vengeance des dieux. Cependant on trouve la vérité sous une autre forme maintenant, une vérité qui est affirmée dans la sentence, c'est-à-dire que le juge est là pour dire qu'effectivement les règles ont bien été appliquées, que le nombre de témoins requis a bien été apporté, que de tel côté il y avait tant de témoins, de tel côté il y avait telle pesanteur sociale, bref le juge vient apporter dans sa sentence, formule dans sa sentence une certaine affirmation de conformité entre ce qui passe devant ses yeux et la règle telle qu'il l'a dans l'esprit et dans la mémoire. Le juge dit que les règles ont bel et bien été observées, que les règles ont été vraiment observées et appliquées. De sorte que, vous voyez, vous avez là non pas encore la vérité constatée, vous avez encore la vérité risquée par les co-jureurs, mais de plus vous avez la vérité formulée par la sentence du juge; le juge qui dit qu'effectivement les choses se sont passées comme elles doivent se passer. De sorte qu'on peut dire que ce jugement, ce *dikazein*, ce jugement en forme de *dikazein* que l'on trouve dans la loi de Gortyne, prend, au fond, fait jouer deux formes de vérité : l'une qui consiste à s'exposer à la vérité et à la vengeance éventuelle des dieux ; et d'un autre côté [il] affirme une certaine vérité qui est une vérité en forme d'exactitude et de conformité à ce qui a été déposé dans la mémoire des hommes par la tradition. Le roi de justice, le juge doit effectivement vérifier que les choses se sont passées comme il faut. D'un côté menace des dieux, d'un côté les individus s'exposent au fait que les dieux vont pouvoir se venger un jour, que les dieux se souviendront un jour du serment, se rappelleront que c'est peut-être un faux serment. Et de l'autre côté il y a le juge qui, lui, se souvient des règles qu'il doit actuellement appliquer. Mémoire future des dieux : les dieux vont se souvenir de ce qui a été dit et par conséquent ils pourront punir ; mémoire actuelle du juge qui doit se rappeler comment les choses doivent se passer. Deux vérités par conséquent se mettent à jouer à l'intérieur de ce *dikazein.* Ce n'est plus simplement la vérité affrontée comme dans le jugement homérique : c'est une vérité en effet affrontée, c'est l'affrontement à l'éventuelle vengeance des dieux ; et puis c'est de plus la mémoire des règles les plus anciennes qui sont ainsi déposées dans le souvenir des rois de justice.

Voilà un des types de jugement que l'on trouve dans la loi de Gortyne. Complication par conséquent, modification assez importante par rapport au modèle homérique, au modèle en tout cas que l'on trouve chez les guerriers homériques. Et à dire vrai, ce modèle du *dikazein*, on en avait un certain nombre d'éléments déjà dans une autre scène d'Homère dont je ne vous ai pas parlé, qui est l'autre scène de jugement chez Homère : c'est la scène du bouclier d'Achille[3] où on voit deux partenaires qui se disputent à propos du prix du sang – savoir s'il a été versé ou pas – et qui sont l'un et l'autre accompagnés de co-jureurs ; et les juges sont là pour déterminer si effectivement les choses se sont passées correctement, si le prix du sang a bien été versé comme il devait l'être, etc. Si bien que dans les textes homériques, dans un texte homérique on trouve déjà comme l'esquisse du système du *dikazein* de la loi de Gortyne. Et selon les historiens, analystes, etc., on admet, ou que ce texte homérique est un peu plus récent que l'ancien, ou encore qu'il se réfère à une pratique en quelque sorte plus populaire, plus bourgeoise si vous voulez, alors que le litige entre Ménélas et Antilokhos et le serment d'Antilokhos, ou le défi-serment lancé par Ménélas à Antilokhos seraient plus proprement une pratique aristocratique. Enfin peu importe, voilà pour ce qui est de ce *dikazein* qui modifie tout de même passablement le vieux système ou le système proprement aristocratique de jugement et de litige.

Mais l'important, c'est l'autre jugement qu'on voit apparaître dans la loi de Gortyne. Cet autre jugement a la forme non plus du *dikazein*, mais du *krinein*, et c'est celui-là qui est destiné à avoir, dans la culture occidentale, une fortune tout de même capitale. On suppose qu'à l'origine cet autre jugement dont je vais vous parler, ce jugement en forme de *krinein*, avait essentiellement un rôle de remplacement, qu'il était destiné à jouer là précisément où il n'y avait pas de règle établie. Quand le juge ne pouvait pas consulter dans sa mémoire ou ne pouvait pas dans sa mémoire trouver les règles à appliquer dans le jugement, alors, ne pouvant pas appliquer ces règles, il faisait intervenir un autre type de jugement, un nouveau type de jugement qui est le *krinein*. Dans une rédaction ultérieure de la loi de Gortyne, on s'aperçoit que ce rôle de pur remplacement, ce rôle vicariant, s'est déjà très considérablement élargi, puisqu'on dit au contraire dans cette rédaction plus récente que le *krinein*, ce jugement en forme de *krinein*, doit s'appliquer partout, sauf lorsqu'il est dit explicitement qu'il faut avoir recours au *dikazein*, à cette forme dont je vous parlais tout à l'heure. En quoi consiste ce *krinein*? En apparence, pas grand-chose de nouveau, et pourtant, je crois, quelque chose de capital, un simple déplacement et un simple redoublement. C'est-à-dire que dans le *krinein*, maintenant, le juge lui-même prête serment et les deux plaideurs ou bien dans certains cas prêtent eux aussi serment – donc il y a trois serments, les deux plaideurs et puis le juge –, ou bien même les plaideurs ne font pas de serment, et seul le juge fait un serment. Quelle est la nature, le sens, la fonction de ce serment du juge ? On a dit parfois, un historien du droit comme Dareste[4] dit que c'est un serment en quelque sorte de promesse : le juge promet de respecter la loi. En fait, ce n'est pas de respect de la loi qu'il peut être question dans ce serment puisque précisément cette forme-là de jugement intervient lorsqu'il n'y a pas de loi. Lorsqu['il n'y a pas de] loi connue, [de] loi déposée dans la mémoire, lorsqu'il n'y a pas de *themis* effectivement connaissable, effectivement posée, c'est à ce moment-là qu'on utilise le *krinein* ; le juge ne peut donc pas promettre d'observer la loi puisque par définition elle n'existe pas. En fait, il semble que ce serment du juge soit un serment par lequel le juge s'expose lui aussi personnellement à la vérité, il prend lui-même personnellement le risque. Et tout comme autrefois dans l'ancienne formule les plaideurs liaient en quelque sorte leur destin à la volonté des dieux en disant : « Je me soumets à la vengeance des dieux pour le cas où je ne dirais pas la vérité, où je prêterais un faux serment », de la même façon le juge lie son destin à la volonté des dieux par l'intermédiaire de sa sentence et de la valeur de sa sentence : « Si ma sentence est bonne, que les dieux me protègent. Si en revanche ma sentence est mauvaise, n'est pas bonne, je m'abandonne à la vengeance des dieux ». Et cette fonction du serment du juge est confirmée par le fait que dans un texte plus tardif, mais dont les résonances archaïques sont certaines, dans un texte du serment que prêtaient les prêtres de Delphes quand ils avaient à rendre une sentence, on trouve quelque chose comme ça. Les prêtres de Delphes en effet, avant de porter un jugement, prêtaient le serment suivant : « Appelé à statuer sur les biens et les territoires d'Apollon, je jugerai toute l'affaire autant que possible selon la vérité, sans faveur et sans haine, je ne statuerai à faux d'aucune façon. [...] Si je tiens mon serment, puissé-je obtenir toutes sortes de prospérités. Si au contraire je le viole, que Thémis, Apollon Pythien, Léthé et Artémis, Hestia et le feu éternel me fassent périr misérablement et me refusent tout salut »[5]. Serment par conséquent par lequel, tout comme Antilokhos se voyait défié, se voyait devant l'obligation de prendre le risque d'être châtié par les dieux et par Zeus, de la même façon, maintenant, c'est le juge, par le fait même qu'il juge, par le fait même qu'il est contraint de juger, [qui] a en quelque sorte reçu un défi. Il a reçu un défi qui lui aurait été lancé par les plaideurs eux-mêmes qui lui disaient : « À toi de juger ! ». À ce défi, le juge est contraint de répondre en disant : « Oui, je prends le risque de juger ; et si je juge mal, que les dieux me châtient ». Vous voyez que le système du défi s'est entièrement déplacé et réorienté. Ce n'est plus le défi d'un partenaire à l'autre partenaire, c'est une sorte de défi, mais de défi-obligation et non plus de défi-joute, de défi-duel, c'est un défi-obligation qui est lancé par les plaideurs, par les deux parties, qui viennent trouver le juge et qui lui disent non plus : « Prête serment si tu l'oses ! », mais qui lui disent : « Tu dois juger. Et puisque tu dois juger, tu dois prêter serment. Et par ce serment tu dois t'exposer à la vengeance des dieux si tu juges mal ». Vous voyez que, si l'on suit à la lettre la formulation des prêtres de Delphes, au cœur de ce serment vous trouvez la vérité : les prêtres de Delphes disaient : « Je jugerai toute l'affaire autant que possible selon la vérité » et « je ne statuerai à faux d'aucune manière ». Maintenant le système vérité/erreur, l'opposition vérité/erreur ne se trouve plus simplement au terme du serment de l'une des parties, au dernier moment de la procédure judiciaire, là où interviendrait la vengeance des dieux ; la vérité et l'erreur, l'opposition vérité/erreur est au cœur même de la procédure judiciaire, vous la trouvez au cœur même de la procédure judiciaire dans la sentence même qui peut avoir la forme de la vérité ou de l'erreur. La vérité et l'erreur, vous les voyez bien encore sous la forme d'un affrontement à la vengeance des dieux, mais cet affrontement, c'est le juge, le juge en tant qu'il a un pouvoir de décision, le juge en tant qu'il départage les plaideurs, c'est celui-là qui affronte, et vous trouvez cet affrontement au cœur même, au centre de la procédure judiciaire. Une affirmation de vérité apparaît donc maintenant en position médiane, en position tierce, entre les plaideurs, au milieu du jugement, se superposant, se subordonnant au serment des parties si les parties prêtent elles-mêmes serment. Donc je crois que cette apparition du serment du juge, ce n'est pas simplement une formalité supplémentaire qui vient s'ajouter à la vieille organisation dont je vous parlais la dernière fois, c'est toute une nouvelle disposition du discours de vérité dans la pratique judiciaire, c'est tout un nouveau fonctionnement du vrai et du faux à l'intérieur de la pratique judiciaire qui est en train de s'esquisser.

Qu'est-ce qu'implique cette nouvelle disposition de la vérité dans la procédure judiciaire ?

Première chose, première conséquence de ce déplacement dans le jugement en forme de *krinein*, c'est ceci : c'est que maintenant le serment des plaideurs va prendre un sens tout à fait nouveau. Et à vrai dire le serment des plaideurs va perdre de plus en plus d'importance et son rôle fonctionnel sera en quelque sorte de plus en plus extérieur à la procédure judiciaire elle-même. Autrefois, dans le vieux système homérique, c'était ce serment de l'un des plaideurs qui, en lui-même, opérait la décision et qui était le noyau même de la procédure judiciaire. Le serment exposait les plaideurs à cette espèce de regard insoutenable de la vérité et il les exposait à la vengeance des dieux. Autre caractère du serment des plaideurs dans le système homérique, c'est qu'au fond seuls les dieux et seule la vengeance des dieux allaient décider si c'était un serment vrai ou si c'était un parjure. Mais en dehors des dieux et en dehors de cette espèce d'ouverture infinie vers la vengeance éventuelle des dieux, personne ne pouvait décider si le serment était vrai ou faux. Là, maintenant, le serment des plaideurs va relever d'une instance tierce, puisque c'est le juge qui, lui, va dans son propre serment, à l'intérieur de son propre serment, affirmer une certaine vérité ; et c'est au nom de cette vérité que l'affirmation de chacun des plaideurs va être considérée comme vraie et fausse. L'affirmation, même assermentée, des plaideurs tombe maintenant sous le regard des hommes. Dans la formule homérique, la vérité ou la fausseté du serment des plaideurs ne tombait jamais que sous le regard énigmatique et peut-être détourné des dieux ; après tout, les dieux pouvaient ne pas faire attention, ils pouvaient ne pas regarder, ils pouvaient ne pas se souvenir. En revanche là, maintenant, la vérité de ce qu'ont dit les plaideurs, c'est au juge d'en décider, c'est la sentence du juge qui va accorder la vérité à l'une des deux affirmations, c'est la sentence du juge qui va dire : « Ceci est vrai donc cela est faux ». Et du coup le plaideur va tomber ainsi, et l'affirmation de ce qu'il dit va tomber ainsi sous la loi de la sentence.

C'est à la même époque ou un peu plus tôt qu'Hésiode disait dans *Les Travaux et les Jours* : « Le lâche attaquera le brave avec des mots tortueux qu'il appuiera de faux serments »[6]; et Eschyle dans *Les Euménides* dira de la même façon : « J'affirme que les prétentions injustes ne sauraient triompher par les faux serments »[7]. C'est-à-dire que la distinction [entre] vrais et faux serments des plaideurs est maintenant une affaire dont les hommes eux-mêmes peuvent juger. Les parties, les plaideurs sont disqualifiés par conséquent comme porteurs de vérité. Ils ne s'exposent plus directement au regard des dieux, ils ne s'exposent plus directement à la vengeance des dieux, ils s'exposent simplement à la constatation adverse du juge ; c'est le juge qui va qualifier lui-même leur affirmation de vrai ou de faux. Et c'est pourquoi, petit à petit, le serment des plaideurs va disparaître dans cette forme judiciaire du *krinein*. Le serment des plaideurs ne servira plus à rien ; il n'a plus de sens comme manière d'exposer le plaideur à la vengeance des dieux puisque le plaideur ne s'expose en réalité qu'au jugement du juge, et c'est le juge qui, lui, s'expose à la vengeance des dieux. Donc le serment tombe dans cette fonction première de s'exposer à la vengeance des dieux, et il ne sert plus qu'à une chose, c'est à être, comme on dit, introductif d'instance : les parties vont jurer uniquement pour manifester devant le juge qu'elles demandent un jugement. Ça sera une manière de dire : « Voilà quel est l'objet de mon procès ». Pour les parties, prêter serment, ça sera une manière devant le juge de dire : « À vous de juger ». Et le serment des plaideurs dans le droit grec ne servira plus, comme c'était le cas autrefois, à faire passer du plan humain au plan divin, mais à introduire un litige qui n'est pas encore un litige judiciaire, à l'introduire dans l'espace judiciaire. À partir du moment où le serment aura été prêté devant le juge, alors le litige deviendra un litige judiciaire et ça sera au juge [de juger][a]. Si bien que le serment des parties est une manière de lancer au juge cette espèce de défi-obligation : « À vous de juger ». Le serment des parties ouvre en

a. Conjecture ; Foucault ne termine pas la phrase.

quelque sorte un nouvel espace de lutte, où la lutte va se dérouler judiciairement.

Voilà la première et la moins importante des conséquences de cette nouvelle disposition du jugement, ou plutôt de la vérité à l'intérieur de la procédure judiciaire : recul du serment des parties, qui encadre simplement maintenant l'action judiciaire, mais ne joue plus de rôle opératoire dans la procédure judiciaire.

L'autre conséquence – et c'est de celle-là évidemment que je veux vous parler – est de beaucoup la plus importante. En effet dans ce *krinein*, dans cette nouvelle forme judiciaire, la sentence du juge ne se contente plus d'enregistrer la victoire de l'un des deux adversaires; dans le *krinein*, il ne s'agit plus simplement, comme c'était le cas dans le *dikazein*, dans l'autre forme de jugement que vous trouvez dans le droit de Gortyne, de comparer la force des deux adversaires, de voir s'ils ont bien réuni le nombre indispensable de témoins, de jauger quel est celui qui représente le plus de poids social. Maintenant, dans le *krinein*, le juge qui juge en vérité, le juge qui juge autant que possible selon la vérité, comme disaient les Amphictyons de Delphes[8], le juge porte la décision, c'est le juge qui opère de lui-même par la décision qu'il prend l'acte judiciaire proprement dit. Le problème est alors de savoir sur quoi va s'appuyer ce jugement du juge pour être un jugement vrai. Comment est-ce que le juge va effectivement échapper à la vengeance des dieux ? Sur quoi est-ce que son jugement va s'appuyer ? À quoi va-t-il se référer ? C'est ici que je passerai des textes proprement juridiques aux textes poétiques immédiatement, enfin un peu antérieurs aux textes dont je parle. Ce sur quoi s'appuie le jugement du juge dans l'opération du *krinein*, c'est quelque chose, c'est une notion ou plutôt un ensemble, un faisceau de notions qui n'était pas encore apparu jusque-là et qui est en un sens la grande invention du VIIe et du VIe siècle grec. [Que va être] ce quelque chose sur quoi s'appuie ce jugement du juge, puisqu'il n'y a pas de témoins de vérité, il n'y a pas d'éléments d'enquête ni quoi que ce soit, sur quoi est-ce que va s'appuyer ce jugement du juge ? Sur quelque chose que les Grecs appellent *dikaion kai alêthês*, c'est-à-dire le juste et le vrai. Le jugement du juge le fera échapper à la vengeance indéfinie des dieux, il échappera à tout ce tissu de menaces dont les Amphictyons de Delphes parlaient, à condition que le jugement ait dit le juste et le vrai, *dikaion kai alêthês*. Formule que l'on retrouve très régulièrement à partir de cette époque-là, où les deux mots « juste » et « vrai » sont accouplés, associés d'une manière absolument régulière, et à laquelle on voit se substituer parfois une autre formule. Vous la trouvez un peu plus tard chez Hérodote, c'est la formule *kata to eon*, c'est-à-dire « selon l'étant », selon ce qui est : le vrai juge, qui juge comme il faut, c'est celui qui juge d'après ce qui existe, d'après ce qui est.

Vous voyez le chemin qui est parcouru depuis le jugement en forme de *dikazein*, le chemin qui est parcouru *a fortiori* depuis le jugement homérique dont je vous parlais la dernière fois. Dans le jugement homérique, pour que le jugement soit juste, il fallait que le jugement reproduise, observe les règles, observe la *themis*, ce qui est obligatoire, ce qui a été posé par la coutume, ce qui est transmis dans la mémoire des hommes. La justice du jugement, c'était donc sa régularité formelle. À partir de l'apparition de ce *krinein*, de ce jugement en forme de *krinein*, pour que le jugement soit juste, il faut que ce soit le juge lui-même qui formule la sentence et il faut que cette sentence du juge soit formulée en fonction de ce qui est ; et ce qui est, c'est le juste et le vrai. La trilogie l'être, le juste et le vrai, l'appartenance de ces trois termes, vous voyez qu'elle nous conduit au cœur même de ce qui a fondé la pensée, la culture, la philosophie, la science grecque. Et c'est un peu de cela dont je voudrais maintenant vous parler en m'appuyant sur les textes d'Hésiode.

Cette notion de *dikaion*, de juste, accouplée à *alêthês*, et ce couple *dikaion* et *alêthês* qui équivaut à l'expression « l'être », ce qui est, comment est-ce qu'on peut en faire l'analyse philologique très rudimentaire ?

Première chose à remarquer, c'est ceci : c'est que dans les textes d'Homère, la notion de *dikaion*, de juste, n'existe pas. Homère ne sait pas ce qu'est le juste, du moins ne connaît pas ce qui est désigné par le mot grec *dikaion*, que nous traduisons par juste. En revanche, on trouve chez Homère, on trouve dans l'*Iliade* le mot *dikê* qui veut dire, que nous traduisons par justice. Donc la justice existe mais pas le juste. Mais on verra très facilement la raison. Par *dikê*, par justice, qu'est-ce qu'Homère entend ? Les cinq mentions du terme *dikê* – il n'y en a que cinq dans l'*Iliade* – chez Homère se réfèrent aux choses suivantes. Par *dikê*, Homère entend le verdict, la sentence elle-même, ce que le juge formule ou encore ce qui découle nécessairement du défi entre les partenaires, bref ce qui est obtenu par la procédure judiciaire. C'est cela qu'Homère entend par *dikê*, par justice. Dans [deux] [a] autres passages [de l'*Iliade*], Homère entend par *dikê* le fait même qu'il y a une procédure judiciaire, c'est la procédure judiciaire elle-même qui est entendue par *dikê*. Dans un quatrième passage de l'*Iliade*, Homère entend par *dikê* ce qui appartient à chacun, son droit, sa prérogative, ce qui lui revient dans un partage. Et enfin, par *dikê*, en un cinquième passage, Homère entend la régularité des actions et des sentences, le fait qu'une action judiciaire, qu'un verdict, qu'une sentence soit bien conforme aux règles, à la *themis*. Vous voyez que de toute façon cette notion de *dikê* chez Homère est toujours seconde par rapport à la notion fondamentale de *themis*. *Themis*, c'est la justice en général, c'est-à-dire les règles qui ont été posées, et posées par les dieux ; *themis*, ce sont les règles posées par les dieux, qui ont été transmises aux ancêtres et par les ancêtres ; *themis*, c'est l'ensemble de règles dont dispose une société, la société, au moment où le jugement s'exerce ; et *themis*, c'est la mise en œuvre de ces règles à l'intérieur de la procédure judiciaire. Et *dikê*, c'est une sorte de notion un petit peu partielle et comme dérivée par rapport à la première : c'est tantôt une règle, c'est tantôt une procédure, c'est tantôt la sentence, c'est tantôt la part qui revient à chacun après la sentence, c'est une sorte d'élément mobile à l'intérieur du grand édifice de la *themis*, c'est-à-dire de la règle, de la coutume posée, et posée depuis le commencement, par les dieux eux-mêmes. Voilà tout ce qu'Homère nous dit, en tout cas dans l'*Iliade*, à propos de la justice. Quant au juste, au *dikaion*, à ce qui est juste, Homère ne le connaît pas : il y a ce qui est conforme à la règle, et puis il n'y a pas

a. Enregistrement : « un ».

de justice et il n'y a surtout pas quelque chose comme la justice au niveau de la vérité ou au niveau de ce qui existe.

Chez Hésiode au contraire on voit, et on voit très souvent revenir le terme de *dikaion*, le juste, lié au terme de *dikê*, c'est-à-dire au terme de justice. Le couple justice et juste revient très souvent dans les textes d'Hésiode. Et c'est la première fois dans les textes grecs, du moins dans ceux dont nous disposons, que la justice ne se définit plus simplement par la régularité formelle, par la mise en œuvre des règles, c'est la première fois que la justice se définit par quelque chose qui est le juste. Une sentence est conforme à la justice si elle s'appuie sur le juste, et non plus simplement si elle reproduit ou met en œuvre comme il faut les règles. Que signifie ce nouveau terme de *dikaion*, qui signifie ce nouveau couple *dikê* et *dikaion* qui est si important chez Hésiode ? Il y a un passage dans Hésiode qui est très éclairant sur le sens de *dikaion*, sur le sens du couple *dikê-dikaion*, c'est un passage où [il] explique ce qui arrive dans une cité lorsque les rois, les rois de justice, les rois justiciers, à la fois souverains politiques et justiciers, n'observent pas justement la *dikê* et le *dikaion*. Lorsqu'ils se détournent de la *dikê* et du *dikaion*, de la justice et du juste, lorsque leurs sentences méconnaissent le juste et la justice, qu'est-ce qui se passe ? L'analyse d'Hésiode est, je crois, très intéressante. Elle est intéressante d'abord pour ceci : c'est pour la nature même des malheurs qui arrivent à la cité à partir du moment où le roi n'est pas juste. Écoutons ce que sont ces malheurs : quand le roi n'est pas juste, quand le justicier ne fonde pas son jugement sur le *dikaion*, « les hommes meurent, les femmes cessent d'enfanter, les maisons dépérissent, par le conseil de Zeus Olympien. Et parfois le Chronide [le fils de Chronos, c'est-à-dire Zeus] détruit un rempart et une vaste armée ou se paie sur leur flotte au milieu des mers »[9]. Donc les hommes meurent, les femmes deviennent stériles, les maisons, les richesses dépérissent et c'est la défaite militaire. Or cette série de malheurs est en un sens la série absolument classique des malheurs qui s'abattent sur quelqu'un qui a commis un parjure. Lorsque Antilokhos se voyait défié par Ménélas de jurer qu'il n'avait pas gêné son char, Antilokhos savait parfaitement à quoi il s'exposait. S'il avait commis un parjure, Zeus l'aurait puni, Zeus se serait vengé de lui, et il se serait vengé comment : en le faisant mourir, lui, ou en faisant mourir quelqu'un de sa famille ; sa femme ou ses filles seraient devenues stériles, ses richesses auraient dépéri ou il aurait été vaincu dans une bataille. La perte des richesses, la mort de la famille, la stérilité des femmes et l'échec dans le combat, ce sont les quatre grandes formes dans lesquelles s'abat le malheur comme vengeance de Zeus. Donc Hésiode, au niveau des malheurs qui sanctionnent le juge parjure, reste exactement encore au niveau homérique : le juge est puni comme serait puni un plaideur qui porterait un faux jugement, qui serait parjure. La nature de la vengeance est exactement la même.

En revanche, la distribution de ces malheurs et la manière dont ils tombent et ils s'abattent sur les hommes sont différentes chez Homère et Hésiode. Dans la vieille formule sacramentelle qui était celle que l'on trouve chez les héros homériques, le parjure s'exposait, et s'exposait lui-même, lui et sa famille directe, à cette série de vengeances. C'était sa descendance, c'était sa race qui pouvaient mourir ; c'étaient sa descendance et sa race qui pouvaient dépérir, perdre leurs richesses ; c'étaient sa descendance et sa race qui pouvaient être vaincues dans les combats. La vengeance de Zeus, de Zeus garant des serments, suivait la ligne même de l'héritage, des rétributions, des mariages, bref de la famille humaine. C'était le long de ces lignes d'appartenance de la famille humaine que la vengeance de Zeus se répandait sur les hommes. Le sang, la race, le *genos* prescrivaient les voies de transmission de la vengeance divine dans le monde homérique. Chez Hésiode, il en est tout autrement. Écoutez ce qui est dit dans *Les Travaux et les Jours* : « Souvent [...] une ville entière se ressent de la faute d'un seul qui règne et trame le crime »[10] ; ou encore un peu plus loin et plus précisément : « le peuple paie pour la folie de ses rois, qui, dans de tristes desseins, faussent leurs arrêts de justice par des formules tordues »[11], des formules torses, des formules fausses. C'est la ville qui paie, c'est le peuple qui paie, et qui paie à la place du roi. Ce n'est même pas comme appartenant au *genos*, à la famille, à la race du roi que la ville paie, elle paie à la place du roi. C'est le peuple tout entier, c'est la ville entière qui va être l'objet de la vengeance. La parenté ne marque plus à l'avance les victimes possibles de Zeus vengeur, c'est l'État ou la cité qui va devenir l'espace homogène à l'intérieur duquel la vengeance de Zeus va s'accomplir, c'est la ville qui, en quelque sorte, est le lieu indifférencié de la vengeance divine et c'est la ville qui va payer au lieu et place du roi lui-même. Donc la distribution, vous voyez, est déjà tout autre. Non seulement la distribution est autre, mais l'ensemble des médiations théologiques de la vengeance est différent. Chez Homère, lorsque Antilokhos se voyait intimer le défi de porter serment, à quoi s'exposait-il ? Il s'exposait directement au dieu dont on sait qu'il est le garant des serments, le dieu de la souveraineté magico-politique, comme dirait Dumézil, c'est-à-dire à Zeus lui-même. Il y avait au fond, dans le défi entre Ménélas et Antilokhos, trois personnages. Ces trois personnages, c'étaient Ménélas, Antilokhos, et puis Zeus. Les témoins du fait, les énonciateurs possibles de vérité n'étaient pas là. En revanche il y avait immédiatement entre eux, au-dessus d'eux, le dieu au regard universel, le dieu qui voit tout, le dieu qui se souvient de tout, le dieu qui se venge de tout, c'est-à-dire Zeus. Maintenant, chez Hésiode, ce n'est plus Zeus lui-même qui se venge. Intervient chez Hésiode un nouveau personnage qui complique encore la situation. Non seulement il y a les deux plaideurs, il y a en plus le juge, le roi de justice, le souverain justicier qui porte de bonnes ou de mauvaises sentences – on a donc trois personnages –, mais on a un quatrième personnage ; et ce quatrième personnage, ce n'est pas encore Zeus, c'est un nouveau personnage ; ce personnage, c'est la déesse qui porte précisément le nom de *Dikê*, de la Justice. C'est-à-dire que ce qui est bafoué, ce qui est affronté par le juge qui ne dit pas le juste, qui ne respecte pas le *dikaion*, la divinité, la puissance qui est affrontée et qui va éventuellement se venger, c'est une déesse qui s'appelle *Dikê*, qui s'appelle la Justice. Et cette déesse, elle a deux propriétés. La première, c'est d'être fille de Zeus, et c'est simplement par l'intermédiaire de cette fille que Zeus, effectivement, à la demande de *Dikê*, va se venger. Et puis elle a une autre propriété qu'Hésiode caractérise de la manière suivante. Lorsqu'un juge, lorsqu'un roi de justice a porté un jugement qui n'est pas juste, qui n'est pas conforme au *dikaion*, qu'est-ce que fait *Dikê*, qu'est-ce que fait la déesse Justice ? Elle se venge, mais elle se venge d'une façon très curieuse : elle va se réfugier sur les genoux de son père, Zeus, elle vient se plaindre[12]. C'est-à-dire que la première vengeance de *Dikê*, ça sera de quitter la terre, de quitter ce royaume des hommes, de quitter cette cité des hommes où Zeus l'a précisément envoyée ; et la première vengeance de *Dikê*, de Justice, sera de laisser les hommes sans justice, de les laisser par conséquent – nous verrons tout à l'heure la parenté de *Dikê* avec ses sœurs –, de laisser la cité des hommes hors [de la] justice, hors de l'ordre, hors de la paix, hors de la régularité, de tout cet ensemble de cycles dont je vous parlerai tout à l'heure et qui caractérise le *dikaion. Dikê* se venge non plus tellement ou directement par la présence des malheurs, elle se venge d'abord par son absence. Et ces fameuses guerres, ces fameuses morts, ces fameuses terres qui ne produisent plus de récoltes, ces femmes qui deviennent stériles, ce n'est plus l'effet direct de la vengeance de Dieu, de Zeus. Si les femmes sont stériles, si les troupeaux le sont aussi, si les terres ne produisent plus, si la défaite suit le combat, c'est d'abord et avant tout parce que *Dikê* et la régularité propre à *Dikê* sont absentes des hommes. Non plus vengeance directe, mais désordre en quelque sorte autonome, spontané d'une terre qui n'est plus régie par l'ordre de *Dikê*. Le discours et la pratique de justice, vous le voyez, ne sont plus en rapport direct avec le Zeus qui envoie les décrets et foudroie par ses vengeances, le discours et la pratique de justice sont en rapport, et en rapport premier, avec cette *Dikê*, cette étrange déesse qui est présente ou absente, qui, présente, assure l'ordre des cités et, absente, les voue au désordre, à la mort, à la stérilité et à la défaite.

Mais d'une façon plus précise encore, le *dikaion* présente des caractères tout à fait singuliers par rapport à la *themis* d'Homère. Non seulement les jugements injustes entraînent tous ces désordres, non seulement les jugements injustes provoquent la stérilité, la défaite, etc. par l'absence de *Dikê*, mais à travers cela, et d'une manière positive maintenant, on peut percevoir à travers les textes d'Hésiode ce qu'est réellement, ce qu'est de manière positive et directe le juste, le *dikaion*. Le champ d'application du juste est très différent du champ d'application de la régularité, de la coutume, du décret, de la *themis* archaïque. La *themis* archaïque, c'était l'ensemble des règles qu'il fallait observer dans une procédure judiciaire ou dans une procédure religieuse. Le *dikaion*, le juste, chez Hésiode a une tout autre ampleur et concerne de toutes nouvelles choses qui ne sont plus simplement de l'ordre de la régularité juridique. En effet dans les textes d'Hésiode, on s'aperçoit que sont assimilées aux parjures et aux faux serments, que sont assimilées aux sentences torses, tout un ensemble de conduites qui sont extrajudiciaires. Par exemple, le fait de tromper quelqu'un quand on lui vend une marchandise, le fait de faire une fraude sur les prix ou sur les mesures, le fait de ne pas payer sa dette ou de la rembourser de façon insuffisante, ceci est une certaine manière pour Hésiode d'être injuste. C'est-à-dire inversement, et maintenant en termes positifs, pour Hésiode, être juste, obéir au *dikaion*, ce n'est plus simplement observer les règles formelles de la *themis* ; être juste, c'est payer ses dettes, c'est vendre au juste prix, c'est rendre exactement quand il faut ce qu'on doit, c'est dire la vérité sur la qualité des produits qu'on vend. Tout se passe maintenant comme si Hésiode appelait autour de pratiques qui ne sont pas des pratiques judiciaires, mais qui sont des pratiques d'ordre économique, les mêmes garanties sacrées qu'autour des serments judiciaires. Désormais on peut être, pour Hésiode, juste non seulement quand on rend une sentence, non seulement quand on pratique une activité judiciaire, mais on peut être juste quand on vend ou quand on achète, quand on paie une dette ou quand on ne paie pas une dette. Bref, la sphère du juste et de l'injuste, la sphère du *dikaion* est, vous le voyez, beaucoup plus large que la sphère de l'activité judiciaire proprement dite. Et c'est bien ce que dit Hésiode lorsqu'il dit par exemple : « La richesse ne doit pas se ravir [...]. On peut gagner une immense fortune par la violence [...] ; on peut [aussi] la conquérir avec sa langue, ainsi qu'il arrive souvent, [lorsque] le gain dupe l'esprit de l'homme et que l'effronterie prend le pas sur le sentiment de l'honneur »[13]. Mais à ce moment-là qu'est-ce qui se passe lorsqu'on fait toutes ces choses qui ne sont pas conformes au *dikaion*? « Les dieux ont [...] vite fait d'anéantir le coupable, de lui ruiner sa maison, et sa fortune ne le suit pas [...]. Le crime est pareil de qui maltraite un suppliant [ou] un hôte »[14]. Et vous voyez que maintenant la vengeance divine, celle qui punissait les parjures, punit également et de la même façon ceux qui n'ont pas réellement commis de parjure, mais qui ont commis ces choses qu'Hésiode assimile au parjure et qui sont la fraude économique, la malhonnêteté, l'inexactitude dans les rapports financiers, dans les rapports sociaux des hommes entre eux.

Et c'est pourquoi, au cœur même de ces rapports de justice, vous voyez maintenant intervenir encore un nouveau personnage. Le nouveau personnage avec lequel il faut être juste, qui est le grand partenaire de justice, non plus du tout l'adversaire que l'on trouve dans la procédure judiciaire, mais l'espèce de partenaire, de partenaire économique, c'est celui qu'Hésiode appelle le *geitôn*, c'est-à-dire le voisin. Dans le monde d'Hésiode, on n'a pas en face de soi comme dans le monde du guerrier homérique l'autre guerrier, rival toujours possible avec lequel on combat dans la guerre ou contre lequel on combat dans la joute athlétique. On a maintenant un nouveau partenaire qui est le voisin, avec lequel on pratique l'ensemble des échanges, des dons, des promesses et des services qui assurent la vie économique quotidienne. Le voisin, dit Hésiode, est comme une richesse, il est comme une bonne récolte, c'est un don des dieux, c'est une récompense qui est offerte à la piété et à l'observation des règles. Un mauvais voisin au contraire, dit Hésiode, c'est une calamité, comme un bon voisin est un trésor, et il rencontre un bon lot, celui qui rencontre un bon voisin. Donc le voisin est donné comme récompense à celui qui est juste. Quand on est juste, les voisins sont bons, et quand on a un bon voisin, à ce moment-là tout l'ensemble des services, des dons, des échanges peut se passer régulièrement, car le voisin est non seulement celui auquel on donne la juste rétribution de ce qu'on lui doit, le voisin, ce n'est pas simplement celui auquel on vend au juste prix, ce n'est pas simplement celui auquel on paie exactement ses dettes, mais c'est également celui qui récompense et qui enrichit, car c'est le voisin auquel on demande de l'argent quand on en a besoin, le voisin, c'est celui auquel on vient emprunter du blé si l'on n'en a plus avant la prochaine récolte. « Votre bœuf ne mourrait pas si vous n'aviez pas un mauvais voisin »[15], parce que le mauvais voisin refuse de donner le fourrage au bœuf lorsqu'il en a besoin. « Ce que vous prenez à un autre », dit Hésiode, ce que vous prenez à un autre sans aveu, n'écoutant que l'effronterie, « vous glace le cœur »[16], et vous perdez votre bon voisin. Donc le voisin se trouve ainsi au cœur même des activités dont Hésiode dit qu'elles sont justes ou injustes. C'est par rapport au voisin, c'est par rapport à ce partenaire économique permanent que le juste et l'injuste vont se mettre à se répandre ainsi sur toutes les activités humaines. Partout où il y a échange, partout où il y a vente et achat, partout où il y a emprunt et restitution de la dette, partout où il y a don et contre-don, partout dans ces domaines-là vous allez avoir à la fois le personnage du voisin et la règle du juste et de l'injuste. La justice prend corps maintenant dans tout un système mesuré de prestations, de dettes, de remboursements. Et c'est dans ce jeu-là et non plus simplement dans le jeu de la vengeance imminente et indéfinie de Zeus que la justice va s'effectuer.

Le dernier point, et il est évidemment capital, c'est que si maintenant le *dikaion*, le juste, ce n'est pas simplement l'observation des règles judiciaires, si le juste enveloppe tout ce jeu de l'échange, du don et du contre-don, si le juste, c'est ce qui caractérise les conduites que l'on a avec le voisin, c'est-à-dire avec le partenaire économique, de plus cet ordre de justice, cet ordre de la mesure qui permet de mesurer la dette, de mesurer ce qu'on doit, de mesurer ce qu'il faut donner, de mesurer la valeur des choses, vous voyez que cet ordre de la justice se met à concerner, à impliquer aussi un certain ordre qui est l'ordre des choses elles-mêmes. Qu'est-ce que c'est qu'être juste ? Pour Hésiode être juste, c'est semer son grain quand il faut, au bon moment, ne pas attendre que le moment des semailles soit passé, parce que, si on attend que le moment des semailles soit passé, on fera une mauvaise récolte ; si on fait une mauvaise récolte, on sera obligé d'emprunter ; si on emprunte trop, on ne pourra plus rembourser, et par conséquent on se trouvera vis-à-vis de son voisin dans un rapport injuste, on ne pourra plus observer le *dikaion*, le juste. Par conséquent l'observation des temps et des choses, des saisons, des moments, est indispensable à celui qui veut observer le *dikaion*. De la même façon, pour observer le *dikaion*, pour pratiquer la justice, pour que ce couple *dikê-dikaion* soit effectivement réalisé dans le comportement des gens, des hommes, il va falloir mesurer les choses, il va falloir connaître la mesure des choses, leur valeur, il faudra savoir combien de sacs de grain, combien de mesures de grain on a récolté, il faudra savoir combien on a de fruits, combien on a fait de vin, il va falloir savoir combien de vin on peut échanger contre combien de grain, etc. C'est donc cette connaissance des choses dans leur mesure et dans leur valeur qui est maintenant impliquée selon Hésiode dans le comportement de justice. Et c'est seulement cette connaissance qui va permettre de respecter tout le jeu du don et du contre-don, tout le jeu de l'achat et de la vente, tout le jeu également de la dette et de son remboursement, « si tu ne veux [pas] un jour avec tes enfants et ta femme aller le cœur en peine quêter ta vie de voisin en voisin, sans qu'aucun n'en ait cure. Deux fois, trois fois peut-être tu réussiras ; mais si tu ennuies davantage [ton voisin], alors tu n'arriveras à rien »[17]. Et par conséquent, si on veut éviter cette mendicité, si on veut éviter cet endettement que l'on ne peut pas éponger, il faut observer le retour des saisons, le moment de la récolte, la quantité de fruits que l'on a engrangée, le moment où il faut rendre la dette, la quantité de biens qu'il faudra donner pour payer sa dette. Bref tout l'ordre des choses, le moment du travail, les saisons favorables, les quantités et la valeur des choses, tous ces éléments sont maintenant indispensables pour constituer, pour articuler, pour fonder une conduite juste. L'ordre naturel, le respect de l'ordre naturel, la connaissance de l'ordre naturel vont devenir maintenant indispensables à l'exercice de la *dikê*, à l'exercice de la justice. Et vous voyez comment, à partir de cette définition de la justice comme observation formelle des règles posées par les dieux et transmises par les ancêtres, on en arrive chez Hésiode à une toute nouvelle définition de la justice, avec d'ailleurs un mot absolument nouveau pour la désigner. À l'ancienne *themis* homérique se substitue une *dikê* ou plutôt un couple *dikê-dikaion*, justice-le juste. Cette justice, c'est celle qui doit être, c'est celle qui est effectivement accomplie par le juge lorsqu'il juge selon le *dikaion*. Mais le juge jugeant selon le *dikaion* ne fait pas autre chose que de faire dans sa sphère et dans son activité judiciaire ce que font tous les hommes, tous les gens qui travaillent, tous ceux qui labourent leur champ et qui récoltent leurs fruits lorsqu'ils observent exactement l'ordre des choses, la valeur des choses, la quantité des choses. C'est cet ordre naturel comme support général de la justice qui apparaît maintenant avec Hésiode, et c'est cet ordre naturel qu'Hésiode chante et proclame dans les derniers vers des *Travaux et les Jours* quand il dit : « Heureux et fortuné celui qui, sachant tout ce qui concerne les jours, fait sa besogne sans offenser les Immortels, consultant les avis célestes et évitant toute faute »[18]. Définition absolument nouvelle, vous le voyez, de la justice. Alors que les héros homériques n'étaient justes que quand ils se souvenaient, lorsqu'ils avaient en mémoire les règles mêmes de leur société, de leur clan, de leur caste ou de leur famille, désormais avec le personnage d'Hésiode on voit être juste quelqu'un qui sait – qui sait quoi ? les règles, pas du tout, les traditions, pas du tout –, qui sait tout ce qui concerne les jours, c'est-à-dire les jours, les saisons, les moments, les instants qu'il faut choisir pour semer, pour récolter, pour payer ses dettes, etc. C'est celui qui « fait sa besogne sans offenser les Immortels, consultant les avis célestes ». Les avis célestes, et par là il ne faut pas du tout entendre les règles traditionnelles des familles, des grands *genê* aristocratiques, les avis célestes, ce sont les nuages, c'est la pluie, c'est le soleil, c'est la saison, c'est le rythme du temps. « Consultant les avis célestes et évitant toute faute » : c'est cette morale du travail, c'est cette justice de la dette et de la saison, c'est ce respect du cycle, du cycle des choses et du cycle des dettes, du cycle des valeurs et du cycle des récoltes, c'est cela maintenant qui caractérise le *dikaion*. Et vous voyez qu'au cœur de cela nous trouvons quelque chose qui est le savoir, car pour être juste il faut consulter les avis du ciel et éviter toute faute, c'est-à-dire il faut savoir ce qu'on doit à son voisin et il faut savoir quand et comment travailler son champ. Le savoir est maintenant au cœur du *dikaion*, la vieille mémoire des traditions ancestrales est maintenant relayée par le savoir des choses elles-mêmes, *dikaion kai alêthês*, le juste et le vrai, ou encore, comme disait Hérodote, *ta onta*, ce qui est. Connaître ce qui est, c'est maintenant ce qui est fondamental à l'exercice de la justice, non plus entendue comme *themis*, mais entendue comme *dikê*.

Si vous voulez, on pourra discuter un peu, mais je voudrais avant donner un certain nombre de conclusions que l'extrême fatigue de l'auditoire et de moi-même m'a empêché de donner tout à l'heure.

La première chose sur laquelle je voudrais insister, c'est ceci : c'est que, d'après ce que je vous ai montré, donc le domaine de la justice, de ce qui est juste et injuste, s'est considérablement étendu, a débordé très largement la pratique judiciaire proprement dite. C'est devenu, le juste et l'injuste, une sorte de catégorie générale ou quasi générale pour caractériser en tout cas toute une série de comportements et de conduites. D'une façon plus précise, on peut dire ceci : c'est que, autrefois, c'est-à-dire dans le système de type homérique, ou encore dans le *dikazein* de la loi de Gortyne, qui était juste ? C'était ou bien l'individu en train de prêter serment, ou bien encore le juge dans le système du *dikazein*, au moment où il rendait sa sentence. C'est-à-dire que c'était dans cette activité judiciaire, politique, religieuse que l'on pouvait être juste ; c'était en exerçant la souveraineté du juge que l'on pouvait être juste ou injuste. Désormais, avec Hésiode, ce n'est plus simplement l'homme en train de prêter serment, l'homme au contact singulier avec les dieux qui est juste, ce n'est plus simplement le souverain justicier qui peut être juste, mais c'est tout homme. Tout homme pourra être juste, tout homme sera juste dans la mesure où il aura prêté attention, où il aura tendu l'oreille, où il aura gardé en mémoire cet ordre des choses, cette mesure, cette connaissance des quantités, des moments, lorsqu'il saura ce qu'est sa dette, lorsqu'il saura quand il faut cultiver ses champs et comment. La justice, ce n'est donc plus simplement ce qui se dit dans l'exercice d'une activité religieuse ou politique, la justice, c'est ce qui s'écoute, ce qui se fait, ce qui se fait tous les jours. L'homme juste, ce n'est pas simplement celui qui exerce la bonne sentence, c'est l'homme qui a écouté, qui a entendu le *dikaion*. À la fin des *Travaux et les Jours*, Hésiode dit à son frère : « Pour toi, Persès, mets-toi ces avis dans l'esprit ; écoute

[...] la justice, oublie la violence à jamais »[19]. Et ces avis qu'il faut écouter si l'on veut écouter la justice, ce sont des avis qui portent précisément sur la manière de cultiver ses champs, la manière de se comporter avec ses voisins, la manière de payer ses dettes, etc. Le débiteur exact, le laboureur qui fait chaque chose en son temps, celui qui sait ce qu'il faut faire et ne pas faire, au moment qu'il faut, celui-là est celui qui, même s'il ne tient pas le bâton de la souveraineté, même s'il ne tend pas la main en direction du Zeus effrayant, est un homme juste. « Celui-là est l'homme complet, dit Hésiode, qui, toujours, de lui-même, [...] voit ce qui, plus tard et jusqu'au bout, sera le mieux »[20]. Donc tout homme peut être juste.

Mais il y a plus : non seulement tout homme peut être juste, mais finalement si être juste, c'est observer le cours des choses, si être juste, c'est savoir quand il faut semer, respecter l'ordre des saisons, il pourrait bien se faire cependant que l'ordre des saisons ne réponde pas d'une manière exceptionnelle à ce qu'on en attend; il y a des étés qui sont trop secs et des hivers qui sont trop froids, la nature elle-même peut entrer en désordre. C'est-à-dire que le *dikaion*, la justice est inscrite dans l'ordre de la nature et la nature peut être soumise à l'injustice. Si les choses n'obéissent pas à leur cycle naturel, s'il y a quelque chose comme une perturbation, si les retours du calendrier déçoivent, c'est que la répartition, la juste répartition des choses dans le monde a été troublée. Non seulement donc les hommes sont justes ou injustes, mais le monde lui-même est juste ou injuste. C'est Zeus qui, dans sa souveraineté, assure la justice du monde. S'il y a de bonnes récoltes, c'est parce que Zeus l'a voulu. Et c'est de cette manière-là qu'il faut comprendre ce qu'Hésiode dit à propos de la descendance de Zeus, lorsqu'il dit : Zeus a eu pour épouse la brillante Justice, la brillante *Themis*, et de cet accouplement, de ce mariage entre Zeus et *Themis*, sont nés les Heures, *Hôrai*, c'est-à-dire les moments, les saisons, tout ce qui rythme le temps; est née une autre déesse, à côté des Heures, cette autre déesse, c'est l'*Eunomia*, sur laquelle on reviendra et qui est la juste distribution; est née troisièmement la Justice, *Dikê*; est née finalement la Paix, la paix entre les hommes. Et toutes ces déesses, ce sont elles qui veillent sur *erga*, sur les travaux des hommes mortels. Les quatre divinités qui sont sœurs, ce sont donc la *Dikê*, Justice, qui a pour sœurs les *Hôrai*, les Moments, les moments du temps, les moments du calendrier, les cycles des saisons, *Eunomia*, la Distribution, c'est-à-dire la bonne récolte qui vient récompenser le bon laboureur, et finalement la Paix, la paix entre les hommes, mais la paix également à l'intérieur des éléments et des choses du monde[21].

Ce thème que le monde est juste non moins que les hommes et que la justice du monde répond à la justice des hommes, c'est un thème, vous savez, qui sera fondamental dans la philosophie grecque. Vous retrouvez ce thème chez celui qui passe pour le premier ou l'un des premiers philosophes grecs, chez Anaximandre, lorsqu'[il] dit par exemple que les choses se rendent justice les unes aux autres[22]. L'ordre du monde, la régularité du monde est une forme de la justice. Et Héraclite dit : s'il arrivait jamais que le char du soleil s'écarte de sa course, alors les Érinyes, c'est-à-dire celles qui punissent les crimes, les déesses qui punissent les crimes, les déesses qui punissent les parjures, etc., les Érinyes poursuivraient le soleil et puniraient le soleil et châtieraient le soleil[23]. Les éléments du monde sont soumis eux aussi à la justice. Alors vous voyez quelle ampleur finalement prend cette notion de *dikaion* dans la pensée grecque, dans l'expérience grecque, dans la société et la culture grecque à partir d'Hésiode. Le *dikaion*, ce n'est plus simplement une caractéristique des sentences judiciaires, c'est une caractéristique des conduites, c'est une caractéristique des hommes, c'est une caractéristique des choses. Et au cœur de tout cela, qu'est-ce qu'on trouve dans le respect du *dikaion* ? Ce qu'on trouve, ce n'est plus simplement la mémoire de la règle, c'est le savoir. Pour qu'un homme soit juste, il faut qu'il sache les choses. Pour que son comportement soit juste, il faut qu'il ait observé, qu'il ait vu, qu'il ait fait attention, qu'il ait écouté. Sans cesse dans Hésiode revient ce conseil qu'il adresse à Persès, à son frère : écoute, fais attention, vois, réfléchis. Tout ceci, c'est la condition pour que le comportement de l'homme soit juste. Et finalement la nature est juste lorsqu'elle obéit à ses propres lois. Vous voyez comment finalement le comportement de l'homme sera juste s'il observe la justice de la nature, et la justice de l'homme n'est pas autre chose que l'écoute exacte et méticuleuse de la justice du monde. Si l'homme peut être juste, c'est parce qu'il est pénétré par, ou parce qu'il obéit à la justice des choses, et ce passage de la justice des choses assurée par Zeus à la justice des hommes se fait par quelque chose qui est le savoir. Savoir, observer, écouter, entendre, être fidèle, non pas dans la forme simplement de la mémoire des règles, mais être fidèle dans la connaissance des choses, dans le savoir des choses, c'est cela qui va être l'élément constitutif de la justice. Se souvenir, c'était la formule de la justice archaïque ; savoir, voir, laisser les choses se dévoiler dans leur vérité, être fidèle à ce dévoilement des choses telles qu'elles existent, des étants, *ta onta*, *to on*, c'est cela qui est maintenant au cœur de la justice grecque. Et vous voyez par conséquent comment cette nouvelle pratique de la justice appelée par Hésiode, revendiquée par Hésiode, comment cette pratique de la justice appelle véritablement quelque chose qui est de l'ordre du savoir.

Alors on aura maintenant deux questions à régler. La première, question proprement historique : comment et pourquoi Hésiode fait appel à cette notion si nouvelle de justice ? Comment et pourquoi l'homme grec, le paysan grec, à partir du VIIe siècle, a refusé la *themis*, la vieille obéissance, la vieille mémoire des règles et a voulu substituer quelque chose de tout nouveau, une justice, un respect de la justice qui aurait la forme du savoir des choses ? Comment le savoir des choses s'est substitué à la mémoire des règles comme norme de la justice ? Quelle est la transformation historique qu'il y a sous cette revendication d'Hésiode, sous cet appel d'Hésiode à une nouvelle justice ? Premier point. Deuxième point : comment cette nouvelle justice a fait appel à un savoir et quel est ce savoir auquel elle a fait appel ? Comment la civilisation grecque a pu, de cette simple revendication – savoir l'ordre des choses –, constituer ce qui allait devenir la science grecque ? Sur quoi s'est-elle appuyée, d'où a-t-elle importé, d'où a-t-elle transféré ce savoir dont elle avait besoin ? C'est là l'autre aspect du problème. Et ce que j'essaierai de vous montrer, c'est comment, en gros et pour dire les choses brutalement, c'est le système de l'endettement des paysans grecs, avec toute la crise sociale que cet endettement a déclenché au VIIe siècle, c'est cet endettement paysan qui a amené la civilisation grecque à aller emprunter ailleurs – on verra où – tout un domaine de savoir qui, repris justement dans la pratique de la cité grecque, de l'État grec, de la démocratie grecque, a donné naissance à la science et à la rationalité telle que nous la connaissons.

La chose sur laquelle je voudrais insister pour terminer, ça serait ceci. Quand on regarde le texte d'Hésiode, on s'aperçoit que le savoir que revendique, que cherche Hésiode, ce savoir qui doit fonder la justice, permettre un comportement juste, ce savoir, dans quelles directions doit-il aller ? En quoi est-ce qu'il doit consister ? Premièrement, pour être juste, il faut savoir – il faut savoir quoi ? – il faut savoir la mesure des choses. Deuxièmement, pour être juste, il faut savoir les moments, les occasions. Troisièmement, pour être juste, il faut connaître la hiérarchie, il faut connaître les rapports entre les puissances du monde, c'est-à-dire, pour Hésiode, entre les dieux. Trois types, par conséquent, de savoir : savoir de la quantité, des comptes, des mesures ; savoir de l'événement, de l'occasion, du moment, du temps ; savoir, enfin, de la hiérarchie théologique, c'est-à-dire savoir de la succession, de la genèse, de l'origine. Ces trois types de savoir, savoir de l'origine, savoir des quantités et savoir de l'événement, vous voyez comment ils ont donné lieu finalement aux trois grandes directions du savoir occidental. Savoir de l'origine, c'est la cosmologie, c'est la philosophie. Savoir des quantités, ce sont les mathématiques, c'est la physique. Savoir de l'événement, de l'occasion, du moment, c'est l'agronomie, c'est la médecine, c'est tout le savoir technique. Et ce sont ces trois directions que vous voyez déjà esquissées dans l'exigence comme trame du *dikaion* d'Hésiode, ce sont ces trois directions qui se sont développées dans le savoir occidental et qui ont donné lieu à ce qui définit maintenant la rationalité de notre civilisation, et finalement la rationalité du monde tout entier. Dans le *dikaion*, dans cette matrice politico-juridique de la justice grecque, c'est tout le savoir occidental qui se profile. Et j'essaierai donc la prochaine fois de vous montrer comment ce savoir est né finalement d'un processus social, d'une lutte sociale, d'une véritable lutte de classes autour de l'endettement paysan et comment cette lutte de classes autour de l'endettement paysan a amené une mutation politique grâce à laquelle tout un savoir d'origine orientale a été importé en Grèce et s'est élaboré sous les formes que nous connaissons.

Voilà ce que je voulais vous dire sur ce *dikaion* grec, cette justice grecque. Alors si vous avez des questions à me poser…

— *Je voyais dans cette évolution que vous avez décrite une différenciation progressive d'une unité au sein de laquelle tout serait déjà un peu implicite plutôt qu'une rupture absolue. Or ce que vous avez dit dans votre conclusion semble impliquer une rupture plus accentuée avec la période précédente. Mais des notions comme* hôrai, *la paix*, dikê, eunomia, *ne sont-elles pas déjà présentes ?* Hôrai, *par exemple : même quand il n'y a pas agriculture, il y a des fêtes saisonnières ; on trouve également la paix et la guerre ; ou encore* dikê, *la justice comme vérité, est déjà présente à l'horizon. La question que je pose est la suivante : l'ordre des règles et l'ordre naturel sont-ils différents l'un de l'autre, ou s'agit-il au fond de la même chose, avec une différenciation liée à une culture caractérisée par un enrichissement extraordinaire dans le domaine économique, intellectuel et même religieux ?*

— Je suis tout à fait d'accord. Il faudrait peut-être préciser ceci : c'est que cette généalogie dont je viens de vous parler, elle n'est pas dans *Les Travaux et les Jours*, bien sûr, elle est dans la *Théogonie*[24]. Or la *Théogonie* – j'essaierai d'en parler la prochaine fois –, c'est un texte en un sens traditionnel, qui reprend, en forme quasi de mémoire, le récit des origines. Que dans la religion d'avant Hésiode on trouve ces éléments-là, ces éléments théologiques, c'est certain. Mais l'intéressant, ce sont deux choses. Premièrement, d'abord, la construction exacte que fait Hésiode. Il est intéressant qu'il fasse intervenir *Dikê* comme déesse alors qu'elle ne l'était absolument pas et qu'il la mette dans la fraternité, dans la parentèle de *Hôrai*, *Eunomia*, etc. C'est un premier point qui est important, qu'il introduise *Dikê* et qu'il la mette dans cette fraternité-là. Deuxièmement, il est intéressant alors de voir que cette construction qu'il donne dans la *Théogonie* répond en quelque sorte terme à terme à ce qu'on trouve dans Les *Travaux et les Jours*, où il dit : qu'est-ce que c'est d'être juste ? C'est d'observer le moment qu'il faut, c'est d'attribuer les choses à ceux à qui on doit les attribuer. Le contenu qu'il donne à *Dikê*, c'est bien cette parenté que l'on voit dans la *Théogonie*. C'est ça qui me paraît absolument nouveau : la corrélation entre des comportements quotidiens et économiques avec cette théogonie qui comporte, à côté d'éléments traditionnels, au moins cet élément nouveau qui est *Dikê*. C'est nouveau, tout ce fonctionnement-là.

— *C'est nouveau comme spécification, c'est quelque chose qui est déjà implicite. Est-ce vraiment nouveau ? Par exemple, si vous prenez* La folie d'Héraclès *d'Euripide, entre Héra et Héraclès intervient une nouvelle déesse, la Rage*[25]*. On a vraiment l'impression que tout cela est une espèce d'allégorie et que si la déesse Héra était seule, les choses se passeraient exactement de la même manière. Autrement dit, c'est une interprétation de quelque chose qui est déjà là.*

— Oui, mais je voudrais savoir le piège qu'il y a dans la question que vous me posez. Parce que si je vous disais : oui, c'est la spécification de quelque chose qui existe, alors qu'est-ce que vous me diriez ?

– *Peut-être l'importance formidable du mythe. Qu'est-ce qu'il y a dans le mythe ?*

— En tout cas dans la *Théogonie*, c'est tout simplement le mythe de souveraineté, c'est-à-dire restaurer et instaurer et reconduire l'ordre hiérarchique des dieux et des hommes. Or cet ordre hiérarchique des dieux et des hommes est en corrélation avec l'ordre des travaux agricoles et l'ordre des prestations économiques.

Il y a d'autres questions ? C'est moi qui vais vous poser une question : j'ai un peu peur de n'avoir été ni très clair, ni très facile d'accès. Je ne sais pas. J'ai l'impression que ça ne vous a pas tellement intéressés, ces trucs-là. Encore une fois, je ne suis pas le

Zorro du savoir, je ne veux pas tout faire, mais je voudrais tout de même m'adapter à votre demande. Si ce sont des choses qui ne vous intéressent pas trop, on peut essayer de modifier la présentation.

— *Le serment que doit prêter le roi juge n'est-il pas en réalité une mystification ?*

— Mystification ? C'est le fait que maintenant tous les gens d'une cité vont pouvoir demander, au nom de leur propre bonheur et au nom de la justice auxquels ils ont droit, que le justicier rende de bons jugements. Car finalement c'est la cité tout entière qui va en pâtir. Ça va être la guerre, ça va être la stérilité, ça va être la mauvaise récolte. Tout le monde est intéressé. Donc ce n'est pas tellement une mystification.

— *L'histoire l'a montré : la plupart de ces rois juges ont toujours donné de mauvais jugements.*

— Bien sûr. Je ne l'ai pas cité, parce qu'on entrait dans l'érudition, mais il y a justement un passage d'Hésiode qui correspond exactement aux deux jugements que l'on trouve à Gortyne. À Gortyne donc il y avait le jugement en forme de *dikazein*, qui était le vieux jugement où tout le monde prêtait serment, en tout cas où les deux parties prêtaient serment avec leurs cojureurs. Et puis il y avait le *krinein* où c'était le juge qui prêtait serment et appelait sur lui tous les malheurs possibles s'il n'avait pas [rendu la bonne décision][a]. Il y avait donc ces deux jugements. Or il y a un passage dans lequel Hésiode dit à Persès qui était son frère avec lequel il avait un débat judiciaire de propriété (il y avait un litige entre eux deux) : « Va, réglons [...] notre querelle par un de ces droits jugements qui sont rendus au nom de Zeus et qui sont les meilleurs de tous »[26]. Et il emploie l'expression *diakrinometha*, c'est-à-dire soumettons-nous au jugement – vous voyez, le mot *krinein* est là. Il dit donc : soumettons-nous à ces jugements qui sont des jugements droits et réglés par Zeus. « Tu as [...] assez pris et pillé dans le bien d'autrui en prodiguant force hommages aux rois mangeurs de [cadeaux], toujours prêts à juger [selon une

a. Conjecture ; Foucault ne termine pas la phrase.

mauvaise] justice »[27]. Ces rois mangeurs de cadeaux (*dôrophagous*) veulent tous, ils sont toujours prêts à juger selon une mauvaise justice (*dikên ethelousi dikassai*). Il emploie donc l'expression *dikazein*. Et alors il oppose un jugement rendu au nom de Zeus dans la forme du *krinein* à ce jugement *dikazein* du roi qui justement fait de mauvais jugements. Je ne sais pas si ça répond à votre question.

— *Quel est le mot employé pour « justice » ?*

— *Dikê.*

— *Et alors comment se fait-il qu'on traduise toujours par vengeance, et quand même avec une idée de rétribution ?*

— Quand un homme est injuste, il est puni, il a derrière lui les Érinyes ou il a derrière lui la vengeance de Zeus. Maintenant, désormais, dans ce monde-là, si une chose n'obéit pas à sa propre loi, elle va avoir la vengeance à ses trousses. C'est à ce moment-là qu'intervient *nomos*.

— *Dans cette période archaïque, la vengeance doit être unanime.*

— C'est ce que vous me disiez tout à l'heure. Vous me disiez : mais la vengeance a toujours été collective. Alors là, je suis tout à fait d'accord, mais la vengeance était collective dans la mesure où elle suivait en quelque sorte le clan, le *genos*, selon des liens de parenté, et ça suivait cette espèce de parentèle. Alors que là, Hésiode le dit bien, il dit : l'empoisonnant, quand les juges ne jugent pas bien, c'est que… voilà, j'arrive[a], il dit : « Une ville entière [c'est la ville, c'est donc *polis*] se ressent de la faute d'un seul qui [règne] et trame le crime »[28]. Donc quand celui qui règne a commis une faute, c'est la ville entière, et la ville, ce n'est pas sa famille, ce n'est pas son *genos*. Et il dit un peu plus loin : « Le peuple paie pour la folie des rois »[29]. Et là on sent que, précisément, il ne devrait pas payer, alors qu'à l'époque homérique, quand le *genos*, quand la famille était punie, tout le monde trouvait ça normal ; la famille n'était pas

a. Foucault recherche dans l'ouvrage d'Hésiode le passage qu'il veut citer.

punie *à la place de* quelqu'un, elle était punie *avec* quelqu'un, et le quelqu'un était puni par la punition de sa famille. Là, le peuple, les petits paysans grecs ne veulent plus être punis pour une faute qui est celle de leur chef. La lutte de classes est claire là-dedans : on ne veut pas payer pour eux.

— *Dans cette tendance à la quotidienneté et à la popularisation de certaines formes du savoir, quelles seraient alors les formes correspondantes du pouvoir ?*

— Ce sont ces mutations politiques, la lutte de classes et la nouvelle forme de pouvoir politique que j'essaierai d'expliquer. Et où, finalement, c'est un nouveau type de pouvoir qui a essentiellement été un pouvoir tyrannique, ces fameux tyrans grecs qui avaient trois caractères : [premièrement,] ils n'étaient pas directement, souvent, des aristocrates, ils n'appartenaient donc pas à cette vieille aristocratie qui maintenait les règles traditionnelles ; deuxièmement, c'étaient des hommes qui étaient censés représenter le peuple et qui en fait, en effet, s'appuyaient sur le peuple par l'intermédiaire de l'armée, de l'armée hoplitique ; et troisièmement, ils avaient pour caractère de savoir. Ce sont eux qui, en tant que représentants du peuple mais détenant un savoir, ont été les détenteurs du pouvoir et les organisateurs d'une cité à l'intérieur de laquelle on va voir apparaître quelque chose qu'Hésiode ne connaît pas et qui est la justice devenue institution, le juste devenu institutionnel, c'est-à-dire *nomos*, la loi. Le *nomos* sera loi de la cité et loi de la nature. À la fois la structure politique des rapports humains et la forme de savoir vont être entièrement bouleversées par cette notion du droit. Et alors là, on voit le lien savoir-pouvoir d'une façon parfaitement claire.

— *Pourquoi avez-vous spécialement choisi l'exemple de la société hellénique pour expliquer les différentes conceptions de la vérité.*

— Il y a à cela plusieurs raisons. L'une inavouable – que je vais aussitôt vous avouer –, c'est que le peu de documents qu'on a sur la société grecque, en même temps le fait que ce sont des documents qui ont tout de même été déjà très élaborés, rendent les choses relativement plus simples et plus claires qu'ailleurs. Et puis surtout, c'est que la notion de vérité ou la règle de vérité que notre société ou notre civilisation utilise maintenant, et à une échelle qui est universelle, cette notion de vérité, c'est bien en Grèce qu'elle est née.

— Pourquoi revenir aux Grecs et ne pas étudier maintenant cette notion de vérité ?

— Parce que ce n'est pas exactement la notion de vérité que je veux étudier, [mais plutôt] la manière… mon projet, c'est ceci : montrer comment ce sont des rapports de pouvoir qui ont sous-tendu, rendu possible la formation d'un savoir du type qui est le nôtre. Vous voyez ? Alors il me semble que prendre les choses à leur commencement, c'est se donner donc la facilité de données plus élémentaires et plus simples, et puis en même temps voir tout de même le principe de fonctionnement de l'ensemble. Pensez bien que l'analyse des rapports savoir-pouvoir dans une société comme la nôtre, aussi complexe et avec la masse documentaire gigantesque dont on dispose, la multiplicité des institutions, etc., c'est s'exposer ou à se perdre ou à tomber dans des généralisations très hâtives. Je ferai ça pendant une semaine ou deux, et ensuite je prendrai alors une autre étape, au Moyen Âge, et puis, si j'ai le temps, je prendrai au début du XIXe siècle un certain nombre d'autres éléments. Mais il est clair qu'à mesure qu'on avance dans le temps les analyses qu'on fait sont d'autant plus partielles. Je ne suis pas particulièrement fier d'avoir choisi un point d'analyse aussi reculé, aussi archaïque, mais je crois que la difficulté du problème m'excuse un peu.

— Pourquoi n'avez-vous jamais parlé de transgression de la loi ?

— Je vais vous répondre. En fait, dans tous les exemples que j'ai cités, il était question au fond, je ne veux pas dire justement de transgression, mais il était question d'injustice, de gens qui ne faisaient pas ce qu'il fallait faire. Le paysan, par exemple, qui ne paie pas sa dette, le paysan qui ne sème pas à temps, le paysan qui ne sait pas combien il doit rendre, tout ça, ce sont des choses qu'il ne faut pas faire. Je me contenterai de les caractériser comme ça. Hésiode donne aussi un autre exemple très intéressant, qu'on pourrait comparer à Homère. Parmi les choses qu'il ne faut pas faire, et qu'Hésiode recommande bien à Persès de ne pas faire, il y a cette chose très curieuse : surtout ne rends pas trop quand tu rends ta dette[30]. Ne rends pas trop, et c'est très intéressant, ce conseil, d'abord si on l'oppose à ce qui se passe chez Homère. Dans Homère, dans l'*Iliade*, lorsque Agamemnon se réconcilie avec Achille et qu'il lui rend ce qu'il lui devait, c'est-à-dire l'esclave Briséis, il rajoute en plus de l'esclave je ne sais combien de trucs, des chevaux, des chars, des armes, des boucliers, et il en rajoute et il en remet, etc., selon un système de déséquilibre très caractéristique de cette forme-là de société[31]. Et Hésiode dit : holà, surtout pas ça. Ne rends pas trop quand tu rends ta dette. Et pourquoi il ne faut pas que tu rendes trop ? Il le dit. C'est parce que si tu ne rends pas trop, si tu rends juste ce qu'il faut, tu ne vas pas te ruiner, donc il te restera encore quelque chose, et avec ce quelque chose, qu'est-ce que tu pourras faire ? Tu pourras avec ce quelque chose que tu vas garder répondre à la demande de ton voisin lorsque, à son tour, il sera dans la difficulté et qu'il sera obligé de s'endetter auprès de toi. Tu auras donc des ressources pour faire des prêts, et c'est pourquoi, lorsque tu rends tes propres dettes, il ne faut jamais exagérer, pour que tu sois encore une espèce de puissance économique à laquelle on puisse faire appel, ce qui est indispensable pour que tu puisses faire appel ensuite à la bienveillance des créanciers quand tu seras à ton tour endetté – tout le grand cycle des dettes. J'ai cité tout ça pour vous dire que tout le texte d'Hésiode ne parle que des choses qu'il ne faut pas faire. Mais vous me dites : pourquoi vous n'avez pas employé le mot transgression, transgression de la loi ? Pour une raison simple, c'est qu'il n'y a pas de loi, il n'y a pas de *nomos*. Hésiode ne reconnaît plus ce vieil univers des règles aristocratiques qui s'appelaient *themis* et en fonction desquelles les rois mangeurs de présents rendaient leurs sentences, mais il n'y avait pas encore ce *nomos*, cette loi universelle, valable pour tout le monde, à l'égard de laquelle il y avait infraction. On en est encore à ce qu'il ne faut pas faire parce que ce n'est pas bien, parce que ce n'est pas utile, parce qu'on va se trouver dans le déséquilibre, parce que l'ordre ne sera pas respecté, les cycles vont être bouleversés. Donc il n'y a pas d'infraction.

— Il n'y a pas encore de loi, mais il y a entre les dieux et les hommes un rapport de force, de puissance, d'autorité, de hiérarchie. Ce que veulent les dieux a une vraie valeur de loi. Ce qui me paraît essentiel, c'est qu'il existe un schéma qui est celui de la compensation. Il y a une notion de culpabilité et toute dette doit être remboursée. Il y a là un rapport de compensation fondamental qui paraît sous-tendre l'ensemble de cette évolution.

— Absolument. Je ne l'ai peut-être pas fait assez apparaître dans l'exposé, mais que justement il s'agisse toujours de compensation, de rééquilibrage, d'ordre à respecter, de cycles auxquels il faut faire attention, etc., c'est bien ça qui sous-tend toute la pensée d'Hésiode, et pas du tout le problème de l'infraction et de la transgression. Il ne faut jamais exagérer. Il y a certains commentaires d'Hésiode, des espèces de commentaires sociologico-psychologiques où on dit : regardez le bon sens du paysan grec, qui dit toujours : il ne faut pas exagérer, fais attention, etc. En réalité, ce n'est pas de bon sens qu'il s'agit, c'est d'un problème très complexe qui est l'équilibre de la dette, de la récolte, de l'économie paysanne dans tout ce qu'elle a de fragile et de précaire. Et tout ce qui peut perturber cette économie si fragile et si précaire, tout ce qui peut la bouleverser, tout ce qui peut verser le paysan dans l'endettement définitif, et par conséquent la perte de liberté, doit être évité. Ça me paraît très différent, très étranger à la pensée de la grande transgression prométhéenne de la loi, de la *themis*.

— Il me semble qu'il y avait déjà un modèle fondamental de la justice où le châtiment viendrait toujours équilibrer l'infraction.

— Mais alors là je vous dirai : tout l'ensemble des notions par lesquelles Hésiode caractérise cet équilibre ou ces ruptures d'équilibre, c'est-à-dire le juste, l'injuste, *dikê*, *adikon*, *dikaion*, etc. n'existe pas avant, où vous n'avez que *themis*, c'est-à-dire ce qui est posé comme règle, la vengeance des dieux contre ceux qui ne respectent pas *themis*. Chez Hésiode, on parle encore de vengeance des dieux, mais c'est toujours par l'intermédiaire de cette *Dikê*, qui est la sœur des Heures, des moments, de la bonne distribution, etc.

Et c'est finalement toujours par l'intermédiaire des cycles naturels, conformes ou troublés, que Zeus exerce sa protection et sa vengeance. Cela paraît tout de même d'un type très différent.

— Dans le système primitif, les conséquences économiques sont toujours présentées comme le résultat du non-respect de règles. Ne pas semer comme il faut, ne pas avoir de graines, c'est s'exposer à ne pas manger, et ne pas manger, c'est la vengeance des dieux.

— Dans le cas du système archaïque, du système homérique, il n'y a pas de compensation. Au contraire, on est dans le déséquilibre total. Ce déséquilibre caractéristique du monde homérique, vous en avez des signes dans l'histoire du paiement de la dette. Agamemnon finalement paie sa dette, mais on lui a raflé une belle fille et il rend la belle fille, puis des chevaux, puis des boucliers, puis des armes, etc., enfin c'est incroyable, ce qu'il rend. C'est le déséquilibre, ce n'est pas compensation. Quand il y a eu infraction, ce qui éponge l'infraction, c'est presque l'infini. De même, lorsque Zeus se venge d'une offense, ça peut être une vengeance et c'est toujours une espèce de vengeance indéfinie. Zeus ne mesure pas, dans son activité de vengeance, il est totalement démesuré. C'est ça, la vengeance de ce type-là. Et au contraire, dans le système d'Hésiode, vous voyez apparaître tout un système de compensation, et lorsque Hésiode parle de la vengeance de Zeus, c'est toujours une espèce de vengeance qui obéit elle-même à la loi bien mesurée de la compensation : à petite offense, petite vengeance. Alors c'est là où est la différence. Que beaucoup d'éléments soient hérités, c'est vrai, mais je crois que le fonctionnement du système judiciaire, du système de la justice est... Autrement dit, beaucoup plus que la transgression, ce qui est central chez Hésiode, bien que le mot, je crois, n'apparaisse pas beaucoup – et ça, je n'en suis pas sûr, il faudrait vérifier – c'est le mot *metron*, c'est la mesure. C'est ça qui est au centre du truc. Il y a injustice quand la mesure n'est pas tout à fait respectée, mesure des choses, des quantités, des temps, du calendrier. Et à ce petit décalage de la mesure, il faut répondre, comme dans la dette, par une activité d'apuration également mesurée.

— Les notions de sursavoir et de surpouvoir ne sont pas très claires pour moi. Pourriez-vous expliciter ce que vous entendez par là ?

— [Premièrement,] par surpouvoir, je crois tout de même que c'est assez facile : par surpouvoir, j'entends le fait que dans une société, dans certains types de société, le pouvoir n'est pas simplement distribué et différencié entre les différents individus ou les différents chefs de famille, etc., mais que le pouvoir obéit à une loi de concentration croissante. Deuxièmement, par sursavoir, j'entends le fait que – et on en aura des exemples surtout au Moyen Âge aussi –, dans les sociétés comme les nôtres, non seulement certains types de savoir sont concentrés exclusivement entre les mains de certains individus, mais que vous avez un prélèvement continu de savoir d'une couche sociale vers une autre couche sociale. Par exemple, le travail artisanal au Moyen Âge, au XVIIIe siècle encore, a été créateur d'une multiplicité de connaissances, de savoirs, de techniques, de recettes, de ressources, etc., qui ont été sans cesse reprises, réinvesties, généralisées, systématisées, etc., par un nombre limité de gens qui, à partir de là, ont élaboré quelque chose que j'appelle précisément le sursavoir, et qui se caractérise, d'une part, par ce mouvement de prélèvement et de concentration, et par le fait, d'autre part, qu'il n'est redistribué qu'à certains éléments de la société sous forme de science, sous forme de connaissance rationnelle, etc. C'est ça, ce double mouvement de prélèvement constant dans une certaine direction et de redistribution exclusive, qui caractérise en gros le sursavoir.

— Mais derrière la définition du sursavoir, il me semble qu'il y a la notion d'inégalité.

— Je me suis sans doute mal expliqué. Je n'ai pas voulu opposer un savoir universellement partagé à un savoir concentré, ou à un savoir différencié, ou à un savoir localisé en certains points. Le sursavoir, c'est le mouvement par lequel se fait, toujours dans un certain sens, un certain mouvement de concentration du savoir, de constitution du savoir, de redistribution de savoir. C'est ça. Le sursavoir se définit par ce mouvement-là et non pas par l'inégalité de la répartition, de la distribution du savoir.

Notes

1. La loi de Gortyne est un recueil de lois gravées dans la pierre, retrouvé dans les ruines de la cité de Gortyne au sud de la Crète. La gravure date de la première moitié du Ve siècle, mais la législation qu'elle reproduit est plus ancienne. Voir R. Dareste, *La loi de Gortyne*, *Annuaire de l'Association pour l'encouragement des études grecques en France*, vol. 20 (1886), p. 300-349.

2. Hésiode, *Les Travaux et les Jours*, dans *Théogonie*, *Les Travaux et les Jours*, *Le Bouclier*, trad. fr. P. Mazon, Paris, Les Belles Lettres, 2002.

Dans les leçons du 3 et du 10 février 1971 des *Leçons sur la volonté de savoir*, *op. cit.*, p. 84-94, et 97-106, Foucault étudie l'évolution de la conception grecque de la justice telle qu'elle apparaît dans les lois de Gortyne et *Les Travaux et les Jours d'Hésiode*. Il n'y revient pas dans *La vérité et les formes juridiques*, mais leur consacre un développement dans la leçon du 22 avril 1981 de *Mal faire, dire vrai*, *op. cit.*, p. 35-40.

3. Homère, *Iliade*, chant XVIII, vers 497-508, t. III, *op. cit.*, p. 95. Foucault analyse la scène du bouclier d'Achille dans la leçon du 21 janvier 1971 des *Leçons sur la volonté de savoir*, *op. cit.*, p. 76-78. Il l'évoque également dans *Mal faire, dire vrai*, *op. cit.*, p. 36.

4. R. Dareste, B. Haussoullier, Th. Reinach, *Recueil des inscriptions juridiques grecques*, Paris, E. Leroux, 1re série, fasc. 3, 1894, p. 352 *sq.*

5. Cité dans G. Glotz, *Études sociales et juridiques sur l'Antiquité grecque*, Paris, Hachette, 1906, p. 145.

6. Hésiode, *Les Travaux et les Jours*, vers 193-194, *op. cit.*, p. 93.

7. Voir Eschyle, *Les Euménides*, vers 432, dans *Tragédies*, II, trad. fr. P. Mazon, Paris, Les Belles Lettres, 1949, p. 148 : « Les serments ne font pas triompher l'injustice ».

8. Les Amphictyons de Delphes étaient les représentants des cités grecques associées dans la gestion du temple d'Apollon à Delphes.

9. Hésiode, *Les Travaux et les Jours*, vers 243-247, *op. cit.*, p. 95.

10. Hésiode, *Les Travaux et les Jours*, vers 240-241, *op. cit.*, p. 95.

11. Hésiode, *Les Travaux et les Jours*, vers 260-263, *op. cit.*, p. 96.

12. Voir Hésiode, *Les Travaux et les Jours*, vers 256-260, *op. cit.*, p. 95-96.

13. Hésiode, *Les Travaux et les Jours*, vers 320-324, *op. cit.*, p. 98.

14. Hésiode, *Les Travaux et les Jours*, vers 325-327, *op. cit.*, p. 98.

15. Hésiode, *Les Travaux et les Jours*, vers 348, *op. cit.*, p. 99.

16. Hésiode, *Les Travaux et les Jours*, vers 359-360, *op. cit.*, p. 99.

17. Hésiode, *Les Travaux et les Jours*, vers 398-402, *op. cit.*, p. 101.

18. Hésiode, *Les Travaux et les Jours*, vers 826-828, *op. cit.*, p. 116.

19. Hésiode, *Les Travaux et les Jours*, vers 274-275, *op. cit.*, p. 96.

20. Hésiode, *Les Travaux et les Jours*, vers 293-294, *op. cit.*, p. 97.

21. Voir Hésiode, *Théogonie*, vers 901-903, dans *Théogonie, Les Travaux et les Jours, Le Bouclier*, trad. fr. P. Mazon, Paris, Les Belles Lettres, 2002, p. 64.

22. Anaximandre, fragment I, dans *Les Présocratiques*, éd. J.-P. Dumont, « Bibliothèque de la Pléiade », Paris, Gallimard, 1988, p. 39.

23. Héraclite, fragment XCIV, dans *Les Présocratiques*, *op. cit.*, p. 167.

24. Voir *supra*, p. 93-94.

25. Voir Euripide, *Héraclès*, vers 822-875, dans *Tragédies*, III, trad. fr. L. Parmentier, Paris, Les Belles Lettres, 2002, p. 52-53.

26. Hésiode, *Les Travaux et les Jours*, vers 35-36, *op. cit.*, p. 87.

27. Hésiode, *Les Travaux et les Jours*, vers 37-39, *op. cit.*, p. 87.

28. Hésiode, *Les Travaux et les Jours*, vers 240-241, *op. cit.*, p. 95. La traduction de P. Mazon dit « qui s'égare » et non « qui règne ».

29. Hésiode, *Les Travaux et les Jours*, vers 260-261, *op. cit.*, p. 96.

30. Voir Hésiode, *Les Travaux et les Jours*, vers 349-351, *op. cit.*, p. 99.

31. Voir Homère, *Iliade*, chant IX, vers 121-140, *op. cit.*, t. II, p. 12 ; ainsi que chant XIX, vers 242-248, *op. cit.*, t. III, p. 121-123.

SÉANCE III
(21 mars 1972)

Je voudrais continuer un peu ce que nous avions commencé la dernière fois à propos de cette transformation du discours de vérité dans la société grecque. La dernière fois j'avais essayé de caractériser un petit peu ce qu'Hésiode entendait par le terme de *dikaion*. On avait donc deux formes de jugement, cette forme de jugement que les Grecs, que la loi de Gortyne par exemple, appelaient le *dikazein* et qui est la vieille forme traditionnelle de jugement selon les règles des familles aristocratiques ; c'est la justice qui obéit aux lois de *Themis*. Et puis une autre forme de jugement qui, elle, se réfère à quelque chose, à cette chose énigmatique qu'Hésiode de son côté appelait le *dikaion*, le juste. Alors qu'est-ce qu'Hésiode entendait par *dikaion* ? Il entendait donc quelque chose de très différent de cette *themis*, de cette justice qui est au fond essentiellement règle, règle de juridiction, règle de jurisprudence aussi, règle en tout cas qui était gardée secrètement et jalousement à l'intérieur des grandes familles de l'aristocratie, qui étaient détentrices, donc, à la fois de la règle, de l'application de la règle et, par conséquent, du pouvoir de juger. En face de cela, Hésiode réclame quelque chose, exige quelque chose qu'il appelle le *dikaion*, le juste. Et ce quelque chose, cette justice, à quoi est-ce qu'elle se réfère, sur quoi est-ce qu'elle se fonde ? Non plus donc sur la règle traditionnelle possédée, connue, jalousement gardée par les grandes familles. Il réclame quelque chose de juste qui s'appuie sur la mesure des choses, qui s'appuie sur l'ordre du monde, qui s'appuie également sur les généalogies et les hiérarchies divines qui garantissent l'ordre du monde et la mesure des choses. Autrement dit, pour être juste, pour rendre un jugement juste selon

Hésiode, il faut connaître ; il faut connaître les choses, ou plutôt il faut connaître les liens dans lesquels les dieux ont pris les choses lorsqu'ils ont prescrit aux choses leur rythme, leurs saisons, leur mesure, leur équilibre. Connaître la vérité du monde, connaître l'ordre du monde et connaître les décrets des dieux, c'est cela qui ne fait au fond qu'une seule et même chose et c'est là-dessus que repose la juste activité du jugement qu'Hésiode réclame. Et Hésiode oppose à un jugement qui serait ainsi fondé en vérité, il oppose ce jugement à l'ancienne justice de ceux qu'il appelle les « rois mangeurs de cadeaux »[1], les rois qui, eux, n'obéissent qu'aux règles de *themis* et n'y obéissent que moyennant finance dans la forme de la corruption, de l'arbitraire et du désordre. Ce qu'on voit donc apparaître avec Hésiode, et c'est ce que j'avais essayé de vous montrer la dernière fois, c'est cette corrélation, alors maintenant absolument nouvelle à son époque, entre justice et vérité. Autrefois, être juste, rendre la justice, c'était observer la règle, c'était se souvenir de la règle. La justice était de l'ordre de la mémoire. Maintenant la justice est fondée sur la vérité des choses, sur la mémoire, certes, de l'ordre, du rythme, de la scansion des choses, mais plus largement que la mémoire la justice repose sur ce qu'on sait, ce qu'on voit, ce qu'on constate, ce qu'on peut observer de l'ordre même des choses. Corrélation entre la justice et la vérité qu'Hésiode manifeste très bien dans un vers dont j'ai oublié la lettre exacte, mais où il dit ceci ; il s'adresse à Zeus et il dit à Zeus : Zeus, je te recommande de rendre toujours tes décrets justes et, pendant ce temps-là, moi j'irai à mon frère Persès dire la vérité[2]. Pendant que Zeus établit le juste ordre du monde, corrélativement l'homme juste en ce bas monde dit et voit la vérité. Ce qui est justice d'un côté est vérité de l'autre. Là où Zeus dit le juste, l'homme voit le vrai et là où Zeus fonde la vérité, l'homme reconnaît le juste. Emboîtement circulaire de la vérité et de la justice, qui est vraisemblablement un des traits les plus fondamentaux de la culture et de la civilisation occidentale.

Alors le problème qui est à résoudre maintenant est celui-ci : comment s'est faite la transformation, d'où vient ce savoir de justice, d'où vient cette appartenance justice et vérité, d'où vient ce lien entre être juste et savoir, dont Hésiode manifeste sinon déjà l'existence au VIIe siècle, du moins l'exigence et la nécessité ? Qu'est-ce que c'est que cette revendication, d'où vient cette revendication d'une justice vraie, d'un lien entre justice et vérité ? Alors, si on prend les poèmes d'Hésiode au niveau non seulement de leur contenu, mais de la forme et comme du statut de ces textes, de ces discours, ce qui apparaît évident, c'est la différence, l'éloignement radical de ces textes par rapport aux textes d'Homère. Homère, les textes homériques ont vraisemblablement été rédigés au cours du VIIIe siècle avant Jésus-Christ, les textes d'Hésiode sont du VIIe ; un siècle d'écart, peut-être un peu plus, un peu moins, peu importe, en tout cas l'éloignement est extrême. En revanche ce qui saute aux yeux aussi, c'est la proximité de ces textes d'Hésiode, des thèmes de ces textes d'Hésiode, du fonctionnement même, du statut politico-religieux de ces textes avec un certain nombre de textes qui appartiennent à la civilisation assyrio-babylonienne ; textes qui appartiennent donc à une civilisation relativement éloignée, textes qui ont été écrits, rédigés à une époque nettement antérieure, au XVe siècle, XIVe siècle avant Jésus-Christ, mais qui ont été à coup sûr transmis en Asie Mineure jusqu'au VIIIe ou VIIe siècle par la succession des grands empires assyrio-babyloniens. Cette proximité des textes d'Hésiode et des textes assyriens, des textes babyloniens, on la reconnaît, on la repère de plusieurs façons.

D'abord, elle se repère ainsi. Dans *Les Travaux et les Jours* d'Hésiode, j'avais essayé de vous montrer l'importance qu'avait ce problème du retour du temps ; retour du temps qui doit en effet indiquer, marquer à quel moment il faut faire les choses, à quel moment on doit non seulement payer ses dettes, mais à quel moment il faut semer, à quel moment il faut labourer, en quelle saison et très précisément en quel jour. Or cette connaissance exacte du calendrier, du retour des jours, de la distribution entre les bonnes et les mauvaises saisons, les bons et les mauvais moments, les jours propices et les jours interdits, les jours fastes et les jours néfastes, cette distribution était à Babylone, dans l'empire babylonien, non seulement un savoir, non seulement une technique, mais en même temps une méthode administrative. L'empire tout entier vivait au rythme de ces pulsations techniques et religieuses, à la fois magiques et efficaces. C'était tel jour qu'il fallait ensemencer, c'était tel jour qu'il fallait ouvrir les canaux, c'était tel jour qu'il fallait payer ses impôts ou rembourser ses dettes. Et tous les jours de l'année étaient distribués en jours où il fallait faire telle chose, en jours néfastes et fastes. Il y avait par exemple – et ce n'est qu'un exemple – la grande distribution au cours du mois des jours néfastes ; il y avait originairement sept jours néfastes : le premier jour, le septième jour, le neuvième jour, le quatorzième, le dix-neuvième, le vingt et unième et le vingt-huitième. Ça a été la distribution originaire, d'où le premier et le neuvième ont été retirés, de telle sorte que les cinq jours néfastes où il ne fallait rien faire, où entreprendre quelque chose était dangereux, qui sont resté dans le calendrier babylonien, vous les reconnaissez : sept, quatorze, dix-neuf, vingt et un, vingt-huit, ce sont les dimanches, ce sont les jours qui scandent la semaine, à l'exception du dix-neuf. C'étaient tous les septièmes jours. À l'exception du dix-neuf, mais le dix-neuf, c'est, vous le voyez, le dernier jour de la septième semaine si vous commencez à compter non pas avec le mois en cours, mais avec le mois précédent. Quatre plus trois vous donnent dix-neuf. Et c'est donc ce rythme des sept jours que les Babyloniens avaient ainsi marqués comme jours néfastes, et vous connaissez la fortune de cette numération. Mais cette distribution des jours néfastes, c'est une distribution qui scande absolument tout l'ensemble de la vie. Par exemple au moment des jours néfastes, pour vous donner quelques-unes des indications, des prescriptions, le pasteur n'aura pas le droit de manger de viande cuite au charbon de bois, il ne pourra rien manger, il ne pourra pas manger de pain s'il est cuit sous la cendre ; ces jours-là, il ne devra pas changer de vêtements ; quant au roi, il n'aura pas le droit de monter sur son char, il n'aura pas le droit d'entreprendre aucune action militaire ; et le médecin n'aura pas non plus le droit de porter la main sur le malade. Chaque dieu a son jour, et par conséquent pour faire non seulement toute action religieuse, mais en même temps, pour entreprendre toute action technique, toute opération technique relevant de la juridiction d'un dieu, il faut attendre le jour qui est prescrit par le dieu. Toute la vie babylonienne était scandée ainsi par ces rites, et ces rites étaient non seulement connus de tout le monde, mais ils étaient codés, enregistrés, déposés sur tablettes, ils faisaient partie de tout un savoir qui était possédé, accumulé par un corps de prêtres et de scribes qui étaient comme les fonctionnaires chronologiques de l'empire, les fonctionnaires du calendrier, ceux-là qui prescrivaient très exactement comment les hommes devaient, au rythme du temps, distribuer leurs actions. C'est toute cette forme-là de savoir que vous retrouvez dans *Les Travaux et les Jours*, dans cette fameuse seconde partie des *Travaux et les Jours* où Hésiode raconte par le menu tout ce qu'on a le droit de faire et de ne pas faire, tout ce qu'il faut faire et ne pas faire, tout ce qu'il est conseillé de faire ou d'éviter selon le jour auquel on se trouve[3].

De la même façon, vous trouvez également dans *Les Travaux et les Jours* toute une forme de savoir qui est d'un autre type, mais qui a son correspondant, ou plutôt qui a son principe, son origine dans le savoir babylonien. C'est la connaissance des formes, ou plutôt des conditions de la pureté et de l'impureté. Quand et comment, et à cause de quoi est-ce qu'on devient impur ? Qu'est-ce qui provoque la faute ? Là encore, on est très loin d'Homère pour qui le problème de pureté était essentiellement, presque exclusivement, un problème de lavage ; il fallait se laver après le sang, il fallait se laver après la nourriture, il fallait se laver après la poussière : telle était la pureté homérique. La pureté babylonienne est beaucoup plus complexe. Pour savoir si on est pur, par conséquent pour savoir si on peut accomplir tel rite, si on peut entreprendre telle opération technique, il faut savoir par le menu si l'on est pur ou impur. Ou plutôt, pour savoir si l'on est pur ou impur, il faut toute une série d'interrogations très précises et très serrées qui constituent un véritable quadrillage de la vie quotidienne ; il faut véritablement savoir ce qu'on a fait. Et on a retrouvé de ces tablettes qui sont des tablettes de questionnaires – on pense à des manuels de confession. Lorsque, par exemple, quelqu'un est atteint d'une maladie, cette maladie a toute chance d'être provoquée par le démon, par un démon. Il est donc essentiel dans la civilisation babylonienne de savoir si effectivement la maladie est provoquée par un démon, et par quel démon elle a été provoquée ; et il faut interroger le malade coupable, le malade impur. Alors on lui pose toute une série de questions. Questionnaire quasi infini : a-t-il mangé la viande interdite par son dieu ? A-t-il mangé la viande interdite par la déesse ? A-t-il séparé le père de son fils, a-t-il séparé le fils de son père ? A-t-il séparé la fille de sa mère, a-t-il séparé la mère de sa fille ? A-t-il séparé le frère de son frère ? A-t-il séparé l'ami de son ami ? A-t-il séparé le camarade de son camarade ? A-t-il oublié de libérer un prisonnier ? A-t-il oublié de montrer la lumière à un prisonnier ? A-t-il méprisé son père ? A-t-il méprisé sa mère ? A-t-il péché contre sa grande sœur ? Dans la maison de son prochain a-t-il pénétré ? De la femme de son prochain a-t-il approché ? Le sang de son prochain, l'a-t-il versé ? Le vêtement de son prochain, l'a-t-il volé ? Etc., etc. Immense quadrillage de la vie quotidienne, immense quadrillage des actions qui implique que tout ce qu'on a fait, tout ce qui s'est passé, loin de disparaître dans la fulguration de l'événement, se conserve dans le savoir de soi-même, se conserve dans la mémoire de sa propre vie et de sa propre action. Et vous voyez ainsi comment le savoir de soi, et par conséquent déjà le statut d'un sujet qui fait penser par avance au sujet moral, comment le statut de ce sujet est en train de se dessiner à l'intérieur de ce savoir si nécessaire aux rites religieux, si nécessaire également à la pratique des techniques agricoles ou artisanales. Pour être sûr de réussir dans ce champ des techniques, il faut que tout ce savoir de soi soit présent, savoir qui a valeur de purification ou, en tout cas, qui est condition pour une purification possible.

Je n'ai cité là que des exemples des rapprochements entre Hésiode, entre *Les Travaux et les Jours* et le savoir babylonien. Il faudrait aussi rappeler, bien sûr, l'importance de la comptabilité, de l'arithmétique chez Hésiode. Souvenez-vous de ce que je vous disais la dernière fois : Hésiode disant au paysan : « Fais très attention, compte bien ce que tu donnes à ton voisin. Si tu lui empruntes quelque chose, rends-lui autant qu'il t'a prêté, à vrai dire pas tout à fait autant, un tout petit peu plus, mais pas beaucoup plus. Si tu lui rends beaucoup plus, tu te ruineras ; mais si tu ne lui rends pas un peu plus, il ne voudra pas recommencer à te prêter, et lorsque toi-même tu seras dans le besoin, tu ne trouveras pas d'aide auprès de lui. Il faut donc que tu mesures tout cela »[4]. Tout ce problème de la comptabilité impliquait bien sûr un savoir arithmétique, dont vous savez que les Babyloniens avaient été, sinon les fondateurs, du moins ceux qui l'avaient très largement développé en inventant la numération de position (quelque chose correspondant à nos dizaines, centaines, etc., et qui permettait les grandes additions).

Voilà quelques-uns des exemples par où on retrouve très directement le rapport entre ce savoir revendiqué, cherché, obscurément requis par Hésiode, avec le savoir babylonien. Vous voyez comme nous sommes loin du savoir que l'on trouve chez Homère. Chez Homère, vous n'avez aucune de ces comptabilités. Lorsque les nombres interviennent chez Homère, ce n'est pas le nombre comptable, avec lequel on peut mesurer une dette, évaluer réellement une fortune, c'est toujours un chiffre rituel. Chez Homère, quand par exemple on fait un sacrifice et qu'on compte les têtes d'un sacrifice, ce n'est jamais que 9, 12 et 100, qui sont les trois grands chiffres rituels ; ce n'est pas un compte réel, ce n'est pas un compte arithmétique, c'est un compte rituel. Nous sommes très loin aussi, avec ce savoir d'Hésiode et ce savoir babylonien, du savoir homérique dans la mesure où le héros d'Homère n'a qu'une tâche vis-à-vis des dieux, vis-à-vis de ses partenaires, c'est de se souvenir d'un engagement, d'un ordre, d'une prescription, d'une promesse. Cette grande quête pour savoir ce qui a bien pu provoquer l'impureté, vous ne la trouvez jamais chez Homère. Le héros d'Homère se souvient ou oublie un ordre ou une promesse et c'est tout. La constitution d'un sujet de savoir et d'un sujet moral qui est un sujet de savoir est tout à fait étrangère à Homère. De la même façon, vous ne trouverez pas chez Homère toute cette distribution du calendrier en jours fastes et néfastes. Il y a quelques bons jours, il y a quelques mauvais jours, et à vrai dire les bons jours et les mauvais jours, ce sont ceux qui en général ont été prescrits à l'instant même par le dieu qui dit : « tu feras ceci aujourd'hui » ou « tu feras cela demain ». Le grand calendrier cyclique où les mêmes jours reviennent avec les mêmes valeurs de faste et de néfaste, cela, Homère ne [le] connaît pas. Nous sommes donc très loin, avec Hésiode et le savoir babylonien, de ce savoir homérique, qui est pourtant, par les dates et la géographie, beaucoup plus proche d'Hésiode.

Mais il y a plus encore. Ce qui est caractéristique du savoir babylonien, c'est cette organisation, cette distribution que j'appelle celle du savoir-pouvoir ou du pouvoir-savoir. En effet, à Babylone et dans l'empire babylonien, il y a un certain nombre de traits caractéristiques des rapports entre le savoir et le pouvoir, et ces traits sont absolument étrangers à ce que vous pouvez trouver dans la civilisation grecque archaïque, je veux dire chez Homère.

Dans la civilisation babylonienne, premièrement, le pouvoir dépend du savoir en ce sens que le pouvoir ne peut être exercé [que par le roi]. L'intronisation du roi n'a lieu qu'au terme d'une cérémonie dans laquelle doit être récité d'une façon rituelle et parfaitement exacte un long poème qui est en réalité le poème du savoir encyclopédique babylonien : c'est le poème de la création. Là, tout ce que les Babyloniens savent en ce qui concerne les dieux, la généalogie des dieux, la fondation de l'empire et de la cité, les combats des héros, la distribution des jours fastes et néfastes, toutes les mesures du monde, tout cela est récité rituellement au cours de la cérémonie d'intronisation du roi, et il n'y aurait pas de roi, il n'y aurait pas d'intronisation si le savoir n'était ainsi actualisé, réactualisé, rituellement manifesté et présenté ; et le pouvoir n'est en quelque sorte que le couronnement, l'achèvement de cette grande cérémonie du savoir. Or l'année babylonienne durait quatre ans. Au bout de quatre ans, le cycle était clos, l'ordre du monde avait été parcouru dans son entier et le pouvoir royal, qui était lié à cet ordre du monde, avait lui aussi en quelque sorte achevé son cycle, et le roi était au terme de la quatrième année en train de perdre son pouvoir. Alors pour revigorer son pouvoir, la cérémonie recommençait et à nouveau se déployait tout ce grand poème du savoir ; et c'est à l'intérieur, c'est au terme même de ce déploiement du savoir que le pouvoir était intronisé. Le pouvoir s'insérait chez les hommes, le pouvoir ne s'enracinait dans le royaume, il ne prenait corps dans le monde qu'à la condition que le savoir soit ainsi publié, manifesté et ritualisé. Donc le pouvoir supposait le déploiement du savoir.

Mais il y avait plus encore : c'est que le roi lui-même, non seulement était comme le produit de ce savoir, de ce grand savoir collectif et anonyme ainsi récité, mais le roi devait lui-même savoir, le droit qu'il avait à exercer son pouvoir était lié à sa compétence, à sa connaissance. Il était le premier de ses prêtres, le premier par conséquent de ceux qui devaient savoir comment doivent se déployer les rites, il était le premier à savoir quels étaient les jours fastes et néfastes, il devait être le premier à savoir quand et comment il fallait faire les choses. Bien mieux, le savoir du roi devait même être un savoir technique ; pour que les temples soient construits comme il fallait, pour qu'ils soient effectivement fondés en réalité et en quelque sorte en vérité, le roi, maître de la vérité, c'est-à-dire de l'ordre des choses et du monde, devait participer lui-même à la construction d'un temple, il devait porter les briques, porter la terre, creuser des trous ; et son savoir technique, ce savoir qui était un pouvoir, était la condition nécessaire pour que le temple fût construit selon les règles, selon les règles des temples qui étaient aussi les règles du monde lui-même, puisque le temple, c'était à ses propres mesures l'ordre du monde manifesté et reconstruit. Vous voyez que, là encore, le savoir et le pouvoir s'enroulent en quelque sorte l'un sur l'autre. Pour que le savoir qui régit la construction du temple soit juste, il fallait que ce soit l'homme du pouvoir qui le détermine, et l'homme du pouvoir était homme du pouvoir parce qu'il savait faire les choses et parce qu'il était le maître de la vérité.

Troisième caractère de ce savoir-pouvoir, c'est que non seulement donc le pouvoir se fonde sur le rite du savoir, non seulement l'homme de pouvoir est l'homme de savoir, mais pouvoir et savoir communiquent, et communiquent ainsi dans le roi par l'intermédiaire d'un tiers personnage qui est tout simplement le dieu : le dieu qui fonde le monde, qui est à l'origine du monde, et qui est à l'origine du monde dans la mesure où il a ordonné le monde selon une figure qui est celle du calcul, bien sûr, de l'équilibre, bien sûr, mais de la justice aussi. Entre l'ordre arithmétique qui a présidé à la construction du monde et la justice des jugements justes, il y a coïncidence exacte : si le dieu a construit le monde comme ça, c'est parce qu'il était juste que le monde soit construit comme ça; et si le monde est juste, et pour que quelque chose de juste soit fait dans le monde, il faut que ça obéisse à cette arithmétique de vérité et de justice qui a présidé à l'ordre du monde. Que le dieu soit le dieu de justice, beaucoup de textes babyloniens le montrent. Il est question sans cesse de celui qui juge le ciel et la terre et qui dirige toutes les créatures de lui. Entre diriger les créatures de lui, régir par conséquent tout ce qui se passe dans le monde, tout ce qui vit dans le monde, et puis juger le ciel et la terre, entre diriger et juger, vous voyez qu'il y a adéquation. Ou encore, cette autre expression : le soleil fait briller la justice, le dieu Utu foule aux pieds l'iniquité[5]. Le triomphe de la justice sur l'injustice, le triomphe du juste sur l'injuste et puis l'éclat de la lumière qui fait briller la vérité, là encore, pour les Babyloniens, ce n'est qu'une seule et même chose.

Ce pouvoir-savoir, donc, qui est lié absolument à l'existence du roi, à la pratique du pouvoir royal, qui repose ou qui se réfère à ce dieu qui est à la fois dieu de vérité et de justice, ce pouvoir et ce savoir sont institutionnalisés, dans la civilisation babylonienne, dans un corps de prêtres qui sont à la fois les hommes du dieu, les hommes de la vérité, les hommes de la justice et les hommes du pouvoir. Hommes [du] dieu : ce sont eux qui accomplissent les rites, qui rendent au dieu les devoirs nécessaires; hommes de vérité : ce sont eux qui connaissent les choses, leur ordre, leur comptabilité, leur mesure; hommes de justice : ce sont eux qui rendent aux hommes la justice, leur imposent ce qu'ils doivent faire, décident s'ils sont purs ou impurs; hommes du pouvoir enfin : ce sont eux qui transmettent les ordres du souverain et ce sont eux qui transmettent au souverain toutes les informations concernant le royaume. Et vous avez donc ainsi, tout à travers l'empire babylonien, ce corps du pouvoir-savoir qui est le corps des prêtres eux-mêmes. L'ensemble constitué par les prêtres, c'est ça l'institutionnalisation du savoir-pouvoir, et cette institutionnalisation, elle se fait par l'intermédiaire [de] deux techniques essentielles, qui sont le secret et l'écriture. C'est le secret qui permet à ce savoir des prêtres d'être communiqué de génération en génération, mais exclusivement dans le corps de ces serviteurs du dieu et du roi que sont les prêtres. Le savoir ne va donc pas se communiquer indéfiniment, le savoir ne va pas être mis sur la place publique, le savoir ne sera pas la chose de tout le monde; il sera la chose de ceux qui ont à exercer le pouvoir au nom du roi. Et l'écriture est l'instrument majeur à la fois de cette communication et de ce secret; c'est par l'écriture, c'est par l'accumulation des tablettes que peu à peu tout ce monde de l'observation et de la mesure va s'accumuler, se former en pyramide continue à travers la civilisation babylonienne, et cette écriture, cette complexe écriture cunéiforme est en même temps écriture de secrets que seuls les scribes, que seuls les prêtres peuvent connaître. Écriture, secret, exercice du pouvoir au nom d'un roi qui est à la fois homme de vérité et homme de justice, c'est ainsi que, très schématiquement, se distribue et s'organise le savoir-pouvoir dans la civilisation babylonienne.

Vous voyez que nous avons là un système qui est extraordinairement éloigné de ce que l'on peut trouver chez Homère. Chez Homère, aucun des héros homériques, aucun des chefs, aucun des rois d'Homère ne possède sa royauté et n'exerce sa royauté au nom, ou en fonction, ou en vertu de quelque chose comme un savoir. Prenez Agamemnon, par exemple : Agamemnon est bien le roi des rois par une certaine supériorité, mais ce n'est pas du tout la supériorité d'un savoir; il est simplement plus avisé, plus rusé, plus réfléchi. À vrai dire, il ne connaît pas les choses ni l'ordre des choses mieux que les autres chefs achéens, il est simplement un peu plus réfléchi que les autres, et quand on regarde les choses d'un peu près, un peu moins distrait, un peu moins emporté par ses passions. Le savoir n'est jamais fondateur de l'exercice du pouvoir dans la Grèce homérique. Dans la Grèce homérique, s'il y a un savoir que possèdent les chefs, c'est uniquement le savoir militaire qui leur permet de bien se battre, de bien diriger leur char, de bien diriger leur javelot, ce n'est jamais un savoir de l'ordre de la connaissance des choses. Ils sont tout au plus hommes d'expérience, habiles navigateurs comme Ulysse, habiles conducteurs de chevaux comme Achille, et c'est tout. Quant à leur rapport aux dieux, là non plus, ce n'est pas du tout un rapport de vérité et de justice. Le rapport des chefs homériques aux dieux, qu'est-ce que c'est ? C'est au contraire un rapport de ruse, de jalousie, d'illusion et de mensonge. Les dieux ne cessent de tendre des pièges aux humains, ils ne cessent de leur raconter des histoires, de leur faire croire quelque chose, de leur faire des tours et attrapes. Lorsqu'Aphrodite veut sauver Pâris de la bataille, elle fait une illusion : elle emporte Pâris ou plutôt le dérobe à l'intérieur d'un nuage. Et c'est dans ce rapport de tromperie et d'illusion que les hommes et les dieux homériques mènent leur jeu les uns avec les autres. Ce n'est jamais dans l'ordre de la vérité, du dévoilement, de l'éblouissement du soleil que se joue ce drame des hommes et des dieux. Donc vous voyez, curieusement, le monde d'Hésiode se rapporte à une forme de civilisation, à une forme de savoir, à un rapport du savoir et du pouvoir qui fait beaucoup plus penser au monde assyrio-babylonien qu'au monde grec lui-même, au monde de la Grèce archaïque, au monde d'Homère.

Problème : il y a un problème historique qui est évidemment fort difficile, c'est le problème de savoir comment effectivement ce savoir babylonien a pu être transféré, greffé ainsi sur le monde grec. Il y a évidemment deux grandes interprétations, qui ne sont sans doute pas absolument incompatibles, mais je suis incompétent d'ailleurs, bien sûr, pour en décider : vous avez l'interprétation par le transfert et l'interprétation par la résurgence. L'interprétation par le transfert consiste à dire que, après tout, il y a eu à partir du VIIIe et du VIIe siècle, même avant d'ailleurs, beaucoup d'échanges entre l'empire, les empires assyrio-babyloniens, la Méditerranée orientale, les îles grecques et puis finalement le continent, la partie du continent occupée par les Doriens, et que par tout ce système de guerres, d'échanges, de navigations, etc., éventuellement de commerce, ce savoir de l'autre côté de la mer est arrivé jusqu'en Grèce. Il y a l'autre interprétation qui est de plus en plus soutenue maintenant depuis qu'on connaît mieux la civilisation crétoise, et qui est simplement ceci : c'est que le vieux fonds de civilisation que la Grèce avait connu avant l'invasion des Doriens, cette civilisation qu'on peut symboliser par la civilisation crétoise, était dans sa forme, dans son contenu, dans son organisation sociale même, fort proche et proche parente de ces civilisations babyloniennes ; et par conséquent on peut parfaitement supposer que derrière les invasions doriennes est resté tout un peuple de paysans qui n'étaient pas justement les grands guerriers homériques, tout un peuple de paysans qui sont restés soumis, silencieux, réduits sinon en esclavage du moins à la servitude pendant un certain nombre de siècles, et qui reprennent la parole avec Hésiode, à l'époque d'Hésiode et qui, reprenant la parole, font réapparaître avec eux les vieux rudiments, les vieilles formes de civilisation, de pensée, éventuellement même de connaissance qu'ils avaient pu emprunter, qu'ils ont pu retrouver dans leur tradition propre. Et c'est ce vieux fonds qui se trouvera au VIIe siècle fécondé par l'apport commercial, l'apport politique également qui vient directement d'Asie Mineure.

Là est le problème historique, mais ce n'est pas évidemment exactement de cela que je voulais vous parler. Le problème qui se pose, et dont je voudrais, en gros, esquisser le principe de solution, c'est celui-ci. Quelle que soit la voie par laquelle ce savoir babylonien est venu se greffer ou se regreffer sur la société grecque, quel que soit le cheminement, le problème est de savoir par quelles transformations sociales, par quelles transformations politiques cette forme de savoir a pu passer en Grèce. Le paradoxe, le problème étant celui-ci : j'ai essayé de vous montrer à l'instant comment ce savoir babylonien était absolument lié non seulement à une forme sociale, à une forme politique, mais à l'exercice d'un pouvoir, et que l'exercice de ce pouvoir, c'était tout de même l'exercice d'un pouvoir quasi étatique à l'échelle de ce qui était un État gigantesque pour l'époque. Comment ce savoir ainsi profondément lié à l'exercice du pouvoir, et d'un pouvoir de cette forme, a pu se transférer dans cette petite série de cités, de microcosmes politiques qu'étaient les villes grecques et donner naissance à ce moment-là, dans cet élément nouveau, dans cette forme politique nouvelle, à ce quelque chose qui va devenir le savoir occidental ? Tel est le problème : transfert d'un savoir qui était lié à une forme définie de pouvoir dans une forme de pouvoir tout à fait nouvelle qui va le féconder ou le transformer et le faire réapparaître sous une forme tout de même radicalement transformée. Voilà le problème, et c'est de ça que je voudrais vous parler maintenant : quelle est la crise ou quelle est la transformation qui a donné lieu à la fois à ce transfert du savoir et à la naissance d'une nouvelle forme de savoir-pouvoir en Grèce[6] ?

On peut, je crois, schématiser les choses de la manière suivante. Au VIIe siècle, c'est-à-dire bien après la fin des invasions doriennes, le régime de la terre, le régime de la propriété foncière impliquait que les portions, les propriétés soient inégales, mais qu'en même temps il soit interdit d'en déposséder celui, ou plutôt la famille qui en était détentrice. Inégalité de la terre et inaliénabilité des portions, c'est là ce qui caractérise d'une façon assez curieuse le régime foncier de la Grèce aux VIIIe et VIIe siècles. On ne pouvait pas vendre la terre qui appartenait à une famille et, même si on était endetté, cette terre ne pouvait pas être saisie. Tout au plus, les terres pouvaient être abandonnées, tomber, comme on dit, en déshérence. Or, malgré cette précaution, qui faisait qu'au fond aucune famille ne pouvait être réellement dépossédée de sa terre, ne pouvait être en tout cas juridiquement dépossédée de sa terre, en fait l'appauvrissement des plus pauvres et l'enrichissement des plus riches étaient devenus au VIIe siècle, étaient arrivés au VIIe siècle à un point qui était un point critique. En effet l'appauvrissement des plus pauvres était dû tout simplement à une poussée démographique, au partage de la terre au moment des héritages, qui faisait que, tout en continuant à appartenir à une seule et même famille, les portions sur lesquelles chacun devait vivre ou chaque petite sous-famille devait vivre n'avaient pas cessé de diminuer, et par conséquent chaque famille avait de plus en plus de mal à vivre sur un lopin aussi limité. D'où la nécessité de mettre en culture des terres de plus en plus arides, d'où la nécessité aussi et surtout de défricher, de déboiser les terres des régions boisées, ce qui a provoqué déjà, ce qui commençait déjà à provoquer ce qui, jusqu'à la fin de la période arabe ne cessera de ruiner, de ronger le pourtour méditerranéen, le déboisement, d'où l'assèchement, d'où la difficulté de culture. Par conséquent plus on cultivait de nouvelles terres, plus finalement les terres s'appauvrissaient. Et se posait à ce moment-là, bien sûr, le problème de l'irrigation, qui est évidemment lié à l'apparition et à la formation d'un État, car il ne peut pas y avoir d'irrigation des petits lopins de terre s'il n'y a pas une autorité étatique qui régit très exactement le régime des eaux et répartit les possibilités d'irrigation d'une manière à peu près équitable, en tout cas à peu près cohérente sur toutes les terres. Donc, vous voyez, appauvrissement des terres, rentabilité de moins en moins grande, nécessité éprouvée par les plus pauvres d'un pouvoir politique qui rende cohérents leurs efforts d'irrigation et de fécondation de la terre. C'est cette crise, c'est cet appauvrissement des plus pauvres qui éclate très manifestement dans les textes mêmes d'Hésiode, où l'on voit que les paysans sont endettés, que les paysans ne peuvent pas arriver à faire, comme on dit, la soudure. Ils n'ont pas de quoi attendre la récolte prochaine pour continuer à vivre. Ils sont obligés d'emprunter à leur voisin le plus riche. Et lorsqu'ils sont complètement endettés, qu'ils ne peuvent pas rembourser, bien sûr le système foncier de la Grèce archaïque ne leur permet pas de vendre leur terre, ne permet même pas à leurs créanciers de se saisir de leur terre, mais le créancier a le droit, à ce moment-là, de prélever régulièrement sur la terre de son débiteur 1/6e de la récolte tous les ans. Et avec 1/6e de la récolte prélevé chaque année, premièrement, bien sûr, c'est l'appauvrissement encore plus marqué des plus pauvres et c'est finalement une espèce de rente foncière qui est ainsi versée régulièrement par les plus pauvres aux plus riches, c'est-à-dire à leurs créanciers. Quant aux plus riches, bien sûr, ils ne cessent pas, eux non plus, de s'enrichir, comme les plus pauvres de s'appauvrir. Et ils ne cessent pas de s'enrichir, malgré le partage des terres, malgré la poussée démographique, ils s'enrichissent par un moyen qui est une découverte, une technique agricole qui a été nouvelle à cette époque-là en Grèce, vers le VIIIe et le VIIe siècle, et qui est le passage de l'agriculture d'élevage à l'agriculture des agrumes ou essentiellement à l'agriculture de l'olivier. Chez Homère, les propriétaires de terres sont encore essentiellement des éleveurs. Qui dit éleveur, qui dit élevage dit tout de même une assez grande quantité de terres. À partir du moment où les terres des riches eux-mêmes commencent à diminuer, les portions de chacun commencent à diminuer, alors les riches peuvent se donner la possibilité de faire une récolte d'olives. Avec l'olivier, les étendues de terre nécessaires sont moins grandes, mais il faut cependant un certain seuil quantitatif de terre. Au-dessous d'une certaine quantité de terre, lorsqu'on n'a qu'un ou deux pieds d'olivier, il est impossible de vivre. Au contraire, lorsque l'on a une quantité d'oliviers assez grande, on peut faire de l'exportation, on peut vendre à l'extérieur, on peut vivre autrement que sur ses propres ressources. C'est ainsi que, devant le partage des terres et l'appauvrissement des terres, les plus riches des paysans grecs ont trouvé le système de la culture de l'olivier, de la fabrication de l'huile et de l'exportation de l'huile, avec quoi ils ont maintenu leur fortune. Et c'est exactement cette situation qui se trouve décrite par Hésiode dans *Les Travaux et les Jours* : d'une part les grands propriétaires d'oliviers et les grands marchands d'huile d'olive qui ont la possibilité avec leur huile d'acheter ce qu'il leur faut de grain et de blé pour vivre ; et puis, en face de cela, le petit paysan qui a son olivier, qui a sa chèvre, qui a au besoin, au maximum, sa vache, et qui n'arrive pas à joindre les deux bouts, qui n'arrive pas à faire la soudure jusqu'à la saison prochaine.

Cette situation qui est décrite très précisément par Hésiode dans *Les Travaux et les Jours* va amener une crise politique grave. À dire vrai, avant même cette crise politique, cette transformation politique importante, une autre solution a été tentée et a été jusqu'à un certain point réussie par la Grèce, solution qui est réussie à ceci près qu'elle n'a fait que reporter à un peu plus tard et, à dire vrai, à rendre plus grave encore la crise que j'ai essayé de vous dessiner tout à l'heure. Cette solution de relais a été précisément au VIIe siècle l'utilisation, le recours à la colonisation. Recours à la colonisation, ça présentait immédiatement un intérêt relativement grand, un certain nombre d'avantages. Premièrement, la colonisation, permettait d'envoyer à l'étranger, d'envoyer ailleurs tous ces petits paysans de plus en plus pauvres et de plus en plus mécontents qui assiégeaient la porte des riches et qui s'endettaient auprès d'eux. Deuxièmement, la colonie, la colonisation a immédiatement pour effet de favoriser les échanges de ces denrées commercialisables, et essentiellement de cette fameuse huile d'olive que les propriétaires grecs étaient en train de récolter. Échange d'huile d'olive qu'on envoie vers les colonies et auquel les colonies répondent par l'envoi de blé, qui permet précisément à la Grèce continentale de vivre un peu mieux et pendant un peu plus longtemps. Le soulagement provoqué par la colonisation a été certain dans la Grèce du VIIe siècle et tous ces grands mouvements qui se sont répandus jusqu'aux confins de la Mer Noire, jusque dans l'actuelle Yougoslavie – je ne parle même pas de la Sicile et de l'Italie du sud –, tous ces grands mouvements de colonisation ont reporté la crise économique grecque, que l'on voyait percer chez Hésiode, à un peu plus tard. Mais, à vrai dire, la crise est réapparue très vite, et plus grave encore. Plus grave encore parce que la colonisation, quel résultat provoque-t-elle ? La colonisation provoque ce résultat : c'est que des colonies qui sont essentiellement des colonies agricoles et pas encore des colonies industrielles, enfin artisanales, de ces colonies arrivent tout un tas de produits agricoles, essentiellement le blé, et les paysans grecs de la métropole voient donc le prix du blé baisser, s'effondrer même jusqu'à un certain point, de sorte que, avec leurs maigres récoltes, il leur est de plus en plus difficile de se procurer le minimum d'argent, ou le minimum de denrées, puisque l'économie n'est pas encore monétarisée, qui va leur permettre de vivre. En revanche, si les prix agricoles baissent, si la valeur des produits agricoles baisse à cause de la colonisation, la colonie est consommatrice d'objets fabriqués, elle est consommatrice de poteries, elle est consommatrice de bateaux ; et ce sont tous ces objets de manufacture ou d'atelier que les riches Grecs vont faire fabriquer par leurs paysans, faire fabriquer par leurs esclaves et qu'ils vont exporter, de sorte qu'une nouvelle ressource du côté de l'objet fabriqué, du côté de l'artisanat contrôlé par les grosses fortunes, va augmenter la richesse des plus riches au moment où la pauvreté des plus pauvres va [s'aggraver][a].

a. Foucault dit : « diminuer ». Il semble qu'il s'agit d'un lapsus, car le sens du texte est plutôt celui d'une aggravation de la situation des plus pauvres.

C'est cette crise-là, cette crise ainsi différée et reportée mais qui avait commencé dès le VIIIe et le VIIe siècle et qu'on voyait formulée chez Hésiode, c'est cette crise-là qui se traduit, au moins à un certain niveau comme l'exigence d'un nouveau savoir et d'un nouvel ordre de choses. En effet, ce nouveau savoir, ou cet ancien savoir s'il s'agit du vieux savoir crétois, ce nouveau ou cet ancien savoir, qu'est-ce qu'ils vont permettre aux yeux de paysans grecs dont Hésiode est le prototype et le premier modèle ? Avec ce savoir, on va connaître enfin quelle est la valeur des choses, quelle est la mesure des choses. Et par conséquent, au moment où commence à se généraliser tout autour de la Méditerranée tout ce grand système d'échanges, au moment où on commence à échanger des produits venant de pays éloignés, au moment où on commence à échanger des produits manufacturés ou des produits d'artisanat et des produits agricoles non transformés, au moment par conséquent où se fait tout cet échange d'objets hétérogènes, il est absolument évident que la nécessité d'une unité de mesure qui soit commune à tous se fait de plus en plus sentir. Dans l'échange, le paysan ne se sait pas protégé s'il n'a pas la connaissance exacte de ce que mesurent les choses, de ce que valent les choses les unes par rapport aux autres. L'exigence de la monnaie, l'exigence des mesures quantitatives aussi des choses, cette exigence est absolument inscrite dans le processus de transformation qui est train de s'accomplir à ce moment-là. Il est nécessaire aussi – et le paysan grec appauvri le sait mieux que quiconque – de savoir exactement quand il faut faire les choses : quand il faut semer, quand il faut arroser, comment il faut irriguer. De plus en plus en effet, avec la parcellarisation, l'atomisation de ces parcelles, les paysans grecs se trouvent devant des difficultés très grandes pour coordonner leurs travaux. Il faut travailler ensemble, il faut travailler au même moment, il faut travailler en corrélation les uns avec les autres, et tout ceci nécessite à la fois un pouvoir qui l'organise et un savoir qui permet à chacun de faire ce qu'il faut au même moment. Finalement, vous voyez, c'est bien tout un savoir de l'ordre et de la mesure, c'est en même temps un pouvoir qui ordonne et qui mesure, c'est cela qui est rendu nécessaire par la crise de l'agriculture grecque, la crise de la paysannerie grecque. Et le petit paysan grec est bien porteur de cette étonnante revendication qui est celle d'un savoir qui serait en même temps un pouvoir, d'un savoir qui organiserait l'ordre des choses et d'un pouvoir qui mettrait ordre dans les rapports humains.

Le problème est alors de savoir comment. Comment il a pu se faire que cette paysannerie grecque ainsi appauvrie, ainsi de plus en plus laminée par les conditions mêmes de l'agriculture sur la Grèce continentale, mais écrasée plus encore par la colonisation, comment ce petit paysan grec a pu effectivement faire valoir et faire passer dans l'institution, et finalement faire passer dans la réalité même cette exigence de savoir et de pouvoir, cette forme de savoir-pouvoir qu'il était en train de revendiquer ? Comment au moment de sa plus grande faiblesse, au moment où précisément il était en train de tomber sous la coupe économique et politique des gens les plus riches, des grandes familles, comment est-ce qu'il a pu effectivement retourner la situation au point que le savoir-pouvoir, ou une certaine forme en tout cas de savoir-pouvoir conforme à ce qu'il voulait, a pu passer dans la réalité ?

C'est très simple. Je n'avais posé avec solennité un problème que parce que, évidemment, je savais qu'il était facile à résoudre. Si la paysannerie grecque, la petite paysannerie grecque, réduite à la pauvreté, endettée jusqu'au cou, tombée sous la dépendance des plus riches par le biais de cette espèce de prélèvement régulier qui fait penser à une rente foncière, si cette petite paysannerie a pu en effet imposer un ordre de choses, un savoir de l'ordre des choses et un pouvoir dans l'ordre humain qui correspondaient jusqu'à un certain point à ce qu'elle avait cherché, c'est tout simplement par le jeu, le biais de deux événements qui comptent tout de même dans l'histoire de la civilisation.

Le premier c'est, indirectement au moins, le développement de la civilisation du fer, c'est-à-dire une tout autre forme d'armée et de participation des citoyens à la guerre. En effet, les Doriens, en arrivant en Grèce, avaient apporté des techniques du fer. Si vous lisez Homère, vous voyez en effet que les guerriers doriens sont armés de bronze, armés également d'un certain nombre d'instruments qui sont des instruments de fer. Mais cette industrie du fer, à côté de la grande industrie du bronze, était restée de relativement peu d'importance. Or la colonisation grecque, essentiellement dans la Méditerranée occidentale (l'actuelle Yougoslavie, l'Italie du sud), avait découvert, mis [au] jour de nouvelles ressources métallurgiques et avait permis l'importation en Grèce d'objets métalliques ou de minerai de fer. Elle avait en tout cas surtout, car l'importation du minerai était chose difficile avec les bateaux qu'on avait, permis la découverte de nouvelles techniques d'exploitation qui ont pu être mises en œuvre en Grèce continentale même, de sorte que des mines qui étaient inexploitées en Grèce ont pu le devenir par retour, en quelque sorte, de la colonisation. D'où développement des industries du fer et par conséquent possibilité d'un armement qui soit à la fois un armement solide comme l'armement de bronze, mais en même temps un armement bon marché. D'où l'apparition d'un nouveau type d'armée en Grèce, armée composée non plus simplement du fameux guerrier chef, debout sur son char, combattant et combattant individuel en face d'un autre combattant tout aussi individuel que lui, et avec autour de lui un certain nombre d'esclaves ou de serviteurs, de compagnons, d'accompagnateurs. On peut maintenant avoir une troupe entière qui est armée de façon homogène avec des armes métalliques. C'est ainsi que vous voyez apparaître en Grèce autour du VIIe et du VIe siècle, dès le VIIe siècle le guerrier fantassin, à pied, armé d'un bouclier sur le bras gauche et au bras droit un javelot ou une épée. Bien sûr tout ceci implique une nouvelle stratégie de la bataille : au lieu d'avoir la lancée des chars les uns contre les autres, vous avez le front serré des guerriers qui, les uns à côté des autres, se protégeant les uns les autres avec leurs boucliers, avancent les uns en face des autres. Et cette nouvelle stratégie liée au développement de l'industrie métallurgique, l'industrie du fer, bouleverse évidemment les rapports entre les cités et, beaucoup plus gravement encore, les rapports des hommes à l'intérieur des cités.

Rapports entre les cités, ça a été toute une série de guerres qui, depuis le VIIe jusqu'au VIe siècle, ont été régulièrement remportées par les cités, et par les seules cités qui utilisaient la stratégie des hoplites, la stratégie des fantassins avançant en lignes serrées. Et toutes les cités qui gardaient la vieille structure aristocratique de l'armée, le char, le guerrier chef avec ses acolytes autour de lui, toutes ces armées-là étaient impitoyablement balayées par ces nouvelles armées. Mais vous voyez que leur existence et leur fonctionnement bouleversaient entièrement les rapports à l'intérieur de la cité, et les bouleversaient comment ? D'abord, bien sûr, par le fait que le peuple, les petits paysans, tous ceux en tout cas qui avait atteint le seuil économique nécessaire pour se payer un bouclier, une lance ou un javelot, ces gens-là, maintenant, commencent à être indispensables pour la guerre, ce sont eux qui remportent les batailles et, sans eux, aucune ville, aucune cité, aucun chef, aucun roi ne peut jamais remporter aucune victoire. C'est le peuple maintenant, c'est le peuple des petits paysans qui est l'instrument indispensable de la politique extérieure. Et dans cette mesure-là vous voyez que leur poids à l'intérieur de la cité, leur poids politique est changé radicalement. D'autre part, non seulement le poids de ces plus pauvres, l'importance de ces plus pauvres augmente considérablement à l'intérieur de la cité, mais les rapports mêmes entre les individus, et entre les individus les plus pauvres, entre les individus pauvres, ces rapports changent, parce que la stratégie implique un rapport humain, un rapport à l'autre, un rapport au compagnon qui est d'un type tout à fait différent de celui qu'on avait connu chez Homère. Chez Homère, il y avait deux grands types de rapports humains qui étaient le rapport de hiérarchie, le serviteur par rapport au chef, le subordonné par rapport à celui qui commande, l'homme du domaine par rapport au propriétaire, au chef, au roi – donc rapport vertical ; et puis entre ces différentes unités constituées par le chef et ceux qui dépendent de lui, il y avait alors les grands rapports à la fois de camaraderie et de rivalité qui caractérisaient les rapports entre les chefs dans Homère, dans l'*Iliade* : à la fois rivaux en gloire, rivaux dans le partage du butin, et éventuellement camarades, amis, amants comme Patrocle et Achille. Ces rapports-là sont évidemment invalidés maintenant, ou en tout cas profondément bouleversés, à partir du moment où apparaît l'armée hoplitique. Dans l'armée hoplitique les hommes avancent en front serré, ils sont tous les uns à côté des autres et sur le même plan, mais la bataille ne peut être gagnée et la tactique hoplitique ne peut réussir qu'à condition qu'ils soient parfaitement coordonnés les uns aux autres. Chacun tient le bouclier avec son bras gauche, c'est-à-dire qu'il protège avec son bouclier tenu sur le bras gauche à la fois son propre corps et le corps de son voisin de gauche ; et soi-même, on tient dans son bras droit le javelot ou la lance, et cette partie du corps et le bras lorsqu'il est replié sont protégés par le bouclier du voisin qu'on a à sa droite. De sorte que la stratégie hoplitique, la bataille d'hoplites est une bataille qui implique un ajustement très strict des individus les uns aux autres. Ceci implique un exercice, ceci implique une éducation commune, ceci implique également une solidarité de l'homme avec ses voisins, avec ceux qui sont à côté de lui, et avec lesquels ils se défendent les uns les autres et, se défendant les uns les autres, ils défendent ensemble leur cité et leurs terres. Le lien des hommes entre eux se trouve profondément modifié et resserré, l'ajustement des individus les uns avec les autres est autrement plus serré à partir du moment où l'armée hoplitique a fait son apparition. La réciprocité du service et de l'aide, le fait que l'on meurt avec l'autre ou que l'on survit avec l'autre, la synchronisation des mouvements, la régulation spontanée de l'ensemble, tout ceci implique une structure harmonique, une structure harmonieuse des éléments qui constituent l'armée. Et l'armée finalement, cette armée du peuple, cette armée des paysans sous la conduite, bien sûr, des chefs, mais cette armée des paysans est le rempart même de la cité : là où l'armée est forte, la cité survit, là où l'armée, au contraire, est inharmonieuse, là où elle se débande, là où elle se disloque, quel que soit le courage des individus, la cité disparaît. Vous voyez comment, à travers ces techniques de l'armée hoplitique, c'est tout le problème de l'harmonie des hommes entre eux et de l'harmonie comme condition de l'existence de la cité qui commence à apparaître.

En un sens, vous voyez qu'on trouve là d'abord quelque chose qui est évidemment très différent de la singularité quasi féodale de l'armée homérique et du groupe homérique. Le groupe homérique se fragmente en autant de grands chefs qu'il peut s'en présenter : là où il y a un grand chef, il y a une unité, et là où il y a plusieurs grands chefs, il n'y a pas unité, il n'y a que pluralité. Nous sommes donc très loin du système homérique. On se rapproche, en un sens, du système, de la forme babylonienne de l'organisation, car l'État babylonien, l'armée babylonienne aussi, impliquent une organisation des hommes qui les lient les uns les autres dans une réciprocité qui est garantie à la fois par un savoir et par un pouvoir. Dans l'État babylonien comme dans la cité grecque en train de naître, il faut que les hommes sachent exactement ce que font les autres, il faut que ce savoir de ce que font les autres assure des uns aux autres une harmonie, il faut qu'ils s'adaptent et qu'ils s'ajustent. Et l'existence de l'État babylonien ou l'existence de la cité grecque dépendent précisément de cette harmonisation des individus les uns avec les autres, solidarité du travail et du danger. On a donc là un point par lequel quelque chose comme les formes d'organisation babyloniennes peuvent prendre leur actualité à l'intérieur de la cité grecque en train de naître.

L'autre facteur qui a permis à la paysannerie grecque de prendre le poids politique suffisant pour actualiser ce savoir-pouvoir qu'elle revendiquait, l'autre transformation, l'autre événement, c'est sinon l'apparition, du moins le développement, et le développement considérable de l'artisanat. En effet l'artisanat se trouve considérablement développé en Grèce au VIIe et au VIe siècle. Il est développé pourquoi ? Précisément d'abord à cause de l'armée. Tout l'artisanat métallurgique, fabrication des boucliers, fabrication des javelots, fabrication des lances, etc., tout ceci est rendu nécessaire par l'armée, et le développement de la colonisation permet et appelle aussi le développement de l'artisanat. C'est pour assurer les échanges avec l'Asie Mineure, avec les colonies de Sicile et d'Italie que les villes de Grèce, que les villes d'Ionie sont obligées, sont en tout cas appelées à fabriquer des objets, et des objets qui ne sont plus destinés à la consommation, à l'utilisation immédiate sur place, mais destinés à l'échange à une relativement grande échelle. Cet artisanat, par qui est-il assuré ? Il est essentiellement assuré par les paysans eux-mêmes. Ce sont les paysans pauvres, chassés de leur terre, ou encore les paysans ayant trop peu de terre pour pouvoir s'y occuper à longueur de journée ou à longueur d'année, ce sont ceux-là qui fabriquent des objets qui seront exportés. Bien sûr, ils ne peuvent fabriquer ces objets qu'à une condition : c'est que des plus riches qu'eux leur fournissent l'avance en matières premières, en terre s'il s'agit de terre cuite, en métal, l'avance aussi en outils qui va leur permettre dans leur pauvreté extrême de fabriquer ces objets qui seront commercialisés. S'établit donc un circuit commercial, un circuit des riches aux pauvres qui est d'un nouveau type. Ce n'est plus l'endettement paysan avec l'espèce de sujétion de la rente foncière qui apparaît, qui sanctionne la dette, ce n'est plus ça qu'on voit se développer; on voit se développer maintenant un système nouveau, c'est-à-dire l'avance de l'entrepreneur à sa main-d'œuvre. Et c'est cela, et non plus l'endettement, le fermage et l'asservissement, qui va caractériser ces nouveaux rapports commerciaux. Or ceci va provoquer précisément à l'intérieur même de l'aristocratie, chez les plus riches, une cassure et une rupture dont la paysannerie, et maintenant la paysannerie artisane, artisanale, va profiter. En effet, entre l'intérêt des grands propriétaires agricoles et l'intérêt de ces nouveaux entrepreneurs qui apparaissent à ce moment-là, les conflits vont vite éclater. Bien sûr ces entrepreneurs qu'on voit apparaître, qui font l'avance matérielle, l'avance en outils aux artisans, ces commanditaires sont des propriétaires eux aussi, et c'est de la propriété qu'ils ont tiré, bien sûr, leurs premières ressources. Mais très vite leurs intérêts se mettent à diverger avec ceux d'entre eux qui sont restés essentiellement paysans. En effet les fabricants d'objets, les fabricants d'armes, les fabricants de poteries ne demandent évidemment qu'une chose, c'est à exporter ces objets, à les exporter vers les colonies; lesquelles colonies, évidemment, vont payer cela, ces objets fabriqués, avec ce qu'elles récoltent sur place – la civilisation urbaine est encore très peu développée dans ces colonies –, elles vont payer les armes qu'elles achètent pour pouvoir se défendre, les poteries dont elles ont besoin pour leur exportation ou pour leur consommation, elles vont les payer avec des produits agricoles qui vont évidemment peser sur le marché de la Grèce continentale, faire baisser les prix et appauvrir d'autant les propriétaires agricoles qui seront restés propriétaires agricoles et qui n'auront pas, qui ne se seront pas lancés dans l'aventure de l'artisanat, l'aventure de l'exportation d'objets fabriqués. D'où conflit d'intérêts entre deux groupes d'aristocrates, ceux qui sont restés essentiellement propriétaires fonciers et puis ceux qui font travailler des petits paysans déjà à moitié artisans. Le conflit qui règnera en Grèce et qui aura tant de répercussions au Ve, au IVe siècle, le conflit entre les petits paysans et les artisans des villes n'existe pas encore à cette époque-là. Les artisans, ce sont des demi-paysans, et les paysans des demi-artisans, c'est la même catégorie sociale qui selon son degré de pauvreté, selon ses loisirs, est artisan ou paysan. Et cette couche de gens qui ont donc, par le fait de l'apparition de l'armée hoplitique, pris un poids absolument décisif dans le jeu politique des cités, ces gens ont maintenant à l'intérieur même des cités des alliés. Ces alliés, ils les ont dans l'aristocratie, ils les ont dans la classe même qui est au pouvoir, et ils les ont dans cette fraction de l'aristocratie qui a investi sa fortune, qui investit une partie en tout cas de sa fortune et de ses revenus dans la fabrication et l'exportation des objets.

Là encore ce développement de l'artisanat, un peu comme le développement de l'armée, appelle aussi des formes de savoir-pouvoir absolument nouvelles par rapport à la Grèce archaïque, mais qui rappellent par certains de ses traits les formes de savoir-pouvoir que l'on trouve dans l'État babylonien. En effet ce savoir artisanal qui se développe ainsi, commandité par des patrons riches et destiné à l'exportation, c'est un savoir qui, d'une part, ne peut se développer que sur la commande de, et à l'abri d'un certain pouvoir politique qui s'exerce dans la cité et qui s'exerce au-delà de la cité. Fabriquer des objets, c'est bien, mais faut-il encore, si on veut les exporter, qu'ils obéissent à certaines normes, qu'ils obéissent à certaines règles, qu'ils soient bien fabriqués sur le même modèle. Il faut bien qu'il y ait des gens pour avoir fait l'avance financière, pour les avoir payés à l'avance, il faut bien des gens qui puissent les exporter et, à partir de cette exportation, importer d'autres choses. Il faut donc tout un système fort différent de ce qu'est l'agriculture de subsistance, il faut donc tout autre chose que cette économie paysanne fermée sur elle-même, il faut donc un pouvoir régulateur, un pouvoir d'harmonisation. C'est lui qu'on voit apparaître très tôt dans une ville comme Corinthe, par exemple, qui dès le VIIe siècle a inondé absolument la Méditerranée de poteries qui obéissent toutes exactement au même modèle, qui obéissent aux mêmes normes et qui ont été manifestement fabriquées en série, non pas dans des grands ateliers, mais justement dans des petites exploitations paysannes dispersées, séparées les unes des autres, mais qui étaient contrôlées et normées par un pouvoir politique et économique qui harmonisait entre eux tous ces gestes et toutes ces productions artisanales. Et d'autre part l'artisanat, qui implique par conséquent ce pouvoir d'harmonisation, implique également un savoir commun. Il faut que les gens, que les artisans, et tous les artisans, c'est-à-dire finalement tous ces petits paysans autrefois ignorants, sachent comment faire les choses, quand les faire, quel temps de cuisson il faut pour tel et tel objet, quelle matière employer, quelle quantité. Vous voyez par conséquent tout le savoir de mesure, de quantité et de qualité [qui] est impliqué par ce savoir artisanal ainsi contrôlé, ainsi harmonisé dans ses différentes manifestations. Et l'espèce d'harmonisation sociale impliquée par l'armée hoplitique, vous la retrouvez à un autre niveau dans l'harmonisation de la production artisanale : ici et là, un certain pouvoir qui est en même temps un savoir, un certain savoir-pouvoir qui assure l'harmonie et par conséquent l'existence même de la cité, c'est cela qui est impliqué par les artisans et les hoplites. Vous voyez donc comment ces deux phénomènes, l'apparition d'une armée hoplitique et l'apparition, le développement des artisans, entraînent deux séries de conséquences qui sont jointes. D'une part le développement nécessaire de ces formes harmoniques de savoir-pouvoir à l'intérieur de la cité ; la cité par conséquent comme forme unique, comme forme harmonieuse, va naître de ce savoir-pouvoir ainsi réglé et harmonisé. Et en même temps ces gens qui ont besoin d'un savoir-pouvoir ainsi harmonisé, ces gens qui incarnent, qui promeuvent ce savoir-pouvoir, qui en demandent la régulation et l'harmonisation, ces gens prennent de plus en plus de poids à l'intérieur de la cité parce qu'ils sont les gens qui défendent la cité comme hoplites, parce qu'ils sont les gens qui enrichissent la cité comme artisans. Vous voyez comment tout naturellement, au moment même où ils étaient en apparence les plus pauvres, au moment même où ils allaient être réduits à la misère, c'est l'invention de l'armée hoplitique, c'est le développement de l'artisanat qui brusquement vont les rendre puissants, et vont les rendre puissants en permettant l'apparition de ces nouvelles formes de coordination dans le savoir et le pouvoir.

C'est cela, cette victoire ou en tout cas cette victoire partielle des paysans-artisans grecs, auquel on assiste au cours du VIIe et du VIe siècle. Le VIIe et le VIe siècle, ça a été en Grèce une période de révolution politique absolument générale, ça a été la fondation institutionnelle de cette forme politique absolument nouvelle qu'est la cité grecque. De ces transformations bien sûr on ne connaît que quelques fragments ou quelques résultats ; dans un certain nombre de cas on sait simplement qu'à partir d'une certaine époque la cité, la cité au sens grec du terme, est apparue. C'est ainsi qu'à Chios très tôt, vraisemblablement parce que c'est un centre commercial important, on a quelque chose comme une cité déjà démocratique. Pour Sparte, on n'a pratiquement pas de données autres qu'un récit mythique, une version mythique de la réforme de Lycurgue. Dans d'autres cas, on a un certain nombre d'éléments historiques, comme par exemple pour Corinthe ; pour Corinthe, on sait un certain nombre de choses, et là, jeudi prochain, je vous parlerai, à propos de la monnaie justement, de l'invention, de la création de la monnaie à Corinthe. Et pour une cité qui a été particulièrement tardive, qui était particulièrement en retard sur les autres, pour Athènes, on a au contraire le déroulement historique à peu près cohérent d'une transformation qui, au lieu de se passer au VIIe et au VIe siècle comme pour Corinthe par exemple ou pour Sparte, s'est passée au VIe et au Ve siècle. Ces transformations, en gros (il ne s'agit pas de les raconter), en quoi est-ce qu'elles ont consisté, quelles formes est-ce qu'elles ont prises ? Je crois qu'on peut retenir un certain nombre de caractères.

Le premier, c'est que ces transformations ont toujours été liées à une lutte violente à l'intérieur de la cité et une lutte violente entre deux groupes que les historiens grecs définissent très clairement en les appelant, pour les uns *hoi polloi*, pour les autres *hoi [pauroi]*[a]. Les uns, *hoi polloi*, ce sont les nombreux, et *hoi [pauroi]*, ce sont les peu nombreux, c'est-à-dire, comme on devait le traduire plus tard, comme Platon[7] le traduira plus tard, Aristote[8] plus tard, les riches et les pauvres, enfin les nombreux c'est-à-dire les pauvres et les peu nombreux c'est-à-dire les riches. Chaque fois, pour toutes les transformations, toutes les fondations des cités grecques pour lesquelles on a un témoignage au VIIe et au VIe siècle, on sait que ça a été à travers la lutte entre ces plus nombreux et ces moins nombreux. Et chaque fois qu'un tyran a pris le pouvoir, ça a été en s'appuyant sur les plus nombreux, c'est-à-dire sur les pauvres, et ce sont ces pauvres appuyant en général un tyran qui se sont qualifiés, qui ont été qualifiés pour la première fois de *demos*, c'est-à-dire le peuple. Le peuple, ce sont les plus nombreux, ce sont ceux qui ont porté au pouvoir le tyran et c'est pour ce *demos*, pour ce peuple que les tyrans ont pris un certain nombre de mesures et ont établi les lois de la cité.

Deuxième caractère, c'est que cette lutte entre *hoi polloi* et *hoi [pauroi]*, entre les plus nombreux et les moins nombreux, a toujours, ou en tout cas très régulièrement pris la forme d'une lutte armée dans laquelle précisément les hoplites en tant qu'armée populaire, armée des plus nombreux, des plus pauvres, a joué un rôle déterminant. Ce sont eux, les hoplites, qui dans un certain nombre considérable de cités ont assuré l'éviction des aristocrates et l'apparition d'une nouvelle forme de pouvoir. Par exemple, dans le cas de Sycione, il y avait eu une guerre victorieuse qui avait été assurée par les hoplites.

a. Ici et dans la suite du texte, Foucault dit *hoi pauloi*, comme il l'a écrit d'ailleurs sur le manuscrit de la leçon du 17 février 1971 des *Leçons sur la volonté de savoir*. Or ce mot ne semble exister que comme nom propre (*Paulos*, nom en particulier de l'apôtre Paul). Dans son édition du cours, Daniel Defert a substitué à *hoi pauloi*, sans donner d'explication, l'expression *hoi ploutoi* qui signifie « les riches » (voir *Leçons sur la volonté de savoir*, *op. cit.*, p. 121). Il existe en revanche le mot *pauros*, rarement utilisé, qui signifie « peu nombreux ». On peut se demander si ce n'est pas à ce mot que pensait Foucault. C'est en tout cas l'hypothèse que nous faisons.

Quand les hoplites sont rentrés dans leur cité avec à leur tête le chef de l'armée qui s'appelait Orthagoras, les hoplites ont pris le pouvoir, ont porté Orthagoras à la tête de la cité, et Orthagoras est ainsi devenu le premier tyran de Sycione. Beaucoup des tyrans que l'on voit apparaître dans les cités grecques du VIIe et du VIe siècle ont exercé les fonctions de polémarque, de chef de guerre. Ça a été le cas par exemple de ce Kupselos de Corinthe dont j'aurais à parler bien souvent la prochaine fois à propos de la monnaie. En tout cas, même lorsqu'il n'y a pas eu violence, même lorsque ce n'est pas à la suite d'une guerre ou même d'une guerre civile que le pouvoir a été pris par le peuple, on sait une chose : c'est que tous les tyrans grecs étaient accompagnés de cette fameuse garde militaire qu'on leur reprochera très souvent, que les philosophes du Ve et du IVe siècle leur reprocheront si souvent. Cette garde militaire, c'était évidemment la garde des hoplites contre les guerriers de l'aristocratie.

Donc transformation qui est la prise de pouvoir par les plus nombreux sur les moins nombreux, prise de pouvoir qui est appuyée sur l'armée hoplitique et cette prise de pouvoir est immédiatement sanctionnée par un certain nombre de mesures qui sont prises en faveur des paysans et des artisans.

En faveur des paysans d'abord. Pratiquement il y a toujours eu, dans toutes les cités grecques sur la transformation desquelles on a des témoignages pour le VIIe et le VIe siècle, une modification et souvent un bouleversement du régime foncier. Par exemple à Corinthe, dès que Kupselos a pris le pouvoir, il a confisqué toutes les terres d'élevage, c'est-à-dire toutes les terres qui appartenaient à ceux qui avaient encore assez de terres pour pratiquer l'élevage, il a pris toutes les terres d'élevage et les a redistribuées aux paysans. Ou bien encore il y a eu abolition des dettes, de toutes les dettes foncières et de cette fameuse rente d'un sixième qui était imposée régulièrement aux paysans endettés ; c'est ce qu'a fait Solon à Athènes. Ou encore il y a eu une redistribution et un partage quasi égalitaire des terres ; c'est ce que d'après la légende Lycurgue aurait fait à Sparte. De toute façon, donc, redistribution des terres, ensemble de mesures où la situation d'endettement est épongée et où, jusqu'à un certain point, l'inégalité dans le partage des terres est rectifiée. À dire vrai, et là on en verra le cas précisément à Corinthe, jamais les tyrans n'ont effectivement pratiqué à la fois et l'abolition des dettes et le partage des terres. Ou bien ils ont aboli les dettes, comme Solon, en laissant les terres inégalement partagées, ou bien ils ont redistribué les terres comme à Corinthe, mais ils se sont gardés d'abolir les dettes, et ceci pour une raison très simple : c'est que ces fameux tyrans, s'il est vrai qu'ils n'appartenaient pas à l'aristocratie absolument traditionnelle, n'étaient jamais des hommes du peuple ; c'était en réalité des aristocrates liés, par le biais en général du commerce artisanal, au peuple des artisans et des paysans, et le problème était pour eux de s'emparer du pouvoir, de chasser du pouvoir les grands propriétaires fonciers, de leur substituer en s'appuyant sur le peuple une autre forme de pouvoir. Il était évident qu'il ne s'agissait aucunement de donner le pouvoir au peuple, il s'agissait en fait de le conserver ou de ne le céder que de manière à le mieux conserver. Et c'est ainsi que, par exemple, en abolissant les dettes mais en laissant les terres tout aussi inégales, Solon était absolument certain que peu de temps après les paysans athéniens se retrouveraient endettés et sous la coupe de l'aristocratie, ce qui n'a pas manqué d'arriver. Kupselos à Corinthe a fait l'inverse : il a partagé les terres, mais il a laissé les dettes, de sorte que la première chose que les paysans, récupérant leurs terres, ont été obligés de faire, ça a été de payer leurs dettes avec leurs terres ; et par conséquent l'inégalité du partage s'est retrouvée aussitôt après. Donc mesures en faveur de la paysannerie, mesures partielles bien sûr, mesures qui permettent simplement de satisfaire pendant un temps le peuple qui a porté cette fraction de l'aristocratie au pouvoir, mais de le satisfaire tout en maintenant évidemment le régime économique dans sa forme générale et avec son système de profit traditionnel.

Mesures également en faveur de l'artisanat. La première grande mesure en particulier qui a été prise assez régulièrement par les tyrans a été la limitation de l'esclavage, qui avait un sens très précis. En effet à mesure que l'artisanat se développait, que les possibilités commerciales d'exportation croissaient à travers la Méditerranée, la tentation était grande pour les gens riches, pour les grands propriétaires, d'[employer][a] leurs esclaves, non plus à travailler la terre, mais à fabriquer des objets. Et cette fabrication par voie d'esclaves, par moyen d'esclaves était évidemment beaucoup moins coûteuse que la fabrication d'objets par la voie, les moyens des hommes libres auxquels il fallait donner malgré tout un salaire. D'où concurrence, et les petits artisans évidemment craignaient beaucoup ces grands ateliers d'esclaves, d'où le fait là encore que les tyrans, qui s'étaient établis en s'appuyant sur le peuple, ont bien été obligés de leur donner un certain nombre de satisfactions, au premier rang celle-là. Bien entendu, ça ne les empêchait pas, eux, de s'enrichir, ça ne les empêchait pas, eux, de pouvoir acquérir des esclaves ou éventuellement de faire travailler des esclaves dans les colonies, de sorte qu'ils se trouvaient par là concurrencer ceux-là mêmes qui les avaient portés au pouvoir. De sorte que là encore, comme dans le cas des mesures prises en faveur des agriculteurs, le pouvoir économique n'a été que déplacé et n'a pas été réellement changé. À vrai dire, le déplacement de pouvoir économico-politique au [VIIe et au VIe] siècle s'est opéré d'une fraction de l'aristocratie à une autre, d'une fraction de l'aristocratie qui était restée terrienne à une fraction de l'aristocratie qui était devenue commerçante et artisanale. Et à dire vrai, le peuple n'a pas exercé réellement le pouvoir, il ne l'a exercé que partiellement, fragmentairement, temporairement à travers tel ou tel personnage de tyran.

Mais, et c'est là que je voulais arriver, l'important, du moins pour l'instant, n'est pas tellement peut-être ce pur et simple déplacement, ce jeu de leurre, de tromperie, dont on verra un superbe exemple à propos de la création de la monnaie, l'important, c'est qu'on a là tout de même une modification politique [considérable][b]. Certes le pouvoir est resté entre les mains de l'aristocratie, il est passé tout au plus d'une fraction à une autre de l'aristocratie ; c'est un fait. Il

a. Enregistrement : « de faire travailler leurs esclaves, non plus à travailler la terre, mais à fabriquer des objets ».

b. Enregistrement : « importante ».

n'en reste pas moins que maintenant a émergé, en quelque sorte pour garantir ce pouvoir à peine déplacé et pour le maintenir, est apparue une forme politique nouvelle, et cette forme politique nouvelle, c'est celle de la cité, cette cité qui se définit comment, sous sa forme la plus générale ? Elle se définit par l'harmonie, c'est-à-dire l'harmonie des citoyens entre eux, l'harmonie des activités économiques des citoyens, l'harmonie enfin des citoyens au combat et des citoyens combattant ensemble. Cette harmonie, qu'implique-t-elle ?

[Premièrement,] elle implique évidemment quelque chose comme un savoir commun : savoir de ce qu'il faut faire, savoir des moyens de le faire, savoir des objets, savoir des choses, de leur quantité, de leur mesure, de leur qualité, des moments où il faut faire les choses, etc. Cela implique par conséquent quelque chose comme un savoir de l'ordre du monde.

Deuxièmement, cette existence de la cité implique qu'entre les hommes il y ait un rapport, des rapports d'harmonie, des rapports de réciprocité, des rapports qui ne soient pas toujours de l'ordre de la hiérarchie et de la violence indéfinie. Il faut que quelque chose comme une justice établisse entre eux une harmonie où ils vont se trouver les uns en face des autres sur un pied d'égalité. Savoir par conséquent, et savoir qui se donne dans la forme et se distribue dans la forme de la justice.

Troisièmement, ce savoir qui assure l'harmonie, cette justice qui garantit l'harmonie des hommes entre eux ne peuvent être effectivement assurés et maintenus que dans la mesure où l'un et l'autre sont contrôlés par un pouvoir politique, qui ne sera un bon pouvoir, qui n'assurera l'existence de la cité que dans la mesure où il saura assez l'ordre des choses pour pouvoir en effet donner des ordres qui seront conformes à cet ordre. Il faut donc un pouvoir qui ne trouble pas l'ordre des choses, un pouvoir qui soit conforme à ce que la loi des choses exige. Et d'autre part, il faut un pouvoir qui ne trouble pas l'harmonie des citoyens, il faut un pouvoir qui respecte cette justice, qui est celle de réciprocité.

Vous voyez comment est en train de se nouer dans la cité grecque, ou plutôt est en train de se nouer comme condition d'existence de la cité grecque quelque chose qui est un savoir, quelque chose qui est une justice et quelque chose qui est un pouvoir. Savoir, justice et pouvoir : un savoir qui soit juste, un pouvoir qui soit juste, un pouvoir qui s'adapte par la voie de la justice à ce savoir et qui le maintienne, qui le reconduise, etc., c'est cela qui est impliqué par l'existence même de la cité grecque. Ce n'est pas la cité grecque qui a produit une certaine forme de pouvoir politique, ce n'est pas la cité grecque qui a produit le savoir, en fait c'est une certaine forme de rapport entre savoir et pouvoir, c'est une certaine articulation du savoir et du pouvoir qui a donné naissance à cette forme politique et culturelle à la fois qu'est la cité grecque.

Pour résumer ceci et pour terminer, je crois qu'on pourrait dire ceci. La transformation économique et politique à laquelle on assiste en Grèce du VIIIe au VIe siècle, cette transformation politique qui aboutit à l'émergence de la cité grecque, elle impliquait quoi ? Elle impliquait, c'est évident, un certain recours au savoir, disons de type assyrien. Il faut se débarrasser en tout cas de cette forme de savoir-pouvoir que l'on trouve chez Homère, où les chefs ne savent pas autre chose que la tradition de leur famille et l'ordre que viennent de leur donner les dieux. Il faut une autre forme de savoir et une autre forme de pouvoir. Il faut [premièrement] quelque chose qui soit une gigantesque entreprise permanente de mesure des choses, de mesure de l'espace, de mesure des propriétés, de mesure des temps, de mesure de la valeur des choses, mesure de leurs qualités, mesure du moment où il faut faire tel et tel geste. La cité grecque repose en fait sur l'exercice de la mesure, qui est à la fois la mise en œuvre d'un savoir, l'élaboration d'un savoir et l'exercice d'un pouvoir. Car pour mesurer les choses, pour mesurer les propriétés, pour les redistribuer, pour attribuer ce qu'il faut à chacun, un pouvoir est évidemment nécessaire. Donc base de la cité grecque : la mesure comme pouvoir-savoir. Et ceci, évidemment, on ne le trouve que dans le savoir babylonien et pas du tout dans le savoir homérique. Deuxièmement, il faut que cet ordre des choses, ce savoir de la mesure, ce savoir-pouvoir de la mesure, soit à la fois manifestation de la vérité et exercice de la justice. Il faut par conséquent que celui qui mesure, et qui mesure les choses comme elles sont, soit en même temps celui qui attribue justement les choses à qui elles reviennent. Il faut que celui qui établit la justice entre les hommes, celui qui fait régner l'harmonie, connaisse en même temps la vérité des choses et leur loi. Il n'y aura donc de pouvoir-savoir au cœur de la cité grecque, au fondement de la cité grecque, que dans la mesure où la justice et la vérité seront liées l'une à l'autre.

Ce sont ces deux grandes formes, mesure d'une part, adéquation de la justice et de la vérité [de l'autre], c'est cela, je crois, qui caractérise les éléments fondamentaux que la civilisation grecque a été obligée d'emprunter aux formes babyloniennes de civilisation pour pouvoir donner naissance à la cité grecque. La cité grecque repose sur ces éléments de savoir-pouvoir que sont la mesure d'une part, l'adéquation de la vérité et de la justice de l'autre. Ceci étant dit et les emprunts étant ainsi très vaguement localisés, il est bien évident que la cité grecque n'est en aucune manière – enfin en aucune manière… –, n'est que sous très peu d'aspects, sous un nombre très limité d'aspects semblable à l'empire babylonien. L'empire babylonien, ou plutôt les empires babyloniens étaient pour l'époque des empires gigantesques qui impliquaient un appareil administratif tout de même complexe, alors que la cité grecque est évidemment une unité politique très microscopique. C'est que, en fait, le transfert du savoir-pouvoir des civilisations babyloniennes à la civilisation grecque n'a pas été évidemment sans une transformation essentielle, une transformation capitale dont on peut trouver la raison dans ce que je vous disais à l'instant à propos des hoplites et des artisans. C'est que, pour les hoplites comme pour les artisans, comment l'ordre va-t-il être assuré ? Comment cette mesure va-t-elle être pratiquée ? Comment l'ajustement justice-vérité va-t-il être fait ? Il ne peut être fait que par ceux-là mêmes qui ont à l'opérer, c'est-à-dire par les hoplites eux-mêmes. Ce sont eux qui doivent s'ajuster les uns les autres, qui doivent connaître les mouvements d'ensemble, qui doivent tenir compte de l'autre, qui doivent protéger leur voisin. Ce sont eux-mêmes qui doivent assurer en quelque sorte dans leur propre geste la cohésion de l'ensemble. C'est toute la cité grecque qui est présente dans le moindre de ses hoplites. De la même façon, c'est l'artisan, c'est le moindre des artisans des faubourgs de Corinthe qui doit connaître tout ce qu'il faut savoir sur les terres à employer, les temps de cuisson, les formes à donner, les dessins à imposer sur les poteries qu'ils vont vendre. C'est-à-dire que ce savoir-pouvoir, ces formes d'adéquation de la vérité et de la justice, toutes ces connaissances de la mesure doivent être, pour que la cité grecque existe, mises à la disposition de tout le monde, de chacun, du moindre de *hoi polloi*, des plus nombreux. Autrement dit, toute cette connaissance ne peut plus appartenir et relever de ce corps d'administrateurs en même temps magiciens qu'étaient les prêtres babyloniens, c'est un savoir et un pouvoir qui doivent être exercés collectivement par tous ceux qui ont à assurer la survie et la richesse de la cité. Dans cette mesure-là, le savoir-pouvoir ne prendra pas en Grèce cette forme d'une administration secrète qui se transmet ses connaissances par la voie de l'écriture. Dans la cité grecque, le savoir-pouvoir aura la forme de ce qui est mis à la disposition de tout le monde, de ce qui est offert là, sur l'agora, sur la place publique, qui est montré à tout le monde et dont tout le monde bénéficie. C'est-à-dire que c'est dans la forme de la discussion publique, de l'échange public, c'est dans la forme par conséquent du *logos* et non pas de l'écriture que va se faire le déploiement du savoir dans la cité grecque. C'est ainsi que dans la cité grecque le savoir-pouvoir, au lieu de prendre la forme de la connaissance ésotérique transmise par l'écriture, va prendre la forme de ce dont on discute publiquement, de la vérité qui se dévoile aux yeux de tous. Et c'est ainsi que vérité et justice, et le rapport vérité-justice vont venir en quelque sorte au premier plan, en avant de cette forme de savoir-pouvoir. Alors que dans la disposition du savoir babylonien dont je vous parlais, j'avais essayé de vous montrer comment l'adéquation vérité-justice ne se trouvait qu'au niveau de Dieu, des dieux, c'étaient les dieux qui faisaient en sorte que la vérité et la justice communiquaient entre elles, là, maintenant, dans la cité grecque, vérité et justice sont bien sûr assurées par les dieux, mais vérité et justice, c'est ce qui doit être en même temps ouvert, manifeste, accessible aux citoyens eux-mêmes.

Et à dire vrai ce sont les citoyens eux-mêmes qui, dans leur activité, dans leur discours, dans leurs discussions, vont à la fois assurer la justice et dévoiler la vérité.

On peut dire pour terminer ceci : c'est que dans l'organisation du savoir-pouvoir propre à la cité grecque, la vérité et la justice sont maintenant placées sur la place publique. En fait le pouvoir politique reste toujours entre les mains de l'aristocratie. Le peuple croit qu'il a le pouvoir, croit que le savoir-pouvoir lui est donné. En fait, on ne lui a laissé à lui, sous la forme du *logos*, de la discussion ou de la pédagogie, que l'apparence ou plutôt que la surface du savoir-pouvoir. On lui a dit qu'il avait accès à la vérité et on lui a dit qu'il avait droit à la justice. Il le croit, et il croit qu'il a par là tout le savoir-pouvoir. En fait le savoir-pouvoir, le pouvoir qui s'exerce selon les voies de la connaissance, ce pouvoir-là reste entre les mains d'un petit nombre. Et c'est ainsi que dans la civilisation occidentale le rapport fondamental que j'essaie de faire apparaître, ce rapport fondamental du savoir-pouvoir est resté masqué depuis la Grèce sous les aspects de la vérité et de la justice, dont on a fait croire au peuple qu'elles lui étaient destinées et qu'il y avait un libre accès dans l'élément du discours. La manière dont le savoir-pouvoir est resté en fait concentré entre les mains d'un certain nombre de gens tandis qu'on faisait croire à *hoi polloi*, aux nombreux, aux pauvres, à tous les autres qu'ils avaient accès à la vérité et la justice, ce masquage du savoir-pouvoir et cette émergence illusoire et chatoyante de la vérité et de la justice, comment est-elle opérée ? Elle a été opérée par trois moyens. Le premier, c'est la monnaie qui fait croire à tout le monde qu'il a accès à la vraie valeur des choses et qu'il reçoit la juste rétribution de ce qu'il a fait, vérité et justice, alors qu'en fait la monnaie permet aux mêmes de garder le même pouvoir et la même richesse. Donc la monnaie est le premier des instruments inventés par les Grecs pour masquer les rapports réels du savoir-pouvoir sous les aspects de la vérité et de la justice. La loi, le *nomos* qui est censé faire régner la justice dans la cité et dire la vérité de l'ordre des choses, le *nomos* qui a été en réalité imposé par certains, par les moins nombreux aux autres comme règle de leur comportement, comme règle de la cité, le *nomos* est le second moyen par lequel la civilisation grecque a trouvé le moyen de masquer les vrais rapports du savoir-pouvoir sous les aspects de la vérité et de la justice. Et enfin les règles du pur et de l'impur, et toute l'opposition, toutes les oppositions qui y sont liées, toutes les oppositions du bien et du mal, toutes les oppositions morales, là encore, sont, je crois, le troisième instrument grâce auquel ceux qui en Grèce détenaient le savoir-pouvoir ont pu faire croire au peuple qu'on lui offrait la vérité et la justice. La monnaie comme médiation des rapports économiques, la loi comme forme de l'universalité politique, la pureté comme loi morale sont précisément ce qui cache les vrais rapports de pouvoir et ce qui donne dans l'illusion de la vérité la fausse universalité de la justice. Et c'est ainsi que la civilisation occidentale a été fondée. Voilà.

Alors dans les trois prochains cours on parlera de ça : la monnaie, la loi et la pureté.

Vous avez des questions à poser ? Je m'excuse, j'ai été long.

— *Dans une société qui prend forme, il y a quand même une notion de la liberté, réelle ou illusoire. Comment est-elle protégée contre l'esclavage ?*

— Là, je suis embarrassé pour vous répondre. Quand on étudiera le *nomos*, on verra peut-être un petit peu ça, c'est-à-dire comment la loi définit, enfin protège en effet un certain nombre d'individus en leur accordant des droits de citoyenneté sur lesquels l'esclavage ne peut pas mordre. Mais en fait, à l'abri de cette définition des citoyens, une économie de l'esclavage va pouvoir se développer, qui n'a été suspendue que pendant un temps, au VIIe et au VIe siècle justement, quand les petits artisans ont dit : « Mais attention, n'importez pas tant d'esclaves, ça nous fait concurrence », etc. Donc ce n'est pas l'idée de liberté qui protège les gens contre l'esclavage. Je ne vois pas très bien votre question, ou plutôt j'y réponds mal.

— *Une liberté par rapport au travail, une liberté basée sur une famille.*

— Basée essentiellement sur le fait qu'on peut trouver des esclaves ailleurs. C'est-à-dire que tant que la Grèce a pu effectivement trouver des esclaves par le biais des colonies ou par le biais des guerres... Un des grands problèmes, une des grandes raisons des guerres aux Vᵉ et IVᵉ siècles, c'est la pénurie d'esclaves, il fallait des esclaves. Mais alors tant qu'on a pu en trouver, il n'y avait pas de raison de réduire en esclavage les gens.

— *Comment trouver des esclaves ?*

— On fait la guerre pour en trouver. Et lorsqu'on n'en trouve plus... Vous savez, quand je vous disais tout à l'heure : le travail des esclaves coûte moins que le travail des hommes libres, et par conséquent ça fait une concurrence, c'est vrai pendant un certain temps, c'est vrai jusqu'à un certain point. Mais, par exemple, au moment du Moyen Âge, la disparition de l'esclavage a été liée en grande partie au fait que les paysans, qui n'étaient pas directement esclaves, ne coûtaient pas plus que les esclaves, car les paysans n'avaient pour vivre que juste ce qui leur permettait de ne pas mourir. Or c'est en général ce qu'on fait à un esclave, c'est-à-dire juste la reproduction de la force de travail. Alors à partir du moment où, dans une société, les salaires sont adéquats au minimum nécessaire pour la reproduction de la force de travail, plus besoin d'esclaves. L'esclavage, c'est ça aussi. Le problème étant alors simplement la fixité et la circulation de la population.

— *Où insérez-vous le savoir biblique dans ce schéma? Je me réfère notamment à l'histoire de Joseph en Égypte. Le savoir, c'est-à-dire la connaissance du cycle de la famine et de l'abondance, y est très nettement lié à la question du pouvoir. On trouve les mêmes interdictions ou les mêmes prescriptions que dans les tablettes babyloniennes. Il y a un temps pour semer, un temps pour récolter, un temps pour la guerre et un temps pour la paix.*

— Vous me demandez où je l'insère. Mais vous savez que l'influence des civilisations babylonienne, assyrio-babylonienne et hittite, etc. sur la Bible est tout de même très grande. Et alors, en un sens on peut dire que la Bible est un autre rejeton de cela – j'exagère beaucoup, mais enfin en partie. Donc, le problème, ça sera la réapparition de cela, alors là, dans l'Occident chrétien. Mais pour l'instant, à l'époque où on se place, ça n'a pas d'incidence directe, ou plutôt on la retrouve indirectement par le biais de ces civilisations babyloniennes. Mais je suis sûr qu'il y avait un piège sous votre question. Non, pas de piège ?

— *Qui étaient les intermédiaires dans le commerce des marchandises ?*

— C'étaient au départ des grands propriétaires terriens, eux-mêmes, qui faisaient le commerce. Ou, par exemple, au moment du partage des terres – puisque le problème dans la famille grecque, c'était à la fois que la terre ne pouvait pas être aliénée et qu'il fallait la partager au moment de l'héritage –, alors certains, sans doute, prenaient du bien sous forme de récoltes, de poteries, etc., se mettaient à les vendre ; mais c'étaient eux-mêmes, ça n'a pas été un corps social intermédiaire, absolument pas. Non, ça n'a pas été un corps social intermédiaire. Au fond la corporation des marchands, même dans la Grèce classique, n'existait guère. Vous la voyez apparaître assez clairement dans les luttes politiques de la fin de la guerre du Péloponnèse, où vous avez des marchands, souvent d'ailleurs des marchands d'esclaves, qui là jouent le rôle d'une catégorie sociale, d'une classe sociale tierce entre les petits paysans et l'aristocratie, ou entre les petits paysans et les artisans d'une part et l'aristocratie. Autrement, c'étaient les aristocrates. Alors par exemple quelqu'un comme Kupselos, ses biographes tardifs lui prêtent une biographie assez curieuse. En réalité, l'étymologie du mot semble indiquer que c'était un marchand de *kupsel*, de poterie. Or on sait qu'il était apparenté aux Bacchiades, qui étaient la grande famille aristocratique, non seulement de Corinthe, mais d'un grand nombre de villes athéniennes. C'étaient des rejetons de cette grande aristocratie qui assuraient ce commerce, qui allait incroyablement loin. Les poteries corinthiennes, vous les retrouvez sur tout le pourtour méditerranéen à partir du VIIe, de la fin du VIIe et du début du VIe siècle.

— *Cela implique également la navigation.*

— Oui, les grandes navigations tout autour de la Méditerranée sont acquises très tôt.

— *L'évolution que vous avez évoquée est marquée par le mécanisme du réel et de l'illusoire. Il se produit un grand changement dans la vie économique et politique, mais le pouvoir-savoir reste entre les mains d'un petit nombre. Sans doute, les « nombreux » ne le croient pas, mais ça n'empêche pas qu'il s'agit d'une apparence. Finalement, la société occidentale fonctionne sous le régime de l'illusoire.*

— Oui, la vérité – c'est là où j'essaie au fond de donner un peu contenu à ce que Nietzsche disait –, la vérité comme le moment du plus grand mensonge : un jour dans un coin de l'univers, les plus intelligents des animaux ont fait une curieuse invention, ils ont inventé la vérité, le moment de la vérité qui est le moment du plus grand mensonge, etc.[9] Alors ce que j'essaie de vous montrer, c'est que c'est politiquement très vrai. On a donné aux gens cette espèce de forme qu'est la vérité-justice, alors qu'on gardait le pouvoir. Et c'est bien à l'intérieur des aventures du pouvoir que prend place la vérité.

— *Est-ce que ce n'est pas lié à une problématique de l'aliénation ?*

— Vous êtes dur ! Comment ça ?

— *Elle consiste dans le fait qu'il est question d'une connaissance immédiatement méconnue, refoulée.*

— Alors là, ce que je voudrais tout de même éviter, c'est aussi bien la métaphore ou la notion d'aliénation qui implique tout de même qu'il y a quelque chose d'aliéné dans une nature humaine, etc., [que][a] la métaphore du refoulement qui implique finalement qu'il s'agit de quelque chose qui est de l'ordre du désir, de l'inconscience, de l'inconscient. Il ne s'agit pas de ça.

a. Enregistrement : « ou bien ».

— Il y a une espèce de répression, à ce moment-là, exercée par ce savoir qui va se christianiser quelques siècles plus tard.

— Mais malgré tout, dans cette forme de la vérité-justice, tout ce savoir a été investi, développé, etc. Monsieur Harari[10] disait tout à l'heure : c'est l'illusion. C'est absolument vrai, il a tout à fait raison. C'est l'illusion, et puis c'est pourtant l'histoire de la vérité. L'histoire de la vérité repose sur une illusion, mais une illusion qu'on peut dénoncer, non pas au niveau de la vérité elle-même, mais qu'on peut dénoncer au niveau du savoir-pouvoir. Au niveau du savoir-pouvoir, il y a eu un tour de passe-passe. Et si vous avez la patience d'attendre, d'être là jeudi, à propos de la monnaie, vous verrez l'incroyable truc qui s'est passé, incroyable.

Il y a des questions ? On va se reposer.

NOTES

1. Hésiode, *Les Travaux et les Jours*, vers 38-39, *op. cit.*, p. 87 ; ou encore vers 263-264, p. 96.

2. « Entends ma voix : regarde, écoute ; que la justice règle tes arrêts, à Toi. Moi, je vais à Persès faire entendre des vérités. » (Hésiode, *Les Travaux et les Jours*, vers 9-10, *op. cit.*, p. 86).

3. Voir Hésiode, *Les Travaux et les Jours*, vers 765-828, *op. cit.*, p. 114-116.

4. Voir *supra*, p. 103.

5. Dans la religion mésopotamienne, Utu est le dieu du soleil et le garant de la justice.

6. Foucault évoque cette transformation de la société grecque dans la leçon du 17 février 1971 des *Leçons sur la volonté de savoir*, *op. cit.*, p. 111-123.

7. Platon, *La République*, IV, 422 e, trad. fr. E. Chambry, dans *Œuvres complètes*, t. VII, Paris, Les Belles Lettres, 1967, p. 10 : « quel qu'il soit en effet, [l'État] contient deux États ennemis l'un de l'autre, celui des pauvres et celui des riches. »

8. Aristote, *Politique*, IV, 1291 b, trad. fr. A. Francotte et M.-P. Loicq-Berger, dans *Œuvres*, « Bibliothèque de la Pléiade », Paris, Gallimard, 2014, p. 488 : « on pense que ce sont surtout [...] les bien nantis et les mal nantis qui forment les éléments d'une cité. En outre, du fait que les gens aisés sont le plus souvent en petit nombre et les autres en grand nombre, ces éléments apparaissent, entre les parties de la cité, comme des éléments opposés. »

9. Nietzsche : « Au détour de quelque coin de l'univers inondé des feux d'innombrables systèmes solaires, il y eut un jour une planète sur laquelle des animaux intelligents inventèrent la connaissance. Ce fut la minute la plus orgueilleuse et la plus mensongère de l'"histoire universelle", mais ce ne fut cependant qu'une minute » (*Vérité et le mensonge au sens extra-moral*, trad. fr. M. Haar et M. de Launay, dans *Œuvres*, I, « Bibliothèque de la Pléiade », Paris, Gallimard, 2000, p. 403).

10. Il pourrait s'agir de Josue V. Harari (1944-2014), qui publiera notamment une anthologie de textes poststructuralistes (*Textual Strategies. Perspectives in Post-Structuralist Criticism*, Ithaca, Cornell University Press, 1979).

SÉANCE IV
(21 mars 1972)

Je vais résumer en deux mots ce que j'ai essayé de vous dire la dernière fois pour voir un petit peu quelles sont les données du problème. Dans la poésie d'Hésiode et essentiellement dans *Les Travaux et les Jours*, on avait donc affaire à cette notion de *dikaion*, de juste. Et cette notion de *dikaion* paraissait essentiellement liée à la recherche, à la revendication d'un ordre, d'une mesure, d'un jeu d'harmonie et de réciprocité. Le *dikaion* était essentiellement défini par la régularité des échanges. Cherchant à établir dans la cité, enfin dans ce qui n'était pas encore la cité, cherchant à établir dans les rapports humains ce *dikaion*, c'était bien la régulation des échanges, des cycles économiques de la dette et du remboursement, des cycles de la nature aussi qu'Hésiode visait. Et cet ordre des rapports humains qu'Hésiode cherchait impliquait évidemment que soit connus l'ordre des choses, la quantité des choses, la mesure des choses. Donc cette revendication du *dikaion* impliquait bien la recherche de quelque chose comme un savoir.

Alors le problème, c'était donc celui-ci : cet ordre des choses qu'il faut savoir, comment est-ce qu'on va le connaître, selon quel modèle ou quelle forme ? On s'aperçoit très vite que le modèle proposé dans la poésie homérique en ce qui concerne la connaissance des choses, de leur succession, de leurs événements, ce modèle de la connaissance homérique est évidemment très étranger à ce que cherche Hésiode. Chez Homère la connaissance, c'est essentiellement la connaissance d'un événement, d'un événement singulier qui se produit une fois et qui ne se produit qu'une fois, c'est la connaissance en forme de prévision, c'est la connaissance de la voyance, ce n'est pas la connaissance régulière, définitive, d'un cycle régulier d'événements qui se reproduiront. De même la connaissance homérique est essentiellement liée à la mémoire des ordres, des prescriptions, des ordonnances délivrées par un dieu qui prescrit à quelqu'un de faire une chose à un moment donné, et ce n'est pas du tout la connaissance d'un ordre définitif des choses, qui en serait comme la loi perpétuelle : connaissance des ordres divins et pas de l'ordre même du monde et de la nature. Enfin avec Homère, vous vous souvenez, on avait vu que le rapport avec les dieux n'est pas du tout un rapport qui garantit et qui fonde la vérité et le dévoilement des choses ; entre les dieux et les hommes ce qui se joue, c'est toujours la ruse, l'illusion, le mensonge, l'esquive. Et c'est dans ce jeu véritablement de cache-cache que les hommes et les dieux cohabitent et coexistent chez Homère. Il ne s'agit aucunement de ce dévoilement, de cet éclairement général de la vérité des choses, sous le regard des hommes et avec la garantie des dieux, tel que le cherche Hésiode. Donc ce n'est pas la connaissance homérique, j'ai essayé de vous le montrer, qui peut servir de modèle au savoir que cherche Hésiode. Hésiode ne peut trouver et n'a pu réellement trouver le modèle de ce savoir, et à vrai dire tout ce mouvement politique dont Hésiode est le représentant ne peut pas chercher à réactiver, à réinvestir ce savoir de forme homérique. C'est un savoir d'un tout autre modèle, et le modèle apparaît assez clairement dans ce qu'on peut appeler en gros le savoir babylonien, assyrio-babylonien, savoir qui existait, qui subsistait sans doute à l'état de rudiment à travers l'héritage crétois dans la population paysanne prédorienne, savoir qui a certainement été restitué, réactivé par tout l'échange, tout le système d'échanges économiques, tout le commerce, tous les échanges humains, tous les phénomènes, toutes les institutions de colonisation qui ont au cours du VIIe et du VIe siècle multiplié les contacts entre les empires d'Asie Mineure et la Grèce continentale. Alors le problème, et c'est là où on en arrive aujourd'hui, est celui-ci. Ce savoir assyrio-babylonien était lié dès sa racine, il était lié dans tout son développement, il était lié dans son fonctionnement aussi à une forme de pouvoir que l'on peut dire autocratique et déjà étatique, déjà hautement étatique dans la mesure où c'était un savoir qui était appelé, rendu indispensable par l'existence d'un État, d'un empire dont l'échelle géographique était grande déjà pour l'époque. Et c'était un savoir qui, d'autre part, de plus, était lié à l'exercice du pouvoir dans un État comme celui-ci par un souverain unique, autocratique, appuyé sur un corps de fonctionnaires. Ce savoir babylonien était censé fonder le pouvoir. L'écriture, les scribes transmettaient ce savoir. Ce savoir était indispensable à la gestion de l'État. D'un bout à l'autre du fonctionnement étatique, le savoir était une pièce indispensable, mais inversement le savoir babylonien n'était pas dissociable de la forme même de l'État, il appartenait à l'exercice du pouvoir, il appartenait à ceux qui exerçaient le pouvoir, il appartenait aux scribes, il se maintenait dans l'élément fermé, énigmatique, ésotérique d'une écriture qui n'était pas accessible à tout le monde et qui était un véritable secret d'État.

Donc on a affaire, dans le savoir assyrio-babylonien, à une forme de savoir entièrement liée au pouvoir. Le problème est celui-ci : comment ce savoir, ainsi profondément lié dans sa racine, dans sa forme, dans son fonctionnement, si lié à une forme bien précise d'organisation étatique, d'organisation politique, comment est-ce qu'il a pu se dissocier de cette forme, comment est-ce qu'il a pu être greffé sur l'organisation sociale de la Grèce, quel a été son impact, son poids, son efficacité dans la transformation même de l'organisation politique de la Grèce, et comment est-ce que, avec les formes politiques nouvelles qu'il a reçues en Grèce, ce savoir a pris lui-même une forme, un fonctionnement et un contenu nouveau ? Donc double transformation du savoir assyrio-babylonien qui, transplanté en Grèce, a donné naissance, a rendu possible des formes politiques tout à fait nouvelles, tout à fait différentes de l'État babylonien ; et inversement ces formes politiques nouvelles ont permis le développement d'un savoir d'un tout autre type. Et c'est cela que je caractérisais la dernière fois en disant qu'en gros ce qui s'est passé – c'est cela que je veux vous montrer maintenant –, c'est que ce lien si manifeste, si évident, si institutionnel, si marqué dans les pratiques religieuses, dans l'organisation administrative de l'État babylonien, ce lien entre savoir et pouvoir va se trouver esquivé, masqué dans l'organisation des cités grecques, le pouvoir, avec ce qu'il comporte de savoir, étant maintenu entre les mains d'un certain nombre de gens qui jusqu'au ve siècle encore vont diriger les cités grecques, cependant que, au peuple, à ceux-là qui avec Hésiode, en même temps qu'Hésiode, demandaient la connaissance d'un nouvel ordre de choses, la nouvelle réglementation des choses, des pratiques et des rapports humains, à ces gens-là va être offert dans la cité grecque quelque chose qui est absolument nouveau, une sorte de savoir qui serait comme dissocié du pouvoir et qui se présente sous la forme de la vérité et la justice. Le couple vérité-justice est cette espèce de savoir ainsi dissocié de la vieille forme assyrio-babylonienne de pouvoir et qui cache et marque dans la cité grecque les rapports de pouvoir qui ont rendu précisément possible le développement de cette forme de savoir qui se caractérise par le couple justice-vérité. De telle sorte que dans la civilisation occidentale, depuis la cité grecque, on admettra, par une illusion, je crois, que Nietzsche a parfaitement signalée et pointée, que la vérité et la justice sont en lien, en rapport direct, que là où il y a vérité, il y a justice et que là où il y a justice, il y a vérité : premier postulat formidable de la culture occidentale. Et Nietzsche sera peut-être le premier à dénoncer ce qui, de Platon à Spinoza, à Hegel, etc., a toujours fait croire que la vérité et la justice étaient fraternelles, il sera le premier à montrer que, là où il y a vérité, il y a forcément injustice, il y a forcément cruauté, il y a forcément déséquilibre, il y a forcément méchanceté. Donc premier postulat qui se forme au fond avec la formation des cités grecques : vérité et justice sont liées ensemble. Deuxièmement, deuxième postulat : c'est que vérité et justice sont en elles-mêmes indépendantes du pouvoir, que tout le monde peut savoir ce qu'est la justice et tout le monde peut avoir accès à la vérité, et que le pouvoir, lui, est quelque chose d'extérieur, d'accidentel, de temporel, d'humain, d'historique, de contingent par rapport à cette belle unité éternelle, transhistorique, qu'est l'appartenance de la vérité à la justice. Et ce qu'on essaie de faire, c'est précisément de replacer ce grand équilibre vérité-justice dont on a voulu faire croire qu'il était indépendant du pouvoir, essayer de le replacer dans son histoire réelle, c'est-à-dire dans l'histoire réelle du pouvoir ou dans l'histoire réelle des rapports entre pouvoir et savoir. C'est cela que j'essaie de faire.

Alors, cette conversion, cette espèce de transformation par laquelle le savoir-pouvoir ou le pouvoir-savoir, [comment s'est-elle opérée ?][a]. Ce savoir si fortement organisé dans une structure politique dans le régime babylonien, comment ce savoir-pouvoir, ce pouvoir-savoir a-t-il pu se distribuer, apparaître sous la forme d'une vérité-justice offerte en quelque sorte à tout le monde, au peuple, au *demos* sur l'agora de la cité grecque ? Comment est-ce que ce pouvoir-savoir que dans le régime assyrio-babylonien l'écriture gardait profondément secret au profit de ceux-là seuls qui détenaient le pouvoir, comment ce pouvoir-savoir a-t-il été distribué dans l'élément du *logos*, du discours, de la discussion, et [s'est présenté] dans cet élément du *logos* comme vérité et justice ? Je crois qu'il y a eu trois opérateurs de cette transformation : le premier opérateur, ça a été l'invention de la monnaie ; le second opérateur, ça a été l'invention de la loi, *nomos*, qui en grec veut dire originairement loi de la cité mais également loi du monde. Et enfin, [troisième opérateur,] le jeu de la distinction entre le pur et l'impur.

Ce soir, j'essaierai de voir un petit peu ce que c'est que cette institution de la monnaie, comment elle s'est passée[1]. Disons d'une façon générale que l'institution de la monnaie, il est très difficile de la situer exactement dans la Grèce archaïque. Elle se produit, la monnaie apparaît au VIIe et au début du VIe siècle, à une époque où on sait que la Grèce a été soumise à une sorte de grande – comment dire ? – activité de mesure. La pratique de la mesure a été la grande pratique sociale dans toute cette période de révolution économique et de révolution politique de la Grèce aux VIIe et VIe siècles : mesure qui était la mesure, l'arpentage des terres et des propriétés, la mesure géographique ou géométrique des terrains, bien sûr, mais qui était la mesure ou la mise en mesure des villes elles-mêmes. Les premiers grands architectes urbanistes… l'invention du plan quadrillé des

a. Conjecture ; mots manquants.

villes est une invention ionienne et grecque qui est attribuée en général à Hippodamos de Milet[2]. Ça a été aussi la période de cartographie qui a été entreprise par cette époque. La première carte du monde a été, sinon inventée, du moins la première mention qu'on en trouve, c'est chez Anaximandre[3]. Bientôt il y aura toutes les recherches pythagoriciennes sur les proportions arithmétiques, géométriques de la musique et du monde. Bref, la Grèce a mesuré d'une façon permanente et gigantesque pendant, on peut dire, un siècle-un siècle et demi, exactement, nous le verrons plus tard, comme le Moyen Âge, à partir du XIIIe siècle, s'est mis à enquêter partout et sur tout.

Parmi ces activités de mesure, dans cette grande entreprise de mise en mesure des choses, du monde et des rapports humains, au centre de cela, évidemment, la monnaie. Comment est-ce que la monnaie a pu naître ? Il y a évidemment une interprétation traditionnelle que je ne vous rappellerai que pour mémoire, c'est l'interprétation, disons, proprement économiste ou l'interprétation proprement mercantiliste de la monnaie. Cette interprétation est très simple, elle consiste à dire ceci. C'est que tant que les paysans grecs ont pu vivre directement sur ces petits lopins de terre pas trop inégaux qui leur avaient été impartis au moment de l'invasion dorienne, tant qu'ils ont pu vivre sur ces lopins de terre, ils n'ont guère eu besoin d'échanges, ils ont pu vivre en une économie relativement fermée. C'est lorsque l'inégalité de ces lopins de terre s'est marquée par suite des partages, des divisions, etc., lorsque les paysans se sont endettés, qu'il a bien fallu faire appel au commerce extérieur. Et petit à petit l'économie méditerranéenne, relancée par ces colonies dont on parlait la dernière fois, l'économie grecque a décollé par rapport à ces formes premières qu'on peut dire économie de subsistance. L'économie grecque aurait donc décollé, les échanges auraient commencé à se multiplier à travers la Méditerranée et, par conséquent, qui dit échanges entre denrées de nature différente, qui dit échanges surtout avec rétribution différée dans le temps, dit forcément utilisation de quelque chose comme la monnaie. C'est-à-dire que c'est finalement le développement du commerce maritime avec ce qu'il comporte de distance, de délai, d'imprévu, etc., d'hétérogénéité aussi des marchandises, c'est cela qui aurait rendu nécessaire l'usage d'un étalon monétaire reconnu par tout le monde, fragments de métal authentifiés d'abord par les individus privés et puis par les cités elles-mêmes. On a là l'analyse, l'interprétation traditionnelle de la monnaie, qui explique l'origine comme étant une origine marchande, commerciale de la monnaie, interprétation qui, vous voyez, limite le fonctionnement premier et originaire de la monnaie à une sorte d'usage de représentation : la monnaie serait faite originairement pour représenter une marchandise absente. C'est une interprétation que vous trouvez dans quelques auteurs qui ne sont pas mauvais puisque c'est à peu près – nous reviendrons d'ailleurs un peu là-dessus – ce qu'on trouve chez Marx au chapitre 4 du livre III du *Capital*[4], mais seulement dans une phrase sur laquelle, heureusement, les subtilités de l'exégèse vont me permettre de sauver ce qu'il peut y avoir de sacré dans ce grand auteur[a].

En fait cette interprétation est très difficile, cette interprétation purement mercantiliste de la monnaie est un peu difficile à tenir. Il y a un certain nombre de faits qui s'opposent à cette idée d'une origine essentiellement commerciale et marchande de la monnaie.

La première objection de fait qui vient – j'énumère des objections de fait, rien de plus – dit ceci : c'est que finalement, quand on regarde les choses, très tard encore, c'est-à-dire au VIe siècle et même au Ve siècle, il y avait beaucoup de cités qui étaient des cités commerçantes et qui n'utilisaient pratiquement pas de monnaie au moins pour le commerce extérieur, pour le commerce étranger. Le grand commerce méditerranéen est resté pour une part non négligeable jusqu'à l'époque classique un commerce de troc. Les navires cabotaient de port en port et là échangeaient une cargaison contre une autre cargaison et le pourtour de la Méditerranée était ainsi fait de sorte qu'il est assez difficile d'admettre que c'est l'urgence et la nécessité, la pression même du commerce qui ont rendu nécessaire l'utilisation de la monnaie.

a. Foucault prononce ces mots sur un ton un peu ironique.

Un autre fait [conduit un peu à][a] réfléchir à la fonction première de la monnaie. C'est celui-ci : bien avant que la monnaie existe, on pratiquait des estimations, évidemment, des choses. C'est ainsi que chez Homère vous ne trouvez aucune trace de la monnaie. En revanche lorsqu'Homère parle d'un objet qui est un objet précieux, il lui donne une estimation. Et très curieusement cette estimation, il la fait toujours d'après certains objets et surtout d'après certaines quantités d'objets. Par exemple Homère dit : ceci vaut tant de trépieds ou ceci vaut tant de bœufs. Plus précisément, Homère ne dira jamais : la cuirasse d'untel vaut 47 trépieds ou 304 bœufs, il dit toujours : la cuirasse d'untel vaut 9 bœufs ou 12 trépieds ou 100 bœufs. Ces trois chiffres, 9, 12 et 100 avec parfois leurs multiples, mais en général eux-mêmes, reviennent régulièrement comme schémas de l'estimation, comme si, entre 9 et 12 et entre 12 et 100, il n'était pas possible que la chose en question puisse avoir sa valeur représentée. En fait aussi bien ces objets que ces nombres sont toujours des nombres et des objets qui se réfèrent à des pratiques de culte ; le trépied, c'est un objet de culte, le bœuf, c'est un objet de sacrifice. Et ces nombres 9, 12 et 100 sont les nombres des sacrifices rituels, c'est-à-dire que ce qu'on voit sous ces apparentes estimations économiques d'Homère, c'est une pratique religieuse qui consistait en ceci : c'est que lorsqu'il fallait faire rituellement le sacrifice tout de même gigantesque de 100 bœufs il était de tradition déjà de substituer à ces 100 bœufs un objet qui était d'une manière plus ou moins arbitraire, plus ou moins forcée, considéré comme étant équivalent à100 bœufs. Tant de trépieds ou un beau bouclier qu'on offrait à Jupiter étaient censés valoir 100 bœufs. C'est-à-dire que ces estimations quantitatives que l'on voit déjà chez Homère, loin d'être la matrice de la monnaie marchande, ne sont que le résidu des substitutions religieuses, c'est-à-dire que ces calculs d'équivalence ont certainement à partir d'un certain moment été utilisés comme étalon d'échange, comme technique d'échange, et comme technique d'échange marchand, mais ils avaient pour modèle, ils avaient pour fondement non pas l'estimation en désirabilité ou en journées de

a. Enregistrement : « fait un peu ».

travail, l'estimation d'une valeur identique dans des objets, [mais] la reconnaissance de la possibilité rituelle d'une substitution, et d'une substitution à caractère religieux. La quantification que vous trouvez chez Homère, c'est la quantification rituelle qui permet de substituer à un objet prévu pour le sacrifice un autre objet qui est évidemment moins coûteux et qui permet de le remplacer dans le sacrifice. Donc inégalité manifeste dans la valeur, la quantification n'étant justement que l'artifice par lequel en quelque sorte on trompe le dieu. On estimait les choses, on disait : ça vaut 100 bœufs, parce qu'on ne voulait pas donner 100 bœufs à Jupiter et qu'on voulait lui donner quelque chose qui valait évidemment beaucoup moins, mais dont on déclarait, dont le fait de dire que ça valait 100 bœufs le rendait en termes de sacrifice aussi digne de prix, aussi digne de valeur que si ça avait été effectivement les 100 bœufs. Donc inégalité réelle, adéquation par la formule verbale, par cette quantification arbitraire, et substitution religieuse : voilà les trois éléments que l'on trouve dans ce premier jeu d'estimation, de substitution, de quantification des choses et des objets qu'on trouve dans Homère. Et vous voyez que ce n'est pas du tout une origine marchande que l'on trouve là-dedans. Donc, d'un côté, on voit les grandes cités marchandes du ve siècle encore utiliser le troc et pas la monnaie pour leurs échanges. Et inversement, dans les stades archaïques de l'évolution grecque, vous voyez des premières estimations qui ne sont en réalité pas du tout des estimations marchandes, mais des estimations d'inégalité rituelle dans l'élément de la substitution religieuse.

Enfin, le troisième élément qui rend – et on pourrait en citer d'autres d'ailleurs –, le troisième fait qui rend très douteuse l'interprétation marchande, mercantiliste de l'origine de la monnaie, c'est ceci : c'est qu'en fait on a, sauf d'une manière tardive, très peu trouvé de monnaies étrangères dans les cités grecques. C'est-à-dire que dans chaque cité grecque on a trouvé toujours une grande quantité de monnaie locale, mais la monnaie qui circule, la grande monnaie d'un pays donné, d'une cité donnée qu'on retrouverait sur le pourtour méditerranéen, il faut pratiquement attendre le ve siècle et les fameux tétradrachmes athéniens pour les voir circuler dans toute la

Méditerranée. Et à vrai dire ils ne circulent vraisemblablement, ils circulent essentiellement à travers les colonies, et pas avec les cités étrangères, comme si la monnaie avait essentiellement une fonction intérieure et non pas une fonction commerciale et d'échange avec les cités étrangères, comme si la monnaie devait servir à l'intérieur, devait servir vraisemblablement non pas tellement à l'échange qu'au prélèvement des impôts, aux distributions d'argent, aux tributs qui sont levés ou qui sont versés volontairement aux dieux, bref comme si la monnaie avait essentiellement une fonction politique d'équilibration intérieure beaucoup plus qu'une fonction marchande d'économie externe.

Voilà dans quel sens on peut s'orienter à partir d'un certain nombre de faits assez généraux et assez massifs, ce qu'on pourrait d'ailleurs préciser, auxquels on pourrait en ajouter d'autres. En fait il n'y a guère que pour une seule cité, pour une seule ville grecque, il n'y a qu'une seule ville pour laquelle on ait une documentation qui permette de voir un petit peu comment et pourquoi la monnaie y a été instaurée. Cette ville, c'est heureusement une des premières, sinon tout à fait la première, dans lesquelles elle soit apparue, c'est la cité la plus importante commercialement et politiquement du VIIe et du VIe siècle en Grèce, c'est-à-dire Corinthe. Et alors pour Corinthe on a un certain nombre d'éléments qui permettent de voir comment la chose s'est passée. Des historiens allemands et français depuis une trentaine d'années se sont intéressés à ce problème[5] et voilà ce que, en gros, ils peuvent en dire. Il y a d'abord une légende, que l'on trouve dans Plutarque, je crois, et qui est celle-ci. Au VIIe siècle la grande famille aristocratique, les Bacchiades, régnait à Corinthe et d'ailleurs dans un certain nombre de villes grecques – ça, ce n'est pas une légende, d'ailleurs, c'est un fait historique. Où commence la légende ? C'est lorsque l'on raconte qu'une fille de cette famille avait épousé, en dérogeant, le fils d'un artisan, d'un boucher. [Ils ont eu un fils qui s'appelait Kupselos] et ce Kupselos était donc le fils d'un boucher et d'une Bacchiade, c'était le descendant non noble d'une famille noble. Et comme tel, fils d'un boucher, il avait beau être le descendant par les femmes des Bacchiades, il s'était trouvé rejeté de l'aristocratie corinthienne, rejeté du pouvoir et il n'avait pas pu bénéficier des richesses gigantesques de sa famille maternelle. De sorte qu'il était parti en exil et, en exil, il s'était rendu dans un temple de Zeus ; et à Zeus il avait fait le serment suivant : « Si tu me donnes la possibilité de prendre le pouvoir à Corinthe, je te donnerai, à toi Zeus, tout le territoire de Corinthe ». Et effectivement Kupselos était rentré à Corinthe, il avait remporté la victoire sur les Bacchiades, il avait chassé les Bacchiades et puis il n'avait plus qu'à accomplir son serment, c'est-à-dire donner à Zeus le fameux territoire qu'il venait d'occuper, le territoire de Corinthe. Comment donner à Zeus le territoire de Corinthe ? Le récit légendaire dit ceci : Kupselos a trouvé le moyen, il a imposé tous les propriétaires de Corinthe, tous ceux qui possédaient des terres ou des richesses, il les a imposés la première année du dixième de leur fortune. Il a recommencé pendant dix ans. Dix fois un dixième, ça fait dix dixièmes, et au bout de dix ans, par le système de cette imposition, il avait donné à Zeus l'équivalent du territoire, de la fortune de Corinthe, et pourtant les Corinthiens étaient restés propriétaires de leurs terres puisque ce n'était que sous forme d'impôt, prélèvement d'un dixième chaque année, que [l'opération avait été effectuée][a]. Donc transfert total de la richesse corinthienne à Zeus et maintien de la propriété entre les mains des propriétaires.

Tel est le récit légendaire que les historiens grecs ont ensuite raconté. Derrière cela, qu'est-ce qu'il y a ? Qu'est-ce que les historiens, d'après un certain nombre d'éléments archéologiques, d'après aussi l'exemple athénien qui est un petit peu ultérieur, l'exemple de Solon, d'après tous ces éléments-là, qu'est-ce que l'on peut savoir à peu près de cette étrange histoire de Kupselos ? Premièrement, la chose dont on est à peu près sûr, c'est qu'en fait Kupselos, fils ou non d'artisan – on n'en sait rien – avait surtout été polémarque, chef de guerre, et que c'est à la suite d'un certain nombre de guerres victorieuses contre les voisins de Corinthe, guerres qu'il avait remportées avec ces fameux hoplites, ces fameux guerriers, ces fameux fantassins armés de fer,

a. Conjecture ; Foucault ne termine pas la phrase.

de boucliers, de javelots dont je vous parlais la dernière fois, c'est en s'appuyant sur les hoplites, c'est-à-dire sur les petits paysans, que Kupselos avait d'une part remporté ses victoires et imposé finalement son pouvoir personnel à l'aristocratie des Bacchiades à Corinthe. Et il est vraisemblable – rien ne l'exclut en effet – qu'un jour il soit rentré comme le dit la légende et qu'il ait chassé les Bacchiades. Derrière l'histoire de cette curieuse imposition de dix pour cent, qu'est-ce que l'on peut soupçonner de vrai ? Il semble que Kupselos ait procédé à un très large partage des terres, sinon de toutes les terres, du moins d'une partie assez considérable de ces terres. On le soupçonne grâce à un texte de Solon qui devait régner à Athènes ou en tout cas qui devait avoir à Athènes l'influence que vous savez, le rôle que vous savez, un texte de Solon qui dit à un moment donné : « Moi je ne suis pas comme ce tyran que vous connaissez bien et qui habite à côté, et qui, lui, a partagé les terres. Moi, je ne vous ferai pas ça, dit Solon en s'adressant aux aristocrates athéniens, ce n'est pas les terres que je partagerai, c'est là le rôle d'un tyran démagogue »[6]. Et on porte à croire que c'est en effet Kupselos qui était ainsi visé. Or ce qu'il y a de caractéristique, c'est que dans cette grande réforme, cette redistribution des terres, Kupselos accomplissait, réalisait ce que la petite paysannerie, depuis le temps d'Hésiode, réclamait : [le] retour à des lopins de terre à peu près égaux. Kupselos a au moins réalisé cette partie-là du programme ou une partie de cette partie du programme. En revanche l'autre partie du programme des petits paysans grecs, c'était l'abolition des dettes : qu'on repartage les terres et qu'on abolisse les dettes. Et alors là, Kupselos n'a pas aboli les dettes et on verra pourquoi, on peut assez facilement imaginer pourquoi ; en tout cas il n'a pas aboli les dettes. N'abolissant pas les dettes, est-ce que le partage des terres, est-ce que cette redistribution des terres pouvait tenir longtemps et être efficace ? Évidemment pas. Et il est bien probable que Kupselos, n'ayant pas aboli les dettes, a trouvé comme moyen de maintenir au moins pendant un certain temps le partage à peu près égalitaire des terres sans l'abolition des dettes, il a rendu en tout cas supportable cette non-abolition des dettes par le système de l'impôt de dix pour cent, évidemment pas sur la fortune terrestre, mais dix pour cent sur les revenus. Avec ces dix pour cent le système de l'imposition d'État, qui était évidemment une nouveauté extraordinaire en Grèce à cette époque-là, mais qui était, pour son modèle politique au moins, évidemment d'origine assyrienne, ce prélèvement de dix pour cent sur les revenus, qu'a-t-il permis ? Il a permis premièrement la distribution directe de l'argent aux plus pauvres qui ont pu ainsi acquitter leurs dettes les plus criardes et les plus immédiates. Deuxièmement, avec cet argent, Kupselos a fait faire de grands travaux et en particulier des travaux de fortification de la ville qui ont été indispensables à la constitution matérielle, militaire, par conséquent politique de la cité, et puis [des] travaux d'irrigation indispensables justement pour cette agriculture coordonnée que les paysans grecs réclamaient depuis si longtemps. Enfin troisièmement, avec cet argent, ces impôts, Kupselos a pu faire des avances aux artisans, aux fabricants de poteries, et ce sont ces artisans fabricants de poteries qui ont commencé sur des modèles bien déterminés à l'avance par le pouvoir politique, Kupselos et ses pareils, [à fabriquer][a] ces poteries qui ont pu se répandre selon leur modèle unique dans toute la Méditerranée au cours du VIe siècle. Ainsi il éteignait les dettes et il permettait aux paysans d'éteindre leurs dettes les plus criardes, il permettait le développement de l'agriculture par les travaux d'irrigation, il permettait l'assise de la cité comme entité géographique, politique et militaire par les remparts, et enfin il permettait le développement de l'artisanat, du commerce et, on peut dire en gros, de l'industrie à Corinthe. Et c'est ainsi que les riches, qui se trouvaient en partie dépossédés de leurs terres par la distribution, ont pu récupérer au moins en argent ce qu'ils perdaient dans la distribution des terres. Ils ont pu par cette avance, par ces distributions d'argent faites aux plus pauvres, récupérer par l'intermédiaire des dettes qui revenaient ou par l'intermédiaire des bénéfices commerciaux l'argent qu'ils avaient perdu. Donc, vous le voyez, système extraordinairement complexe, enfin du moins par rapport à ce mépris que nous avons assez souvent pour l'intelligence

a. Conjecture ; passage manquant.

des peuples archaïques. Vous voyez que c'est un système, un véritable *new deal* économique qui a été inventé par Kupselos mais qui n'est vraisemblablement pas un mythe des historiens : système complexe avec redistribution des terres, prélèvement sur les revenus, distribution aux pauvres, retour de l'argent aux créanciers.

Or vous voyez que tout ceci, prélèvement des richesses, distribution de quelque chose aux pauvres, retour de la fortune aux créanciers, impliquait évidemment que l'on ne passe pas par des objets en nature. Ce n'est pas un prélèvement en nature qui pouvait se faire. Tout ce système de la circulation intérieure de la richesse qui commençait par la redistribution des terres et finissait par l'avance aux artisans, tout ceci n'était possible qu'à la condition que l'on trouve un élément à la fois de mesure et de circulation à l'intérieur, et à l'intérieur seulement de la cité, qui assure la cohérence et le fonctionnement du système. C'est donc pour des raisons intérieures, c'est donc pour la mise en place de toute cette régulation – terres redistribuées, dettes payées, prélèvement sur les revenus, distribution aux pauvres, etc. –, c'est pour arriver à assurer toute cette circulation qu'il a bien fallu faire appel à quelque chose comme la monnaie. Et là, il est clair que la monnaie lydienne qui existait déjà à cette époque-là, c'est-à-dire la monnaie d'Asie Mineure, a dû servir de modèle. Donc, vous voyez, pas d'origine marchande, origine intérieure, origine politique, instrument de régulation sociale et pas du tout instrument d'échange de marchandises contre marchandises. C'était pour faire tenir la cité, et non pas du tout pour échanger des marchandises avec l'étranger, c'était dans une certaine forme de rapport de pouvoir, c'était pour maintenir un certain pouvoir en donnant satisfaction à un certain nombre de couches sociales, c'est pour cela que la monnaie a été originairement inventée.

[Mais ce n'est là au fond qu'une des déterminations de la naissance de la monnaie][a]. Il y en a une seconde qui nous éloigne encore plus d'une origine marchande de la monnaie. L'autre détermination, c'est celle-ci. C'est que, vous le voyez, on a une espèce de modèle

a. Nous replaçons cette phrase, prononcée un peu plus tôt, à ce qui semble être sa véritable place.

de rééquilibration de la cité. Le modèle de rééquilibration de la cité que Kupselos a mis en œuvre, qu'est-ce que c'est? C'est d'abord ceci : un apport par le biais de l'impôt, de ce que nous appellerions l'impôt, l'apport d'une certaine quantité de richesses. Tout se passe en quelque sorte comme si l'État ou Kupselos, le tyran, s'était considéré par l'intermédiaire de Zeus comme le propriétaire de droit de la totalité de la fortune de Corinthe. Kupselos et derrière lui Zeus sont propriétaires de Corinthe. Kupselos et Zeus se contentent chaque année d'un dixième de la fortune de Corinthe. Et puis cet argent est redistribué et, grâce à cette redistribution, la cité devient harmonieuse, la cité retrouve son équilibre, la cité redevient forte, se trouve revigorée. Or comment se fait le sacrifice rituel chez les Grecs? Ça consiste en quoi? Premièrement, apport collectif de quelque chose qui est un troupeau, un animal, de la nourriture. Là-dessus, sur cet apport collectif et global, les prêtres prélèvent une certaine quantité qui est rituellement un dixième justement, un dixième qui constitue la part du dieu; et après cela, redistribution des neuf dixièmes restants en portions égales entre ceux qui ont fait l'apport. Vous voyez que, avec une configuration légèrement différente, vous retrouvez exactement les éléments constitutifs du sacrifice religieux dans cette organisation de la circulation monétaire à Corinthe par Kupselos : apport collectif, prélèvement d'un dixième, redistribution aux participants. Et le dernier élément est évidemment le même puisque ce qu'on redistribue aux participants dans le sacrifice, ces animaux, ces cadavres, ces bêtes, cette nourriture que l'on redistribue aux participants leur redonne vigueur et force, et c'est une espèce de repas de communion magico-religieux qui est effectué après le sacrifice. Cette même revigoration que les Grecs attendaient du sacrifice religieux, c'est cette même revigoration du groupe tout entier, de la cité tout entière que Kupselos promet aux Corinthiens si effectivement ils apportent leur fortune à Zeus, si effectivement ils laissent faire un prélèvement d'un dixième et si effectivement on redistribue le reste. Vous voyez que tous ces éléments, apport collectif, prélèvement, redistribution, revigoration finale, tout cela, tous les éléments du schéma, vous les retrouvez à la fois dans le rite sacrificiel et puis vous les retrouvez dans cette instauration politico-financière qui caractérise l'apparition de la monnaie à Corinthe. Le jeu sacrifice – partage – prélèvement – redistribution est une forme religieuse de la revigoration des individus et des groupes et c'est cette forme-là qui a été transposée en une pratique sociale où il s'agissait de résoudre un conflit entre les petits paysans devenus hoplites, et par conséquent dangereux et forts, et puis la classe aristocratique des grands propriétaires. Le conflit de classes s'est ainsi trouvé au centre même, au point de détermination de l'apparition de la monnaie, mais ce n'est pas l'exigence économique du commerce, ce n'est pas l'exigence de la forme de production qui a amené la monnaie, ce sont en réalité les nécessités de la redistribution du pouvoir politique qui ont amené l'apparition de la monnaie.

Donc on peut retenir de l'analyse marxiste que c'est bien en effet la lutte de classes qui est au cœur des processus qui ont amené l'apparition de la monnaie. La lutte de classes n'est pas la forme de production, c'est le rapport de pouvoir, et c'est ce déplacement qu'il me paraît absolument important de souligner. Il faudrait peut-être pour compléter d'ailleurs cette image très religieuse de l'apparition de la monnaie à Corinthe, il faut ajouter aussi ceci – et ça, c'est une hypothèse des archéologues : c'est que tout ça, c'est très gentil, on voit très bien comment Kupselos, pour des raisons d'équilibration politique de la cité, a fait appel à tout ce circuit économique, on voit très bien comment ce circuit économique prenait appui à la fois sur la matérialité de la monnaie dont on avait l'exemple en Asie Mineure, mais surtout prenait appui sur la forme, la disposition générale, le schéma du sacrifice religieux. Mais un problème : d'où venait le métal ? Car il y a un ennui dans cette histoire, c'est qu'il n'y a pas de mines de métal sur le territoire de Corinthe. Or on sait par les recherches archéologiques que très tôt, c'est-à-dire à la fin du VIIe siècle, il y avait déjà une grande quantité de monnaie métallique à Corinthe. La seule explication possible, c'est celle-ci : c'est que ce métal venait en réalité de vases, de trépieds, d'objets religieux qui appartenaient aux grandes familles aristocratiques, à ces fameux Bacchiades qui avaient été chassés, et c'étaient des objets de culte, de culte familial. Il a donc fallu, pour que Kupselos s'empare de ces objets qui étaient objets rituels, qui appartenaient aux familles et au culte des familles, que Kupselos crée, impose au-dessus de ces cultes familiaux une sorte de culte national, de culte au niveau de la cité elle-même. Et ce culte au niveau de la cité devait coiffer tous les cultes familiaux et devait appeler à lui tous les objets de culte et toutes les richesses qui étaient en quelque sorte bloqués et investis dans les cultes familiaux. D'où cette fameuse introduction de Zeus que vous voyez dans la légende où [Kupselos] aurait promis à Zeus de [lui donner le territoire de Corinthe] et où c'est Zeus qui lui donne son appui pour entrer dans la cité. En fait Zeus, ça a été l'introduction d'un culte au niveau de la cité, j'allais dire d'un culte d'État, en tout cas ça a été le passage de la religion grecque à un stade quasi étatique avec l'introduction de Zeus, au nom duquel on a pu demander aux familles aristocratiques d'apporter leurs vases, leurs trépieds, leurs objets précieux et leur métal, ce métal qui, entreposé dans le temple de Zeus, a pu permettre la mise en circulation de la première monnaie. Et vous voyez finalement comment tous les éléments que vous trouvez dans le mythe, dans la légende de Kupselos, de Zeus, de la promesse faite à Zeus, de la totalité du territoire donnée à Zeus, du prélèvement de dix pour cent, de la victoire, etc., comment tous ces éléments-là, vous les retrouvez dans une analyse qui n'est pas du tout une analyse mythique mais qui est une analyse historique. Vous retrouvez les éléments et la configuration des éléments du mythe dans une réalité historique qui est tout simplement la réalité historique de la lutte de classes et des moyens par lesquels on lui donne, sinon solution, du moins délai et apaisement. C'est la lutte de classes, ici, qui donne le principe de solution du mythe. On pourrait essayer à propos d'autres mythes de voir s'il n'en est pas de même. L'analyse structurale du mythe ne nous renvoie pas forcément à la langue, ça peut nous renvoyer à la réalité, à l'histoire, à l'économie, à la lutte de classes, à la lutte pour le pouvoir, au pouvoir.

Si maintenant on résume ceci, vous voyez que la politique de Kupselos peut se lire comme un système à deux entrées. Vous avez une lecture économique possible du mythe raconté par les historiens grecs. Cette lecture, c'est la lecture qui permet de découvrir sous cette histoire, [premièrement] la redistribution partielle des terres, deuxièmement le maintien des créances, troisièmement la mise en jeu d'une circulation monétaire, quatrièmement une imposition, lourde d'ailleurs, sur les revenus, cinquièmement le déplacement de l'activité économique de l'agriculture vers l'artisanat et le commerce, et à partir de là d'ailleurs le développement d'une colonisation qui permettra d'accéder à ces fameuses mines métalliques. Voilà le premier niveau auquel vous pouvez lire l'histoire. Et puis vous avez l'autre niveau, qui est le niveau religieux. Et là vous voyez, non plus la redistribution des terres, mais un sacrifice rituel dans lequel les participants abandonnent au dieu la part qui lui revient, vous y trouvez la revigoration du corps social par la redistribution des richesses, qui sont ainsi à la fois sacrifiées et sacralisées, vous y voyez l'espèce de déplacement religieux des objets de culte et des cultes familiaux vers le grand dieu de la cité, vers Zeus, vous y voyez les divinités du *genos*, de la famille, reprises et absorbées dans le culte de Zeus. C'est tout ça, ce sont ces deux choses, ces deux lectures, l'une économique l'autre religieuse, ce sont en réalité ces deux séries d'opérations que Kupselos a faites. Kupselos n'a pas fait l'un ou l'autre, et à dire vrai j'ai tout à fait tort quand je dis : on peut lire les choses à deux niveaux, comme si c'était des lectures. En réalité, la politique de Kupselos, l'ensemble des processus qui ont caractérisé le pouvoir de Kupselos, les événements qui marquent l'exercice du pouvoir par Kupselos sont à la fois économiques et religieux ; à la fois il prélevait des terres et puis à la fois il faisait faire un sacrifice ; à la fois il redistribuait de l'argent et à la fois il revigorait le corps social ; à la fois il déplaçait les structures économiques du pays et il déplaçait les dieux familiaux vers le dieu central de la cité. Et vous voyez que dans ces conditions, et si l'analyse que je vous propose est exacte, au fond la superposition exacte de ces deux séries d'opérations, on devrait dire plutôt l'entrecroisement, l'intrication de ces deux séries d'opérations, constitue une grille unique et c'est sur cette grille, à la fois économique et religieuse que vous voyez apparaître, surgir, circuler et fonctionner cette chose que l'on appelle la monnaie.

La monnaie, ce n'est pas le résultat économique d'une nécessité économique, ce n'est pas non plus un rejeton religieux d'une pratique religieuse ; la monnaie, c'est cette institution complexe qui a surgi de l'entrecroisement d'une série d'opérations économiques et d'une série d'opérations religieuses, ou plutôt la monnaie est née d'une série d'exercices du pouvoir, d'une série d'opérations du pouvoir qui étaient inscrites à la fois sur le registre économique et sur le registre religieux. La monnaie est née de quelque chose qui était un sacrifice religieux et un impôt économique, de quelque chose qui était un salaire pour les plus pauvres et qui était une redistribution rituelle des choses sacrées. La monnaie, c'était à la fois une rapine du pouvoir et la part du temple, ou la part du feu. C'était la revigoration magique du corps social et puis c'était l'activité économique réelle et toujours croissante. C'est cela que constitue la monnaie. La dualité de la monnaie, c'est beaucoup moins la dualité du signifiant et du signifié que la dualité, à l'intérieur même d'un acte politique, de ce qui était de l'ordre de la distribution économique et de la distribution religieuse. C'est cette double distribution économique et religieuse qui caractérise l'émergence de la monnaie.

Je sais bien en disant cela que ce n'est qu'un exemple, et à dire vrai cet exemple n'est peut-être pas valable, n'est à coup sûr pas valable pour la naissance de toutes les formes de monnaie. Il est bien probable que, par exemple, cette monnaie lydienne dont on sait qu'elle existait, qu'elle circulait en Asie Mineure avant de circuler à Corinthe, n'est pas née de la même façon. Au contraire, Kupselos s'est appuyé sur son existence. Il est probable que cette monnaie lydienne n'était pas, elle non plus d'ailleurs, une monnaie d'échange international, c'était beaucoup plutôt une monnaie liée à un appareil d'État, un système d'imposition lié à l'existence d'un État relativement centralisé. La monnaie phénicienne, qui est apparue aussi un peu avant la monnaie corinthienne, était peut-être, elle, purement liée à des pratiques commerciales. Cela, je n'en sais rien. Mais une chose est certaine, c'est que la monnaie grecque, elle, a été liée, non pas du tout à l'existence préalable d'un appareil d'État, elle n'a pas été liée non plus au développement des pratiques de commerce extérieur, elle a été liée à un conflit et à des alliances de classes, à un conflit qui était caractérisé par l'endettement paysan, par l'apparition d'un artisanat, par la constitution d'une armée semi-populaire, même tout à fait populaire, par la cassure dans les intérêts de la classe la plus riche ; et la monnaie grecque a été liée à la manière dont une certaine forme de pouvoir politique a pu enrayer la lutte de classes, la lutte sociale dans la Grèce du VIᵉ siècle. Ce n'est donc pas la monnaie dans sa généralité abstraite que j'ai essayé là de caractériser; mais peut-être justement faut-il admettre que, historiquement, il n'y a pas eu à l'origine une monnaie, mais plusieurs monnaies, c'est-à-dire que la monnaie a pu apparaître dans un grand État centralisé, relativement centralisé comme l'empire lydien, dans une cité exclusivement commerciale comme la Phénicie, comme Tyr et dans une cité grecque comme Corinthe, a pu naître de trois façons différentes. Et la monnaie universelle, la monnaie telle qu'on la connaît maintenant, telle qu'on a commencé à la connaître d'ailleurs dans le monde méditerranéen après l'époque classique, la monnaie générale, généralisée n'est peut-être que l'homogénéisation après-coup de trois pratiques absolument différentes à l'intérieur desquelles la monnaie a émergé.

Et revenons un instant à Marx et au *Capital*, et au livre III et au chapitre 4[7] où le malheureux Marx a parlé de la monnaie et de ses rapports avec l'échange marchand. Marx a dit ceci : c'est que la monnaie s'est développée dans l'échange des produits. Alors c'est là où l'exégèse a ses ressources : développer ne veut pas dire naître; le mot allemand, c'est *entwickeln* : elle s'est littéralement « développée » et par conséquent l'analyse de Marx peut parfaitement être sauvée en disant justement ceci : c'est que, née de différentes façons, en différents lieux, à l'intérieur de différents systèmes de pouvoir, et par conséquent avec des fonctions différentes dans chacun de ces systèmes de pouvoir, elle s'est développée dans l'échange marchand, c'est-à-dire que c'est le développement d'une économie marchande qui lui a permis de prendre ses fonctions de généralité et éventuellement son destin de fétiche que nous connaissons depuis. Ça serait, en prenant le texte de Marx à la lettre, uniquement le développement marchand de l'économie qui lui aurait donné sa figure abstraite actuelle. Rien n'empêche de supposer qu'avant ce développement, c'est-à-dire au moment même de la formation, la monnaie, même d'un point de vue marxiste, a pu naître autrement.

Voilà le premier exemple, l'exemple que je voulais développer et à partir de quoi j'essaierai alors de tirer des conclusions un peu plus théoriques sur le rôle de la monnaie dans le système de la vérité, de la justice et du savoir.

Alors ce que je voudrais dire maintenant, c'est [ceci] : à partir de cet exemple, en admettant que les documents qu'on a sur les autres cités, essentiellement sur Athènes, non seulement n'infirment pas, mais avec un certain nombre de modifications confirment à peu près ce qu'on peut savoir sur Corinthe, en admettant cela, qu'est-ce qu'on peut dire d'une façon générale sur le rôle de la monnaie grecque dans ce grand changement du VIIe et du VIe siècle, qui a été cette grande activité de mesure qui a finalement eu deux aspects, deux faces, d'une part l'apparition d'un savoir de la mesure et d'autre part la mise en place d'une nouvelle forme de pouvoir politique ?

Première chose qu'on peut dire, c'est ceci : c'est que la monnaie a permis à la fois un certain déplacement et un certain maintien du pouvoir. D'abord, avant même de dire cela, il faudrait dire : la monnaie est essentiellement liée à l'exercice du pouvoir. Ce que j'ai voulu dire [à propos de Marx] – laissons de côté les [questions][a] d'exégèse (savoir s'il a dit « développer », ce que voulait dire exactement *entwickeln*, etc.) –, [c'est qu']en gros tout de même Marx a inscrit l'apparition de la monnaie dans le développement des formes et des forces de production, c'est-à-dire dans le développement du commerce d'une part et de l'industrie métallurgique de l'autre. Ce que j'ai essayé de montrer, c'est que d'une part on peut, non seulement on peut, mais il faut très vraisemblablement relier, rattacher l'apparition de la monnaie à la lutte de classes, et à la lutte de classes au sens où Marx entend lutte de classes. C'est bien, en effet, la lutte que les Grecs connaissaient parfaitement entre ceux qu'ils appelaient *hoi polloi* et *hoi [pauroi]*, entre les peu nombreux et les nombreux, entre les

a. Enregistrement : « les choses ».

riches et les pauvres, c'est bien cette lutte que Platon connaît encore, qu'Aristote connaît encore ; Platon et Aristote disent encore : il y a deux partis dans la cité, il y a les pauvres et les riches, il y a les peu nombreux et les très nombreux[8]. C'est à l'intérieur de cette lutte de classes que la monnaie grecque est apparue, et il faut rattacher cette apparition à cette lutte de classes. Mais cette apparition est, je pense, absolument liée, non pas tellement au développement d'une force de production ou à l'apparition d'un nouveau rapport de production, elle est d'abord et avant tout liée à la mise en place d'un rapport de pouvoir qui a eu pour rôle de limiter, apaiser, mesurer la lutte de classes telle qu'elle s'était développée au cours du VIIe siècle en Grèce. C'est par conséquent au niveau même du rapport de pouvoir, de la forme de pouvoir politique que la monnaie apparaît. Or il est bien évident que la monnaie comme instrument économique a été évidemment très importante, très décisive, pour le développement de cette forme de production ou de cette forme de rapport économique qu'a été l'économie marchande, qui caractérise l'économie marchande du monde méditerranéen depuis le VIe siècle. D'autre part, la monnaie a été liée, j'essaierai de vous le montrer, à tout un ensemble, tout un système de savoir.

Vous voyez par conséquent qu'on a affaire à une figure qui est à la fois complexe mais analysable et dans laquelle lutte de classes, rapports de pouvoir, invention de la monnaie, développement des formes et des forces de production, savoir, mettons si vous voulez idéologie, figure complexe dans laquelle tous ces éléments viennent jouer en une place parfaitement déterminée et un rôle que l'on peut, je crois, analyser. Et j'espère en tout cas que, dans l'analyse que je vous propose, il n'y a rien de confus ni de mystique, tout est finalement clair et, me semble-t-il, à peu près correctement enchaîné, et pourtant vous ne trouvez à aucun moment cette fameuse et fâcheuse hiérarchie entre superstructure et infrastructure, vous n'avez pas une idéologie qui serait le produit de cela, vous n'avez pas un pouvoir politique qui serait superposé à..., etc. Vous avez en fait une figure analysable dans laquelle ces éléments jouent chacun leur rôle historique et vous voyez qu'aussi bien une institution comme la monnaie qu'un savoir comme celui du savoir de la mesure viennent, par l'intermédiaire du pouvoir politique, jouer le rôle au niveau même du développement des formes et des forces de production. C'est le premier point que je voulais souligner pour rendre plus clair ce que je disais à propos de Marx.

Deuxièmement, vous voyez que dans ce jeu le rapport de pouvoir a tout de même un rôle déterminant en quelque sorte dans sa liaison directe à la lutte de classes. C'est-à-dire que, dans la formation de ces différentes formes historiques ou même économiques que sont l'économie marchande par exemple ou la cité antique, le pouvoir politique a vraisemblablement un poids de décision, une force de détermination qui est au moins aussi grande que les formes mêmes de production. C'est le second point sur lequel je voulais insister. L'importance du pouvoir est vraisemblablement le savoir, et ces différents éléments que je rattache au savoir et qui sont, dans le cas dont on s'occupe actuellement, toute l'entreprise de mesure propre à la cité grecque, tout cet ensemble qui constitue, qui est comme la matrice du savoir grec, se rapporte en fait fondamentalement à un certain rapport de pouvoir et non pas à une certaine forme de production. C'est dans cette mesure-là que tout l'appareil superstructure-infrastructure, idéologie-formes de production, etc., n'est peut-être pas de mise quand on veut faire l'analyse en termes historiques de ces formes de savoir, connaissance, science, etc.

Voilà ce que je voulais dire à propos de Marx. C'est plus clair, sans doute, que quelques borborygmes que j'avais pu prononcer.

Ce que je voulais dire, c'est d'abord ceci : c'est que l'apparition de la monnaie a permis à la fois un certain maintien et un certain déplacement du pouvoir. C'est très facile de le montrer. L'apparition de la monnaie est évidemment liée à la constitution d'un nouveau type de pouvoir qu'on peut caractériser comme celui-ci. Premièrement, l'économie et ceux qui détiennent la richesse marchande, commerciale, vont pour la première fois à l'intérieur de la communauté grecque l'emporter sur les grands propriétaires terriens. D'autre part, cette victoire politique d'une des fractions de l'aristocratie sur l'autre n'a été rendue possible que dans la mesure où cette fraction victorieuse a pu prendre appui sur la petite paysannerie, qui était devenue une force politique à partir du moment où elle était devenue force militaire – l'apparition des armées d'hoplites –, et il a fallu d'autre part que l'aristocratie, la frange de l'aristocratie qui a pris le pouvoir donne satisfaction jusqu'à un certain point aux revendications de cette population ; d'où en effet les partages de terre, d'où en effet les distributions de richesses, etc. Il y a donc eu déplacement du pouvoir, mais ce qui est intéressant, c'est tout de même que le pouvoir est resté effectivement, et par le biais de ces complexes opérations dont je vous parlais à propos de Kupselos, le pouvoir est tout de même bel et bien resté entre les mains de l'aristocratie. Le pouvoir n'est pas tombé entre les mains de *hoi polloi*, des plus nombreux, des plus pauvres. À ces plus pauvres, on a simplement offert un certain nombre de compensations économiques de l'ordre du partage de certaines terres, de l'ordre de distributions d'argent, de l'ordre d'avances pour l'artisanat, on leur a assuré d'autre part que la cité serait harmonieuse, serait bien réglée, on leur a promis par l'intermédiaire de la monnaie la justice, on leur a offert enfin et on leur a promis que, dans cette monnaie, les échanges non seulement allaient être équilibrés, les dettes allaient pouvoir être payées comme il faut, mais qu'eux, ils paieraient les choses à leur juste prix et que les dettes seraient véritablement remboursées à leur taux ou à leur valeur véritables. Autrement dit, on leur a proposé à travers l'institution de la monnaie quelque chose qui est de l'ordre de la vérité et de la justice : vérité des choses, justice des rapports humains, c'est cela que devait permettre la monnaie. La garantie de Zeus, appelée précisément pour permettre cette circulation et pour sacraliser cette circulation, assurait en effet que désormais, par la monnaie, la justice règnerait dans la cité et les choses seraient payées ou restituées ou rétribuées à leur vraie valeur. Zeus garantissait ainsi, par l'intermédiaire de la monnaie, de *sa* monnaie, de cet argent qui était apporté jusqu'au temple et qui était restitué, et qui était redistribué ensuite, la vérité et la justice dans la cité, mais il la garantissait dans la mesure où en fait c'était toujours la même classe sociale qui détenait le pouvoir. Ce qui s'inscrit dans cette marque monétaire que l'on voit apparaître à ce moment-là, c'est donc à la fois la lutte de classes, bien sûr, c'est une certaine forme de pouvoir, bien sûr, mais c'est aussi l'illusion ou la fiction qui a fait que les paysans grecs, touchant enfin de la monnaie et voyant la monnaie circuler entre eux, ont pu croire que désormais la cité allait être régie par la vérité et par la justice, alors qu'en fait elle était toujours régie par les mêmes. Voilà le premier trait, la première fonction de la monnaie grecque : à la fois déplacement, redistribution du pouvoir, mais à vrai dire maintien du pouvoir dans sa forme essentielle avec, comme figures d'illusion, la vérité et la justice.

Deuxièmement, deuxième caractère : la monnaie comme ce qu'on pourrait appeler le simulacre. Dans la Grèce archaïque, il existait un signe du pouvoir qui était en même temps signe de la richesse : c'était ce fameux *skêptron*, ce fameux sceptre, bâton de commandement qui circulait dans l'Assemblée, et lorsque quelqu'un prenait la parole, il s'emparait de ce *skêptron* ; au moment où il avait ce sceptre dans la main, il exerçait véritablement le pouvoir, nul ne pouvait rien contre lui, il pouvait proposer son avis, c'était parce qu'il tenait le *skêptron* qu'il pouvait participer à une décision, et ce pouvoir qu'il détenait ainsi à travers le *skêptron*, qui en était le signe et comme la matérialisation, qui en était le symbole, ce *skêptron* évidemment ne passait jamais qu'entre les mains de ceux qui étaient les nobles, de ceux qui étaient les riches, de ceux qui étaient les possesseurs de terres et de troupeaux. Le sceptre manifestait symboliquement le pouvoir dans une société où le politique et l'économique étaient exactement solidaires ; le sceptre n'appartenait qu'aux plus riches et le sceptre, c'était la manifestation du pouvoir. L'adéquation entre le maximum de pouvoir et le maximum de richesse était à peu près respectée dans la vieille cité grecque, dans la vieille communauté grecque, dans la communauté de type homérique. Prenons les choses tout à fait à l'inverse, à l'autre bout : dans une société marchande telle que les économistes classiques peuvent l'étudier, vous avez la monnaie. La monnaie n'est pas un signe de pouvoir, elle est un signe représentatif des choses, des objets, des valeurs, de ce qui s'échange, elle est à la fois instrument d'échange et signe de ce qu'on échange. En principe elle n'a rien à voir avec le politique, elle circule selon les lois de la nature ou de l'économie. En fait on sait bien que, sous ces lois de la nature ou de l'économie, ce sont des rapports de pouvoir qui se cachent ; la monnaie est censée mesurer la valeur des choses et elle cache les rapports politiques. En ce sens vous voyez combien elle s'oppose au sceptre grec : le sceptre grec manifeste et la richesse et le pouvoir politique ; la monnaie cache le pouvoir politique sous les apparences de la représentation économique. Entre ces deux figures extrêmes, la monnaie telle qu'on la voit apparaître en Grèce, cette monnaie du VIIe et du VIe siècle dont je vous parle n'est pas, n'est plus déjà le symbole économico-politique que l'on trouvait dans le sceptre grec et elle est loin d'être la représentation occultante de l'économie classique. La monnaie, qu'est-ce qu'elle est à cette époque-là ? Je crois que la monnaie est essentiellement un jeu de substitution. En effet, de quoi part-elle, cette monnaie ?

[Premièrement,] elle a son point de départ, j'ai essayé de vous le montrer, dans une substitution religieuse, c'est-à-dire que la monnaie, c'est ce qui permet de substituer à un sacrifice réel un sacrifice qui est un peu moins réel, c'est-à-dire un peu moins coûteux.

Deuxièmement, elle effectue une substitution économique puisqu'elle permet de faire passer dans le circuit des richesses, dans le circuit du commerce, dans le circuit des avances, des paiements de dettes, etc., ce qui a été apporté au titre de la religion.

Troisièmement, elle opère une substitution politique puisque, grâce à cette redistribution de richesses, elle fait passer le pouvoir politique d'un groupe social, les anciens propriétaires, les grands propriétaires, à un autre groupe social, l'aristocratie disons d'argent, de commerce, etc.

Quatrièmement, elle opère enfin une autre substitution puisque, au grand bouleversement politique et social que les hoplites, que les paysans grecs attendaient, elle substitue le très léger déplacement de pouvoir qui fait que le pouvoir de la cité est passé des mains d'une partie de l'aristocratie à une autre.

Donc substitution religieuse, recouverte par une substitution économique, laquelle est recouverte par une substitution politique, laquelle est recouverte par cette substitution d'un déplacement du pouvoir politique ou du maintien du pouvoir politique, substitution de ce maintien à la révolution sociale, à la révolution politique demandée par les paysans.

Et vous voyez que finalement, depuis la pratique religieuse jusqu'à cette opération politique complexe qui consiste à maintenir le pouvoir entre les mains à peu près de la même classe sociale en faisant croire à un bouleversement social immense et total, c'est tout un jeu de substitutions qu'assure la monnaie. La monnaie, c'est un ensemble de substitutions qui se superposent les unes [aux] autres, qui se recouvrent les unes les autres, qui se substituent les unes aux autres, et c'est cela qu'on peut appeler le simulacre. La monnaie n'est pas un symbole au sens où l'était le sceptre grec, elle n'est pas encore, ce qu'elle sera par la suite, un signe dans l'économie marchande. Au moment où elle apparaît, au moment de son premier fonctionnement, au [VIIe et au VIe] siècle, elle est ce que j'appellerais un simulacre, c'est-à-dire une série indéfinie de substitutions réelles qui donnent lieu, non pas à la représentation de quelque chose de signifié mais à la fiction, qui donnent lieu précisément à la mesure, à la vérité et à l'ordre. Que la monnaie soit essentiellement ce simulacre qui embrasse tout un jeu de substitutions religieuses, politiques, économiques, je crois qu'on en a la preuve et, finalement, qu'on en a eu la preuve longtemps à travers le monde occidental. Car s'il est vrai que, dès l'époque classique, la monnaie a commencé à avoir un rôle d'échange économique à peu près universel dans le monde méditerranéen, si vous regardez dans l'histoire occidentale un certain nombre d'usages apparemment marginaux de la monnaie, vous voyez que la monnaie est restée longtemps liée à toute une série de pratiques non pas économiques, mais religieuses et politiques. Il faut se rappeler par exemple que jusqu'à la fin de la grande période grecque, pratiquement jusqu'à l'occupation romaine, le fabricant de fausse monnaie en Grèce était considéré comme sacrilège et puni pour avoir fait offense aux dieux, comme si justement il n'avait pas fait le sacrifice qu'il fallait, comme si le fabricant de fausse monnaie avait substitué au véritable objet de sacrifice un leurre : il a voulu tromper le dieu, celui qui fait de la fausse monnaie, et il est puni comme tel. Jusque dans l'empire romain, et même jusqu'à la fin de l'empire romain, les grands centres religieux grecs vont jouer le rôle de banque de dépôt, banque de prêt, centre économique; activité religieuse et activité économique n'ont pratiquement jamais été séparées jusqu'à la fin de la civilisation grecque.

Plus encore, la pratique de la redistribution rituelle des richesses pour la revigoration du corps social est restée longtemps une pratique des cités grecques et même de la démocratie du IVe siècle. Quand Athènes avait des colonies ou des alliés, elle leur faisait payer des tributs, vous vous souvenez. Bien sûr, une partie des tributs était emmagasinée dans le temple d'Athéna et servait de provision pour la guerre, servait de provision économique pour l'État. Mais il y avait une redistribution d'une partie de ces richesses apportées à Athènes, et cette redistribution était à la fois politique et économique. C'était grâce à cette redistribution que les grands chefs, les grands leaders politiques asseyaient leur fortune : lorsqu'ils avaient remporté une victoire, lorsqu'ils obtenaient un nouveau tribut, lorsqu'ils obtenaient une augmentation du tribut, ils asseyaient leur fortune politique sur une distribution d'argent. Cette distribution d'argent avait un rôle politique certain, mais elle avait aussi un rôle religieux. Et la cité athénienne se considérait comme revigorée par ces redistributions qui étaient souvent très symboliques, parce que finalement, de ces distributions d'argent, qu'est-ce qui revenait à chacun? En général une pièce de monnaie parfois, en tout cas une pièce de monnaie assez faible; mais le fait que chacun ait pu toucher ainsi une partie de la victoire, de la force de la cité, que chacun ait reçu en quelque sorte le sang et la vie et la force de la cité par l'intermédiaire de la monnaie était quelque chose d'essentiel pour la conscience du citoyen grec. Autre phénomène, autre pratique qu'on peut rappeler aussi sur cette fonction plus politique et religieuse encore [qu'économique de la monnaie], c'est la pratique des distributions d'argent qui étaient faites rituellement par les empereurs romains au moment où ils prenaient le pouvoir. Quand ils prenaient le pouvoir, ils distribuaient l'argent. Vous me direz qu'ils distribuaient l'argent pour avoir l'appui du peuple; c'est vrai, mais là encore, comme pour la distribution d'argent venant des colonies grecques, il arrivait souvent que finalement cette distribution soit relativement symbolique. Au moment où il y avait justement une substitution du pouvoir, où l'un remplaçait l'autre dans le pouvoir, il fallait que la cité soit revigorée, il fallait que l'équilibre de la cité ou de l'Empire soit ainsi retrouvé par le biais de la distribution d'argent qui était une opération politique, une opération quasi électorale, mais qui était aussi cette opération religieuse. Il ne faut pas oublier aussi jusque dans le Moyen Âge et même jusqu'à l'époque classique en France et, je crois, dans d'autres pays d'Europe le fameux rite du cadeau de joyeux avènement. Au moment où un roi de France en remplaçait un autre, premièrement, il demandait qu'on lui fasse des cadeaux, et puis deuxièmement, il redistribuait l'argent, en tout cas une partie, l'argent qu'il avait reçu, il le redistribuait au peuple. Là encore, ça avait une signification économique et, au moins dans le haut Moyen Âge, la ponction d'argent représentée par le cadeau de joyeux avènement était assez importante pour permettre au trésor royal de respirer. Mais ça avait déjà à ce moment-là une signification symbolique, et c'est surtout cette signification symbolique qui est restée ensuite. Le cadeau de joyeux avènement puis la redistribution d'argent, c'était précisément ce même mouvement que l'on retrouve au moment de la fondation même de la monnaie. Prenez également la dîme du Moyen Âge, précisément ce fameux chiffre dix que l'on trouve dans le prélèvement de Kupselos, qui était la part de Dieu, qui était la part du sacré dans la circulation monétaire. Vous voyez, tous les signes abondent, les manifestations abondent finalement dans notre civilisation, qui montrent le caractère, le fonctionnement religieux et sacré de la monnaie. On pourrait dire, vous savez, [à propos de] la charité chrétienne, l'œuvre de charité : celui qui fait la charité, et qui par-là manifeste son pouvoir, garantit son pouvoir, maintient son pouvoir et le maintient au profit de ce sacrifice quasi rituel qui consiste à donner son argent, à faire circuler la monnaie.

Il me venait à l'esprit encore à l'instant un exemple de ces distributions symboliques d'argent, j'ai oublié lequel... Ah oui, ce à quoi je pensais, c'était finalement que cette idée d'une monnaie comme revigoration du corps social, vous la retrouvez au noyau même de la pensée économique. Vous savez bien que la première et la plus constante métaphore qui a été utilisée par les économistes quand ils ont parlé de la monnaie, ça a été toujours de la comparer au sang. Avant même que les physiologistes ne connaissent la circulation du sang, on disait que la monnaie, c'était le sang d'un État. Quand la monnaie sortait d'un État, il savait qu'il perdait son sang. Au contraire, lorsqu'il y avait beaucoup de monnaie, l'État était vigoureux, il était plein de sang. Dès que la théorie de la circulation du sang est apparue au XVIIe siècle avec Harvey[9], vous avez – mais dans les années qui ont suivi immédiatement – eu la métaphore de la circulation monétaire comme circulation du sang. Et là encore, au noyau de cette métaphore qui est peut-être fondatrice de l'économie politique – enfin [je ne sais pas][a] –, vous retrouvez ce thème. Je vous disais ceci pour essayer de vous montrer que finalement, d'une façon générale et en débordant même l'exemple grec, vous voyez bien que la monnaie est profondément liée à la fois au pouvoir et aux rituels religieux, très exactement aux rituels religieux du pouvoir, de la transformation du pouvoir, de la substitution du pouvoir; et la monnaie, c'est le simulacre à travers lequel se ritualisent, se compensent, s'apaisent toutes les luttes qui se jouent autour du pouvoir, et c'est comme cela qu'elle a fonctionné.

Je terminerai en disant ceci : c'est que la monnaie, vous le voyez, est une figure qui apparaît, dont le dessin apparaît à l'intérieur d'un rituel religieux, à l'intérieur d'une lutte pour le pouvoir et dans le moment de la substitution et du maintien du pouvoir. La monnaie joue donc essentiellement et avant tout, au moins dans sa forme originaire, le rôle d'un instrument de régulation et de mise en ordre au moment où le pouvoir est mis en question, au moment où le pouvoir doit être maintenu par la grâce, par la vertu d'un sacrifice, qui est en même temps revigoration, remise en place et remise en ordre. La monnaie, c'est donc ce qui va assurer dans cette crise du pouvoir, dans ces moments où on ne sait pas où est le pouvoir, qui doit l'exercer, au moment où chacun lutte pour avoir le pouvoir, la monnaie, c'est ce

a. Conjecture ; passage difficilement audible.

qui va établir la mesure. C'est-à-dire que la monnaie va permettre, [premièrement][a], que les luttes s'apaisent entre ceux des citoyens qui se déchirent, et dans cette mesure-là, et de cette façon-là mesure voudra dire apaisement. Deuxièmement, la monnaie va permettre, par le système des impôts et de la redistribution d'argent, d'éviter qu'il y ait des gens trop riches et des gens qui soient trop pauvres, c'est-à-dire que la monnaie est mesure dans un second sens : elle établit des limites, elle établit des bornes, elle empêche ce que les Grecs appelaient la *pleonexia*, l'excès, l'excès de richesse et par conséquent l'excès de pauvreté. « Ni trop, ni trop peu », disait Solon, ce qui n'est point du tout, comme on le croit, un précepte philosophique, c'est un précepte économique lié à la fondation de la monnaie. La monnaie, c'est ce qui permet qu'il n'y ait pas des gens qui en aient de trop et des gens qui en aient trop peu. Troisièmement, la monnaie est mesure puisque la monnaie permet à chacun de payer ses dettes, de les payer sans intérêt exagéré, d'acheter des choses au juste prix, de vendre des choses à leur juste prix, c'est-à-dire que la monnaie, c'est donc ce qui va faire régner dans les choses à la fois l'exactitude de la mesure et la rigueur de l'échange.

La monnaie, c'est donc [premièrement] la mesure qui va donner à la cité l'ordre de la justice et la faire fonctionner comme il faut, selon sa norme, selon son idéal, qui va la faire fonctionner en vérité, comme elle doit fonctionner. Le fonctionnement juste de la cité révélera ce qu'est la cité dans sa vérité, et c'est cela que la monnaie permet. Deuxièmement, la monnaie permet aux hommes de n'être ni trop pauvres ni trop riches, elle les maintient dans une mesure, dans un élément médian, entre des limites où ils vont pouvoir mener une existence juste selon leur vérité d'être humain. Troisièmement, la monnaie va permettre d'échanger les choses selon leur vraie mesure, c'est-à-dire faire des échanges justes selon la vérité de la valeur des choses. Et vous voyez comment cet instrument d'une opération politique et religieuse à la fois a pu effectivement instaurer, inscrire à l'intérieur même de la pratique et de la vie des Grecs ces

a. Enregistrement : « d'une part ».

deux éléments, ces deux fonctions que sont la justice et la vérité. La justice et la vérité comme norme de l'existence et de la pratique des Grecs, c'est la monnaie qui leur en a offert le modèle et qui leur en a imposé la règle. Si les Grecs se sont effectivement liés à des règles qu'ils vont estimer comme des règles justes, s'ils se sont soumis à ce joug qui est celui de la vérité, c'est au moins en partie, et pour une part parce qu'ils se sont soumis ou parce qu'ils ont été soumis à la monnaie. La monnaie en fait historiquement, [d'une part] ça a été une certaine redistribution de pouvoir, mais redistribution du pouvoir qui a maintenu la même oppression de classe. Et la monnaie, d'autre part, c'est ce qui a fait apparaître la vérité et la justice comme ce qui doit être observé par les hommes et ce qui doit être connu par les hommes. Le monde de la vérité et de la justice comme monde du savoir, ou plutôt le savoir comme vérité et justice s'imposant aux hommes et s'offrant à eux comme devant être connu, comme devant être à la fois connu et mis en pratique, c'est de ce prix-là, du prix de cette étrange invention ou plutôt du prix de cette étrange illusion que les hommes, que le peuple, le *demos* grec a payé l'invention de la monnaie grâce à laquelle l'aristocratie a pu maintenir son pouvoir. Voilà.

Si vous avez des questions à poser…

— *Ce que vous avez dit me paraît trop compliqué et trop subversif.*

— C'est trop compliqué, c'est trop subversif. Il ne faut pas exagérer !

— *La circulation de la monnaie a aussi amené le crime. Est-ce que le côté religieux attaché à la monnaie a eu un effet de prévention ?*

— Le fait que les fabricants de fausse monnaie aient été considérés comme des sacrilèges prouvait qu'on fabriquait de la fausse monnaie. C'est un sacré crime. J'essaierai de l'expliquer les fois prochaines à propos du pur et de l'impur, cette mutation dont je parle pour le [VIIe et le VIe] siècle a été accompagnée d'une mutation importante dans le jeu, dans tout le système du pur, de l'impur, de la faute, du crime, etc.

— *Vous avez parlé d'un rapport entre l'origine de la monnaie et le sacrifice. Il était en effet possible de substituer à un sacrifice aux dieux un autre sacrifice. Peut-on parler d'équivalence dans le cas du sacrifice comme dans celui de la monnaie ?*

— Quand j'ai rattaché la monnaie à ces substitutions sacrificielles, justement les substitutions sacrificielles, ce n'est pas un jeu d'équivalent. Autrement dit, si j'ai compris votre question, mais je l'ai peut-être mal comprise, j'ai cru que vous me demandiez ceci : mais au fond la monnaie, comme le sacrifice, elle entre dans la catégorie générale de l'équivalent, qui elle-même se réfère d'une manière ou d'une... Alors je vous dirai : mais non, la substitution sacrificielle, ce n'est pas l'équivalent, parce que justement, quand on donne par exemple un trépied plutôt que cent bœufs à un dieu, on sait parfaitement qu'on y gagne et on sait parfaitement que ce n'est pas du tout équivalent. C'est-à-dire que la substitution sacrificielle se fait dans la non-équivalence. Si c'était équivalent, on ne ferait pas la substitution, on le fait pour tromper les dieux, c'est-à-dire que c'est dans l'ordre de la tromperie et de l'illusion. Et là, alors, tout comme le sacrifice, ou ces substitutions sacrificielles, plutôt, sont de l'ordre de la tromperie, de la ruse, etc., on peut dire que la monnaie, l'invention de la monnaie par Kupselos a été une gigantesque tromperie. Là aussi Nietzsche a raison quand il dit : la vérité, la naissance de la vérité [est] l'instant du premier mensonge, du plus grand mensonge[10]. Ça a finalement un sens historique très précis : c'est de la ruse, c'est de la tromperie, donc ce n'est pas la catégorie générale de l'équivalent qui est mise en jeu dans la substitution sacrificielle, c'est la catégorie de la tromperie, qui n'est que l'autre aspect du commerce.

— *Avez-vous une idée de la raison pour laquelle, à l'époque homérique, on utilisait toujours les chiffres neuf, douze et cent dans les calculs d'équivalence ?*

— Non, je ne sais pas. Il faudrait voir... Vous savez, alors le problème de l'efficacité magique ou de la signification religieuse des nombres... Il a dû y avoir des études, sans doute, là-dessus, non ? Je ne dis pas sur ces trois nombres-là, mais en général.

— *La symbolique des nombres, c'est très pratiqué en France en tout cas.*

— Oui, mais ça partout.

— *Mais pour des chiffres comme cela ?*

— Vous savez, il y a beaucoup de gens qui n'ont que cinq doigts dans la main. Quel drôle de rituel !

— *Il me semble que la naissance de la monnaie est liée à celle de l'État. Mais peut-on parler d'État à propos de la cité grecque ?*

— J'ai employé le mot « État » pour désigner l'empire ou les empires assyrio-babyloniens ; ce n'est pas très juste. J'ai évité d'employer le mot « État » à propos de la cité grecque. Ce sont en tout cas des formes d'organisation politique qui sont d'un tout autre type que l'organisation du *genos* grec, de cette espèce de famille, de parenté, de parentèle liée à l'exploitation d'un domaine qu'on trouve encore chez Homère. Le roi homérique est essentiellement l'exploitant d'un domaine, qui a autour de lui sa famille, et puis les fermiers, les paysans, les esclaves, etc.

— *[Cette organisation s'est-elle maintenue ?]*[a]

– Je crois que c'est resté très fort pendant très longtemps. Mais je ne peux pas vous dire jusqu'à quel point. Mais en tout cas, en effet, je n'ai pas suffisamment souligné ça, c'est que ce déplacement du pouvoir dont la monnaie a été un des instruments a été corrélatif de la naissance d'une organisation politique qu'on peut dire déjà étatique.

— *La justice avait-elle déjà un rôle monétaire ?*

— Beaucoup moins. Alors ça, je crois que c'est tout de même une des grandes inventions du Moyen Âge, c'est la justice comme fiscalité. La fiscalisation de la justice est un phénomène capital. Alors que la justice était tout de même rendue en Grèce, dans la cité grecque, par le citoyen élu pour cela. Les peines étaient souvent d'amendes, bien

a. Conjecture ; la question est inaudible.

sûr, ou d'exil, mais le montant des amendes était versé en général au temple et, s'il y a eu des phénomènes de corruptions, il n'y a jamais eu institutionnalisation d'une justice rétribuée comme c'était le cas au Moyen Âge. Je ne crois pas que ça ait jamais joué un rôle dans la circulation d'argent, alors qu'au Moyen Âge la justice était, à côté des impôts, la grande forme de circulation d'argent.

— *La monnaie avait aussi une fonction religieuse.*

— Oui, mais ça, sur les fonctions sacrées, religieuses de la monnaie et tous les rituels religieux autour de la monnaie, le problème aussi de prostitution sacrée.

NOTES

1. Foucault étudie l'apparition de la monnaie dans la Grèce antique dans la leçon du 24 février 1971 des *Leçons sur la volonté de savoir*, *op. cit.*, p. 127-139.

2. Hippodamos de Milet (498-408 avant J.-C.) est un architecte, astronome et philosophe grec. Dans la *Politique*, Aristote parle de l'espace urbain « découpé régulièrement, à la manière moderne, celle d'Hippodamos » (*Politique*, VII, 1330 b, *op. cit.*, p. 197-198). Voir à son sujet J.-P. Vernant, « Géométrie et astronomie sphérique dans la première cosmologie grecque », dans *Mythe et pensée chez les Grecs*, Paris, La Découverte, 1996, p. 211-212.

3. Anaximandre de Milet (vers 610-546 avant J.-C.), philosophe présocratique, serait le premier à avoir publié une carte du monde.

4. Il semble que ce soit plutôt au chapitre 3 du livre I du *Capital*. Voir K. Marx, *Le Capital*, Livre I, chap. 3, Paris, Folio-Gallimard, 2012, p. 178-238.

5. Voir notamment É. Will, « De l'aspect éthique des origines grecques de la monnaie », *Revue historique*, octobre-décembre 1954, p. 209-231 ; « Réflexions et hypothèses sur les origines du monnayage », *Revue numismatique*, 5e série, t. XVII, 1955, p. 5-23.

6. Voir les poésies de Solon, dans *Poètes élégiaques de la Grèce archaïque*, trad. fr. Y. Gerhard, Vevey, Éditions de l'Ayre, 2022, p. 42.

7. Voir *supra*, p. 186, note 4.

8. Voir *supra*, p. 150, notes 7 et 8.

9. William Harvey (1578-1657), médecin anglais, auteur de *Exercitatio anatomica de motu cordis et sanguinis in animalibus* (1628). C'est à lui qu'on attribue la découverte de la circulation du sang.

10. Voir *supra*, p. 150, note 9.

SÉANCE V
(28 mars 1972)

Vous vous souvenez, voilà où à peu près on en était. Il s'agissait de savoir comment, en passant du monde babylonien, du système politique et social de l'empire babylonien en Grèce, une certaine forme de savoir qui avait été liée, là-bas, directement à cette forme de pouvoir s'était transformée, inversée, et comment finalement elle avait donné naissance à quelque chose qui est essentiellement défini par le rapport et la domination du couple vérité-justice. Le savoir tel qu'il fonctionnait dans l'empire babylonien était commandé essentiellement par une certaine forme de distribution et de fonctionnement du pouvoir : pouvoir étatique, pouvoir fort, pouvoir monarchique, pouvoir autocratique. C'était en fonction de ce pouvoir, dans l'espace de ce pouvoir que ce système de connaissance fonctionnait. Voilà qu'il est transféré en Grèce et, en Grèce, il s'ouvre, il se met en quelque sorte au milieu de la cité, il devient accessible à tout le monde dans l'élément du *logos*, du discours, de la discussion, dans l'élément de l'écriture aussi, dans l'élément de la pédagogie, etc. Et c'est à partir de cette transformation capitale que va commencer le savoir de type occidental. C'était le problème qui avait été posé. Le premier facteur, le premier opérateur de cette transformation, j'avais essayé de le repérer la dernière fois dans la monnaie et j'avais, si vous vous souvenez, essayé de vous montrer par quel déplacement, par quelle ruse et finalement par quel mensonge le système de la monnaie s'était mis à fonctionner à l'intérieur à la fois d'un rituel religieux et d'une lutte sociale, et par quel leurre la monnaie avait pu arriver à fonctionner comme ou à apparaître comme mesure des choses en leur vérité.

Le second opérateur de cette transformation du savoir babylonien en cette vérité, cette juste vérité du discours grec, c'est la loi. La loi, c'est ce quelque chose que les Grecs appelaient *nomos*. J'avais oublié – et vraiment ce n'est pas par un oubli rhétorique, c'est un oubli réel, et par conséquent bien significatif – j'avais tout à fait oublié de vous dire, mais je crois que le moment est venu maintenant de vous dire comment on dit « monnaie » en grec. « Monnaie », ça se dit *nomisma* [et « loi » en grec se dit *nomos*][a]. C'est un petit peu de ça que je voudrai vous parler donc aujourd'hui[1].

Ce mot de *nomos*, à partir d'une certaine époque en tout cas, disons à partir du IVe siècle, c'est-à-dire après la grande époque de la démocratie athénienne, au moment des philosophes, Platon, Aristote, etc., *nomos* est en général sinon synonyme, du moins très fréquemment rapproché de la notion d'écriture. Le *nomos*, c'est essentiellement, c'est presque toujours, explicitement ou non, la loi écrite des cités par opposition à la loi orale, à la loi non écrite, à la loi traditionnelle ou encore à la loi religieuse, divine, à la loi morale, à la loi également du droit des gens, bref ce qui n'est pas lié à la constitution particulière d'une cité. Dans cette ligne-là on a l'habitude d'interpréter la loi grecque, de définir la spécificité de ce *nomos* grec par son lien à l'écriture. Et c'est à partir du moment où la loi aurait été écrite, où les lois de la cité grecque auraient été écrites que, d'une part, serait apparue cette notion même de *nomos* et que, d'autre part, serait apparue précisément la cité démocratique. En fait je ne pense pas que la notion de loi, la notion de *nomos* soit liée à la notion d'écriture. Et pas plus que la monnaie n'est liée véritablement ou n'est fondée sur la notion de signe, pas plus la loi ne me paraît fondée sur l'écriture. C'est simplement la rétrospection contemporaine qui fait voir l'écriture là où elle n'est pas, tout comme elle fait voir le signe là où il est absent.

Comment est-ce qu'on peut réellement et avec un peu plus de précision définir ce qu'est la loi dans la cité grecque de la fin du VIe et du début du Ve siècle ? Reprenons le mot auquel traditionnellement

a. Conjecture ; passage difficilement audible.

s'oppose *nomos*. Cette loi qui n'est, encore une fois, pas exactement la loi écrite, mais qui est la loi caractéristique de la cité grecque du ve siècle, cette loi, *nomos*, s'oppose à une autre forme de loi que l'on appelle le *thesmos*. Qu'est-ce que veut dire *thesmos*, quand est-ce qu'on le rencontre, qu'est-ce que cela signifie ? *Thesmos*, vous le voyez tout de suite, est rattaché, rattachable à cette notion de *themis* dont on avait parlé, tout à fait en commençant, à propos de la justice quand il s'agissait de ces formes de justice archaïque qui ignoraient encore la *Dikê*, qui ignoraient le *dikaion*. Vous vous souvenez que lorsque Ménélas et Antilokhos avaient fait dans Homère leur fameuse joute, leur fameux combat, lorsqu'ils étaient entrés en rivalité et en procès l'un contre l'autre, Ménélas avait proposé à Antilokhos un serment, lui avait dit : « oseras-tu prêter le serment ? ». Et au moment où il faisait cette proposition, Ménélas avait bien précisé qu'il lui lançait ce défi aux termes de la *themis*. Il disait : c'est *themis*, c'est juste, c'est conforme à la règle, à la loi, c'est *themis* que de te proposer ce serment[2]. À cette vieille *themis* correspond par conséquent le *thesmos*. Le *thesmos*, c'est la loi, c'est la règle, c'est en tout cas la coutume – nous ne savons pas encore – qui est conforme à cette *themis*. Qu'est-ce que c'est que le *thesmos* ? Le terme n'intervient qu'une fois chez Homère, et d'une façon qui est très curieuse, pour désigner très exactement un lit. C'est au moment où Ulysse revient chez lui, retrouve Pénélope, est reconnu par Pénélope, tue les prétendants, ou plutôt tue les prétendants puis est reconnu par Pénélope, et où finalement il se remet en quelque sorte en ménage, il rétablit le droit, son droit familial, il rétablit sa souveraineté sur sa femme, sur ses serviteurs, sur la terre qui est la sienne, il reprend possession de ce qui lui appartient, il remet la main sur ce que déjà Homère appelait *ta onta*, les choses qui existent, c'est-à-dire les siennes, celles qui lui appartiennent ; il remet la main donc sur ce qui existe et lui appartient. Et au milieu de son domaine, au milieu de son palais, ce qu'il remet en place, c'est quoi ? C'est son lit. Le lit matrimonial, le lit qui est le lieu de son union avec Pénélope et la manifestation même de sa souveraineté sur sa femme et ses biens, ce lit est remis en place, et c'est ce lit qui s'appelle *thesmon*. C'est en quelque sorte le lieu fondateur de son domaine, de sa possession et de sa souveraineté. Le *thesmon*, c'est donc cet objet, plus précisément c'est son emplacement, et c'est le rituel par lequel cet objet est mis sur cet emplacement, est ainsi localisé au cœur de la maison. C'est tout cela, ce rituel, cet objet, cette place, et c'est la souveraineté qui se trouve actualisée dans le rituel de cette mise en place, c'est cela qui est défini, désigné du moins, par le *thesmos*[3].

D'une façon plus générale et dans les textes ultérieurs, comment est-ce qu'on peut repérer les différents sens, ou plutôt ce à quoi se rapporte ce *thesmos*, cette chose qui est à la fois réglée et fondatrice ?

Premièrement, le *thesmos*, c'est une habitude, c'est une forme de conduite, c'est plus précisément une règle, un comportement normatif auquel il faut se plier et qui est conservé dans la mémoire. Le *thesmos*, c'est la règle que la mémoire conserve par-devers elle et qu'il faut savoir se rappeler à l'occasion, au moment qu'il faut, quand l'événement ou les circonstances le réclament. Par exemple, lorsque précisément il faut faire quelque chose, lorsqu'une décision doit être prise – et cela, vous le trouvez dans les textes archaïques –, la règle, le *thesmos* veut que le chef réunisse autour de lui son conseil. C'est là quelque chose qui est de l'ordre de la régularité, c'est quelque chose qui est de l'ordre de ce qu'il faut faire au bon moment ; et le bon chef, c'est celui qui répondra à deux critères : le bon chef, c'est premièrement celui qui saura se rappeler la règle au bon moment, c'est-à-dire celui qui saura découvrir le moment où il faut appliquer la règle, et celui, d'autre part, qui saura quelle règle appliquer en ce moment. Autrement dit, les qualités du chef archaïque, ce sont les qualités à la fois de mémoire et de perception de l'occasion : saisir le moment et se rappeler ce qu'il faut faire à ce moment-là, c'est cela qui caractérise le chef et c'est de cette manière-là qu'il actualise sa souveraineté dans la mise en jeu du *thesmos*.

[Deuxièmement,] un autre caractère du *thesmos*, en dehors de ce fait, donc, que c'est la mémoire de la règle mise en jeu au bon moment, c'est que le *thesmos* n'est pas simplement une loi qu'on applique en quelque sorte d'une façon muette. Il ne suffit pas de se rappeler ce qu'il faut faire et de se le rappeler au bon moment. Au moment où on applique le *thesmos*, au moment où on applique cette règle, il faut le rappeler effectivement, réellement, c'est-à-dire le prononcer. Les héros homériques ne manquent jamais, au moment justement où ils appliquent la *themis*, de dire : *themis esti*, je le fais parce que c'est la justice, enfin c'est la règle, c'est comme ça que le veut la tradition, c'est comme ça qu'il faut faire ; et ils énoncent quel est le principe. Autrement dit, le principe n'est jamais quelque chose d'implicite et de muet qui résiderait dans la mémoire, puis se glisserait dans le comportement des hommes sans même qu'ils aient à en prendre tout à fait conscience, sans même qu'ils aient à le prononcer. Le *thesmos* pour entrer en jeu et pour, en quelque sorte, faire que le comportement soit bien réglé et conforme à la règle, doit être actualisé dans l'événement de l'énoncé. Il n'y a pas de *thesmos* sans qu'il y ait un discours qui le manifeste, qui l'énonce, qui l'inscrive en quelque sorte dans la réalité au moment même où on le met en œuvre. Il faut que le *thesmos* soit dit. C'est pourquoi on trouvera ultérieurement assez souvent comme équivalent, ou quasi équivalent du *thesmos* des expressions comme par exemple le *rhêtron*, les *rhêtra*, les choses que l'on dit. C'est effectivement ce qui se prononce, il n'y a pas de *thesmos* muet. Donc le second caractère du *thesmos*, c'est qu'il est toujours lié à l'événement rituel de l'énonciation.

Troisièmement, troisième caractère de cette loi, règle, sous sa forme antique, c'est que le *thesmos*, au fond, n'appartient pas à tout le monde. Autrement dit, tout le monde ne connaît pas les *thesmoi*, tout le monde ne les a pas dans sa mémoire, tout le monde ne peut pas en disposer. En fait, le *thesmos*, cette loi sous cette forme archaïque, est toujours pris dans un système strict d'appartenance et de possession. Dans la société grecque archaïque, la mémoire de ce qu'il faut faire n'est pas à la disposition de tout le monde, ce n'est aucunement une conscience collective du groupe en tant que tel, ce n'est pas non plus une forme de mémoire individuelle, c'est une forme de propriété qui suit les privilèges, les possessions, les richesses et le pouvoir d'une famille, d'un clan, de ce qu'on appelle le *genos*. Et c'est à l'intérieur de ce *genos* que se conservent et se transmettent d'une façon régulière la connaissance et la mémoire de ces règles et de ces *thesmoi*. Ce sont les chefs de clan qui possèdent, pour chacun de leurs clans, les *thesmoi* qui sont propres au clan. D'où deux caractères subalternes, dérivés de ce principe général : c'est que d'une part il y aura autant de *thesmoi* qu'il y aura de clans différents, ou en tout cas rien n'implique que d'un clan à l'autre les *thesmoi* soient les mêmes ; et [d'autre part][a], ces *thesmoi* ne circuleront pas, ne seront pas connus par exemple des autres clans, ils ne seront pas connus non plus des gens du peuple, c'est le chef du *genos* qui les possèdera, les transmettra à qui il voudra, ou plutôt à qui doit hériter de son pouvoir. Et le *thesmos* fait en quelque sorte partie à la fois de la richesse et du pouvoir spécifiques de chaque *genos*. Un *genos* va caractériser sa puissance générale par trois choses : par, [premièrement,] les richesses qu'il possède, [deuxièmement,] le nombre d'hommes sur lequel il exerce sa puissance et, troisièmement, le nombre de *thesmoi*, ou l'efficacité des *thesmoi*, des règles qu'il connaît et qu'il possède, et qu'il possède sous la forme du secret. Et cette possession de règles juridiques, de règles de comportement à la disposition des *genê*, des clans pris individuellement, les uns séparés des autres, cette possession des règles va se poursuivre longtemps dans la cité grecque. On trouvera encore au début de l'âge classique de très curieux personnages qui existent, qui sont signalés au Vᵉ siècle, je crois même encore au début du IVᵉ, et ce sont des gens qu'on appelle les exégètes. Ce sont les premiers interprètes. Or ces interprètes, ces exégètes sont toujours caractérisés dans la littérature grecque comme exégètes de certaines familles. Vous auriez par exemple les exégètes des Eumolpides ou les exégètes des Eupatrides, c'est-à-dire des gens qui ont ceci qu'ils connaissent les règles qui sont la propriété de telle ou telle grande famille ; ils connaissent ces règles, ils connaissent le moment où il faut les appliquer, ils connaissent dans quelles occasions il faut les appliquer, ils connaissent la manière dont il faut les appliquer dans telles et telles occasions, et ils le disent. Et leur fonction à l'intérieur des grandes familles, c'est de constituer en quelque sorte cette mémoire, que les chefs archaïques, selon Homère, possédaient et qui

a. Enregistrement : « deuxièmement ».

maintenant, en quelque sorte, a été fonctionnarisée à l'intérieur des grandes familles ou à côté d'elles dans ce corps de gens, une espèce de fonctionnaires de la mémoire, fonctionnaires de la régularité clanique qui existent ainsi dans les marges des grandes familles et qui sont chargés, qui étaient encore chargés au début du Vᵉ siècle, dans le courant du Vᵉ siècle, de dire quelles étaient les règles à appliquer, du moins pour ces grandes familles.

On peut donc très schématiquement résumer ainsi ce que c'est que ce *thesmos*, que cette vieille loi. Vous voyez que son caractère, le caractère propre de ce *thesmos*, ce n'est pas tellement d'être oral par opposition à l'écrit. Ce qui caractérise essentiellement le *thesmos*, beaucoup plus que son caractère oral, c'est d'être lié à une mémoire, d'être lié d'autre part à la fulguration d'un événement où on doit le manifester d'une façon rituelle et enfin c'est son maintien sous la forme de la propriété, et d'une propriété qui est liée à la fois au pouvoir et à la richesse. Savoir les *thesmoi*, c'est une forme de richesse, c'est une forme de pouvoir. Voilà très schématiquement comment on peut caractériser le fonctionnement de cette vieille loi antique qu'Homère connaissait et dont Hésiode commençait déjà au VIIᵉ siècle à faire la critique quand justement, contre cette vieille *themis* ou contre ces vieux *thesmoi*, il faisait valoir le règne du *dikaion*, de ce qui doit être juste.

Si maintenant on prend la notion de *nomos*, je crois que la notion de *nomos* ne s'identifie pas plus à la loi écrite que le *thesmos* ne peut se définir exactement comme la loi orale. En effet, si on prend, alors, les textes du Vᵉ et du IVᵉ siècle, qu'est-ce qu'on voit ? Le mot *nomos* n'apparaît véritablement dans la littérature grecque qu'à partir du Vᵉ siècle. Il y a un seul texte de Solon où on pensait que le mot *nomos* apparaissait, mais des érudits ont montré que c'était une fausse lecture et qu'il n'y avait pas eu du tout *nomos*, mais tout autre chose – on y reviendra si on a le temps tout à l'heure. Donc *nomos* apparaît au Vᵉ siècle. Et dans quels usages, comment est-ce qu'apparaît ce mot ?

Premièrement, *nomos* est bien entendu assez fréquemment relié à des termes qui désignent l'écriture. On dit souvent *nomos* ou encore loi écrite – *nomos graphomenos* (je suppose[4]). L'intéressant, c'est justement que, quand on veut bien préciser que loi est loi écrite, on l'indique en grec, comme si *nomos* à lui tout seul ne voulait pas dire forcément « loi écrite ». Il n'en reste pas moins que le sens de *nomos* comme loi écrite est tout de même assez clair dans la plupart des textes. On trouve par exemple – et là, je les cite un peu au hasard –, vous trouvez dans *Les Suppliantes* d'Euripide aux vers [399 *sq.*][a] une discussion entre Thésée et un héraut, un ambassadeur de Thèbes ; et Thèbes était aux yeux des Athéniens une ville qui était, qui passait à cette époque-là pour avoir une mauvaise législation. Le héraut de Thèbes arrive donc à Athènes où Thésée est roi et il insulte Thésée, il attaque en tout cas Thésée et le régime athénien en disant : mais à Athènes le pouvoir est à n'importe qui, le pouvoir est à tout le monde, le pouvoir est aux ignorants. Et Thésée répond : pas du tout, il n'est pas aux ignorants ; en fait, dans une ville comme Thèbes, le pouvoir est tout entier entre les mains de quelqu'un, c'est-à-dire qu'il n'y a pas de loi ; là où le pouvoir est entre les mains d'un seul, il n'y a pas de loi, et en revanche, à Athènes où les lois sont écrites, alors les riches et les faibles jouissent d'un droit égal[5]. Curieusement vous voyez, [premièrement,] que Thésée, enfin Euripide, ne fait pas de distinction, il n'oppose pas régime de lois écrites et régime de lois non écrites, il n'oppose pas non plus régime sans lois et régime avec lois, il oppose directement régime sans lois et régime avec lois écrites. Autrement dit, il devrait jouer sur deux oppositions, dire : Thèbes est un pays sans lois, Athènes est un pays avec lois ; ou il devrait dire : Thèbes est un pays sans lois écrites, Athènes est un pays avec lois écrites. Pas du tout, il fait l'opposition : pays sans lois/pays avec lois écrites, comme s'il n'y avait pas d'intermédiaire entre une ville avec *nomos* écrit et une ville qui est soumise à la tyrannie. [Deuxièmement,] il est intéressant aussi de voir que dans ce texte, l'existence de lois, et de lois écrites, a l'air d'impliquer immédiatement quelque chose comme un partage égal entre les uns et les autres, comme si *nomos* impliquait, plus encore que l'écriture, ou avec l'écriture, ou en même temps

a. Enregistrement : « … aux vers 400… – non, je ne sais plus, peu importe, c'est tout à fait au début, je crois –, vous savez, il y a une discussion… ». Le passage indiqué par Foucault se trouve aux vers 399-455.

que l'écriture, impliquait essentiellement quelque chose comme un partage, et un partage égal. Et troisièmement, si on regarde, toujours dans ce texte, entre qui et qui est fait ce partage, on s'aperçoit que l'égal partage qui est assuré par la loi est fait : entre les riches et les pauvres ? Non. Entre les faibles et les forts ? Non. Entre les riches et les faibles, c'est-à-dire que ce partage se fait curieusement et d'une façon très ambiguë au niveau de la richesse et au niveau du pouvoir ; comme si, premièrement, il n'y avait de loi que loi écrite ; comme si, deuxièmement, le principal de la loi, c'était de faire un partage, et un partage égal ; et comme si, troisièmement et enfin, ce partage égal portait d'une manière assez peu différenciée, d'une manière assez confuse aussi bien sur les richesses que sur le pouvoir. Ceci pour situer un petit peu à une époque relativement tardive ce qui était visé par la loi et ce qui était entendu, au fond, quand on parlait de *nomos*.

En fait, d'une manière plus précise maintenant, qu'est-ce que, dans différents textes, on peut voir apparaître à propos de *nomos*, quelles sont les significations qui se signalent ?

Premièrement, je crois qu'on peut dire ceci : le *nomos* est en général loi écrite. L'écriture est en quelque sorte un secours naturel qui est immédiatement porté à *nomos*, à la loi. C'est en tout cas ce que Platon dit au livre X des *Lois* : le plus grand secours pour la loi, c'est d'être confiée, d'être posée dans l'écriture[6]. L'écriture est le complément quasi nécessaire du *nomos*.

Deuxièmement, le *nomos* peut cependant – et là, c'est un usage que l'on trouve assez fréquemment dans les textes grecs du ve siècle –, *nomos* désigne assez couramment, non pas une loi écrite et secourue par l'écriture, mais aussi un usage reçu et admis par tout le monde. Par exemple, Hérodote parle du *nomos* des Scythes, en quelque sorte de leur manière d'être, de leur manière de vivre, de leur manière de se comporter, leur manière d'être ensemble, et justement ce *nomos* des Scythes n'est pas écrit, c'est simplement un ensemble de règles qui se transmet[7]. D'une façon plus précise aussi, on parle, les Grecs eux-mêmes parlent à propos de Sparte du *nomos* de Sparte et on fait valoir, toujours à titre d'éloge à propos de Sparte, que ces lois, le *nomos* de Sparte n'est pas écrit mais au contraire il est pour l'essentiel au moins, pour ce qu'il y a de plus valeureux dans ce système, ce sont essentiellement des habitudes qui sont transmises par l'éducation, par l'exemple, par des conseils, c'est la vertu, c'est l'honneur, c'est la fierté des hommes les uns à l'égard des autres, c'est tout [cela], ainsi transmis, ainsi diffusé par l'éducation, par l'exemple, c'est cela qui constitue le *nomos*. Donc vous avez un pôle qui rapproche le *nomos* de l'écriture ; et puis il y a un autre pôle où, au contraire, *nomos* apparaît tout à fait distinct de l'écriture et où *nomos* apparaît comme habitude, habitude transmise, habitude qui relève non plus de l'écriture, mais de la *paideia*, de l'éducation, de la formation. Et là vous voyez comment [le] *nomos* s'oppose assez profondément au *thesmos*, à ce *thesmos* qui a été en quelque sorte imposé, et imposé au chef du clan par celui qui l'a précédé. Là, dans le cas du *nomos*, c'est la *paideia* qui l'a diffusé à tout le monde.

Troisième pôle que l'on peut repérer à propos du *nomos*, c'est que le *nomos* est également dans le vocabulaire du Ve siècle une loi, certes, qui peut être écrite, mais qui a toujours la possibilité d'être changée, et d'être changée par la volonté de tous après une discussion qui a eu lieu avec tout le monde et lorsque quelqu'un, celui qui a voulu changer la loi, en a convaincu la cité tout entière. C'est-à-dire que le *nomos* est dans ce sens-là toujours accessible à la discussion, à la délibération, à la décision, au vote, bref, au discours en général. Et là, il s'oppose d'une manière très précise au *thesmos*. Dans le vocabulaire politique du Ve et même encore du IVe siècle, on opposait très régulièrement les *thesmoi* de la cité, c'est-à-dire ces vieux règlements auxquels il n'était en aucun cas possible de toucher parce qu'ils étaient d'origine divine et traditionnelle, ils étaient en quelque sorte les soubassements de la cité, et puis les *nomoi*, tout à fait respectables sans doute, mais auxquels il était toujours possible d'apporter des modifications pourvu que la cité tout entière, en tout cas que l'assemblée des citoyens en soit d'accord. On a donc à ce moment-là une nouvelle polarité où le *nomos* ne se rapproche plus tellement de l'écriture ni de la *paideia*, le *nomos* appartient alors à la sphère du *logos*, de la discussion, du discours et de ce qui peut être changé lorsque, d'une opinion commune, on a estimé que les choses étaient mieux autrement et que la justice était ailleurs.

Enfin quatrième pôle du mot *nomos*, c'est ceci que vous trouvez alors dans le vocabulaire, j'allais dire scientifique, disons dans le vocabulaire médical souvent, ou avec un sens, avec des sens assez proches du sens médical, où *nomos* veut dire en quelque sorte régime, régime naturel, quelque chose qui serait, à la limite de l'habitude et de la nature, une sorte d'usage, mais d'usage qui aurait cette propriété de n'être pas un usage violent, de ne pas écarter les êtres de leur nature véritable. Le *nomos* pris en ce sens-là, c'est en quelque sorte le régime naturel auquel il faut se soumettre si l'on veut précisément accomplir sa nature. C'est ainsi que, dans Pindare, il y a l'éloge de quelqu'un qui était un propriétaire et éleveur de chevaux et qui s'appelait Xénocrate d'Acragas – mais enfin ça n'a pas une importance essentielle. Il était donc loué par Pindare, ce Xénocrate d'Acragas, parce qu'il élevait les chevaux, il les élevait particulièrement, et les chevaux gagnaient les courses, ils étaient plus vigoureux et plus forts que tout le monde. Et comment est-ce qu'il les élevait ? Il les élevait selon le *nomos*[8]. Et *nomos* veut dire ici à la fois la coutume selon laquelle on élève les chevaux traditionnellement, bien sûr, mais une coutume plus perfectionnée, parce qu'en quelque sorte elle fait mieux ressortir, elle développe mieux la vigueur naturelle des chevaux, elle est plus proche de ce que doit être un bon cheval pour pouvoir l'emporter sur les autres. Ici, vous voyez, *nomos*, c'est à la fois la coutume reçue et transmise de génération en génération parmi les éleveurs de chevaux, mais c'est une coutume ici perfectionnée par Xénocrate qui se rapproche au plus près de la nature, j'allais dire de la vérité du cheval. De la même façon, toujours chez Pindare, il est question en un autre texte de Chiron qui a enseigné à Jason la bonne manière de se servir des drogues, de se servir des médicaments, et il lui a appris à s'en servir, de ces médicaments qui sont d'ailleurs en même temps des poisons, selon la loi, comme le veut la loi, *nomos*[9]. Et là encore, *nomos* se réfère à quoi ? À la fois à la nature de la maladie, à la nature du corps, à la nature du poison, et c'est ce *nomos* quasi naturel qui est visé. Encore un autre texte, c'est dans Hippocrate cette fois, enfin c'est un texte attribué à Hippocrate : c'est le texte qui s'appelle *De l'air, des eaux et des tempéraments*, où Hippocrate dit qu'il y a des lois, des *nomoi*, qui rendent endurant et courageux là où la nature rendrait lâche. Il veut dire ceci : c'est qu'il y a des climats qui sont tels que les hommes, dans ces climats-là, au lieu d'être forts et courageux comme ils devraient l'être, sont au contraire mous, avachis, livrés au plaisir, etc. Alors là, le climat, la nature trahit la nature de l'homme et le pervertit et en fait ce qu'il ne devrait pas être, ce qu'il n'est pas conforme à sa nature qu'il soit. Alors dans ce cas-là, il peut se produire qu'il y ait dans les cités, dans les villes des lois, *nomoi*, qui sont telles que l'effet, le mauvais effet, l'effet perturbant, déviant, avachissant, avilissant du climat se trouve corrigé, et la loi rend les hommes forts, vigoureux, virils et endurants comme ils auraient toujours dû l'être [10]. Vous voyez que là, entre le climat et le *nomos*, vous avez un jeu très curieux : le climat perturbe la nature de l'homme, l'oblitère, la cache, et puis c'est le *nomos* qui restitue la nature. Et vous voyez là, à nouveau, toute une sorte de nuage, de nébuleuse de sens du mot *nomos* où *nomos*, c'est en effet une règle, une habitude, une sorte de formation imposée par l'homme aux chevaux ou par la cité aux citoyens, mais ce *nomos* a cette propriété – c'est pour ça qu'il s'appelle *nomos* – d'être le plus conforme possible à la nature.

Si maintenant on reprend ces différents sens que l'on relève donc dans les textes du début du Vᵉ siècle, [de la] première moitié du Vᵉ siècle, vous voyez qu'en gros on peut distinguer quatre régions de signification. L'une où *nomos* se rapproche de l'écriture, de la *graphê*. Deuxièmement, une autre région où *nomos* se rapproche de *paideia*, d'éducation, transmission d'homme à homme. Troisième région de sens, où le *nomos* apparaît comme ce qui a été décidé par les hommes et qui relève par conséquent de la discussion, de la délibération et du *logos*. Et enfin une région où *nomos* se rapproche de ce qui est la nature, de ce qui est la *phusis*. Je n'aime pas beaucoup la structure, vous le savez, mais [je vais] tout de même [dessiner] un petit quelque chose, juste pour simplifier : vous avez l'écriture, vous avez la *paideia*, vous avez le *logos* aussi [...][a], et puis l'autre, c'est la nature, *phusis*. Vous voyez comment ces différents éléments s'opposent effectivement les uns aux autres : l'écriture et la discussion orale, la *paideia* et la nature[11]. Or le problème, c'est de savoir comment cet ensemble de significations va tenir ensemble, peut tenir ensemble. Qu'est-ce que devait donc être dans la pratique réelle le *nomos* grec, pour qu'il puisse ainsi couvrir un champ significatif aussi large – être à la fois ce qu'on discute, ce qui est écrit, ce qui est transmis par la pédagogie et ce qui est conforme à la nature ? Je ne dis pas la solution du problème, mais en tout cas ce qui pourrait sans doute nous approcher du problème, c'est ceci : c'est que très vite, et dès la seconde moitié du Ve siècle, ces différents éléments que l'on voit dans les premières années, la première moitié du Ve siècle, ces différents éléments significatifs, qui semblent former à ce moment-là un ensemble relativement cohérent, ces différentes polarités se dispersent et en quelque sorte le champ sémantique unitaire du *nomos* commence à se désarticuler et jusqu'à un certain point à s'effondrer. Lisez par exemple, dès le début de la seconde moitié du Ve siècle, ce que disent les sophistes et ce qu'enseignent les sophistes, qui ne vont pas cesser d'insister sur l'opposition entre la *paideia* et la nature. La *paideia*, la pédagogie, c'est ce qui va rendre les hommes différents de ce qu'ils sont. La *paideia* va rendre les plus faibles les plus forts, elle va faire en sorte – et c'est cela que vise l'enseignement des sophistes –, elle va permettre à celui qui est le plus faible d'apparaître dans la cité comme le plus fort, elle va lui permettre de l'emporter dans toutes les discussions, elle va lui permettre par conséquent de remporter le pouvoir quand bien même il n'a pas la vertu pour exercer effectivement ce pouvoir. L'art des sophistes – et c'est pour ça qu'il se vend, et c'est comme ça qu'il fonctionne, c'est en tout cas comme ça que, selon Platon, les sophistes se présentent –, les sophistes, ce sont ceux précisément dont la pédagogie va pouvoir bouleverser les rapports de nature. C'est également dans cette seconde moitié du Ve siècle que vous voyez attaquée de partout, enfin soulignée

a. Quelques mots inaudibles.

de partout l'opposition entre loi écrite et loi non écrite. C'est bien entendu chez Sophocle[12], c'est également chez Socrate, et sans cesse on va opposer, dans la seconde moitié du Ve siècle, aux lois écrites de la cité, qui sont les plus relatives, qui sont décidées ou par quelques-uns ou même par le plus grand nombre, on va opposer des lois plus importantes, plus sacrées, celles qui ne font pas partie, en quelque sorte, de la constitution politique de la cité, celles qui ont été imposées par les dieux et que les hommes se transmettent directement les uns aux autres. Ce sont ces fameuses lois non écrites plus sacrées que les autres.

Donc tout ce petit ensemble, qui était vraisemblablement équilibré dans la première moitié du Ve siècle, au moment de la fondation de la démocratie grecque, de la démocratie athénienne, est en train de s'effondrer et de se dissocier. Il s'effondre et se dissocie, et vous savez comment finalement il a été rattrapé, cet ensemble, comment il a été à la fois rattrapé, déplacé, etc. C'est par l'introduction d'un cinquième élément qui va permettre de réarticuler, qui permet dès la seconde moitié du Ve siècle de réarticuler l'un sur l'autre la parole et l'écrit, la pédagogie et la nature ; ce cinquième élément qui tourne au-dessus des quatre premiers ou qui vient se placer au centre de ces quatre premiers et pour assurer leur rééquilibre, c'est un élément duel, c'est un élément en forme de couple, c'est l'être et la vérité. C'est-à-dire que l'être et la vérité vont, dans la pensée et le discours grecs, jouer le rôle d'articulation que la critique sophistique et que toute l'inquiétude de la démocratie athénienne déjà en crise avaient ébranlée. Quand est-ce que le *logos*, ce qui s'énonce, pourra effectivement rejoindre l'être de la nature ? Quand est-ce qu'il pourra révéler ce qu'est la *phusis* ? Lorsqu'il dira la vérité. Quand est-ce que les mots emporteront avec eux quelque chose qui est de l'être ? C'est lorsqu'ils diront la vérité. Autrement dit, tout cet ensemble qui est en train de se disperser au Ve siècle, la philosophie, pour lui rétablir son équilibre, inventera, énoncera, formulera l'être et la vérité comme loi de communication du *logos* avec la nature, de la nature avec la *paideia*, de la *paideia* avec l'écriture. Et dans quelque sens que l'on prenne cette figure et quelques soient les parcours que l'on veuille opérer en elle, de toute façon il faudra passer par l'être et la vérité. Quand est-ce que le *logos*, qui n'est après tout que discours, que vent, que bruit, que son passager, quand est-ce qu'il pourra acquérir, qu'il aura le droit d'acquérir, par exemple, le poids de l'écriture ? Quand est-ce qu'il pourra être inscrit et apparaître comme *ktêma eis aei*, comme acquisition pour toujours ? Lorsque ce *logos* ne dira pas simplement le vent, l'illusion, l'impression, lorsqu'il ne sera pas simplement un bruit, mais lorsqu'il aura dit l'être, et lorsqu'il aura dit l'être dans la vérité. Quand est-ce que la *paideia* ne sera pas violence, violence passagère surimprimée à l'esprit de l'homme ? Quand est-ce que la *paideia* viendra s'articuler sur la nature ? Lorsque la *paideia*, lorsque la pédagogie consistera à apprendre aux hommes ce qu'est la vérité et ce qu'est l'être. Autrement dit, partout, dans tous les sens, c'est toujours l'être et la vérité qui vont, à partir du milieu du Ve siècle, jouer dans la pensée grecque le rôle de l'élément de communication, l'élément de cohérence de cette figure à quatre termes qui était apparue au début du Ve siècle et que la critique sophistique, mais d'une façon plus générale la crise de la société athénienne, de la cité athénienne, avait dispersée dès le milieu du Ve siècle. En tout cas, c'est à partir du moment où il a été nécessaire d'introduire la vérité et l'être pour rattraper l'ensemble de ces quatre éléments constituant le champ du *nomos*, c'est à partir de ce moment-là qu'est né quelque chose comme la philosophie. Il a fallu le discours philosophique comme discours de vérité, comme discours de l'être, pour que ce *nomos* puisse tenir, c'est-à-dire qu'il a fallu inventer en marge même de la cité, à la fois au-dessus et à côté d'elle, cette très curieuse espèce, non seulement d'individus, mais de discours qui ne sont plus le discours du pouvoir et qui ne sont plus les individus qui détiennent le pouvoir, mais un discours d'à côté, un discours qui dit le vrai, un discours qui manifeste l'être et qui, dans sa position marginale par rapport à la cité, fait tenir malgré tout la loi de la cité, c'est-à-dire l'existence de la cité elle-même dans sa cohésion. Pour que la cité puisse continuer à fonctionner dans son *nomos*, il faut qu'il y ait quelque chose comme un discours de vérité, comme un discours de savoir, et ce discours de vérité ou de savoir, c'est le philosophe au sens large, c'est le discours de l'homme qui sait qui en assure l'existence et la permanence. Voilà comment, très schématiquement, les choses se passent après coup. Mais ceci ne nous dit pas comment et pourquoi, comment s'est établi ce domaine à quatre termes que la crise du milieu du ve siècle commence à disperser et qui ne peut être rattrapé que par la constitution de ce discours marginal, de ce discours d'à côté, de ce discours dans les marges du pouvoir qu'est le discours du savant et du philosophe. Comment ce domaine à quatre termes s'est-il constitué dans la transformation ou dans la formation de la cité grecque à la fin du VIe siècle, au début du ve ? C'est ce problème-là que je voudrais maintenant examiner.

Alors, le problème, c'est comment s'est donc constituée cette notion de *nomos*, comment est-ce qu'elle a pu ainsi se lier avec l'idée d'une loi écrite, avec l'idée d'une sorte de conformité à la nature, de possibilité de changement par le *logos* – et puis quel était le quatrième ? – et comment est-ce qu'elle peut être liée à une pratique de la pédagogie ? Alors reprenons ce mot de *nomos*. Et il faut remarquer une chose, c'est que chez les écrivains, historiens ou juristes, orateurs politiques du IVe siècle, on trouve souvent le *nomos*, le terme de *nomos* utilisé pour désigner la législation de Solon. Or il se trouve que Solon a utilisé pour désigner lui-même les mesures qu'il avait prises le terme d'*eunomia* qui, au premier regard, est bien facilement reliable à *nomos*, Solon, vous le savez, qui n'avait pas voulu être tyran à Athènes, mais qui, se tenant, comme il le dit lui-même dans un de ses poèmes, comme un bouclier entre les deux adversaires, entre les riches et les pauvres [13], avait établi un certain nombre de lois fondamentales, qui ont été par la suite assez considérablement modifiées, mais qui continuaient à constituer en quelque sorte la référence constitutionnelle la plus sacrée, la plus constante au ve et au IVe siècle. Donc Solon, pour désigner lui-même ce qu'il avait fait, les lois qu'il avait imposées aux Athéniens, parle d'*eunomia*. Il avait, il a, dit-il, établi à Athènes l'*eunomia*, et on a évidemment l'impression au premier regard qu'*eunomia* veut dire la bonne législation opposée à la *dusnomia* qui serait la mauvaise législation. Or le curieux de cette affaire, c'est que le mot *nomos* n'intervient jamais dans les textes grecs au cours du VIe siècle. On ne le voit guère apparaître qu'au début du Ve siècle, donc nettement après Solon ; et il n'y avait qu'un texte de Solon où on avait l'impression qu'il y avait *nomos*, mais je vous ai dit que c'était une erreur de lecture. En fait, maintenant les choses semblent être à peu près établies : le terme d'*eunomia*, aussi curieux que ça puisse paraître, précède le mot de *nomos* ; et par conséquent, cette *eunomia* que Solon prétend avoir établie à Athènes ne peut en aucun cas vouloir dire quelque chose comme bonne législation. Que veut dire en fait *eunomia* ? Et surtout, comment de ce mot, de ce terme d'*eunomia* a pu sortir finalement quelque chose comme le *nomos* à titre de loi, et de loi statutaire ? Il faut rattacher très manifestement *eunomia* à la racine *nem* qui a été étudiée en grec et dans les différentes langues indo-européennes et que vous retrouvez avec constamment le sens de la distribution. L'*eunomia*, rattachée ainsi à la racine *nem*, désigne vraisemblablement quelque chose comme la bonne distribution, la bonne attribution, disons plus exactement ce qui empêche qu'il y ait quelque chose en excès d'un côté ou de l'autre. Et la première fois où justement on voit apparaître dans les textes grecs le terme *eunomia*, c'est en liaison, c'est en opposition avec *hubris*, cette fameuse démesure, cette fameuse exagération, cette fameuse violence, qui fait que l'un a plus de pouvoir que l'autre, ou veut l'emporter sur l'autre, ou veut acquérir plus de richesse que l'autre. L'*hubris* est tout ce qui introduit le déséquilibre et ce qui manifeste le déséquilibre, en face de l'*eunomia* qui est au contraire l'ensemble des conduites ou l'ensemble des règles par lesquelles on peut maintenir quelque chose comme l'équilibre, c'est-à-dire comme la juste distribution des choses entre elles. Un traducteur de langue anglaise traduit obstinément *eunomia* par *law and order*. C'est peut-être un petit peu trop vite rattacher le gouverneur Wallace[14] ou l'administration Nixon[15] à Solon. *Law and order* n'est peut-être pas tout à fait la bonne traduction dans la mesure même ou *law*, la loi, la légalité, la conformité à la loi, n'est manifestement pas présente dans [la notion d'*eunomia*][a]. C'est d'ailleurs un traducteur anglais, par-dessus le

a. Conjecture ; Foucault ne termine pas la phrase.

marché, c'est Martin Ostwald[16]. Il traduit par *law and order* et ça ne correspond sans doute pas véritablement à ce qu'est *eunomia*. *Order*, mais au sens où les choses sont ordonnées, c'est-à-dire où les choses sont attribuées comme il faut, à qui il faut et dans l'ordre qu'il faut, dans la succession, dans le rythme et dans la circularité qu'il faut, c'est cela l'ordre en ce sens qui traduit vraisemblablement beaucoup mieux *eunomia*. Vous trouvez en effet ce terme d'*eunomia* alors présent chez Hésiode et dans la *Théogonie*. Et dans la *Théogonie* d'Hésiode, il est caractéristique qu'*Eunomia* apparaît comme une divinité, qui est la sœur de *Eirênê* et de *Dikê*, c'est-à-dire de ce qu'on peut, en gros, traduire par la Paix et la Justice[17]. C'est-à-dire qu'il y aurait donc trois éléments qui sont corrélatifs, liés ensemble, qui appartiennent à la même génération. L'*eunomia*, c'est la juste distribution, qui est liée à la *dikê* et par conséquent au *dikaion*, à la justice, à cette justice – vous [le] savez, on l'a vu – qu'Hésiode entend comme précisément le savoir, la régularité avec laquelle les dettes sont payées, les semailles sont faites, les récoltes sont ramassées, et par conséquent l'exactitude avec laquelle les rythmes de la nature, des choses et des richesses sont observés. Donc *eunomia*, c'est la juste distribution qui est liée à la *dikê*. Si on observe en effet les rythmes comme il faut, si on paie ses dettes à temps, si on fait la récolte quand il faut, à ce moment-là, les partages tomberont comme il faut et chacun aura la part qui lui revient. Et dans cette mesure – c'est là le troisième élément –, il n'y aura pas de conflit et d'opposition entre les hommes, la paix règnera. *Dikê*, *Eunomia*, *Eirênê*, ce sont les trois sœurs dans cette *Théogonie* où elles apparaissent comme les filles de *Hôrai*, c'est-à-dire les Heures, d'une façon plus générale les saisons, d'une façon plus générale encore le rythme du temps. C'est par conséquent lorsque l'on saura observer le rythme du temps, observer au double sens de le connaître et de le respecter, c'est à ce moment-là que régneront sur la terre la justice, la bonne distribution et *Eirênê*, la Paix. L'*eunomia* que chante Hésiode, c'est donc une *eunomia* qui n'est pas la bonne constitution, la bonne législation, ce n'est pas l'ensemble des lois justes et reconnues, c'est la juste répartition des biens, c'est la bonne distribution des richesses, c'est le bon équilibre dans le cycle de ces fameux *ta onta*, de ces choses qui existent et qui, à l'époque où nous nous plaçons, au VIe siècle, ne désignent encore une fois pas du tout les choses en général, pas les étants, pas ce qui relève de l'être : *ta onta*, c'est ce qu'on peut posséder, c'est ce qui peut appartenir à tel ou tel, c'est ce qui existe sous sa possession et sous sa souveraineté.

Cette *Eunomia* qui est ainsi caractérisée par Hésiode dans sa *Théogonie* comme fille des Heures et sœur de la Paix et de la Justice, c'est cette *eunomia* par laquelle Solon désigne son œuvre propre. Son œuvre propre à lui, Solon, ça a été d'établir justement l'*eunomia*, la juste distribution à Athènes et ceci avant que tout *nomos* existe. Et pour les Grecs de l'époque de Solon, les lois qu'il a imposées, ce n'était pas des *nomoi*, c'était ce qu'ils appelaient encore, à travers toute une série de dérivations de sens, des *thesmoi*. Ces lois, cette législation de Solon qu'il caractérise lui-même comme *eunomia*, en quoi est-ce qu'elle consistait ? Pour la caractériser, il faut d'abord l'opposer à ce que Solon voulait précisément chasser. Ce qu'il voulait chasser d'Athènes en imposant l'*eunomia*, c'était la *dusnomia*. Cette *dusnomia*, il la caractérise dans la seconde de ses *Élégies* de la manière suivante ; il disait : avant que je sois là ne régnait à Athènes que cette *dusnomia*, c'est-à-dire que, d'une part les pauvres étaient envoyés en esclavage, et on les envoyait en esclavage à cause des dettes qu'ils faisaient ; incapables qu'ils étaient de payer ce qu'ils devaient, on les prenait comme esclaves, on les réduisait en esclavage, ou encore ils étaient chassés de la part qu'ils possédaient ; et d'autre part, toujours, c'était la *dusnomia*, c'était ce mauvais équilibre, cette mauvaise distribution [qui] faisait que les possédants, de leur côté, les riches, étaient sans cesse pourchassés par la violence, et ils étaient pourchassés par la violence jusqu'au cœur de leurs maisons. La mal, dit Solon, sautait par-dessus les barrières et les murs, et il atteignait le foyer, il atteignait même ce lieu qui est le plus sacré, le cœur de la famille, le cœur de la propriété, le cœur de la maison, le foyer même du manoir. La *dusnomia*, vous le voyez, c'est donc très clairement le double mouvement par lequel les pauvres sont chassés, les pauvres sont expulsés, sont privés de la part qui leur revient, et d'un autre côté, en face de cela, les riches se voient attaqués jusque dans la part qu'ils possèdent, jusque dans leurs propriétés, jusque dans ce qui leur appartient en propre, jusque dans leurs domaines. La *dusnomia*, c'est très manifestement dans le texte de Solon le bouleversement violent des parts, le bouleversement de ce qui appartient à chacun, soit par l'invasion des plus riches, soit par l'expulsion des plus pauvres. L'*eunomia*, c'est le remède à la *dusnomia*, c'est le contraire de la *dusnomia*, c'est la rééquilibration des parts, de ce qui revient à chacun [18].

Et là, il faut voir ce que, historiquement, a fait Solon. Vous savez – alors là, je résume très schématiquement – que l'œuvre de Solon a pris deux aspects : un aspect économique et un aspect plus proprement politique. L'aspect économique, il est très intéressant, il est tout à fait différent de ce qu'on a vu opérer à Corinthe par Kupselos, ce fameux Kupselos, qui avait introduit la monnaie à Corinthe, l'avait introduite après avoir fait un certain partage, une certaine redistribution des terres, sinon une redistribution absolument égalitaire, du moins une redistribution qui mordait assez largement sur les grandes propriétés foncières tenues par l'aristocratie. Kupselos avait donc fait cela, redistribué les terres, mais il avait maintenu le système des dettes, et c'était précisément pour que le système des dettes s'intègre à cette nouvelle distribution économique qu'il avait introduit l'institution de la monnaie [19]. Solon, lui, prend une mesure tout à fait différente. Il ne confisque pratiquement aucune terre, il le dit d'ailleurs très clairement : « Je ne suis pas comme ce tyran que vous connaissez bien, et qui distribue les terres » [20], je pourrais le faire, mais je ne le fais pas. En fait, il n'a pas distribué les terres, il a au contraire, à la différence de Kupselos, éteint les dettes ou supprimé, en tout cas, ces hypothèques qui pesaient sur les terres, vous savez, et qui faisaient que, lorsqu'un paysan était endetté, il était obligé de verser un sixième de sa récolte à quelqu'un auprès de qui il était endetté et qui se trouvait ainsi comme le quasi-propriétaire de la terre. Ce système de la dette et de l'hypothèque sur la terre, c'est cela que Solon supprime. Il est vraisemblable que grâce à cela, à cette libération des terres, il a aussi fait un certain nombre de redistributions et de réattributions, mais cette redistribution réelle des terres a sans doute été une part très infime dans la réforme qu'il a faite. En revanche, pour soulager les paysans, ce qu'il a fait, ça a été de développer surtout le commerce et l'artisanat. Il a développé le commerce, ce qui d'ailleurs était surtout favorable aux grands propriétaires d'oliviers, mais il a développé l'artisanat, comme d'ailleurs l'avait fait Kupselos, il a fait fabriquer des céramiques pour l'exportation, et cela a permis à un certain nombre de paysans pauvres, dont le lopin de terre était trop petit et qui n'avaient bénéficié d'aucune redistribution, de s'installer en ville ou dans la périphérie des villes, enfin d'Athènes, et de vivre malgré la non-redistribution des terres.

Alors qu'est-ce que Solon veut dire lorsqu'il dit qu'il a pratiqué, qu'il a mis en place l'*eunomia*, alors que toute sa réforme économique a consisté à supprimer des dettes, à développer l'artisanat, et [que] la redistribution des terres n'a été que très marginale ? Qu'est-ce qu'il a donc distribué, Solon, pour pouvoir dire qu'il a fait une *eunomia*, une juste distribution, une juste réattribution, une juste attribution des parts ? Ce qu'il a distribué, c'est tout autre chose. Il a distribué ce que Kupselos à Corinthe s'était bien gardé de distribuer, il a distribué, il a réparti ce que Kupselos à Corinthe avait gardé pour lui et pour lui seul, il a distribué le pouvoir politique. Ou plutôt il a posé le principe d'une certaine distribution du pouvoir politique, plus exactement du pouvoir politique et juridique, du pouvoir politico-juridique, et ceci en distinguant parmi les citoyens d'Athènes quatre classes de citoyens, classés, hiérarchisés selon leur richesse. Et, selon le niveau de richesse qui était le leur, ces citoyens avaient le droit d'accéder à telle ou telle fonction, avaient le droit de participer à telle ou telle assemblée, avaient le droit de juger de telle ou telle affaire criminelle ou civile, de former tel ou tel tribunal. Autrement dit, ce qui a été distribué, c'est le droit de juger, c'est le droit de délibérer, c'est le droit de décider, et pas du tout les richesses, les biens, les propriétés. Cette distribution du pouvoir politique a des aspects positifs et des aspects négatifs. Des aspects positifs, c'est-à-dire que le pouvoir politique a bien été distribué, redistribué. Vous me direz : en quoi l'a-t-il été tellement puisque justement, dans la société archaïque, plus on était riche, plus on avait le droit d'exercer de pouvoir et, moins on l'était, moins on en avait ? Cette corrélation directe du pouvoir et de la richesse est un des traits de la société archaïque, au moins de la société grecque, de la société dorienne. Par conséquent, en quoi la réforme de Solon est-elle réellement une réforme ? En fait, c'est une réforme capitale et qui peut effectivement porter le titre d'*eunomia*, c'est une redistribution pour la raison suivante : c'est que dans le système de Solon, aussi pauvre que soit quelqu'un, quand bien même il n'a que le minimum de biens possible, il appartient cependant à la cité et il a une part, fut-elle très réduite, de pouvoir politique. Autrement dit, à la différence du groupe formé par les chefs des sociétés doriennes ou postdoriennes, où la totalité du pouvoir était concentrée dans ces familles et entre les mains de ses chefs, et [où ce pouvoir s'exerçait] absolument, totalement, sur les plus pauvres, maintenant même les plus pauvres ont un certain nombre de droits, ils peuvent, en certaines circonstances, donner leur avis, ils ont un certain pouvoir de décision et il y a des tribunaux auxquels ils peuvent avoir accès et dans lesquels ils peuvent dire la justice. C'est-à-dire qu'il n'y a nul citoyen à Athènes qui ne soit d'une certaine manière titulaire d'un fragment, fût-il minime, de pouvoir. Le pouvoir est donc très exactement partagé entre tous quand bien même il n'est pas partagé également entre tous. Tous les citoyens n'ont pas la même part de pouvoir, mais tous les citoyens ont au moins un fragment de pouvoir. Et la fragmentation du pouvoir est évidemment proportionnelle à la richesse, mais il n'y a parmi les citoyens d'Athènes personne qui soit totalement à l'extérieur de l'exercice du pouvoir. Être citoyen d'Athènes désormais, c'est au moins d'une certaine façon exercer un petit peu de pouvoir. Et c'est ainsi qu'apparaît une nouvelle forme de vie, d'institution collective, qui est précisément la cité. Il y a cité et il y a citoyenneté lorsque le fait d'être citoyen peut se traduire par l'exercice d'un certain pouvoir politico-juridique.

Deuxième aspect de cette réforme de Solon – et ça, c'est l'aspect négatif –, c'est le fait que cette distribution de pouvoir politique ne s'est pas accompagnée d'une redistribution – cela, je vous le disais – du pouvoir économique. Et entre cette non-redistribution du pouvoir économique et cette distribution du pouvoir politique, Solon a justifié, a formulé en tout cas l'écart entre ces deux niveaux en disant que l'attribution du pouvoir politique devait être réglée par la loi, par la constitution même de cette *eunomia*, alors que le partage des richesses n'était jamais que l'effet de la volonté de Zeus et que c'était cette volonté de Zeus, c'était quelque chose d'absolument indépendant de la décision des hommes, c'était cela qui pouvait expliquer que tel était riche et que tel était pauvre. Autrement dit, la participation de chacun au pouvoir politique est bien en quelque sorte de la responsabilité de tous, c'est l'*eunomia*, c'est l'organisation de la cité qui doit assurer à tous les citoyens quelque chose comme un peu de pouvoir politique. Quant à la fortune, quant à la richesse, quant au fait qu'il y en ait de plus riches et qu'il y en ait de plus pauvres, cela, il faut s'en remettre à la volonté de Zeus, et c'est Zeus qui punira, dit Solon, ceux qui ont acquis trop de richesse et d'une façon indue, d'une façon injuste, alors que c'est la cité elle-même, ce sont les hommes eux-mêmes qui puniront ceux qui ont voulu acquérir trop de pouvoir. La loi de circulation, la loi de cumul des richesses ne relève, pour Solon, que de la volonté et de la sanction de Zeus. Au contraire, la possession du pouvoir et le contrôle du cumul du pouvoir, cela relève de la cité et de l'organisation politique de la cité. Cela relève par conséquent du tribunal des hommes.

Donc vous voyez que le système de l'*eunomia* de Solon constitue et assure une césure entre le système des richesses qui obéit à des lois, ou à des caprices, ou à des volontés, ou à des sanctions que la cité, au fond, n'a pas à connaître, et puis le système de distribution politique du pouvoir, de distribution politique du pouvoir politique ; et ce système de distribution dépend de l'organisation même de la cité. Et entre les deux le système censitaire ne fait pas autre chose que de traduire dans l'équilibre politique des disparités de fortune auxquelles la politique ne peut rien par elle-même. La disparité des fortunes, c'est l'affaire de Zeus, l'affaire des hommes, c'est de traduire en termes politiques, c'est de traduire dans l'équilibre de la cité et dans la distribution, dans la forme de distribution des pouvoirs ; c'est cela que la constitution de Solon doit définir et assurer[a].

a. Foucault étant souffrant, cette séance du cours n'est pas suivie d'une discussion avec les auditeurs.

Notes

1. Foucault consacre à l'étude de la notion de *nomos* la leçon du 3 mars 1971 des *Leçons sur la volonté de savoir*, *op. cit.*, p. 143-159.

2. Voir *supra*, p. 50-59.

3. Homère, *Odyssée*, chant XXIII, vers 295-296, trad. fr. V. Bérard, t. III, Paris, Les Belles Lettres, 2002, p. 261.

4. Loi écrite en grec ancien se dit bien *nomos graphomenos*.

5. Voir Euripide, *Les Suppliantes*, vers 399-455, dans *Tragédies*, III, trad. fr. H. Grégoire, Paris, Les Belles Lettres, 2002, p. 118-120.

6. Platon, *Les Lois*, X, 890e-891 a, dans *Œuvres complètes*, XII-1, trad. fr. A. Diès, Paris, Les Belles Lettres, 1976, p. 150 : « On ne saurait d'ailleurs trouver, pour une législation intelligente, un plus grand secours, puisque les prescriptions de la loi, une fois confiées à l'écriture, sont ainsi, pour tout le temps à venir, prêtes à rendre raison, vu qu'elles ne bougent aucunement. »

7. Hérodote, *Histoires*, IV, 105, trad. fr. Ph.-E. Legrand, Paris, Les Belles Lettres, 1945, p. 111.

8. Pindare, *Deuxième isthmique*, dans *Œuvres complètes*, trad. fr. J.-P. Savignac, Paris, Les Belles Lettres, 2023, p. 277-281.

9. Pindare, *Quatrième pythique*, dans *Œuvres complètes*, *op. cit.*, p. 149-171.

10. Hippocrate, *Air, eaux, lieux*, trad. fr. P. Maréchaux, Paris, Rivages Poche, 1995, p. 98.

11. On peut essayer de reconstituer ainsi le schéma tracé au tableau par Foucault (voir également le schéma figurant dans la leçon du 3 mars 1971 des *Leçons sur la volonté de savoir*, *op. cit.*, p. 146) :

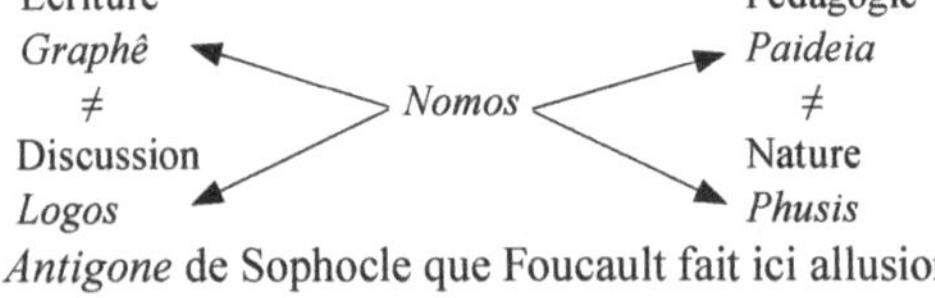

12. C'est à *Antigone* de Sophocle que Foucault fait ici allusion.

13. Poésies de Solon, dans *Poètes élégiaques de la Grèce archaïque*, *op. cit.*, p. 41.

14. George Wallace (1919-1998), plusieurs fois gouverneur de l'Alabama entre 1963 et 1987.

15. Richard Nixon (1913-1994), Président des États-Unis de 1969 à 1974.

16. Martin Ostwald (1922-2010), historien d'origine allemande et naturalisé américain, est un spécialiste des structures politiques de la Grèce antique.

17. Hésiode, *Théogonie*, vers 901-903, *op. cit.*, p. 64.

18. Poésies de Solon, dans *Poètes élégiaques de la Grèce archaïque*, *op. cit.*, p. 37-40.

19. Voir *supra*, p. 161-164.

20. Poésies de Solon, dans *Poètes élégiaques de la Grèce archaïque*, *op. cit.*, p. 42.

SÉANCE VI
(11 avril 1972)

Je ne sais pas très bien où j'en suis parce qu'il y a eu les vacances, avant les vacances il y a eu la Pâque juive, avant la Pâque juive j'étais un peu malade, si bien que je ne sais plus très bien où on en était. Je sais simplement que j'étais en train de parler du *nomos*, de la loi. Alors à la fois j'ai terminé et pas tout à fait terminé ce que je voulais dire là-dessus, si bien que j'avais un peu le projet ce soir de faire une très brève reprise, un petit peu méthodologique, non pas pour résumer ce que j'ai dit, mais peut-être pour éclairer un peu le point d'où j'essaie, et à partir duquel j'essaie de parler. Je n'arrive pas l'après-midi à faire parler les étudiants qui sont au cours, alors j'aimerais bien le soir que vous m'aidiez un peu mieux et que vous parliez. Alors là, je vais vous proposer un certain nombre de choses et puis on verra si on peut discuter.

D'abord, donc, quelques petits points de méthode générale. En principe, ce cours était intitulé « Histoire de la vérité ». Vous avez pu voir que ce que j'entendais par histoire de la vérité, ce n'était en aucune [façon][a] l'histoire des connaissances vraies, ce n'était en aucune [façon] l'histoire de la manière dont les contenus de connaissance se sont accumulés les uns sur les autres ou se sont éliminés les uns les autres pour arriver à un certain corpus de connaissances qui serait celui que nous connaissons. Ce n'est pas du tout ça que j'ai voulu faire, et en ce sens ce n'est pas une histoire, donc, des connaissances ou une histoire des sciences. Je n'ai pas voulu non plus, et je ne veux toujours pas faire une histoire des critères de vérité ou une histoire des formes selon lesquelles on a pu déterminer ce qui était vrai ou pas.

a. Enregistrement : « manière ».

Ce n'est pas une histoire du rationalisme ou une histoire des formes de rationalité que j'ai voulu faire. Ce que j'essaie d'entreprendre, c'est une histoire que j'appellerais histoire des discours de vérité, et par histoire des discours de vérité, voici ce que je veux dire : ça serait une histoire de la manière dont tour à tour des domaines d'êtres, de choses, de comportements, de conduites ont pu devenir dans notre civilisation objet de formulations qui prétendaient être vraies. C'est également l'histoire de la manière dont le sujet qui parle, le sujet qui énonce, le sujet qui prononce des formules, des propositions, se qualifie et se situe comme formulant la vérité. C'est enfin une histoire de la manière dont des pratiques qui peuvent être dans leur origine, dans leur fonction première, religieuses, magiques, techniques, politiques, etc., de la manière dont ces pratiques se définissent à partir d'un certain moment et dans certaines conditions comme fondées en vérité ou comme permettant de formuler la vérité. C'est en gros cela, cette histoire des discours de vérité, que je veux faire. Et si je me situe à ce niveau, au niveau donc des discours de vérité et non pas au niveau des critères de vérité ni au niveau des contenus de vérité, c'est que je pense que c'est à ce niveau-là qu'on peut arriver à établir le rapport entre, disons, la vérité et puis les rapports de production, les formes de production, la lutte de classes, ou encore des déterminations politiques et économiques.

Il me semble en effet que la tradition dans l'histoire, disons marxiste, de la connaissance ou des sciences a préféré justement les voies que je néglige systématiquement. Vous avez toute une école marxiste qui essaie de rattacher l'histoire des connaissances à la lutte de classes ou à l'opposition bourgeoisie/prolétariat, qui essaie de rattacher l'histoire des connaissances aux rapports de production, en posant le problème en termes de contenu, c'est-à-dire : comment est-ce qu'il a pu se faire qu'à un moment donné la bourgeoisie, par exemple, a pu découvrir tel et tel contenu de vérité ? Ou encore cette même école marxiste pose la question : comment peut-il se faire que le prolétariat puisse à partir d'un certain moment et dans certaines conditions découvrir par exemple la vérité, les contenus de vérité concernant les rapports d'exploitation, par exemple ?

Comment, encore, la bourgeoisie a-t-elle pu découvrir la physique, comment est-ce que c'est le prolétariat qui sait l'économie politique, qui a découvert l'économie politique dans ses contenus de vérité ? Il me semble que cette forme-là d'analyse ait nécessairement à mener, à utiliser une notion qui est pour elle centrale, qui est pour elle indispensable, mais qui est une notion, je crois, dangereuse à manipuler et fort mal élaborée ; cette notion, c'est celle d'idéologie. Dans cette perspective-là, en effet, pour expliquer comment, à partir d'un certain rapport de production ou à partir d'un certain rapport d'exploitation, on a pu arriver à un contenu de vérité, on est obligé de se référer à quelque chose qui serait l'idéologie d'une classe. Or, dès que vous employez le mot idéologie ou, du moins, dès que vous manipulez la notion marxiste d'idéologie, vous impliquez déjà, vous supposez déjà des rapports de vérité et d'erreur, parce que l'idéologie se définit toujours soit comme illusion, soit comme déformation, soit comme système de représentation qui permet d'accéder à une vérité ou qui empêche d'accéder à une vérité, système de représentation qui induit l'erreur ou qui au contraire permet de l'éviter. De toute façon, vous ne pouvez pas vous servir de la notion d'idéologie sans supposer déjà par-devers vous l'opposition vérité/erreur. Donc vous ne pouvez pas faire l'histoire de la vérité et de l'erreur en utilisant la notion d'idéologie, puisque vous y mettez déjà l'opposition vrai/faux et la connaissance de ce qui est vrai et de ce qui est faux.

L'autre tradition marxiste consiste justement à essayer de faire l'analyse, l'histoire des critères de vérité, en les mettant en rapport avec les rapports de production, formes de production, luttes de classes, etc. C'est-à-dire [que] c'est l'analyse de la constitution du rationalisme à partir de la lutte de classes. Et là, vous êtes obligés de faire appel, non plus à la notion d'idéologie, mais à une autre notion qui a été utilisée précisément par toute une école marxiste comme Lukács, Goldmann, etc. : cette notion à laquelle on est obligé de faire appel, c'est la notion de vision du monde, de *Weltanschauung*. Cette notion de *Weltanschauung*, qui sert d'intermédiaire entre les rapports de production, les rapports d'exploitation, la lutte de classes, et puis les critères de vérité ou l'histoire même de la rationalité, implique au fond, elle présuppose la notion d'un sujet de connaissance, d'un sujet qui est là, qui est en face du monde, qui jette sur le monde un certain regard qui distribue selon une certaine loi les choses du monde et qui donne au monde un certain profil ; de telle manière que vous ne pouvez pas faire l'histoire du sujet de connaissance en termes de vision du monde puisque, quand vous utilisez la notion de vision du monde, vous impliquez déjà la notion de sujet. De sorte que la notion d'idéologie, qui caractérise la première forme d'analyse marxiste dont je parlais, suppose déjà la maîtrise du partage vrai/faux. La deuxième notion, la deuxième analyse marxiste, l'analyse, l'histoire des critères de vérité suppose la notion de [vision du monde][a] et par conséquent suppose la notion de sujet. Et vous ne pouvez pas faire l'histoire du sujet de connaissance dans ces termes-là. Donc, vous voyez, dans un cas comme dans l'autre, vous avez un résidu, vous avez un présupposé, soit le présupposé [de] l'opposition vrai/faux, le présupposé de l'opposition entre ce qui est vrai et ce qui est faux, [soit][b] la présupposition d'un sujet de connaissance.

Alors, moi, ce que je voudrais faire, c'est précisément une histoire un peu plus radicale que cela, sans être évidemment totalement radicale parce qu'il ne peut pas y en avoir. Et mon histoire, après tout, présuppose bien... – elle présuppose même un tas de choses sur lesquelles vous m'interrogerez à coup sûr. L'histoire que je voudrais faire comme histoire des discours de vérité n'implique pas, ne suppose pas déjà constituée l'opposition vrai/faux, puisqu'il s'agirait de montrer comment l'opposition vrai/faux est née, s'est formée, s'est constituée, et ne présuppose pas non plus l'histoire d'un sujet de connaissance, puisqu'au contraire il s'agirait de montrer comment s'est constitué à travers l'histoire quelque chose comme un sujet à la fois individuel et universel de connaissance. Alors c'est cette région à l'intérieur de laquelle apparaît l'opposition vrai/faux, cette région à l'intérieur de laquelle se spécifie, se qualifie le sujet

a. Enregistrement : « d'idéologie ». Nous corrigeons. Foucault vient en effet d'expliquer que le second type d'analyse marxiste fait appel à la notion de vision du monde, alors que le premier type faisait appel à la notion d'idéologie.

b. Enregistrement : « ou bien ».

de connaissance, c'est cela que j'appelle le savoir et c'est cette région que je voudrais analyser dans ses rapports avec les systèmes de production, les systèmes d'exploitation, la lutte de classes, etc. Et il m'a semblé que l'analyse de ces rapports du savoir avec les conditions de production impliquait que l'on fasse entrer dans l'analyse, au même titre et sur le même plan que les rapports de production, les rapports de pouvoir. Si bien que c'est cet ensemble rapports de production, rapports de pouvoir et savoir à l'intérieur duquel se spécifient à la fois l'opposition vrai/faux et le sujet de connaissance, c'est cela en somme ce que je voudrais étudier, c'est cette région que j'appelle la région du savoir-pouvoir. Et cette région du savoir-pouvoir qui se dégage à partir de l'analyse, de l'histoire des discours de vérité, c'est cette région qui, je crois, dans mon point de vue, doit se substituer aussi bien à l'étude des idéologies qu'à l'étude des *Weltanschauungen*, des intuitions du monde.

Alors comme exemple de cette analyse du savoir-pouvoir comme substitut légitime à l'étude des idéologies et des intuitions du monde, comme premier exemple j'avais pris le *dikaion*, cette notion grecque qui est en quelque sorte la forme générale du savoir-pouvoir telle qu'on la voit émerger vers le VIIe et le VIe siècle avant Jésus-Christ, notion qui est intéressante pour un certain nombre de raisons. Premièrement, parce que cette notion de *dikaion* indique le moment où un certain nombre à la fois de formes politiques et de formes épistémologiques ou de formes de savoir se transposent d'un régime politique, celui des grands empires orientaux, dans la cité grecque. Deuxièmement, ce *dikaion* est important parce que je crois qu'on peut repérer de quelle manière il s'est spécifié, il s'est institutionnalisé, il s'est manifesté avant même l'organisation de toute connaissance dans la cité grecque. Et il me semble que ce sont ces trois éléments que j'étudie actuellement qui spécifient ce *dikaion*, qui manifestent la manière dont ce savoir-pouvoir s'est institutionnalisé, s'est inscrit à l'intérieur même de la vie politique et économique de la cité grecque. Ces trois aspects, ces trois institutions du *dikaion*, du savoir-pouvoir grec, ça a été :

[Premièrement,] la monnaie grâce à laquelle le retour des choses, leur circuit, leur flux, leur réapparition, l'attente à laquelle elles sont soumises, le moment où elles reviennent, etc., tout ceci ne se fait plus dans la forme de la pure et simple promesse ou menace, de l'inégalité, de l'endettement avec remboursement indéfini, du manque redoutable. Mais, grâce à la monnaie, le retour des choses, leur circuit, leur flux, se fait dans la forme d'une égalité constante, d'une équivalence universelle et mesurable. Les choses entrent par là dans le système de l'universelle mesure.

Deuxièmement, le *nomos* dont je vous parlais il y a huit jours ou quinze jours, le *nomos*, la loi ou le système de partage du pouvoir, grâce à quoi chaque chose apparaît comme détenant en elle-même et d'une manière intrinsèque son pouvoir propre. Chaque chose en vertu du *nomos* a en quelque sorte sa coutume à soi, sa régularité intrinsèque et propre et les choses n'obéissent plus au simple plaisir ou à la volonté ou au pouvoir d'illusion des dieux dans leurs luttes et leurs combats, les choses obéissent à leur *nomos* propre.

Enfin troisièmement, la troisième façon dont le *dikaion* va s'institutionnaliser, s'inscrire dans la cité grecque, c'est le partage du pur et de l'impur ou encore c'est l'individualisation de la souillure. Et on aura là aussi une façon pour le *dikaion* de s'institutionnaliser.

Il me semble que c'est à partir de là, de la monnaie, de la loi et de la souillure individuelle que le savoir grec va alors se développer dans ses formes, dans ses critères et dans ses contenus propres. Mais le niveau auquel je me place ne rejoint ni le système des critères ni l'ensemble des contenus, il se situe au niveau où commencent à se formuler des discours qui prétendent être des discours vrais, soit sur la mesure des choses, soit sur l'ordre auquel [elles][a] obéissent, soit sur la vérité des actes, des comportements et du cœur humain.

C'est de ce dernier point précisément que je veux vous parler : la vérité des choses et des événements humains, les discours de vérité sur ce que l'homme a fait à partir du partage du pur et de l'impur[1].

a. Enregistrement : « ils ». « Elles » (les choses) paraît plus conforme au sens de la phrase.

Il me semble en effet que c'est une toute nouvelle distribution, c'est un tout nouveau partage du pur et de l'impur dans la cité grecque, à partir du VIe siècle à peu près, qui va donner lieu à un discours, à un certain discours de vérité absolument nouveau qui prétendra dire ce que l'homme a réellement fait ou voulu faire dans le fond de son cœur ou dans le fond de son passé, avec bien entendu au centre de cette analyse Œdipe comme forme, comme figure majeure de cette nouvelle forme de vérité. Mon thème sera : comment est-ce qu'on arrive, non pas à Œdipe comme ayant couché avec sa mère et tué son père, mais comment est-ce qu'on en arrive à ces personnages qui demandent à Œdipe : « Qu'as-tu fait ? Dis-nous en vérité ce que tu as fait » ?

Alors je voudrais commencer par le problème, justement, du pur et de l'impur chez Homère, c'est-à-dire à un stade de civilisation bien antérieur à celui qui, à mon sens, constitue le tournant dans la civilisation grecque et le point de départ de ces très curieux discours de vérité qui posent sans cesse la question : « Qu'as-tu fait ? », discours auxquels vous savez qu'aussi bien le christianisme que la civilisation moderne, aussi bien la technique de la confession que celle de la psychanalyse restent fidèles. À l'époque d'Homère, il y a effectivement – et on le rencontre très régulièrement dans les textes – un partage régulier entre ce qui est pur ou impur, ou plutôt il y a chez Homère quelque chose qui est assez différent du partage entre le pur et l'impur, il y a le rite de purification. Et, en effet, à plusieurs reprises on voit un héros qui, revenant du combat, ayant tué un adversaire, étant lui-même couvert de poussière et de sang, ayant parfois même été blessé, se lave de manière qu'il redevienne propre et peut-être pur. En tout cas, par exemple, lorsqu'Achille revient du combat contre Hector, il est tout sanglant, il est tout couvert de poussière, et il se présente chez Agamemnon qui aussitôt le fait déshabiller et mettre dans un bain[2]. Lorsque Ulysse et Diomède reviennent de leur grande expédition dans les rangs troyens, ils commencent par se plonger dans la mer et puis, après s'être plongés dans la mer, ils reviennent sous leur tente – je ne sais plus si c'est celle d'Ulysse ou de Diomède – et puis ils se baignent, ils se font baigner dans leur baignoire[3]. Si bien qu'on a l'impression qu'on a là des beaux exemples de rituels de purification : après le meurtre et le sang, eau, ablution, purification, souillure effacée, etc.

En fait, il ne semble pas que, à ce stade-là des pratiques telles qu'Homère les relate, le geste rituel soit réellement destiné à effacer une souillure. Il semble plutôt que ce geste rituel de lavage, d'ablution, le fait de se plonger dans l'eau, le fait de se plonger dans une baignoire, d'être parfumé, etc., tout cela regarde beaucoup plutôt ce qui *va* se passer que ce qui *vient* de se passer. On a bien l'impression qu'il ne s'agit pas d'effacer le geste, l'impureté, la souillure dont on aurait été revêtu par le fait du meurtre, du massacre, de la blessure, etc., il semble bien que l'on cherche, que l'on vise quelque chose qui va se passer. En effet, si le guerrier se lave après la bataille, ce n'est pas tellement parce qu'il vient de se battre, c'est parce que, après la bataille, le voilà parvenu au seuil d'une activité nouvelle, d'une activité qui va être maintenant à caractère sacré, religieux ou rituel. Si Agamemnon fait laver Achille avec tant de soin au moment où Achille revient tout sanglant de la bataille, ce n'est pas parce qu'Achille vient de se battre, ce n'est pas parce qu'Achille vient de tuer, ce n'est pas parce qu'Achille est couvert de sang, c'est parce qu'Achille va participer avec lui à un repas, et à un repas rituel. Quand Diomède et Ulysse dont je vous parlais tout à l'heure reviennent de la bataille et se baignent deux fois, une première fois dans la mer, une seconde fois dans la baignoire, c'est qu'ils vont après la bataille verser des libations à Athéna. Et le lavage, l'ablution, regarde vers cette activité future, le repas ou la libation, et non pas vers ce qui s'est passé. D'une façon générale on peut dire ceci : que l'ablution rituelle chez Homère intervient lorsque l'on passe d'une activité ordinaire ou d'une activité profane, d'une activité quotidienne à une activité solennelle, religieuse ou rituelle. Avant par exemple d'aller prier Athéna dans les chambres hautes – c'est dans l'*Odyssée* –, on voit Pénélope qui se lave. Elle n'a pas reçu de souillure, pourtant elle se lave, elle prend des vêtements propres, parce qu'elle va prier Athéna dans les chambres hautes[4]. Ou encore dans l'*Iliade*, après avoir rendu Chryséis, Agamemnon veut donner une hécatombe à Apollon pour sceller la grande réconciliation, et alors il se lave lui-même et il fait laver toutes ses troupes pour que ses troupes tout entières, qui pourtant n'ont pas reçu de souillure, participent effectivement à l'hécatombe[5]. Qu'il ne s'agisse pas d'effacer quelque faute, de purifier un crime, il y a aussi un autre texte de l'*Iliade* qui le prouve plus clairement encore, c'est le fameux texte des funérailles de Patrocle. Lorsqu'il s'agit d'enterrer Patrocle, qui va-t-on laver ? On va laver précisément le cadavre de Patrocle lui-même, c'est-à-dire celui qui a été la victime et pas celui qui a été le meurtrier. Patrocle n'a commis aucune faute, il est sans souillure, on le lave parce qu'il va précisément entrer dans un autre lieu, un lieu autrement redoutable et sacré que cette terre où il vient de mourir, il va entrer dans l'Hadès ; et pour que son corps entre tout resplendissant dans l'Hadès, alors il faut bien qu'il soit lavé[6]. Mais Achille, lui, qui pourtant vient de tuer Hector, refuse de se laver avant d'avoir rendu les devoirs requis à Patrocle. Donc il n'y a de la part d'Achille aucune volonté de se laver lui-même, d'effacer une quelconque souillure. En revanche Patrocle, lui, qui est mort, doit être lavé parce qu'il passe dans une autre région du monde et qu'il passe à un degré supérieur dans l'intensité du sacré.

En tout cas l'ablution intervient quand on entre dans le rite, quand vient le moment du sacrifice, ou encore quand on va passer dans l'Hadès, ou quand le suppliant ou l'étranger est accueilli au foyer. L'ablution est au fond un instrument par lequel on établit les coupures et on rompt les contacts. L'ablution, le rite qui, à nous, nous paraît de purification, ne purifie pas une faute passée, elle n'efface pas un geste d'autrefois, elle ne permet pas de réconcilier celui qui a commis une faute avec ceux qui ne l'ont pas commise ou avec ses victimes, l'ablution ne pardonne pas et n'efface pas, elle isole ; elle isole des moments, elle isole des lieux, elle isole des conduites. L'ablution marque un seuil qui est franchi, elle indique un registre nouveau sur lequel le comportement de l'individu va maintenant s'inscrire. Autrement dit, elle est faite, elle est destinée à empêcher des communications dangereuses, elle est destinée à empêcher des continuités inadmissibles, comme par exemple entre la bataille et le festin, ou encore entre l'extérieur et l'intérieur de la maison, ou encore entre le monde extérieur et le foyer lui-même, entre ce monde ci et l'Hadès, entre le quotidien et la région, le domaine qui appartient aux dieux, entre les vivants et les morts. C'est entre toutes ces régions du monde, entre tous ces comportements, entre tous ces points d'intensité différents dans le sacré, c'est cela que l'ablution doit séparer, isoler, c'est entre ces seuils qu'elle doit marquer les différences. Il ne s'agit aucunement pour elle d'effacer, il s'agit au contraire de souligner la différence. Vous voyez qu'il n'y a chez Homère, dans ce rituel de l'ablution, rien qui puisse faire penser à l'effacement de la souillure d'un crime. Et on en a d'ailleurs la preuve négative car il y a dans Homère, aussi bien dans l'*Iliade* que dans l'*Odyssée*, et dans l'*Odyssée* plus que dans l'*Iliade*, un certain nombre de gens qui ont bel et bien commis des crimes, et il n'est jamais question pour eux de quelque chose qui serait comme une impureté qu'il faudrait effacer. Par exemple, au moment où Télémaque est en train de prier et de faire des libations, un personnage qui s'appelle Théoclymène et qui est un meurtrier se présente. Télémaque le reçoit comme n'importe quel suppliant, bien qu'il sache le crime qu'il a commis[7]. Le fait d'avoir commis un crime ne le rend ni plus, ni moins pur ou impur que les autres. Il n'est pas question en cela de pureté ou d'impureté. Le sacrifice est commencé, Théoclymène va y participer malgré le crime qu'il a commis. De la même façon, Lycophron apparaît à côté d'Ajax sans que le crime, le meurtre qu'il a commis lui donne aucun statut particulier[8]. Et par conséquent je crois que, pour résumer tout ceci, il faut dire que le schéma auquel nous sommes habitués, qui nous est familier et qui est : premièrement, crime, deuxièmement, souillure, troisièmement, rituel d'effacement, quatrièmement, innocence recouvrée, ce schéma ne vaut aucunement dans le monde homérique. Dans le monde homérique, il n'y a pas crime, puis souillure, puis rituel d'effacement, puis innocence, il y a en fait toute une série de différences, de seuils, d'écarts, de régions diverses. Entre ces régions diverses il ne doit pas y avoir de communication. Le rituel d'ablution est fait pour séparer, pour souligner rituellement ces différences, et c'est seulement s'il n'y avait pas eu d'ablution ou si, malgré l'ablution, il y avait communication entre ces régions différentes, c'est à ce moment-là qu'il y aurait souillure. La souillure est la rupture de la différence, ce n'est pas la continuité de la faute. C'est la rupture de la différence, de telle sorte que la souillure apparaît dans le monde homérique comme étant double, car s'il y a rupture de la différence, s'il y a communication malgré la barrière établie, alors vous voyez à ce moment-là la souillure apparaître sous deux aspects : d'une part la région atteinte alors qu'elle devait être protégée, le foyer, par exemple, s'il est atteint par l'extérieur sans être protégé par l'ablution, ou encore le rituel religieux, s'il est atteint par quelqu'un qui n'a pas fait l'ablution, cette communication souille la région ainsi atteinte, qui se trouve porteuse de la souillure, elle est souillée ; et en même temps l'objet, le personnage, le geste, la main qui font irruption dans cette région qui n'aurait pas dû être atteinte sont en eux-mêmes souillés : porteurs de la souillure et souillure. Donc la souillure, vous voyez, est [initialement][a] double : c'est ce qui établit la communication entre deux régions différentes et c'est la région qui devrait être protégée et qui ne l'est pas, c'est cela qui devient maintenant souillure. Donc, vous voyez, on a un système en un sens plus complexe, en tout cas tout à fait différent du système auquel on aura affaire ensuite et qui sera : crime, souillure, ablution, etc. On a là : région différente, ablution, souillure si l'ablution n'a pas lieu ou malgré l'ablution, et souillure double portée à la fois par la région souillée et ce qui a établi la communication interdite.

Le problème, c'est de savoir comment cette figure que l'on trouve chez Homère – différence maintenue par l'ablution, transgressée par la souillure et par la double souillure –, comment cette figure va se retourner, se déployer, devenir linéaire, s'individualiser sous la forme de : quelqu'un a commis une faute, il se trouve souillé, il faut le laver et à ce moment-là il sera réconcilié. Comment est-ce qu'on passe de la première formule, de la formule homérique, à cette formule linéaire dont je viens de vous parler ? Voilà le problème qu'il faudrait essayer de résoudre, et je voudrais indiquer simplement les éléments qui permettent en gros de situer le renversement. Je crois d'abord que

a. Conjecture ; mot inaudible.

ce renversement est lié à toute une série de changements dans la vie religieuse du VIIe et du VIe siècle, [une] série d'événements [qui] ont tous deux caractères : d'une part de souligner les éléments rituels de la religion aux dépens des éléments sacrificiels et, [d'autre part], de tendre peu à peu à la définition de l'individu, et de l'individu singulier, à l'intérieur de l'espace religieux. Ces événements qui ont donc ce double caractère du renforcement du rituel par rapport au sacrifice et du découpage de l'individualité religieuse, ces événements, ces changements, quels sont-ils ?

Premièrement, je crois que c'est ceci : l'apparition ou plutôt, [non] pas l'apparition, la réapparition, le renforcement de ce qu'on pourrait appeler le ritualisme dans les couches populaires des habitants des pays grecs. Il est très vraisemblable que depuis ce qu'on appelle traditionnellement le fond des temps, le fond des âges, en tout cas depuis un nombre de siècles, sinon de millénaires assez considérable, les rites paysans avaient été fort nombreux, non seulement dans la population dorienne, mais bien sûr dans la population prédorienne qui existait avant les grandes invasions. Et ces rituels étaient certainement fort contraignants. Mais il semble bien que ces rituels se sont prodigieusement renforcés au cours de la période qui nous occupe, c'est-à-dire au cours du [VIIe et du VIe] siècle. J'en prendrai simplement deux témoignages. Premièrement, dans le texte d'Hésiode, qui date en gros du VIIe siècle, [de] la première moitié du VIIe siècle : là, dans le texte d'Hésiode, et spécialement dans *Les Travaux et les Jours*, vous voyez, liée ou juxtaposée avec toute cette revendication à la fois d'une justice et d'un savoir de l'ordre du monde, toute une série de recommandations rituelles sur lesquelles Hésiode insiste et revient à plusieurs reprises, car non seulement il faut savoir l'ordre des choses, mais il faut faire les choses en leur temps, et faire les choses en leur temps, ce n'est pas simplement pour Hésiode payer les dettes, ce n'est pas simplement faire la récolte ou les semailles au bon moment, c'est encore accomplir les rites, et ces rites étant évidemment condition pour que l'ordre des choses se déroule comme il doit se dérouler. Et c'est ainsi que vous trouvez chez Hésiode toute une série de recommandations dont le caractère arbitraire est immédiatement frappant. J'aurais voulu – mais finalement je n'ai pas eu le temps de passer à la bibliothèque – chercher un exemplaire des *Travaux et les Jours* pour vous donner lecture, à titre d'amusement, de ce très considérable registre de recommandations rituelles. Je vous en cite là quelques-unes que j'ai prises en notes, mais qui sont bien insuffisantes par rapport à cette liste immense. Il y a, par exemple : ne pas se baigner à l'embouchure d'un fleuve ; ne pas se couper les ongles pendant qu'on est au festin ; ne pas asseoir un enfant de douze mois ou de douze ans – entre les deux, on peut –, mais ne pas asseoir un enfant de douze mois ou de douze ans sur un objet sacré ; ne pas uriner devant le soleil[9]. Tout ceci – encore une fois, il y en a des dizaines et des dizaines – semble indiquer que, chez Hésiode, pour Hésiode, et pour ceux dont Hésiode est le représentant, le rituel et l'observation du rituel sont aussi importants que cette connaissance, cette fameuse mémoire de l'ordre des choses et de leur retour qu'ils revendiquaient, d'une façon générale aussi importants que ce *dikaion* qu'ils cherchaient. Et l'observation du rituel fait, pour Hésiode, partie du *dikaion.* Il faudrait aussi citer, comme preuve de ce renforcement du rituel, l'orphisme et toutes ces traditions de la vie orphique qui, au VIe siècle, se sont répandues sur toute une partie des rivages méditerranéens et qui comportaient pour une très grande part un certain nombre de recommandations de comportements rituels concernant la nourriture, concernant la sexualité et concernant le corps lui-même, le lavage, etc. Or ce renforcement des rituels, dont l'orphisme du VIe siècle ou la poésie hésiodique du VIIe portent le témoignage, qu'est-ce qu'il signifie ? Je crois qu'il signifie un certain nombre de choses si on l'oppose précisément à ces fameuses règles juridico-politiques que les grandes familles, que les familles aristocratiques possédaient en tant que groupe familial, qu'elles possédaient en secret, dont elles seules connaissaient la totalité, dont elles seules connaissaient les principes d'application, et qui servaient de principes de gestion et en même temps de principes de gouvernement politique. En effet, les rites paysans s'opposent à ces règles juridico-politiques ou juridico-religieuses des grandes familles en ceci que c'étaient, non pas des secrets qui étaient possédés à l'intérieur des familles, mais au contraire des sortes de recommandations que l'on se transmettait publiquement des uns aux autres. Les textes d'Hésiode sont précisément un signe du caractère absolument public de cette régularité, de ces espèces de conseils – j'allais dire conseils de prudence, non, car ce sont des impératifs, des impératifs religieux, des impératifs rituels, mais qui ont la propriété d'être publics, d'être transmis ainsi d'individu à individu, au lieu d'appartenir solidairement à une grande famille qui en fait un instrument, qui en fait à la fois un secret au niveau du savoir et un instrument au niveau du pouvoir.

Deuxièmement, ces rituels ont ceci, c'est que non seulement ils n'appartiennent pas à une famille mais à tous, et ils circulent d'individu à individu, mais de plus – et c'est là leur second caractère – ces rituels sont d'observance facile, facile peut-être pas à suivre, mais facile du moins à constater : chacun peut savoir s'il a effectivement accompli le rituel quand il fallait et au moment où il fallait, chacun autrement dit peut être son propre juge à l'intérieur des rituels. Alors que, quand il s'agissait des règles juridico-religieuses qui appartenaient à des grandes familles, seules les grandes familles elles-mêmes, ou ceux qui étaient leurs exégètes, pouvaient savoir si elles avaient été appliquées, comment il fallait les appliquer, qui les avaient appliquées et qui ne les avait pas appliquées, en revanche dans ces rituels qui sont ainsi communiqués, publiés, qui se transmettent de bouche-à-oreille ou qui se transmettent par des poèmes, chacun peut savoir s'il les a lui-même observés ou si son voisin les a observés. Chacun, autrement dit, peut porter un jugement sur la qualification religieuse soit de son voisin, soit de lui-même. Le rituel permet donc une autoqualification religieuse de l'individu, alors que les vieilles règles juridico-religieuses des familles autorisaient simplement les familles elles-mêmes ou leurs exégètes ou leurs prêtres ou leurs agents religieux à qualifier religieusement les individus.

Troisième caractère de ces rites, c'est que par eux, non seulement chacun peut être conscient de ce qu'il a fait, peut savoir ce qu'il a fait, ce qu'il devait faire, mais par-dessus le marché et par là même chacun peut être responsable de la réussite ou de l'échec de ses propres entreprises puisqu'on sait bien en effet que, si ces rituels sont mis en œuvre, c'est pour que la récolte soit bonne, c'est pour que la chèvre soit féconde, c'est pour que la femme le soit également. Donc ces rituels, si on les observe, si on connaît quels ils sont, si on sait comment les appliquer, on est soi-même responsable, et responsable individuellement, de la richesse ou de la pauvreté, de l'échec ou de la réussite, du désastre ou au contraire de la fécondité. On devient par le rituel individuellement maître de son propre destin. Regardez au contraire ce qui se passait dans cette situation qu'évoque Hésiode et où c'étaient les rois, l'injustice des rois, la non-application par les rois des règles religieuses, regardez ce qui se passait quand c'était les rois qui étaient responsables de cela : c'était la cité tout entière qui payait pour le roi, c'était parce que le roi n'avait pas observé la justice que les troupeaux n'étaient pas féconds, que les femmes devenaient stériles, que l'armée était battue, que la tempête s'abattait, que les récoltes n'étaient pas suffisantes. C'était par conséquent le roi en tant que tel ou le chef religieux ou le chef de village, c'étaient ceux-là qui portaient la responsabilité du malheur économique, ou du malheur politique, ou du malheur individuel qui s'abattait sur le paysan[10]. À partir du moment où il a à observer un rituel et où c'est ce rituel qui est efficace pour la fécondité de ses récoltes, de ses troupeaux ou de sa femme, à ce moment-là c'est le paysan qui se trouve ainsi responsable de sa réussite et de son échec.

Enfin dernier caractère capital de ces rituels, c'est que pour que ces rituels réussissent, pour qu'ils soient observés – il suffit de lire ces longues listes qu'Hésiode a recueillies, a transmises –, on n'a aucunement besoin de faire des sacrifices. C'est-à-dire que ces grands, ces immenses sacrifices de bœufs, de moutons, de chèvres, ou encore ces offrandes qui étaient destinées à se substituer à ces grands sacrifices de bœufs, de moutons et de chèvres, mais qui étaient tout de même très coûteuses et qui consistaient à donner, par exemple, des trépieds ou des vases ou des boucliers ou des armes aux dieux, tout cela n'est pas impliqué dans le rituel tel que vous le trouvez chez Hésiode ou tel que vous le trouvez chez les orphiques. Il n'est même pas question d'offrande. Autrement dit rien dans l'observation de ces rituels religieux n'est réellement coûteux et ne demande effectivement un sacrifice. On demande simplement une observance quotidienne, une observance qui se fait au jour le jour ou d'heure en heure, on demande un effort de mémoire; on ne demande pas ce grand sacrifice de biens consommables qui caractérisait le rituel religieux des grandes familles. Il faut des gestes, il faut des ablutions, il faut respecter des interdits, il faut suivre des prescriptions, bref, la régularité, la règle dans le comportement individuel se substitue aux sacrifices somptuaires et collectifs de la grande famille, de manière que le paysan puisse ainsi accéder à la vie religieuse sans avoir à passer par la grande dépense collective de la famille aristocratique qui en prend la responsabilité et qui en tire le bénéfice. Vous le voyez, l'arbitraire du rite fait partie au fond de sa fonction politique et sociale. Certes le fait que, par exemple, il ne faille pas se baigner à l'embouchure d'un fleuve ou qu'il soit interdit d'uriner devant le soleil, la raison de cet interdit, il faut sans doute la chercher, il faudrait la chercher dans l'analyse des significations magiques de ces interdits. Mais je veux dire que, à l'époque où on se place, l'arbitraire lui-même, le caractère manifestement non motivé, non justifiable pour Hésiode lui-même que ça soit ça ou ça – pourquoi ne faut-il pas se baigner à l'embouchure d'un fleuve plutôt qu'à la source? Hésiode ne le sait plus –, en revanche, ou plutôt précisément, ce caractère arbitraire, non justifié, non motivé est profondément satisfaisant pour le paysan d'Hésiode et pour le paysan qui le suivra dans les siècles d'après, cet arbitraire a une fonction : il s'agit précisément, en face de la règle que les puissants possèdent, cachent et imposent de l'extérieur, en face des sacrifices manifestes, évidents, immédiatement significatifs qu'ils font, il s'agit d'établir un système de régularités, de régularités non coûteuses, accessibles à tous, applicables pour chacun sur soi-même et susceptibles d'un contrôle autonome. Rituel donc sans valeur économique qui a une relation magique et arbitraire avec son efficace en face du geste aristocratique qui est le sacrifice visible, le sacrifice immédiatement significatif de la richesse sacrifiée à l'appétit du dieu. Je crois [que] c'est là le premier caractère, le premier élément que l'on peut relever parmi toutes ces transformations qui tendent vers une individualisation de l'individu religieux : c'est donc la montée, le déploiement de ces rituels paysans, contre l'organisation et le fonctionnement religieux de l'aristocratie grecque.

Deuxième aspect de la transformation, à côté de la montée des rituels, c'est l'apparition – alors là très connue et je serai bien plus bref – de formes religieuses qui échappent entièrement à l'appropriation par les familles riches. La principale de ces formes religieuses qui échappent à l'appropriation et à la scansion selon la famille aristocratique, c'est évidemment le culte dionysiaque, le culte de Dionysos qui s'est développé en Grèce, semble-t-il, également à partir du VIIe siècle, donc toujours au cours de cette grande crise dont je vous parle. Et ce caractère dionysiaque, là encore, je ne ferai que marquer quelques-uns de ses caractères. [Premièrement] son caractère populaire, qui est très connu : le fait que le culte dionysiaque soit lié à des rites agraires et soit perpétuellement traversé de références agricoles (culte de l'arbre par exemple, culte de la vigne, etc.) semble indiquer le caractère populaire, non pas du dionysiaque, [mais] du dionysisme, de la religion de Dionysos. Deuxièmement, [c'est] tout un fond de récits qu'Euripide d'ailleurs n'a fait que reprendre et transposer à l'intérieur des *Bacchantes*[11], qui semblent tous indiquer le caractère étranger de Dionysos, qui est venu et qui s'est imposé de l'étranger, presque au prix d'une invasion, aux cités grecques et aux autres dieux de la Grèce. Cette invasion de Dionysos submergeant toute la campagne grecque et venant buter aux portes des villes, de la ville, c'est cela qu'Euripide raconte à propos de Thèbes et du roi Penthée. Le caractère populaire de la religion dionysiaque est un des éléments sur lesquels il faut insister, mais je crois que ce qui est important surtout, c'est que l'appartenance des individus au domaine du sacré et du religieux dans la forme dionysiaque se fait sur un tout autre mode, se marque d'une tout autre façon que l'appartenance de l'individu au religieux dans les formes traditionnelles de la religion grecque.

En effet, dans le culte dionysiaque, premièrement, ce n'est pas, ce n'est jamais en tant qu'on appartient à une famille que l'on participe à ce culte. Deuxièmement, ce n'est jamais en tant que l'on appartient à une cité. Aucune des grandes cités grecques, aucune des cités grecques, même petites, n'a jamais revendiqué le culte de Dionysos comme le culte d'Athéna a été revendiqué par Athènes ou celui de Zeus par Corinthe. Dionysos n'a jamais été le dieu d'aucune cité, Dionysos n'a jamais donné aucune constitution ni aucune loi à aucune des cités grecques, alors qu'Apollon, alors qu'Athéna, alors que Zeus ont donné des lois et sont en quelque sorte fondateurs de cités. L'appartenance de quelqu'un au culte dionysiaque ne passe donc ni par le groupe familial, ni par le groupe politique, son appartenance s'effectue d'une façon purement individuelle. Que l'on soit jeune ou vieux, homme ou femme, étranger ou citoyen, on peut faire partie du culte dionysiaque. Souvenez-vous, par exemple, dans *Les Bacchantes* d'Euripide, comment on voit deux vieillards, Kadmos qui est le grand-père – il faut demander ça à René[12] qui sait ça : Kadmos, c'est bien le grand-père de Penthée ? Je crois –, qui est donc archi-vieux, et puis le vieillard Tirésias qui est traditionnellement toujours le vieillard de tous les récits grecs, au moment où Dionysos arrive aux portes de Thèbes, ils ont beau être très vieux, ils ont beau être tout chenus, ils entrent dans la fête, ils entrent dans le défilé et, eux aussi, se mettent à danser malgré leur âge, malgré le fait que Kadmos appartienne à la famille du roi et par conséquent honore normalement d'autres dieux. Et Tirésias, le vieux Tirésias également entre dans le défilé et fait partie, et participe ainsi au culte. Le fait qu'il ne soit pas besoin d'appartenir à une famille précise pour participer au culte, ni à aucun groupe, est curieusement marqué dans la pièce d'Euripide par le fait que je crois que c'est Kadmos qui dit à un moment donné à son petit-fils Penthée : « Mais enfin, tu es tout de même extraordinaire : pourquoi est-ce que tu ne veux pas honorer Dionysos, parce qu'enfin ça pourrait être un dieu qui entrerait dans notre famille, et nous serions très honorés d'avoir ainsi un dieu dans notre famille. » Et il le tente en quelque sorte en lui disant que Dionysos pourrait après tout faire figure parmi tous ces dieux familiaux. Mais ce qui est évidemment un contresens par rapport au sens même du dionysiaque, du dionysisme, et d'ailleurs Penthée ne se laisse pas prendre et cela lui est égal. De toute façon, la religion de Dionysos n'entre pas à l'intérieur de ce cadre familial. C'est donc individuellement qu'on entre dans le jeu du dionysiaque[13].

Deuxièmement, l'appartenance au dionysiaque se marque individuellement par quelque chose qui n'est pas de l'ordre du sacrifice au sens strict, et même pas du tout de l'ordre du sacrifice du bien, du sacrifice de richesse. Ce que l'on offre au dieu et en quelque sorte ce que l'on sacrifie au dieu, ce qui est pris par le dieu, ce n'est pas le bien collectif de la famille, c'est le corps même de l'individu. Et le signe à quoi on reconnaît que l'on est bien pris par le dieu, c'est la transe. Dieu, le dieu ne s'empare pas de la richesse, il ne boit pas le sang des victimes qu'on répand, il ne bénéficie pas des troupeaux qu'on lui apporte et qu'on sacrifie, le dieu s'empare [des individus et les possède], et les individus seulement. La marque du dieu n'est donc pas sur les biens, elle est sur l'individu. Le culte dionysiaque comportait cependant à un certain moment un sacrifice, le sacrifice d'une bête, d'un animal, éventuellement même, dans la pièce d'Euripide, vous savez que ce qui est sacrifié, c'est le roi lui-même, c'est Penthée (j'ose à peine dire ça devant René Girard parce que je sens qu'il a dû vous dire là-dessus des choses tellement plus importantes que celles que je suis en train de vous dire, mais enfin il va me critiquer tout à l'heure ; je vais m'arrêter dans cinq minutes et il pourra dire ce qu'il veut). Donc, dans la pièce d'Euripide, c'est le roi lui-même qui est sacrifié comme sont sacrifiés les animaux dans les rites réels qui se déroulaient au VIe et encore au Ve siècle. L'animal était effectivement sacrifié, mais il était dépecé et partagé également entre tous les participants qui mangeaient quelque chose ou s'abreuvaient du sang de la victime, tout comme le corps de Penthée est effectivement déchiré entre toutes les Ménades. Il ne faut pas oublier que Dionysos est caractérisé dans les textes du VIe et du Ve siècle – enfin du Ve siècle parce que du VIe on n'en a pas, qui parlent en tout cas de l'épisode –, il est toujours caractérisé comme *isodaitês*, celui qui donne également. Alors que le dieu des vieilles familles aristocratique était le dieu qui *prélevait* sa part, ici c'est au contraire le dieu qui *donne*, et la victime qui lui est offerte est une victime qui est partagée, et qui est partagée entre tous ; individuellement chacun participe ainsi en tant que tel et sur un pied d'égalité avec les autres, il participe au sacrifice.

Enfin [troisièmement], le secret de ce qui se passe au cours de ces fêtes n'a rien à voir avec le secret des règles que détenaient les vieilles familles aristocratiques de la Grèce à propos de leurs cultes et à propos de leurs rapports avec tel ou tel dieu. Avec tel ou tel dieu, les familles avaient un rapport, elles savaient ce qu'il fallait faire, elles savaient quelles règles appliquer et quand, mais c'était elles et elles seules, et elles avaient d'ailleurs leurs exégètes pour le savoir et pour le rappeler, éventuellement pour l'imposer. Là, dans le culte de Dionysos, il y a bien aussi secret, mais ce secret, à qui appartient-il ? Il appartient à tous ceux qui ont participé effectivement à la fête et qui ont participé au culte, c'est-à-dire que la participation au culte, dont j'ai essayé de vous montrer qu'elle était absolument individuelle, donne un savoir, un savoir à coup sûr secret, mais un savoir qui est un savoir individuel ; de sorte que de bout en bout, depuis le moment de la participation jusqu'au moment du savoir révélé, en passant par la transe et le sacrifice, de toute façon le rapport au dieu, le rapport à Dionysos est un rapport individuel. Et vous voyez combien nous sommes loin de ces jeux qu'il y avait entre les dieux et les hommes chez Homère, tout ce système de promesses, tout ce système aussi de luttes, de conflits, de rivalités, de passions qui s'affrontaient entre le héros homérique et puis son dieu, le dieu de sa famille ou le dieu hostile à sa famille : tout un jeu de substitutions et d'éblouissements, avec quoi le culte de Dionysos comme participation égale des individus en tant qu'individus à la présence du dieu, tout ce système dionysiaque est, vous le voyez, parfaitement différent de l'ancien.

Et je voudrais vous lire, à titre de confirmation un peu de tout ça, le dialogue entre le roi Penthée et Dionysos dans la pièce d'Euripide. Penthée dit : « Est-ce par songe ou en se montrant à tes yeux… » – parce que Dionysos ne s'est pas révélé à Penthée comme étant le dieu Dionysos ; il est donc le dieu caché, il ne peut pas ne pas être le dieu caché, puisque Penthée refuse le culte, refuse d'entrer dans la danse des Ménades, il refuse ce dieu qui vient de l'extérieur ; donc Dionysos ne peut pas se montrer comme étant le dieu aux yeux du roi et il va se présenter comme étant simplement un accompagnateur du dieu, comme étant un bacchant, et il va faire comme si le dieu s'était révélé à lui, mais non pas sous sa forme réelle de dieu. Alors le roi demande : « Est-ce par songe ou en se montrant à tes yeux que Dionysos t'a enrôlé ? » Et Dionysos répond, en feignant donc de n'être que l'un des participants de la fête : « C'est en face-à-face qu'il m'a confié ses mystères. » – « Ces mystères, selon toi, quels sont-ils ? » Dionysos répond : « Le secret défend de les communiquer à ceux qui ne sont point bacchants. » Donc le partage, vous voyez, ne se fait pas entre ceux qui sont de la famille et ceux qui ne le sont pas, ceux qui sont du *genos* et ceux qui ne le sont pas, le partage du secret se fait : bacchant ou pas bacchant. Penthée : « Quelle est leur utilité pour ceux qui les célèbrent ? » – « Il ne t'est pas permis de l'apprendre, mais ce sont des choses dignes d'être connues. » – « Tes paroles sont de mauvais aloi pour que je veuille écouter. » Et Dionysos répond : « Qui cultive l'impiété est en haine aux mystères du dieu. » – « Puisque tu dis voir le dieu en face, comment est-il ? » – Dionysos : « Comme il le veut. Ce n'est pas moi qui en décide. » – Penthée : « Voilà encore une belle échappatoire et qui ne dit rien. » – Dionysos : « Je crois que qui veut parler savamment à un ignorant n'est pas dans son bon sens. » – Penthée : « D'abord je te couperai cette belle boucle. » – Dionysos : « Cette mèche est sacrée, c'est pour le dieu que je la garde. » – Penthée : « Ensuite, donne-moi ce thyrse[14]. » – « Arrache-moi le toi-même. C'est pour Dionysos que je le porte. » Vous voyez tout le système d'appartenance de l'individu, soit par la mèche de cheveux, soit par son thyrse, son appartenance directe au dieu. – Penthée : « Au fond d'un cachot nous te garderons. » – « Le dieu me délivrera lui-même quand je le voudrai. » Le dieu par conséquent a un lien individuel avec son bacchant et il le délivre, c'est lui qui fait son salut, c'est lui qui fait son bonheur ou son malheur. – Penthée : « Oui, quand tu l'invoqueras au milieu des bacchantes. » – Dionysos : « Dès maintenant ce que je souffre, présent tout près d'ici, il le voit. » – Penthée : « Et où donc ? Il ne se montre pas à mes yeux. » – Dionysos : « Il est près de moi. Mais toi qui es impie, tu ne le vois pas »[15].

Et vous voyez comment tout au long de ce texte, à travers toute cette référence à la boucle de cheveux, au thyrse, au cachot, à la délivrance, à ce que voit le dieu, à la souffrance du personnage dont le dieu est témoin, à travers le fait que le dieu est près de l'individu, celui qui feint de n'être qu'un bacchant, vous voyez comment à travers tout cela se manifeste le lien individuel entre le bacchant et le dieu. Désormais ce n'est plus par toutes ces formes collectives, toutes ces formes globales, toutes ces formes génériques, toutes ces formes relevant du *genos*, que passent les rapports de Dieu, des dieux avec les hommes, c'est maintenant seul à seul dans cette présence, dans cette épiphanie du dieu à l'individu que va s'effectuer le rapport religieux. L'individualisation se manifeste très clairement dans ce texte, qui est tardif évidemment, qui date de la fin même de la période classique, mais qui montre comment, dans la cité grecque à cette époque-là, fonctionnait cette religion qui, semble-t-il, dès le VIe siècle a été déjà une religion de l'individualisation. De sorte que l'on pourrait dire jusqu'à un certain point, enfin on peut se demander si Nietzsche à la fois n'a pas très bien vu et pas vu du tout lorsqu'il a fait de Dionysos le dieu de la désindividualisation, le dieu de l'individu perdu, de l'individu déchiré. Il est absolument vrai que Dionysos a été le dieu de l'individu déchiré, le dieu de la désindividualisation, mais d'une désindividualisation qui devait précisément marquer l'individu. C'est lorsque l'individu a été déchiré par le dieu, lorsqu'il a été pris dans la grande ivresse de la ménade ou des bacchantes, c'est à ce moment-là que celui qui a été marqué par le dieu peut devenir l'individu. La désindividualisation a joué comme facteur de l'individualisation du rapport religieux, de sorte qu'il n'y a sans doute pas, entre l'Apollon de la belle apparence et de la belle individualité et le Dionysos de l'ivresse, la distance que Nietzsche a marquée dans *L'origine de la tragédie*[16]. Il y a sans doute entre les deux, entre la belle apparence de l'individualité et l'individu déchiré, une proximité beaucoup plus grande, une proximité que Nietzsche d'ailleurs a parfaitement sentie et a parfaitement décrite dans des textes ultérieurs, lorsqu'il s'est précisément reproché d'avoir, entre Apollon et Dionysos, marqué une trop grande distance.

Donc le premier changement que je voulais vous indiquer, c'était cette croissance, cette grande montée des rituels au [VIIe et au VIe] siècle. La seconde modification, c'était le développement du culte dionysiaque. Troisième modification – je vais passer rapidement –, c'est un déplacement important dans le culte des grands dieux et dans tout le mode de fonctionnement des rituels qui se rattachent à ce culte des grands dieux. Il y a en effet une chose qui est caractéristique : c'est que toutes les grandes modifications politiques qui ont eu lieu au VIIe et au VIe et encore au début du Ve siècle ont toujours été accompagnées d'une modification dans le système religieux de la cité, modification que l'on peut caractériser de la manière suivante. D'une part, comme je vous le disais, il y a un paradoxe. Les modifications du VIIe et du VIe siècle ont presque toujours été appelées, sinon déterminées, par tout un mouvement d'agitations, d'émeutes et de ce qu'on pourrait appeler des révolutions populaires : c'est appuyé sur le peuple qu'un tyran comme Kupselos a pris le pouvoir à Corinthe, c'est appuyé sur le peuple que Pisistrate a pris le pouvoir, est surtout rentré une seconde et une troisième fois à Athènes pour prendre le pouvoir. Or, malgré cet appui populaire, malgré le fait que ces prises de pouvoir par les tyrans aient toujours été accompagnées de phénomènes de bouleversements religieux dans le culte de la cité, jamais, comme je vous le disais tout à l'heure, jamais Dionysos n'est apparu comme le dieu du nouveau pouvoir politique. Toute modification de pouvoir amenée a été liée à une modification religieuse, toutes les législations nouvelles, même celles qui n'ont pas été déterminées par des tyrans, comme par exemple celle de Solon, se sont faites sous le signe de la religion. Et pourtant jamais aucune de ces modifications n'a revêtu le signe du dionysiaque, comme si justement les formes nouvelles de la vie religieuse prises dans la cité grecque étaient un compromis ou une solution médiane entre ces formes de religion populaire que le peuple grec a certainement développées au cours du VIIe et du VIe siècle et puis les vieilles formes traditionnelles. En effet ces modifications que l'on voit apparaître au VIIe et au VIe siècle, et toujours liées à des modifications politiques, en quoi est-ce qu'elles consistent ? Elles consistent très curieusement en une sorte d'exil et de réapparition, de départ et de retour d'un des dieux traditionnels, c'est-à-dire de l'un des dieux liés, autrefois liés, antérieurement liés à une grande famille. Prenez par exemple le cas de Kupselos dont je vous parlais à propos de la monnaie. Kupselos appartenait, semble-t-il, ou en tout cas était lié peut-être par alliance, peut-être par mariage, à la vieille famille des Bacchiades qui avait régné à Corinthe et qui avait régné également dans d'autres villes grecques. Immense famille dont le dieu protecteur, dont l'un des grands dieux protecteurs, c'était précisément Zeus. Kupselos semble avoir quitté à un moment donné Corinthe, peut-être a-t-il été exilé, peut-être était-ce pour se battre au profit de Corinthe qu'il a quitté la ville – peu importe. En tout cas quand il est revenu, et quand il est revenu prendre le pouvoir, il est revenu après avoir prêté à Zeus serment de lui donner la ville de Corinthe et il a effectivement donné à Zeus la ville de Corinthe par la ruse dont je vous ai parlé, par le système des impôts qui faisait qu'un dixième de la fortune corinthienne était chaque année apporté à Zeus [17]. Donc dans l'affaire de Kupselos on voit en quelque sorte ce dieu, ce Zeus qui appartenait rituellement, qui protégeait rituellement et traditionnellement la famille des Bacchiades se détacher à un moment donné de cette fonction, de cette fonction générique, de cette fonction liée au *genos*, et puis le dieu réapparaît de l'extérieur, revenant en quelque sorte dans la ville, revenant prendre possession cette fois de la ville tout entière avec l'aide de Kupselos. C'est de la même façon, c'est d'une façon assez analogue, que Pisistrate a placé sous le signe d'Athéna sa deuxième ou troisième – je ne sais jamais – prise de pouvoir à Athènes (puisque, à la suite d'un certain nombre de conflits politiques, vous savez, il avait pris le pouvoir à l'époque même où Solon vivait encore, puis il avait été chassé, puis il était revenu, puis il a été chassé, puis il est revenu à nouveau). Et à sa seconde ou à sa troisième entrée, Pisistrate est rentré à Athènes accompagné de ceux qui étaient ses partisans et qui semblent avoir été essentiellement les ouvriers, les artisans qui travaillaient dans les mines de métal du Laurion. Il est revenu avec eux et il a théâtralisé sa propre entrée à Athènes par un défilé, et en tête ou au centre de ce défilé il y avait une jeune fille qui était censée être Athéna [18] ; et

Pisistrate rentrait à Athènes avec Athéna, sous la protection d'Athéna, c'était Athéna qui rentrait à Athènes, et cette fois Athéna n'était plus la déesse protectrice des Eumolpides, c'était la déesse protectrice de la cité tout entière. Autrement dit, les vieux dieux de l'aristocratie ne sont pas chassés par Dionysos ; Dionysos et les cultes dionysiaques restent dans leur sphère d'appartenance populaire. Mais l'opération politique qui consiste pour une frange de l'aristocratie à prendre le pouvoir et à redistribuer aussi bien la fortune que le pouvoir s'accompagne d'un très curieux déplacement et en quelque sorte d'un curieux circuit des dieux qui sont les dieux des familles aristocratiques, détachés de ces familles aristocratiques et revenant cette fois comme dieux de la cité tout entière. Ils apparaissent comme dieux de la cité. C'est Corinthe, par exemple, tout entière qui est donnée à Zeus ; l'Athéna qui revient à Pisistrate, c'est désormais la déesse de tout le peuple athénien et plus simplement des grandes familles, c'est même précisément la déesse des artisans avec Héphaïstos. Donc vous voyez que les grandes familles aristocratiques ne perdent pas, en quelque sorte, leur rapport et leur rapport privilégié aux grands dieux. Même lorsque les grands dieux vont revenir, les familles aristocratiques continueront, en tant qu'elles en sont les descendantes, à avoir avec [eux] un rapport privilégié, et ces privilèges cultuels vont être maintenus, vont être institutionnalisés, et elles resteront, ces grandes familles ou certains de leurs membres, seront, continueront à être préposés à l'exercice de tel ou tel culte. Mais désormais ces dieux, qui sont pourtant les dieux des grandes familles, vont apparaître comme les dieux revenus dans la cité après le moment de l'exil, après le moment de la refonte politique de la cité. Et désormais tout citoyen quel qu'il soit, par le seul fait qu'il est citoyen et même s'il n'appartient pas à ces grandes familles, aura un rapport, et un rapport individuel en tant que citoyen, avec ces grands dieux.

Je voudrais maintenant passer à la quatrième transformation dont je voulais vous parler et qui est en quelque sorte à la limite du juridique et du religieux. Cette transformation concerne une série de mesures, de mesures encore une fois juridiques, économiques même par [certains] côtés et puis en même temps religieuses, qui sont prises par les tyrans ou par les législateurs du VIe et du Ve siècle. À Athènes, c'est en particulier Dracon, le célèbre Dracon, qui est à l'origine de ces mesures, et elles concernent apparemment trois domaines tout à fait différents, mais qui sont profondément liés les uns aux autres. Ces trois domaines, ce sont : premièrement, l'héritage ; deuxièmement, les rites funéraires ; et [troisièmemen,][a] les meurtres. La grande législation draconienne, celle du VIe siècle, complétée ensuite par Solon, concerne ces trois domaines. Or si vous faites attention, vous apercevez que ces trois domaines de mesures, l'héritage, les rites funéraires et les meurtres, que concernent-ils ? Ils concernent tous la mort, ils concernent tous, ils mettent tous en question la manière dont va se régir à l'intérieur de la cité, à l'intérieur de la pratique cultuelle, cet événement de la mort et ses conséquences.

Législation sur l'héritage d'abord. Dans la plupart, en tout cas dans une grande série de cités grecques, à Athènes en particulier, une législation du VIe siècle dépossède en grande partie la famille, le *genos* au sens large, de ses droits collectifs sur l'héritage. La législation de Dracon donne à l'individu la possibilité de maintenir jusqu'à un certain point le caractère individuel de sa fortune et lui donne la possibilité de la transmettre au moins en partie à ses héritiers directs ou encore à ses successeurs adoptés. Comme si la forme de l'individualité commençait à se dessiner dans l'appropriation des biens et comme si cette forme de l'individualité pouvait, par l'intermédiaire de l'héritage et des biens individuels ainsi transmis, se prolonger au-delà de la mort. C'est la propriété d'untel, léguée par untel, qui va ainsi prolonger au-delà de sa propre existence la forme d'individualité, la marque d'individualité qu'il leur avait imposée.

Deuxième aspect de la législation, c'est celle qui concerne les rites funéraires. En apparence – et là, c'est une mesure qui a été prise dans la plupart des cités grecques du VIe ou du très haut Ve siècle –, ce sont des mesures purement somptuaires : il s'agissait de diminuer autant que possible les frais gigantesques qu'entraînaient normalement dans les familles aristocratiques les enterrements. C'est ainsi que

a. Enregistrement : « quatrièmement ».

Dracon interdit d'immoler un taureau lorsque quelqu'un est mort. Deuxièmement, il est interdit à sa famille d'élever en l'honneur du mort un tertre trop haut et il est interdit de mettre en haut de ce tertre un hermès. Troisièmement, Dracon limite le temps et l'étendue du deuil. Enfin il interdit de chanter des thrènes et de pleurer les ancêtres du défunt, c'est-à-dire de remonter dans la chronologie et d'énumérer toute la série, et de chanter en l'honneur de toute la série des morts de la famille. En apparence donc ce sont des mesures essentiellement économiques, mais vous voyez que, beaucoup plus qu'une mesure économique, il s'agissait par là de limiter tous les processus magico-religieux par lesquels, dans la pratique des grandes familles aristocratiques, on prolongeait, on revigorait, on maintenait à l'existence le plus longtemps possible l'ombre fragile, matérielle et disparaissante de celui qui venait de mourir. Souvenez-vous dans Homère : combien il faut de sang et de sacrifices pour que les ombres des morts, les ombres pâles de l'Hadès viennent boire et reprendre vigueur et formes, et puissent ainsi parler à ceux qui les consultent[19]. Ce rituel qui consistait à redonner vigueur aux morts en leur donnant de la nourriture, en sacrifiant un taureau, en chantant des thrènes en leur honneur, toutes ces formes de revigoration des morts sont maintenant, sinon interdites, du moins très exactement limitées, et sont limitées de manière que ce ne soient pas simplement les riches qui puissent avoir le privilège de revigorer leurs morts. Les morts qui revivront ensuite, les morts qui reprendront vigueur, ceux dont l'existence sera prolongée, ce ne seront plus simplement les riches. Cette limitation des conduites de deuil, c'est faire place, c'est rendre en quelque sorte juridiquement possible ou la disparition de tous, quels qu'ils soient, ou l'immortalité pour tous. À cette époque de la religion grecque, l'âme n'est pas encore immortelle et, à dire vrai, l'âme en tant que telle n'existe pas, mais vous voyez que cette limitation, cette universalisation des rites d'enterrement donne en quelque sorte le cadre à l'intérieur duquel les conditions post-mortelles seront rendues universelles pour tous : s'il s'agit de disparaître, tout le monde disparaîtra, riches ou pauvres ; ou s'il s'agit, au contraire, de revivre ou de se maintenir à l'existence, riches et pauvres, pauvres et riches pourront être maintenus dans l'existence. La limitation de ces rituels magico-religieux qui prolongeaient l'existence des plus riches, cette limitation et cette universalisation assurent ainsi les conditions à l'intérieur desquelles sera élaborée au cours du Vᵉ siècle précisément la théorie de l'immortalité de l'âme. On a beaucoup dit que la religion des morts, de l'âme, etc., l'immortalité de l'âme, c'était l'opium du peuple, mais il ne faut pas oublier que l'immortalité de l'âme a d'abord été une conquête de classe. Ça a été une conquête de classe en ce sens que, au VIᵉ siècle, les conditions auxquelles on a pu acquérir en quelque sorte la possibilité d'une immortalité universelle pour tout le monde, ça a été le résultat de cette lutte sociale, qui a été sanctionnée par le fait que les rites magico-religieux de prolongation de l'existence ont été rendus homogènes pour tout le monde. Et vous voyez là encore comment, à travers ces mesures qui traduisent des luttes politiques, quelque chose comme l'individualité religieuse, la caractérisation religieuse des individus est en train de se définir.

Enfin la troisième législation concernant la mort, dont je voulais vous parler, c'est la législation qui concerne, non plus cette fois la survie des biens, le prolongement des biens, la survie de l'individu, mais qui concerne le meurtre et l'assassinat. Et ce sont les fameuses lois de Dracon, et là encore il faut faire attention à ce qu'elles veulent dire. On a l'habitude de considérer, les législateurs et surtout les juristes grecs, les avocats grecs du Vᵉ et du IVᵉ siècle ont toujours considéré, fait considérer la législation de Dracon comme une législation à la fois sacrée, intangible, mais extrêmement sévère. En fait, ce n'est pas tellement la sévérité qui caractérise les lois de Dracon. Lorsque Dracon imposait comme punition d'un meurtre la mort du meurtrier, qu'est-ce que cela voulait dire ? Cela voulait dire qu'en fait il était bien permis de tuer quelqu'un qui avait tué un autre, mais qu'il n'était pas possible d'aller au-delà. C'est-à-dire : le vieux système de la vengeance indéfinie, de la vengeance déséquilibrée, du meurtre répondant au meurtre et auquel répondrait encore un nouveau meurtre, tout ce déséquilibre, toute cette chaîne infinie des meurtres qui était encore au VIIᵉ siècle la loi de la vengeance ouverte, cette série est maintenant close par la législation de Dracon : « Tu as tué, tu seras tué, mais après ta mort il ne peut plus y avoir rien d'autre, la vengeance est terminée. » La clôture de la série indéfinie des vengeances est assurée par la législation de Dracon. Donc le meurtre apparaît dans la législation de Dracon, non pas comme ce principe de déséquilibre indéfini des rapports humains qui peut se prolonger sans que la série s'arrête jamais, le meurtre, c'est un geste qui a été commis une fois par quelqu'un, et c'est sur ce quelqu'un que la vengeance doit s'abattre et, une fois que la vengeance se sera abattue sur ce quelqu'un qui a commis le meurtre, alors ça y est, la vengeance sera achevée et on n'ira pas plus loin. Vous voyez par conséquent que la contagion du meurtre, la série indéfinie des vengeances, vient se bloquer sur l'individu, qui commence à apparaître comme *le* coupable. Et vous voyez là le principe, le début déjà, l'esquisse de quelque chose comme une individualisation de la faute. De la même façon, dans la législation de Dracon, vous voyez aussi apparaître quelque chose qui est comme le principe d'une qualification du meurtre, c'est-à-dire que Dracon fait une différence entre différents meurtres, entre l'homicide volontaire, l'homicide involontaire et celui qui a été commis pour légitime défense. Et là encore, quelle que soit la gravité des punitions qui sont données pour ces trois formes de meurtre, le seul fait que Dracon fasse une différence entre ces différents meurtres prouve que le meurtre, ce n'est plus simplement cette espèce d'ouverture béante à travers laquelle va se précipiter toute la série indéfinie des vengeances ; le meurtre, c'est un acte qui a été commis par quelqu'un dans certaines conditions, dans certaines circonstances et avec quelque chose dans la tête, soit qu'il l'ait voulu, soit qu'il ne l'ait pas voulu, soit qu'il ait cherché à se défendre. Bref, là encore vous voyez au niveau de cette première distinction toute rudimentaire quelque chose qui va être comme l'individualisation du geste, l'individualisation de la faute et du crime au niveau d'un personnage, et d'un personnage singulier. Enfin troisième caractère de la législation de Dracon : non seulement donc la vengeance doit s'arrêter à celui qui a commis le crime, non seulement le crime n'est pas tout à fait le même selon les circonstances où il a été commis et selon ce que celui qui l'a commis avait dans la tête, [mais], troisièmement, la vengeance, la punition va prendre différents aspects et en particulier le principe de l'exclusion va jouer. Lorsque par exemple on est accusé d'un meurtre, avant même de savoir si on a effectivement commis ce meurtre, on va être rejeté des cérémonies religieuses, on va être rejeté des fêtes et on va être rejeté de l'agora. Celui qui a commis un homicide involontaire – et c'est en cela précisément qu'il ne sera pas traité comme celui qui a commis l'homicide volontaire (celui qui a commis l'homicide volontaire, on va le tuer) –, celui qui a commis l'homicide involontaire va être exilé : il va partir, il va être obligé de quitter la cité et il ne pourra y revenir que si la famille de la victime en est d'accord, ou la phratrie de la victime si la victime n'a pas de famille. Une fois qu'un assassin, même un assassin volontaire, est parti en exil pour échapper au châtiment, on n'a plus le droit de le tuer. Le tuer serait à ce moment-là comme si on tuait un citoyen, et celui qui tuerait un assassin en exil serait à son tour passible de la mort et pourrait être tué comme un vulgaire assassin.

Vous voyez qu'on a là, dans la législation de Dracon, non plus simplement comme dans les deux premiers éléments que je vous citais un principe d'individualisation du geste meurtrier autour de la personne qui l'a commis, mais vous voyez que cette individualisation est absolument liée à la présence ou l'absence de cet individu à l'intérieur de l'espace de la cité. Hors de la cité, il n'est plus accessible, ou encore s'il a commis un meurtre il ne peut plus entrer dans la cité. Bref, c'est dans l'espace social de la cité que l'individu meurtrier apparaît comme devant être puni ou ne devant pas être puni, c'est par rapport à l'espace de la cité qu'il peut être là ou pas là. C'est-à-dire que, vous voyez, cette différence entre l'intérieur et l'extérieur, qui me paraissait un des éléments capitaux dans les rituels d'ablution dont je vous parlais chez Homère, apparaît maintenant comme profondément liée au fait d'avoir commis un geste, d'avoir commis un crime, d'être coupable et innocent. Et vous voyez comment doucement est en train de s'ajuster le principe de l'ablution comme principe de la différence, de la différenciation, comme principe de distinction entre l'intérieur et l'extérieur, et puis le principe de la qualification individuelle de quelqu'un comme meurtrier ou non-meurtrier, comme innocent ou coupable, finalement comme pur et impur. Et c'est cet ajustement final du pur et de l'impur avec le rituel de la punition et de la purification, c'est de cela que j'essaierai de vous parler la prochaine fois. Mais vous voyez comment sont déjà en place à travers ces différents éléments, le principe et la forme même de la pureté individuelle, de la purification individuelle et finalement de la criminalité individuelle.

Voilà ce que je voulais vous dire aujourd'hui. Alors la prochaine fois, à propos d'Œdipe, on tirera un peu les conséquences de tout cela. Voilà.

Alors maintenant je m'offre à vos questions, à vos objections.

— *Le problème de la vérité est lié à la notion de culpabilité. On punit un coupable, alors qu'auparavant il n'y avait qu'un système de...*

— C'est ça, de communication, de vengeance, d'équilibre et de déséquilibre.

— *On pourrait même dire que le système religieux permettait d'épargner le coupable en substituant des victimes sacrifiées.*

— C'est ça, on pouvait toujours tuer à la place.

— *Mais je me demande si c'est vraiment la notion de culpabilité qui manquait dans le système religieux et si on ne peut plutôt pas lier cela à la peur de la vengeance et si, dans une société qui n'a pas encore les moyens de limiter la vengeance par une force étatique, une autorité centrale, le système du sacrifice ne reflète pas, plutôt que l'absence de vérité de la culpabilité, la peur de nourrir la vengeance en touchant le coupable.*

— Au moins à la première partie de votre question, je voudrais répondre que je me suis sans doute mal expliqué. Je n'ai pas voulu du tout dire que l'idée de culpabilité, s'étant formée quelque part dans les esprits des gens, avait entraîné la question : « Mais qui donc est coupable ? », donc la question de la vérité, et que finalement cette préoccupation concernant la culpabilité et la vérité avait entraîné la législation de Dracon. Au contraire j'ai voulu montrer – mais sans doute ai-je été obscur dans mon analyse – que c'était en quelque sorte dans le creux de cette législation, qui ne s'appuyait aucunement sur le principe de la culpabilité, que la culpabilité avait fini par se mettre à exister. On pourrait dire très grossièrement ceci – c'est une hypothèse, mais très schématique : c'est qu'au fond les grandes familles aristocratiques s'étaient ruinées aux VIIIe et VIIe siècles par un certain nombre de pratiques parmi lesquelles il y avait l'héritage non transmis retombant dans leur communauté, il y avait les rites funéraires dans lesquels on gaspillait des fortunes entières et il y avait le système des vengeances. Et au fond la législation de Dracon permet aux familles aristocratiques de limiter en quelque sorte les dégâts : [premièrement,] de maintenir des fortunes de type privé ; deuxièmement, d'éviter ces frais funéraires dans lesquels elles engloutissaient des fortunes ; et puis [troisièmement], ça leur permet également d'échapper à toutes les conséquences à la fois religieuses, économiques, biologiques et vitales de ces vengeances indéfinies. Donc la législation de Dracon délimite tout ça, et c'est à l'intérieur de cela que finalement va apparaître en forme pleine ce que la législation de Dracon dessinait encore à l'aveugle, en pointillés et en vide ; et ce plein, ça va être l'individu, et l'individu coupable. L'individu coupable, c'est le résultat de la législation de Dracon, et la législation de Dracon n'est pas le résultat de l'idée d'individu coupable. Voilà ce que j'ai voulu dire. Est-ce que ça répond à ce que… ?

— Oui, tout à fait. On pourrait aussi montrer que, non pas en Grèce, mais au Moyen Âge le système du duel est très visiblement un moyen de limiter la vengeance. Le champ clos sert à empêcher les autres d'entrer dans un combat qui sera limité au plaignant et au défendeur. Le système judiciaire du Moyen Âge est intermédiaire entre l'ancien système pénal et celui qui apparaît à ce moment-là. Mais est-ce que les notions de vérité et de culpabilité ne sont pas toujours impliquées dans la notion de vengeance ? Est-ce que Nietzsche ne dit ça quand il parle de la vengeance ?

— Moi, je dirai alors justement que c'est tout l'appareil étatique, l'appareil politique, l'appareil de pouvoir qui en Grèce a limité un phénomène comme la vengeance, c'est ça qui a fait naître à la fois la notion d'un individu coupable ou responsable, la recherche de la vérité. Autrement dit, [la question de] l'individu coupable, la question : qui est coupable ?, ce sont des questions qui sont nées à l'intérieur, qui n'ont pu naître qu'à l'intérieur d'une structure politique, c'est-à-dire à l'intérieur d'un certain type de rapports de pouvoir. Autrement la vengeance, elle, ne pose pas la question de la vérité. La meilleure preuve, c'est qu'on peut toujours tuer quelqu'un d'autre.

— Est-ce que l'idée de l'ordre n'est pas présente dans la vengeance ?

— Il me semblait que cette question qui est tout de même fondamentale – qui l'a fait, est-ce bien toi, et pourquoi l'as-tu fait, et qu'est-ce que tu avais dans l'esprit, etc., et quelle est non seulement la vérité factuelle, mais finalement alors la vérité psychologiquement... ? –, à travers tous les dédoublements, cette question-là naît à partir, très schématiquement, de la législation de Dracon – je dis ça, ce que je dis est beaucoup trop grossier –, c'est-à-dire à partir du moment où un pouvoir politique dit : non, désormais la vengeance n'est plus permise, à un meurtre doit répondre quelque chose qui est très précis et qui ne doit concerner que le meurtrier, lui seul, sa personne, sa présence, son absence, etc. Et du coup, toc, la vengeance est ainsi concentrée sur quelqu'un. Autrement dit, l'individualité, c'est le résultat d'un pouvoir politique appliqué sur la vengeance. C'est ça, l'individu. Et c'est pourquoi l'individu est toujours un être de ressentiment puisqu'il est le contrôle par l'État de la vengeance.

— Cette question me paraît liée à la question de la procédure judiciaire en ce sens que dans le système homérique, vous avez Dieu qui juge ; on n'a pas besoin de punir l'individu qui commet le crime, c'est Dieu qui va punir ou ne pas punir.

— C'est Dieu qui va punir ? [Je dirais plutôt :] qui va se venger ou ne pas se venger. Ce qui n'est pas tout à fait punir et n'est surtout pas juger, je pense.

— Dans l'autre système, les hommes sont obligés de juger eux-mêmes.

— Là, je serais bien d'accord avec vous pour dire que l'individualité, l'individu, et l'individu non plus comme pouvant dire la vérité, mais comme celui sur qui on peut dire la vérité, puisque c'est de ça qu'il est question maintenant, l'individu comme étant celui sur qui on peut dire la vérité, c'est le résultat d'une procédure, mais d'une procédure dont je pense qu'elle caractérise le contrôle politique par l'État ou par le pouvoir, le contrôle politique par le pouvoir du système des vengeances. Et là, dans ce découpage par le pouvoir politique, cette limitation par le pouvoir politique du déséquilibre indéfini des vengeances, apparaît cette figure qui nous paraît celle de l'intimité, qui me paraît être celle du ressentiment contrôlé, qu'on appelle l'individu.

— Je me demande s'il est judicieux de voir dans le système judiciaire une idée de classe pour éviter la vengeance.

— Mais alors là, je suis un peu méfiant à l'idée d'une rationalité comme ça étant donné que, premièrement, c'est tout de même d'une façon assez tardive, c'est-à-dire au VIe siècle dans le cas de Dracon qu'on [voit apparaître cette législation][a] – Dracon, c'est bien le début du VIe siècle ? Je crois, enfin bref[20]. En tout cas, vous comprenez, la législation de Dracon, il [ne faut pas] la voir sous l'aspect rétrospectif, sous le regard rétrospectif qu'ont porté sur elle les avocats, orateurs du IVe siècle qui évidemment trouvaient que c'était très dur. Mais encore une fois ce n'est pas très dur, c'est la limitation au contraire, c'est à la fois prodigieux dans son effet et puis très limitatif. Cette législation de Dracon, elle apparaît tout de même assez tardivement,

a. Conjecture ; Foucault ne termine pas sa phrase.

au VIe siècle, après des siècles et des siècles dans lesquels la société grecque a vécu sur le système de la vengeance.

— *Dans une société où la vengeance règne, la vengeance est interdite et on se venge précisément parce que la vengeance règne. Autrement dit, la vengeance est toujours contradictoire : je tue parce que tuer est un acte si épouvantable au sein de la communauté que seul le sang peut payer. On est dans un cercle vicieux absolu.*

— Mais alors l'autre chose que je vous dirai, c'est ceci : c'est que, à supposer même qu'on puisse dire : ça ne peut pas fonctionner dans ce système, avec ce système de la vengeance, je vous dirai que, premièrement, rien ne peut jamais fonctionner dans aucune société, dans aucun État. Est-ce que vous croyez que le capitalisme peut réellement fonctionner ? Ça fout le camp de partout. Et puis de toute façon, en effet, on peut dire que tous les appareils d'État, toutes les formes étatiques ou de pré-État ont toujours en effet cherché à limiter le système de la vengeance, le jeu de la vengeance. Mais les solutions sont très différentes selon que vous avez affaire à un État de type assyrien, que vous avez affaire à une cité grecque ou, si j'ai le temps de vous le montrer la semaine prochaine, au Moyen Âge, où finalement le même problème, la non-circulation et l'ouverture non indéfinie des vengeances ou la fermeture, plutôt, de la série indéfinie des vengeances va trouver une solution tout de même assez différente qui va poser la vérité, le problème de la vérité, mais d'une autre façon.

— *N'y a-t-il pas un contrôle rituel de la vengeance exercé par le système religieux ?*

— Mais là, ce contrôle rituel est forcément en même temps un contrôle politique. Et on peut dire que, vraisemblablement, le blocage des vengeances indéfinies, dans les sociétés grecques tout à fait primitives, du VIIIe et du VIIe siècle, était assuré tout simplement par la puissance des plus grandes familles, qui a, à un moment donné, empêché qu'on exerce sur elles la moindre vengeance, et elle bloquait ainsi le processus ; ou par le système des procès. À partir du VIe siècle, alors, c'est l'État en tant que tel, et c'est là où apparaît cette forme de l'individualisation, de l'individualité comme résultat d'une procédure de contrôle étatique sur la vengeance.

— *Dans la tragédie grecque, la vengeance occupe une place importante. C'est sans doute lié à une nouvelle crise.*

— J'avoue que je n'ai pas souvenir… mais je crois que la crise à la fois judiciaire, la crise du *nomos*, de tout le système législatif et constitutionnel des cités grecques dans la seconde moitié du Vᵉ siècle, cette crise n'a peut-être pas rouvert la pratique indéfinie de la vengeance, elle a rouvert en fait tout le problème de ce que c'était qu'une loi, sur quoi est-ce qu'elle était fondée, comment est-ce qu'on pouvait la changer, etc.

Il y a d'autres questions à poser ?

— *À propos de l'exagération rituelle au VIIᵉ siècle, il est difficile de dire que le rituel n'était pas présent avant.*

— On a tout de même l'impression – [je ne suis pas][a] un historien des religions – qu'il y a eu une remontée au VIIᵉ siècle, une réémergence de tous ces rituels de vérité, mais qui devaient sans doute être tenus à l'écart de la pratique religieuse comme étant non effectivement religieux. Et Hésiode présente ça, avec une insistance tout de même très […][b], comme lié à la fois, dans l'espace du *dikaion*, à toute la probité dans les rapports économiques, l'exactitude dans les techniques agricoles, comme instrument de justice et finalement comme seule religion. Il n'en connaît pas d'autre que l'ensemble de ces prescriptions. Alors que la prescription apparaît ainsi comme armature de la vie religieuse chez Hésiode, un siècle après, cinquante ans après, dans l'orphisme, c'est également la prescription ; la prescription de la règle se substitue au sacrifice […][c].

a. Conjecture ; passage inaudible.
b. Mot inaudible.
c. L'enregistrement s'interrompt ici.

Notes

1. Foucault consacre à la question du pur et de l'impur la leçon du 10 mars 1971 des *Leçons sur la volonté de savoir*, *op. cit.*, p. 161-174.

2. Homère, *Iliade*, chant XXIII, vers 35-53, t. III, *op. cit.*, p. 259-261. Comme le signale plus loin Foucault, Achille refuse de se laver avant d'avoir rendu les derniers devoirs à Patrocle.

3. Homère, *Iliade*, chant X, vers 572-579, t. II, *op. cit.*, p. 95-97.

4. Homère, *Odyssée*, chant IV, vers 750-761, t. I, *op. cit.*, p. 175-177.

5. Homère, *Iliade*, chant I, vers 312-317, t. I, *op. cit.*, p. 25.

6. Homère, *Iliade*, chant XVIII, vers 343-356, t. III, *op. cit.*, p. 83.

7. Homère, *Odyssée*, chant XV, vers 256-281, t. II, *op. cit.*, p. 305.

8. Homère, *Iliade*, chant XV, vers 429-433, t. II, *op. cit.*, p. 327.

9. Voir Hésiode, *Les Travaux et les Jours*, vers 724-759, *op. cit.*, p. 112-113.

10. Voir *supra*, p. 83.

11. Euripide, *Les Bacchantes*, dans *Tragédies*, VI-2, trad. fr. H. Grégoire, Paris, Les Belles Lettres, 2002.

12. Il s'agit de René Girard (1923-2015), anthropologue et philosophe, qui enseignait à l'époque à l'université de Buffalo et qui assiste au cours donné par Foucault. On l'entend confirmer ce que celui-ci vient de dire.

13. Voir Euripide, *Les Bacchantes*, vers 170-369, *op. cit.*, p. 57-65.

14. Le thyrse, bâton orné de feuilles de lierre ou de vigne et se terminant par une pomme de pin, est l'emblème de Dionysos.

15. Euripide, *Les Bacchantes*, vers 469-503, *op. cit.*, p. 69-70.

16. Nietzsche, *L'origine de la tragédie*, trad. fr. J. Marnold et J. Morland, Paris, Mercure de France, 1906.

17. Voir *supra*, p. 161.

18. Cet épisode a lieu lors de la seconde prise de pouvoir de Pisistrate. Hérodote l'évoque dans *Histoires*, I, 60, trad. fr. Ph.-E. Legrand, Paris, Les Belles Lettres, 2022, p. 66.

19. Homère, *Odyssée*, chant XI, vers 23-50, t. II, *op. cit.*, p. 137-139.

20. La législation de Dracon date du VIIe siècle.

SÉANCE VII
(13 avril 1972)

J'ai un petit peu le trac aujourd'hui, un peu plus que d'habitude, puisque je voulais vous parler d'Œdipe [1]. Voilà pourquoi et comment je voulais vous en parler. La dernière fois, j'avais essayé de situer, de schématiser un peu grossièrement quatre phénomènes qui sont je crois, importants dans la constitution de ce qu'on pourrait appeler l'individualité religieuse et morale. Vous vous souvenez que le problème que j'avais essayé de résoudre, enfin de poser, c'était celui-ci : dans une société ou en tout cas dans une pratique de type homérique, les rites de purification ne suivent pas la souillure pour obtenir que la souillure soit effacée. On n'a donc pas la série souillure, purification et effacement de la souillure, on a en réalité une pratique de purification qui est essentiellement destinée à marquer et à scander les différences spatiales ou les différences temporelles entre des lieux et entre des moments. C'est la protection, c'est la distinction et le maintien de ces différences qui est assuré par la purification. Alors le problème que je m'étais posé était de savoir comment est-ce qu'on est passé de cette purification qui vise et concerne un ensemble de différences à une purification qui a pour rôle et pour fonction d'effacer la souillure d'un individu.

Alors pour expliquer ça, je m'étais référé à quatre séries de phénomènes qui sont, je crois, assez importants dans l'histoire de la société et de la civilisation grecques du VIIᵉ, de la fin du VIIᵉ au début du Vᵉ siècle. Ces quatre phénomènes, c'étaient, vous vous souvenez, ce qu'on pourrait appeler la grande poussée du ritualisme, c'est-à-dire le développement, le renforcement, la multiplication, l'organisation aussi de ces pratiques religieuses qui ont pour caractère de pouvoir être acquises par les individus, d'être efficaces au niveau même de l'action individuelle et enfin qui peuvent être contrôlées au niveau de l'individu. C'était ça le premier phénomène. Le second phénomène, c'était le développement des formes religieuses collectives comme le dionysisme, dans lesquelles les formes d'appartenance et les formes de participation sont individuelles et non pas génériques. Troisièmement, c'était le développement des religions de la cité, qui déplacent considérablement, mais modifient profondément la vieille appartenance des dieux à un culte générique, familial, et qui définissent maintenant un espace religieux qui est coextensif à la cité, au pays, à la *khôra*, à l'espace dans lequel vivent les citoyens et dans lequel se manifeste et se marque la citoyenneté. Et enfin le dernier ensemble de faits auquel je m'étais référé, c'était cet ensemble législatif, cet ensemble de règlements qui tendait à égaliser et en même temps à individualiser aussi bien la mort que la survie, cet ensemble de règlements aussi qui, par le blocage, la réglementation du système de vengeance, finit par définir très exactement le coupable comme étant celui sur lequel, et celui auquel seulement doit s'appliquer la vengeance. De sorte que, par tout ce système, cet ensemble de modifications dans les pratiques religieuses, légales, finalement on voit en effet se définir quelque chose qui est comme un individu : un individu en rapport avec le sacré par les rites, en rapport avec la religion par son appartenance à une collectivité comme la collectivité dionysiaque, un individu qui a sa localisation à l'intérieur de cet espace, de cette *khôra* à la fois civile et religieuse de la cité, et un individu enfin qui peut être coupable, dans la mesure où c'est à lui que, par un système de procédures, doit être appliquée la vengeance si c'est lui qui a commis le meurtre. Et ainsi donc se découpe l'individualité.

Ce que je voudrais maintenant vous montrer, c'est comment, à partir de cette définition, cette constitution, de ce dessin de l'individualité, la pratique de la purification va venir en quelque sorte qualifier moralement l'individu. Autrement dit, la dernière fois j'ai essayé de vous montrer comment ont été liées l'une à l'autre la définition de l'individualité et la définition de la souillure individuelle, la fixation de la souillure sur l'individu – c'est en gros cela que j'avais essayé de vous montrer – et maintenant je voudrais vous montrer comment, et par quel biais, par quelle opération peut se faire la purification de cette souillure ainsi fixée, ainsi épinglée, ainsi ancrée sur l'individualité religieuse. Il me semble – c'est l'hypothèse que je voudrais avancer – que la pratique de cette purification, l'application du rite de purification sur l'individu, a eu à la fois pour condition et pour effet l'apparition d'un certain discours de vérité qui n'existait point jusque-là et qui a été dans le système dont je parle, c'est-à-dire dans le système individu, souillure et purification, la condition à laquelle la purification a pu s'opérer et qui a été en même temps l'effet de cette purification sur l'individu.

Comment est-ce qu'un discours, et un certain type de discours de vérité, vient à apparaître dans ce système à la fois pour le faire tenir et comme effet de l'existence de ce système ? Je citerai simplement ce texte que vous reconnaîtrez aussitôt et que je voudrais mettre en épigraphe de ces propos ; c'est celui-ci : « Le roi Apollon nous ordonne expressément de délivrer cette contrée d'une souillure qu'elle a nourrie dans son sein. Le roi Apollon nous ordonne de ne pas la laisser grandir et devenir incurable. » Réplique d'un personnage : « Mais par quelle purification ? Il s'agit de quel malheur ? » Réponse : « En exilant un coupable ou en faisant expier un meurtre par un meurtre, car ce sang cause les malheurs de Thèbes, le dieu ordonne clairement aujourd'hui de punir les meurtriers quels qu'ils soient. » Question : « Mais en quel endroit sont-ils ? Où découvrirai-je cette piste difficile d'un crime ancien ? » Réponse : « En cette contrée. Il l'a dit. Ce qu'on cherche, on le trouve ; ce qu'on néglige nous échappe »[2]. Je voudrais, dans ce texte qui est, vous savez, un texte introductif d'*Œdipe roi*, je voudrais tout de suite vous signaler un certain nombre d'éléments qui, répartis dans le texte, indiquent à peu près le problème tel que je voudrais le poser. « Le roi Apollon nous ordonne expressément de délivrer cette contrée d'une souillure » : vous voyez que cette notion de la *khôra*, du pays, comme à la fois unité religieuse et politique à l'intérieur de laquelle la souillure apparaît et surtout prend son effet, cette notion de *khôra*, liée donc à toute l'organisation sociale et religieuse des grandes religions étatiques, des grandes religions de citoyenneté, apparaît ici. La souillure porte donc sur la contrée, sur la *khôra* tout entière et sur tous ceux qui vivent sur la *khôra* et qui sont donc citoyens. Or cette souillure, comment doit-on la traiter ? On doit la traiter par une purification, dit le texte, une purification qui consiste à quoi ? À – et là deux possibilités sont données – exiler le coupable ou faire expier un meurtre par un meurtre : exil du coupable, c'est-à-dire donc exclusion de l'individu, et de l'individu seul, qui est coupable du crime, qui a commis le crime ; ou encore, autre solution, expier un meurtre [par] un meurtre, c'est-à-dire bloquer sur l'individu meurtrier, et sur lui seulement, tout ce processus de la peste, de la maladie, du malheur que la souillure a entraîné dans l'espace de la *khôra*. Autre élément que je voudrais souligner, c'est la série des questions : il s'agit de quel malheur ? En quel endroit sont ces meurtriers ? Où découvrir cette piste difficile ? Et vous voyez par conséquent la question du : qui l'a fait ? Où ça s'est fait ? Comment ça s'est fait ? En quoi ça a consisté ? Et enfin, dernier élément : en cette contrée, dit la réponse, « ce qu'on cherche, on le trouve, ce qu'on néglige nous échappe », c'est-à-dire la quête de la vérité comme condition fondamentale de la purification de la *khôra*, de l'espace de citoyenneté où est apparu et sur lequel sévissent les effets de la souillure.

C'est ce texte qui est le texte introductif d'*Œdipe* et vous voyez comme nous sommes loin de la manière dont se résolvait un problème de crime, le problème juridique du crime dans la société homérique. Souvenez-vous par exemple des deux procès que l'on avait trouvés chez Homère. L'un, c'était le procès tel qu'il est représenté sur le bouclier d'Achille[3]. Dans cette scène, il s'agissait bien en effet d'un meurtre ; quelqu'un avait tué quelqu'un d'autre, et on était devant le tribunal. Mais le tribunal, dans cette scène, n'avait aucunement pour rôle ou fonction de rechercher qui avait commis quoi, quand et comment et dans quelle intention. Le tribunal n'avait qu'une chose à décider : c'était de savoir si le prix du sang avait bien été payé par la famille du coupable à la famille de la victime. Le tribunal n'envisageait, ne considérait et n'avait à juger que la régularité des procédures, il contrôlait le système de la vengeance, il vérifiait que la vengeance avait bien été appliquée comme il fallait ou qu'elle avait bien été arrêtée comme il fallait par le prix du sang. C'était, autrement dit, le contrôle d'une procédure de vengeance qui de toute façon se déroulait d'individu à individu ou de famille à famille ou de *genos* à *genos*, c'était cette régularité seulement dont le tribunal avait à décider. Et par conséquent le discours qui se tenait, le débat qui avait lieu, ce dont on parlait au tribunal, c'était simplement d'un problème de droit ; ce dont il était question, c'était le droit : a-t-il été respecté, la règle a-t-elle été respectée ? Mais l'événement même du meurtre apparaissait comme le point de déclenchement d'une procédure de droit qu'il fallait vérifier. Cet événement n'avait jamais à être transformé en fait, il ne s'agissait pas d'établir qui avait fait quoi ni quand. L'événement restait événement, restait dans le retrait de l'incertitude, il était pris, il avait déclenché des vengeances, on vérifiait les vengeances, on ne vérifiait pas le fait, l'événement n'était pas, n'avait pas à devenir un fait.

L'autre procès, l'autre débat qu'on trouve dans l'*Iliade*, c'est, vous savez, le serment d'Antilokhos face à Ménélas – je vous en avais parlé[4]. Là encore, vous savez que le problème n'a pas du tout été de savoir ce qui s'est passé. Antilokhos avait en effet fait une irrégularité dans la course, mais cette irrégularité, personne n'a cherché réellement à l'établir bien qu'il y ait eu, à l'endroit où l'irrégularité avait été commise, quelqu'un qui s'appelait *istôr*, qui était le témoin. Mais au cours du débat devant les chefs grecs entre Ménélas et Antilokhos, on n'a jamais fait appel à *l'istôr*, au témoin, pour savoir si ça s'était bien passé comme ça et comment ça s'était passé, si l'un était coupable, si Antilokhos était coupable ou pas. Le seul problème, ça a été de savoir si Antilokhos accepterait le risque de prêter le serment qu'il n'avait pas fait cette irrégularité. Le débat n'était donc plus là tout à fait un débat de régularité de procédure, le débat était simplement un problème de risque à prendre ou à ne pas prendre. Mais là encore l'événement lui-même, ce qui avait déclenché ce risque, le risque de la colère divine, le risque de la vengeance divine, restait dans l'obscurité et l'incertitude, l'événement lui-même n'avait pas à être transformé en fait, aucun discours de vérité n'avait à reprendre en charge le fait lui-même pour que la liquidation de l'événement soit assurée en termes juridiques. L'événement n'était pas pris dans le réseau d'un discours de vérité. En revanche, à partir du moment où les transformations dont je vous ai parlé la dernière fois ont eu lieu, il est bien clair que l'événement qui s'est produit, le geste qui a été fait, le crime qui a été commis, doit bien être établi en termes de vérité si, effectivement, on a besoin pour rétablir le bonheur dans le pays, si on a besoin pour effacer la souillure dont les effets dévastent la *khôra* de repérer l'individu qui a commis le crime et si on a besoin, après l'avoir repéré, de l'exclure ou de le tuer. Le mécanisme de punition qui exclut le coupable par l'exil ou la mort, qui bloque ainsi la série indéfinie des vengeances, ce mécanisme ne peut être acquis qu'à une condition : c'est que le coupable soit effectivement reconnu et désigné, c'est-à-dire qu'un discours de vérité se soit emparé de cet événement qui jusque-là dans les procédures précédentes était resté dans l'obscurité, dans la nuit, dans l'antérieur, et que ce discours de vérité s'empare de cet événement et le transforme en fait.

Cette transformation de l'événement en fait, qui me paraît un des grands tournants, un des grands moments décisifs dans l'organisation, dans la disposition générale des discours de vérité dans notre société, dans notre civilisation, il est bien naturel que ce soit dans la fable d'Œdipe et dans la tragédie de Sophocle qu'on en trouve un certain nombre de témoignages, et c'est pourquoi je voudrais vous parler ce soir de cet Œdipe. Il est absolument évident que je suis incapable de vous analyser toute la pièce d'*Œdipe* dans toutes ses dimensions – d'ailleurs qui le pourrait ? Moi encore moins –, je voudrais simplement prendre dans cette pièce un certain nombre de fils, prendre une série d'éléments, à vrai dire même une série de mots pour arriver à repérer comment fonctionne le savoir, comment fonctionne le discours de vérité à l'intérieur même de cette pièce d'*Œdipe*. Je négligerai donc des pans entiers de l'œuvre, j'essaierai simplement de retrouver ce fil, de suivre ce filon ou cette veine. Et la thèse générale, très grossière et, vous verrez, d'un positivisme très plat que je veux soutenir est celle-ci. Je ne pense pas que, dans cette pièce d'*Œdipe*, ce qui est le principe organisateur, ça soit l'opposition entre Œdipe ignorant et ceux tout autour de lui – le dieu, le devin, les témoins, les paysans et finalement Jocaste et jusqu'à un certain point Créon –, ceux qui savent; je ne pense pas que ce soit la tragédie de celui qui ignore, celui qui est fondamentalement aveugle en face de tous ceux qui savent, même s'ils sont aveugles comme Tirésias. Je ne crois pas, autrement dit, que ce soit ce jeu, disons, conscience/inconscience qui soit au centre du problème du savoir dans *Œdipe*. Je ne pense pas non plus que ce soit le simple jeu, le seul jeu de l'opposition entre le devin qui est aveugle et qui sait d'un savoir religieux, d'un savoir d'un autre type, en face de l'homme qui a su résoudre l'énigme, et qui pourtant est aveugle. Tout ce dualisme, lumière/obscurité, lucidité/aveuglement, conscience/inconscience, savoir/ignorance, tout ce dualisme, toute cette série de dualismes ne rendent à mon sens pas suffisamment compte de la manière dont les différentes formes de savoir sont spécifiées à l'intérieur de la pièce. Ces dualismes par lesquels on interprète en général le texte de Sophocle ne me paraissent pas rendre compte de la manière dont ces différentes formes de savoir, spécifiées, se distribuent, se hiérarchisent, jouent les unes contre les autres, les unes avec les autres, les unes en face des autres dans la pièce. Et ce sont ces différentes formes de savoir et ces jeux entre ces différentes formes de savoir que je voudrais un petit peu restituer là, maintenant, ce soir.

La première chose que je voudrais remarquer, c'est ceci. C'est qu'au début de la pièce on voit se substituer quelque chose qui est comme l'exigence d'un savoir à ce qui est proposé en première instance, au premier niveau, comme pure et simple application d'un rituel. Autrement dit, ce que je dis, c'est ceci. La ville, Thèbes, est donc en proie à un mal; ce mal, c'est le vieux mal, vous savez, terriblement familier de la civilisation grecque et, à dire vrai, des civilisations indo-européennes, c'est-à-dire ce mal qui répand la mort chez les hommes, la stérilité dans les récoltes, les troupeaux et chez les femmes. Ce mal qui règne donc sur la ville appelle quelque chose pour réparer le mal, pour le suspendre ou pour le chasser.

À ce désastre, à cette plaie ou cette peste endémique, la réponse traditionnelle, c'est forcément : il y a quelque chose à faire, c'est-à-dire il y a une conjuration à effectuer, ou encore il y a un rituel à appliquer. Et c'est bien ainsi qu'Œdipe le comprend. Lorsque le peuple de Thèbes vient le trouver, il répond en termes de : qu'est-ce qu'il y a à faire ? Il dit : « Que craignez-vous ? Que désirez-vous ? Je suis prêt à vous donner mon aide. » C'est encore comme ça qu'Œdipe l'entend un peu plus loin lorsque, avant que le messager Créon venant de chez Apollon n'arrive, Œdipe aux citoyens inquiets dit : « Mais j'ai bien essayé de faire quelque chose, j'ai envoyé un messager à Apollon » ; il a envoyé ce messager à Apollon pour, dit-il, lui demander « ce que je devais dire ou faire pour sauvegarder la ville ». Donc Œdipe en tant que chef de la ville pense qu'il a quelque chose à dire ou quelque chose à faire, une formule de conjuration à prononcer ou un geste rituel à accomplir. De toute façon, c'est en termes de rite qu'Œdipe répond à l'interrogation de ses citoyens. Et c'est encore comme cela qu'Œdipe l'entendra au moment même où Créon, celui qu'il a envoyé auprès d'Apollon, revient ; il dit à Créon : « Il faut chasser une souillure, je la chasserai. » Donc trois fois, c'est bien en termes de rituel, de rituel pur et simple qu'Œdipe répond, sans que jamais il ne pose lui-même la question du savoir. Œdipe ne veut pas savoir, Œdipe est là, à ce niveau-là, l'homme du rituel qui propose selon la tradition de répondre en termes rituels au malheur qui est en train de s'abattre sur la cité. Or au moment même où il proclame trois fois cette décision de *faire* quelque chose, donc d'appliquer un certain rituel, il est à ce moment-là même poussé à la fois doucement et violemment vers le savoir, vers un problème de savoir. Et il est poussé comment ? D'abord [le prêtre][a] l'indique très nettement quand il dit à Œdipe, et là tout à fait au début de la pièce, c'est la seconde réplique de la pièce : « Mais si nous sommes venus à toi, c'est parce que tu es celui qui a résolu l'énigme de la cruelle Chanteuse, c'est toi qui a résolu l'énigme du sphinx, et c'est

a. Enregistrement : « D'abord le coryphée l'indique très nettement quand il dit à Œdipe, et là tout à fait au début de la pièce, c'est la seconde réplique de la pièce… pardon, ce n'est pas le coryphée, c'est le prêtre qui lui dit… ».

en tant que tu es cet homme-là que nous nous sommes adressés à toi. En effet, dit le prêtre, lorsque tu as résolu l'énigme de la cruelle Chanteuse, tu n'as pas simplement répondu à une question, tu as en même temps rendu la cité droite, tu as redressé la cité (le mot grec est *anorthôsein*), tu as redressé la cité, tu l'as remise d'aplomb »[5]. Or cette expression « *anorthôsein* la cité », remettre la cité d'aplomb, c'est précisément le mot que Solon employait et a employé dans ses hymnes pour désigner ce qu'il avait fait, lui Solon, lorsqu'il avait exercé le pouvoir à Athènes et lorsqu'il avait proposé ou imposé à ses concitoyens ces fameuses lois, ces fameux *nomoi*, qu'on verra réapparaître au cours de la pièce. C'est-à-dire que redresser la cité par son savoir, c'est ce qu'a fait Œdipe, c'est ce qu'avait fait Solon, bien avant Sophocle. Et redresser la cité par son savoir, c'est bien précisément ce qu'avaient fait tous les législateurs, tous les nomothètes du VIe siècle, c'est-à-dire ce qu'avaient fait les tyrans. Les tyrans étaient ceux qui possédaient une certaine forme de savoir et de pouvoir qui leur permettait de remettre la cité d'aplomb, le privilège de leur savoir était lié à la position, j'allais dire orthodoxe, la position droite de la cité. Donc c'est bien en tant que cela, en tant qu'il détient un certain savoir-pouvoir, un certain savoir lié à l'ordre de la cité, un certain savoir déterminant l'ordre de la cité, c'est bien en tant que tel qu'Œdipe se trouve, par le prêtre de Zeus[a], requis à faire quelque chose, il doit faire quelque chose en tant qu'il est homme de savoir. Et dans cette mesure-là, vous voyez qu'il est, lui qui parlait d'abord en termes de rite, précipité ou poussé en tout cas dans l'espace du savoir.

Il est poussé une seconde fois un peu plus tard, quand Créon précisément revient de Delphes porteur du message d'Apollon. En effet Créon arrive, et aussitôt Œdipe l'interroge ; et la réponse, vous la connaissez, mais je vous la cite parce que tout de même les mots sont importants – je vous en ai rappelé une partie tout à l'heure[6]. Créon revient, et il est porteur de la réponse : « Voici quelle réponse

a. Enregistrement : « ... se trouve, par le prêtre de Zeus – pardon, ce n'est pas le prêtre de Zeus, c'est le prêtre d'Apollon... non, le prêtre de Zeus, pardon –, se trouve par le prêtre de Zeus requis à faire quelque chose. »

m'a été faite au nom du dieu : "Sire Phœbos..." » – là je vous cite la traduction française qui a une espèce de statut universitaire assez bon, puisque c'est la collection Budé : la traduction est épouvantable, elle est faite par Mazon qui, je crois, était autrefois un grand bonhomme et qui devait être très vieux quand il l'a faite ; alors donc il a traduit *Phoibos anax* par « Sire Phébus » – « Sire Phébus nous donne l'ordre exprès de chasser la souillure que nourrit ce pays et de ne pas l'y laisser croître jusqu'à ce qu'elle soit incurable. » – « Oui, mais comment nous en laver ? Quelle est la nature du mal ? » – « En chassant les coupables [...] » – « Mais quel est donc l'homme dont l'oracle énonce[7] la mort ? » – « Ce pays, prince, eut pour chef Laïos, autrefois, avant l'heure où tu eus toi-même à gouverner notre cité. » – « On me l'a dit ; jamais je ne l'ai vu moi-même. » – « Il est mort, et le dieu aujourd'hui nous enjoint nettement de le venger et de frapper ses assassins. » – « Mais où sont-ils ? Comment retrouver à cette heure la trace d'un crime si vieux ? » – « Le dieu les dit en ce pays. Ce qu'on cherche, on le trouve ; c'est ce qu'on néglige qu'on laisse échapper. » Et Œdipe dit : « Est-ce en son palais, ou à la campagne, ou hors du pays que Laïos est mort assassiné ? [...] Et pas un messager, [pas] un compagnon de route n'a assisté au drame, dont on pût tirer quelque information ? » – « Tous sont morts, sauf un, qui a fui [...] et qui n'a pu conter de ce qu'il avait vu qu'une chose, une seule... » – « Laquelle ? Un seul détail pourrait en éclairer bien d'autres [...] »[8], etc. Et vous voyez comment la réponse de l'oracle disant : « Il faut chasser celui qui est responsable de la mort » entraîne par son caractère lacunaire, par ce que ne dit pas l'oracle, tout un jeu de questions qui, vous voyez, toutes sont des questions de fait : qui a fait ça ? Quand est-ce que ça s'est fait ? À quel endroit ? Comment ? Est-ce qu'il y en a un témoignage ? Est-ce que quelqu'un a vu ? Sans s'en rendre compte, vous voyez, et par la nature même de la réponse de l'oracle, Œdipe, qui avait été requis en tant qu'homme de savoir, se trouve maintenant requis d'une autre façon et à un autre niveau, à être homme de savoir, non plus homme de ce savoir qui tient la cité droite, mais homme de ce savoir qui voit, de ce savoir qui constate, de ce savoir qui se souvient, de ce savoir de témoignage.

Or précisément, et c'est peut-être là un des ressorts, un des mécanismes de cette pièce de Sophocle, c'est que le savoir que possède Œdipe, le savoir d'Œdipe tyran, le savoir qui a résolu l'énigme du sphinx, n'est pas du tout du même type que le savoir qu'on lui requiert maintenant de manifester. En effet le savoir dont il est maître, ce savoir à cause duquel on vient le trouver, ce savoir qui a mis la cité droite sur ses jambes, en quoi consiste-t-il ? Le prêtre de Zeus[a] le lui a dit dès le début; il a dit à Œdipe : « Nous venons te chercher parce que tu as montré ton savoir. Or ce savoir grâce auquel tu as remis la cité d'aplomb, c'est un savoir que tu n'as appris de personne. Aucun d'entre nous ne t'a donné ce savoir. C'est peut-être à l'aide d'un dieu que tu as pu ainsi relever notre fortune »[9]. Le savoir d'Œdipe, et c'est le premier caractère que l'on voit signalé pour ce savoir dans la pièce, est un savoir qui n'a pas été appris, qu'il ne tient de personne. Nul, de bouche-à-oreille, ne lui a dit, ne lui a enseigné ce qu'il devait savoir. Savoir qui n'a donc pas été formé par l'acoustique, qu'aucune voix n'a transmis, savoir qui n'a pas été écouté. Et le prêtre de Zeus dit : « Peut-être un dieu te l'a-t-il donné », il laisse ouverte cette possibilité. Mais précisément plus loin Œdipe, lorsqu'il se disputera avec le devin Tirésias, lorsque Tirésias lui laissera entendre que c'est lui le coupable, Œdipe va aussitôt se défendre et il fait valoir que le devin a mauvaise grâce à jouer maintenant ceux qui savent alors que, au moment où la ville était menacée et ravagée par le sphinx, à ce moment-là, lui Tirésias, il ne s'est pas montré. Ce n'est pas Tirésias, dit Œdipe, qui a résolu l'énigme du sphinx. Qui a résolu cette énigme pour laquelle il fallait pourtant en savoir long ? Œdipe dit : « Ce n'est pas toi, devin, qui a résolu l'énigme du sphinx, c'est moi; c'est moi, Œdipe, qui l'ait résolu, moi *ho mêden eidôs*[10], moi celui qui ne savait rien », celui qui n'avait rien vu, celui qui n'avait pas acquis de savoir. Et comment est-ce qu'il l'a résolue ? *Gnômê kurêsas*[11], il l'a résolue par – sa propre présence d'esprit, dit Mazon, ça ne signifie rien – sa propre *gnômê*, c'est-à-dire le fait de sa propre connaissance, sa connaissance propre qui ne venait de personne, qui

a. Enregistrement : « Le coryphée, je crois... non, c'est le prêtre encore, le prêtre de Zeus... ».

ne venait par conséquent ni des hommes ni des dieux. Il était celui qui n'avait rien vu, auquel on n'avait rien dit et auquel les dieux n'avaient rien montré. C'est simplement par la force de sa *gnômê* qu'il a résolu l'énigme du sphinx.

Et dans un troisième passage, Œdipe, au moment où il croit que Créon est en train de le trahir, dit dans cette espèce de monologue : « Eh oui, hélas, je comprends bien pourquoi on me trahit, car suscitent l'envie ces choses que j'ai et qui sont *ploutos*, *turannis* et *tekhnê* » [12], c'est-à-dire [*ploutos*,] la richesse, *turannis*, la tyrannie, le pouvoir – on reviendra sur ce mot – et puis la *tekhnê*, une certaine forme de savoir. Par conséquent, quand Œdipe a à caractériser lui-même sa forme de savoir, il l'oppose donc à ce savoir qui viendrait d'ailleurs, qui lui aurait été transmis, ou à ce savoir de vision, *eidô* [a], et il le caractérise comme un savoir qui est *gnômê* et *tekhnê*, disons savoir et puis *tekhnê*, capacité, pouvoir, mais pas au sens de pouvoir politique, capacité à appliquer son savoir aux choses, aux gens, à la cité, à l'ordre des choses. C'est cette *gnômê* et cette *tekhnê*, c'est ce savoir-pouvoir, c'est celui-là qui a fait tenir d'aplomb la cité en résolvant l'énigme du sphinx.

Je voudrais maintenant m'arrêter un petit peu précisément sur l'usage de ces deux mots, *tekhnê* et *gnômê*, dans cette pièce, dans ces textes de Sophocle. D'une façon générale, ce mot *tekhnê* par lequel Œdipe lui-même caractérise ce dont il est capable par opposition aux autres, ce terme de *tekhnê*, vous savez, ça désigne ces fameux arts, techniques, métiers, ensemble de savoirs au niveau des choses mêmes, au niveau de l'ordre et de la transformation des choses, cette espèce de savoir par lequel les cités se sont enrichies, par lequel les hommes ont échappé au malheur et à la misère. Et là alors je vous renvoie simplement pour mention à toute la série des fables, récits, mythes, etc. qui concernent l'origine des *tekhnai*, qui, vous savez, dans la société grecque sont, à la fois, d'origine divine, puisque c'est Dieu en effet, ce sont les dieux qui les ont inventées ; mais finalement les hommes se les sont appropriées par un certain nombre de ruses et

a. *Eidô* : je vois, je sais.

dans l'un au moins de ces mythes, c'est Prométhée qui s'est emparé de la principale de ces *tekhnai*, de ces techniques, et qui l'a donnée aux hommes. De toute façon, une fois données aux hommes, les techniques, les *tekhnai* ne peuvent plus remonter aux dieux, les dieux ne peuvent plus se les réapproprier. Finalement, quelle que soit la version mythique qu'on en donne, la *tekhnê*, c'est ce qui mesure la distance entre les hommes et les dieux. La *tekhnê* se situe à la ligne de rupture, à la frange par où les hommes s'opposent aux dieux et par où les dieux jalousent les hommes. La surface de rupture, de mésentente, de jalousie entre les hommes et les dieux est définie, dans la pensée grecque, par la *tekhnê*. Et c'est précisément cette *tekhnê*, ce savoir technique, qu'Œdipe revendique tout au long de la pièce comme étant à lui, comme le caractérisant. C'est un savoir qui, en effet, concerne l'ordre de la cité, qui enrichit la cité, qui la rend heureuse, mais c'est un savoir par lequel on se détourne des dieux, c'est un savoir par lequel la jalousie des dieux se trouve suscitée. Et ce sens polémique du mot *tekhnê*, on le retrouve tout au long du texte de la pièce de Sophocle.

En effet le mot *tekhnê* revient plusieurs fois, et il revient plusieurs fois, assez curieusement, et en première instance d'une façon tout à fait contradictoire avec ce que je viens de vous dire. C'est à propos de Tirésias. À propos de Tirésias, vous trouvez trois fois l'expression *mantikê tekhnê*, c'est-à-dire la technique de divination, le savoir de divination, comme si précisément le mot de *tekhnê* désignait là, non plus du tout ce savoir par lequel on se détourne des dieux et par lequel les dieux vous jalousent, mais comme si là le mot *tekhnê* désignait au contraire la communication des dieux et des hommes. Or les trois fois où le mot *tekhnê* est employé par Sophocle, c'est par Œdipe lui-même ou par Jocaste toujours à titre de dérision contre le savoir de Tirésias. Par exemple un vers – j'ai oublié de noter le numéro –, mais Œdipe est en train d'interroger Créon et lui dit : « Mais enfin, tu m'ennuies avec les prévisions de Tirésias. Après tout, Tirésias aurait bien dû, s'il sait la vérité, la dire au moment où le roi Laïos est mort. Or il ne l'a pas dite et pourtant il la possédait déjà, sa *tekhnê*, *houtos ho sophos*, ce fameux sage, ce fameux savant »[13].

Et le caractère ironique de la phrase est parfaitement évident. Ici, c'est par dérision qu'Œdipe applique le terme de *tekhnê* à ce que fait Tirésias, comme si Tirésias était l'un de ces gens qui a une *tekhnê*. S'il avait une *tekhnê*, autrement dit si sa fameuse capacité à prédire l'avenir était une véritable *tekhnê*, il aurait dû l'appliquer à ce moment-là. Et la meilleure preuve que ce n'est pas une *tekhnê*, c'est qu'il n'a pas été capable de l'appliquer à ce moment-là et de permettre à la cité de se tenir droite. C'est de la même façon que, s'adressant directement à Tirésias, Œdipe une seconde fois emploie le terme de *tekhnê* – j'avoue que je ne me souviens plus, c'est au vers 357, mais peu importe, c'est encore d'une façon purement ironique. C'est ce texte-là dont on parlait tout à l'heure, vous vous souvenez, où vous m'avez fait remarquer que le mot *tekhnê* était employé. C'est [au vers] 357 : au cours de la dispute entre Tirésias et Œdipe, Tirésias dit : « Je demeure hors de tes atteintes : en moi vit la force du vrai. » Et Œdipe répond : « Mais qu'est-ce qui t'aurait appris le vrai ? Ce n'est certainement pas ta *tekhnê*. »[14] Et là encore le caractère ironique, l'usage négatif, péjoratif en tout cas, du terme *tekhnê* est ici manifeste : si tu sais la vérité, ce n'est certainement pas par cette chose que tu prétends être ta *tekhnê*, ou qui est bien incapable d'être réellement une *tekhnê*. Et enfin alors d'une façon absolument claire, au vers 709, quand Jocaste veut rassurer Œdipe, elle lui dit : « Mais ne t'occupe donc pas de ce que vient de te dire Tirésias. Les prophéties de Tirésias ne prêtent pas à conséquence car aucun homme n'a jamais possédé *mantikê tekhnê* »[15], n'a jamais possédé cette chose en elle-même contradictoire et absurde que serait une *tekhnê* qui aurait pour fonction de dire l'avenir. Autrement dit, la *tekhnê* que revendique Œdipe pour lui-même est précisément et à chaque instant distinguée de et opposée à ce savoir d'un tout autre type qui est celui de la *manteia*, celui de la prévision, le savoir de Tirésias qui est toujours caractérisé, lui, par deux choses : [d'une part] le fait que Tirésias pratique le *phronein*, c'est-à-dire la pensée, la réflexion, considère les choses ; et d'autre part la *manteia* de Tirésias est caractérisée par le fait que la vérité est plantée en lui comme par nature. Tirésias dit à un moment donné : « La vérité est en moi par nature. » Et il emploie le verbe *phuein* [...][a], « elle a été inscrite en moi par nature ». Donc tout un côté de la *tekhnê* d'Œdipe s'oppose à la *manteia* et au *phronein* de Tirésias.

Mais il y a un autre côté de cette *tekhnê* ou de cette *gnômê* d'Œdipe, c'est le côté par lequel ce savoir va s'opposer, disons, à toute cette série de connaissances qui sont transmises de bouche-à-oreille ou qui sont transmises par la mémoire, et qui est précisément le savoir qui réside dans le peuple même de Thèbes. Le peuple même de Thèbes, les serviteurs, les paysans, ils savent, ils ont vu, ils disent des choses. Sur la mort de Laïos, des choses se sont dites. On sait, on a répété, on a murmuré qu'il avait été tué par les brigands, on a dit qu'il avait été tué à la fourche de trois routes, etc. ; bref, tout ce savoir qui est le savoir de l'audition, qui est le savoir du murmure, et auquel s'opposent la *tekhnê* et la *gnômê* d'Œdipe, qui, elles, se caractérisent, non pas par le fait qu'il écoute, mais par le fait qu'il trouve. Œdipe est l'homme qui trouve. Et plusieurs fois, à plusieurs reprises, le mot employé pour désigner ce que fait Œdipe, c'est *heuriskein*, il a trouvé. Œdipe est donné comme celui qui a trouvé l'énigme. C'est également en ces termes-là d'ailleurs qu'il essaie de résoudre le problème que lui pose la peste de Thèbes, lorsqu'il dit : « Le seul remède que j'ai trouvé, ça a été d'envoyer quelqu'un auprès d'Apollon. »[16] Par opposition, par conséquent, à ceux qui ne font que répéter ce qu'ils ont vu ou répéter ce qu'on leur a dit, par opposition à ceux qui transmettent ainsi, à ceux qui murmurent, à ceux qui sont pris dans cette espèce de moutonnement des choses répétées, Œdipe, lui, est l'homme qui trouve, qui trouve précisément, qui trouve actuellement, qui trouve comment résoudre la situation actuelle de la cité ou répondre à la question actuelle de la Chimère. Œdipe trouve sans avoir jamais rien appris de personne. Et le chœur le dit puisqu'à un moment donné, aux vers [37-38][b], il dit à Œdipe : « Mais tu sais bien, toi, que tu n'as jamais rien appris de personne. »[17]

a. Quelques mots inaudibles. Le passage auquel Foucault fait ici allusion pourrait se trouver aux vers 298-299, p. 83, où le Coryphée dit à propos de Tirésias : « celui qui, seul parmi les hommes, porte en son sein la vérité (*hô talêthes empephuken anthrôpôn monô*) ». Au vers 356, p. 85, Tirésias dit : « en moi vit la force du vrai ».

b. Enregistrement : « 35 ».

Donc on peut dire ceci : c'est qu'en face de tous ceux qui apprennent des dieux, comme les devins, ou des autres hommes, comme les gens du peuple, Œdipe, c'est celui qui pratique cette connaissance bien spécifique qui est la *gnômê* et la *tekhnê*, Œdipe est cet homme, l'homme de la *gnômê* et de la *tekhnê*.

Mais il faut bien remarquer que Jocaste aussi est du côté Œdipe, au même niveau qu'Œdipe, et elle oppose aussi bien aux on-dit, aussi bien au murmure des répétitions qu'aux prophéties de Tirésias – je ne dirais pas le même scepticisme –, elle oppose le même refus, le même autre type positif de savoir. Par exemple, quand Jocaste demande à Œdipe à propos de Créon : « Mais Créon, quand il dit que c'est toi, Œdipe, qui a tué Laïos, est-ce qu'il le sait de lui-même ou est-ce qu'il l'a appris de quelqu'un d'autre (*mathôn allou para*) ? »[18] À partir du moment où elle sait que Créon n'a appris que de quelqu'un d'autre, à ce moment-là alors elle peut rejeter sans difficulté le témoignage de Créon. Jocaste est comme Œdipe, elle ne croit pas ceux qui répètent, qu'ils aient répété ce que le dieu leur a dit ou qu'ils aient répété ce que les autres leur ont dit, et la meilleure preuve que Jocaste et Œdipe sont précisément les [personnages][a] de cette *tekhnê* et de cette *gnômê*, c'est qu'au moment même où ils refusent ainsi tout ce qu'ils entendent dire de la part du dieu ou de la part des hommes, au moment où ils refusent ce savoir, ils font bien valoir qu'ils ont certainement échappé aux oracles qui les condamnaient et ils expliquent dans cette tirade-là par quels moyens, par quelles *tekhnai* ils sont arrivés à échapper à l'oracle. Jocaste dit pour sa part que, si elle est bien sûre que Laïos n'a pas été tué par son fils, c'est que, quand un fils lui est né, elle l'a fait tuer[19]. Et de son côté, Œdipe répond : « Quant à moi, ma *tekhnê* pour échapper à l'oracle, ça a été, lorsque j'ai appris que je devais coucher avec ma mère et tuer mon père, de quitter Corinthe où j'habitais et de venir ainsi vivre à Thèbes. »[20] Donc c'est bien par la *tekhnê* qu'ils ont précisément repoussé, refoulé, rejeté l'oracle qui les enserrait. Jocaste et Œdipe sont, je crois, les personnages de cette *gnômê* et de cette *tekhnê*, de ce savoir qui fait ainsi tenir la ville.

a. Enregistrement : « les hommes ».

Or le fait que ce type-là de connaissance, cette *tekhnê* et cette *gnômê*, soit lié à l'exercice du pouvoir, un certain nombre d'expressions du texte de Sophocle le prouve à l'évidence. C'est le fait que ce savoir, cette capacité d'Œdipe qui lui appartient et qui le caractérise, c'est la capacité à gouverner. Quel est l'art que l'on reconnaît à Œdipe tout au long de la pièce, et auquel se réfèrent sans arrêt le chœur ou les personnages quand ils parlent d'Œdipe ? C'est le fait qu'Œdipe sait bien gouverner, tenir le gouvernail du bateau, il a su mettre la voile dans le vent. Le chœur demande à un moment à Œdipe de ressaisir d'une façon vigoureuse le timon, et Jocaste dit à Œdipe : « Nous nous inquiétons, à voir Œdipe en désarroi alors qu'il tient dans la main la barre de notre vaisseau. »[21] La *tekhnê* propre à Œdipe, cette *tekhnê* et cette *gnômê*, c'est celle qui consiste à savoir tenir le gouvernail, c'est-à-dire celle qui consiste à savoir exercer le pouvoir. Et vous voyez comment on arrive là à retrouver un certain nombre de thèmes qui sont précisément organisateurs de ce savoir-pouvoir. [Premièrement,] c'est par le savoir, c'est par la *tekhnê* qui lui a permis de résoudre l'énigme que, une fois, Œdipe est arrivé à s'emparer du pouvoir à Thèbes ; la fondation de son pouvoir à Thèbes, c'est dans un exploit de ce savoir, de cette *tekhnê*. Deuxièmement, c'est parce que cette *tekhnê* était la *tekhnê* qui consistait à bien tenir le gouvernail, c'est comme cela et à cause de cela qu'il a pu faire régner l'ordre dans la cité. Bref, tout le savoir d'Œdipe, quand on suit ses caractéristiques à travers le texte même de Sophocle, toutes ses caractéristiques renvoient d'une part à l'opposition, bien sûr, avec le savoir du devin et le savoir du peuple, mais c'est un savoir qui caractérise essentiellement le *turannos*, qui caractérise essentiellement celui qui tient et exerce le pouvoir. C'est un savoir qui refuse d'écouter ce qu'on dit, qui refuse d'écouter les dieux, c'est celui qui est lié au pouvoir, au pouvoir du *turannos*, c'est-à-dire au pouvoir solitaire, c'est un savoir qui est lié à cette différence qui, à l'intérieur de la cité, assure le pouvoir à un homme et à un seul. La distance de pouvoir entre Œdipe et les autres, c'est cette distance-là qui est marquée par un certain savoir caractérisé comme *gnômê* et *tekhnê*, caractérisé négativement par le fait que ce n'est pas un pouvoir d'audition, ce n'est pas un pouvoir qui répète. Et que ce savoir d'Œdipe soit un savoir profondément tyrannique, que ce soit un savoir profondément lié à l'excès du pouvoir, et à l'excès individuel du pouvoir sur les autres hommes, la preuve en est, je crois, dans un passage que d'ordinaire on ne commente pas bien, qu'on ne commente pas du tout, et qui est très exactement au milieu de la pièce, c'est-à-dire en ce point où Œdipe a donc reçu, la ville de Thèbes a reçu la solution, enfin en tout cas le conseil de l'oracle : retrouver le coupable. On s'est donc mis en quête du coupable, on a su qu'il y avait quelqu'un qui sans doute avait vu, on est parti à sa recherche, Tirésias a formulé cette espèce de vérité-menace qui était adressée à Œdipe : « Je pourrais bien te dire qui a tué, et c'est toi qui as tué. »[22] Là-dessus Œdipe, inquiet, demande à Jocaste ce qu'elle, elle peut savoir. Jocaste dit : « Mais ne t'inquiète pas, tout le monde sait que Laïos a été tué, et ne peut pas avoir été tué par toi, puisqu'il a été tué à la fourche des chemins par quelqu'un, par un brigand, ou par des brigands »[23] – on reviendra sur ce singulier ou ce pluriel. C'est-à-dire qu'elle lui donne le signe même que c'est lui. À ce moment-là Œdipe, affolé, demande qu'on aille chercher la personne qui pourra dire si effectivement c'est lui ou pas lui, si c'est un brigand ou des brigands. Et la pièce, à ce moment-là, est suspendue par l'arrivée du chœur. On attend donc la réponse, tous les éléments sont là, on attend la réponse, le chœur entre et dit ceci : « Ah ! fasse le Destin que toujours je conserve la sainte pureté dans tous mes mots, dans tous mes actes. Les lois [*hoi nomoi*] qui leur commandent siègent dans les hauteurs : elles sont nées dans le céleste éther, et l'Olympe est leur seul père ; aucun être mortel ne leur donna le jour ; jamais l'oubli ne les endormira ; un dieu puissant est en elles [c'est toujours des *nomoi* qu'il s'agit, des lois], un dieu qui ne vieillit pas. La démesure enfante le tyran. Lorsque la démesure s'est gavée follement, sans souci de l'heure ni de son intérêt, lorsqu'elle est montée au plus haut, sur le faîte, la voilà soudain qui s'abîme dans un précipice fatal, et dès lors ses pieds brisés se refusent à la servir. Or c'est la lutte glorieuse pour le salut de la cité qu'au contraire je demande à Dieu de ne voir jamais s'interrompre : Dieu est ma sauvegarde et le sera toujours. Celui en revanche qui va son chemin, étalant son orgueil dans ses gestes et ses mots, sans crainte de la Justice, sans respect des temples divins, celui-là, je le voue à un sort douloureux, qui châtie son orgueil funeste, du jour qu'il se révèle apte à ne rechercher que profits criminels, sans même reculer devant le sacrilège, à porter follement les mains sur ce qui est inviolable. Est-il en pareil cas personne qui puisse se flatter d'écarter de son âme les traits de la colère [divine][a] ? Si ce sont de pareilles mœurs que l'on honore désormais, quel besoin ai-je vraiment de former ici des chœurs. »[24] Donc au moment où tout le problème est de savoir si oui ou non Œdipe a commis le crime, si c'est lui qui oui ou non a tué Laïos, le chœur entre et puis il oppose ainsi le règne de la loi et le règne du tyran, le règne d'une loi qui serait garantie par Dieu et d'un excès tyrannique.

Et j'avoue que je n'ai pas lu, je n'ai lu que très peu de commentaires sur Œdipe, je ne sais pas ce que disent les autres commentateurs, mais je voudrais tout de même, pour l'amusement, vous lire la note qui a été écrite par ces commentateurs français qui sont ou Mazon ou Dain[25] et qui dit ceci : « On s'étonne [tout de même] un peu d'entendre ici définir la démesure par des traits qui semblent n'avoir aucun rapport avec Œdipe. Mais cela est peut-être voulu. Le portrait du tyran est volontairement élargi et "chargé" de façon à mieux préparer l'excuse que mérite l'indignation du Chœur et à ne pas paraître désigner trop expressément Œdipe »[26]. La stupidité de la note prouve à vrai dire l'embarras du commentateur qui manifestement, lisant cela dans la perspective où nous lisons nos propres tragédies classiques, doit classer Œdipe dans la catégorie des personnages dits sympathiques. Il dit d'ailleurs, le même commentateur, un peu [avant] : Œdipe, il ne faut tout de même pas oublier que c'était un bon roi, qu'il a bien gouverné la cité ; alors tout de même, c'est un petit peu injuste de faire cette sortie contre le tyran[27]. Mais à vrai dire je crois qu'il faut prendre cette sortie contre les tyrans absolument au pied de la lettre. Le tyran encore une fois au sens grec du terme, c'est-à-dire celui dont

a. Mot ajouté par Foucault.

le savoir, et dont le savoir à lui seul, sans s'appuyer sur rien, prescrit les lois de la cité, prescrit les lois ou plutôt substitue aux lois quelque chose qui est comme la main ferme du timonier. Et c'est pourquoi, en face de ce savoir et contre ce savoir d'Œdipe dont j'ai essayé de vous montrer quels étaient les caractères, ce savoir appelé *tekhnê* et *gnômê*, qui s'oppose à un certain nombre d'autres savoirs et qui est lié à l'art de gouverner, ce savoir-là qui est précisément en train de craquer, ce savoir dont la pièce va montrer qu'il n'est pas capable de résoudre l'énigme, que cette énigme-là, cette énigme de la pureté, cette énigme de la faute, cette énigme du crime, il est incapable de la résoudre, au moment donc où son échec va être scellé, ce chœur, ce n'est pas une manière psychologique de préparer les auditeurs à supporter les malheurs d'Œdipe, c'est en réalité l'explication même du caractère d'*hubris*, de démesure de ce savoir, c'est l'explication pour laquelle ce savoir n'est pas capable de résoudre ce problème de la pureté. Car qu'est-ce qui caractérise ce savoir, comment est-ce qu'il apparaît ici, ce savoir d'Œdipe, maintenant vu par le chœur qui prend distance à l'égard du tyran ? Le chœur dit : « Fasse le destin que toujours je conserve la sainte pureté … » – c'est donc de pureté qu'il va s'agir tout au long du développement – « … dans tous mes mots, dans tous mes actes. Les lois qui leur commandent siègent dans les hauteurs : elles sont nées dans le céleste éther, et l'Olympe est leur seul père ». Les mots veulent dire ce qu'ils disent, c'est-à-dire que, quand il s'agit de pureté, il ne peut pas être question de quelque chose qui serait un homme posant des lois, [seuls] les *nomoi* qui siègent dans l'Olympe, [seuls] les *nomoi* qui sont nés de Zeus, [seuls ceux-ci] peuvent être de quelque autorité et de quelque fonction en ce qui concerne le problème de la pureté : « un dieu puissant est en [ces lois], un dieu qui ne vieillit pas ». Et vous voyez comment ceci se réfère en image inverse [au savoir] du *turannos* ou [au savoir] du nomothète qui pose les lois de sa propre autorité, ou qui, dans sa propre autorité, suspend les lois. Les lois ne peuvent effectivement régir et assurer la pureté dans les actes et les mots des citoyens qu'à la condition qu'elles aient été posées par les dieux et non pas par un homme, à condition que leur autorité repose sur l'Olympe et non pas simplement dans la volonté d'un homme, d'un homme qui pourrait vieillir ou, pire encore, d'un homme qui pourrait oublier. La vieillesse et l'oubli sont indiqués dans le texte comme les deux choses qui ne peuvent pas précisément arriver aux *nomoi* des dieux. Les *nomoi* des dieux sont posés par des gens qui n'oublient pas – or Œdipe oublie –, qui ne vieillissent pas – or Œdipe pour son malheur a vieilli. D'où, tout naturellement, le portrait du tyran qui vient à ce moment-là : « La démesure enfante le tyran. Lorsque la démesure s'est gavée follement, sans souci de l'heure ni de son intérêt, et lorsqu'elle est montée au plus haut, la voilà soudain qui s'abîme dans un précipice », etc. C'est bien le savoir tyrannique qui est mis là en question par le chœur, parce que le drame d'Œdipe, la tragédie d'Œdipe, ce n'est pas la tragédie de l'inconscient contre la conscience, de l'oubli contre la veille, ce n'est même pas le conflit entre l'aveuglement et la divination, c'est le conflit entre le savoir-pouvoir qui est celui du *turannos* et d'autres types de savoir qui se forment autour de lui et qui l'assiègent, et qui bientôt vont le renverser.

Ce problème du renversement du savoir tyrannique, du savoir-pouvoir du *turannos*, c'est ce problème-là que je voudrais maintenant aborder.

Je voudrais finir rapidement ce que voulais vous dire sur Œdipe. Donc, je crois, d'une certaine façon et à un certain niveau, sans que ça ne soit aucunement une analyse exhaustive de la pièce, on peut dire que, vue sous un certain angle, et en laissant tomber mille choses, la pièce d'*Œdipe roi* représente la manière dont ce savoir propre au tyran, dont ce savoir-pouvoir a été maîtrisé. D'ailleurs le problème de la maîtrise, de « qui commande ? », de ce que c'est que commander est important dans toute la pièce, il est important jusque tout à fait à la fin, puisque, vous savez, il y a cette très curieuse et énigmatique phrase au moment où Œdipe s'en va. Créon lui dit de partir ou lui dit qu'il lui accordera la possibilité de partir. À ce moment-là Créon dit : « Oui, pars, et laisse là tes filles. » Et Œdipe dit : « Mais non, au moins laisse-les-moi que je puisse partir avec elles ». « Ah ! Ça suffit, répond Créon, maintenant ce n'est pas toi qui commandes [*kratein*], ce n'est pas toi qui régis, et tu n'as pas toujours régi avec succès »[28], dit-il en se référant à ce qui s'est passé. C'est-à-dire que la pièce tombe sur le moment où ce *kratein*, où cet exercice du pouvoir qu'Œdipe a pratiqué jusqu'alors est maintenant solennellement clos. Il n'est plus là pour commander, il ne commande même pas à ses filles et à sa famille, il a perdu le pouvoir. Ce savoir a été ainsi dépouillé par le fait même qu'il n'a pas été capable de résoudre l'énigme.

C'est un savoir maîtrisé que celui du tyran, et il est maîtrisé par quoi ? Il est maîtrisé par deux autres formes de savoir dont j'ai essayé de vous montrer, au moins négativement, en quoi ils s'opposaient à celui d'Œdipe : c'est le savoir du devin et le savoir des témoins, c'est-à-dire des serviteurs, des paysans. Or ces savoirs, quand on essaie de repérer comment ils sont caractérisés au cours même de la pièce, ils sont caractérisés par un mélange de deux facultés, de deux éléments qu'on ne trouve jamais lorsqu'il s'agit d'Œdipe et du savoir œdipien : ces éléments, ce sont voir et entendre. Combinaison de voir et d'entendre qui caractérise le devin et qui caractérise les gens du peuple, mais d'une manière tout à fait différente puisque, chez le devin, voir et entendre se composent de la manière suivante : le devin est aveugle, mais sa capacité de *phronein*, de réfléchir, de penser, lui permet de voir des choses, car il a la vérité implantée par nature en lui. Tel est donc le regard paradoxal du devin, aveugle mais capable de voir la vérité implantée en lui. Et d'autre part le devin est celui qui entend la parole de Dieu, entend en ce sens d'une part qu'il a l'oreille longue et qu'il écoute, et deuxièmement qu'il sait interpréter et qu'il sait ce que cela veut dire. En face de lui, de l'autre côté, symétriquement par rapport à Œdipe, vous avez un autre type de savoir auquel le savoir tyrannique d'Œdipe s'oppose, auquel le savoir d'Œdipe est imperméable, et par lequel le savoir d'Œdipe sera lui aussi maîtrisé, c'est le savoir du peuple, des serviteurs, des bergers. Et alors là, mélange aussi de voir et entendre, mais sur un tout autre type : les gens du peuple ont entendu dire, ils racontent, ils répètent tout à travers la ville, et ils ont également vu, ils ont vu de leurs yeux, vu de leurs yeux de chair ; et là, vous avez toute la caractérisation de ce témoignage comme étant un témoignage optique de gens qui ont vu, tous les verbes qui désignent le regard, la vision, *horaô*, *eidomai*, etc., vous les retrouvez dans tout ce qui caractérise ce témoignage qu'Œdipe va rechercher. Or entre ces deux savoirs, le savoir du devin et le savoir du berger, il y a, premièrement, un ajustement exact puisque tout ce qu'a dit Apollon, tout ce qu'a répété Tirésias, tout ce que rappelle une fois encore Tirésias, tout cela se trouve effectivement conforme à ce qu'ont vu les paysans, ce que racontent les gens du peuple, ce dont les bergers vont porter témoignage. Entre ces deux formes de savoir, l'ajustement est total alors que précisément le savoir œdipien, le savoir du tyran est absolument opaque à ce que dit le devin, sourd à ce que dit le peuple. Donc entre le savoir du berger et le savoir du devin, ajustement. Deuxièmement, entre ces deux savoirs, une opposition en ce qui concerne le temps puisque le devin sait à l'avance, le devin maîtrise le futur, et même quand il rappelle quelque chose de passé, il le rappelle comme ayant été une prédiction, comme ayant toujours été vrai, alors que le savoir du berger, c'est le savoir de ce qui s'est passé, de ce qui s'est effectivement produit, c'est le savoir de l'événement transformé en fait. Donc ces deux savoirs qui s'ajustent exactement, s'opposent ou s'articulent dans le temps comme le passé au futur. Troisièmement, ces deux savoirs, celui du devin et celui du berger, s'opposent aux deux pôles d'une hiérarchie décroissante de dignité. Quand on regarde la dignité des savoirs et des sujets de savoir, vous pouvez établir dans la pièce une hiérarchie : il y a le dieu, qui sait, qui a dit, qui a à la fois prescrit et prévu ; il y a les prêtres, il y a Tirésias ; puis vous avez au-dessous Jocaste et Œdipe ; et puis finalement vous avez au dernier degré le messager et puis finalement l'esclave, qui a été le berger, le serviteur et qui a assisté à tout. Et les deux pôles de cette hiérarchie sont occupés par les deux pôles du savoir, ces deux formes de savoir qui s'opposent l'une à l'autre. Or, et c'est là, je crois, aussi un des mécanismes de la pièce : si le savoir le moins digne, c'est celui du berger et le savoir le plus digne, c'est évidemment celui du dieu, le savoir le moins crédible, celui qu'il est le plus difficile d'admettre, celui auquel, au fond, personne ne croit à part Tirésias, c'est le savoir du dieu et en revanche celui qui va faire foi à l'intérieur de la pièce, celui qui va faire tout basculer, celui qui finalement va renverser le pouvoir œdipien et le savoir œdipien, la savoir qui viendra à bout de la tyrannie, ce n'est pas le savoir du devin, qui reste en quelque sorte incrédible, non cru en tout cas, comme pure et simple prophétie, le savoir qui va effectivement faire tout basculer, qui va tout emporter avec lui, c'est ce savoir, ce témoignage de la vue et de l'audition, ce témoignage du regard, ce témoignage de celui qui a effectivement tenu dans ses mains, ouvert les yeux sur, et qui maintenant encore se souvient, c'est le témoignage du berger. C'est-à-dire que c'est le témoignage le moins digne dans toute la hiérarchie que vous voyez se déployer dans la cérémonie d'*Œdipe* : au dernier moment, le dernier personnage qui arrive et qui est bien le dernier puisque c'est un esclave ; il n'a comme dignité que d'avoir été élevé dans la maison, de n'avoir pas été acheté, il authentifie ainsi par conséquent son témoignage ; cet esclave qui n'a pas été acheté, qui a toujours été là, c'est celui-là qui finalement va tout dire, qui va dire l'essentiel et qui va emporter définitivement la conviction. Donc je crois qu'on pourrait schématiser en disant que, vous voyez, chez Œdipe, vous n'avez pas conscience/ inconscient, vous avez la lutte, et la lutte à la fois politique et non politique, entre trois types de savoir, le savoir du devin, qui est du côté du futur, qui est du côté de l'éminente dignité, qui est du côté du religieux, mais qui reste hors de la crédibilité, qui n'est pas cru. Vous avez au centre le savoir du tyran qui est un savoir actuel, qui sait effectivement résoudre les énigmes qu'on lui pose du moment qu'elles concernent le présent ; et ce savoir est un savoir lié à l'exercice du pouvoir, mais c'est un savoir qui ne croit à rien, qui n'écoute pas, à qui la dimension de l'audition est fermée. Et enfin vous avez ce savoir du paysan et du berger qui est tourné vers le passé, qui est lié au regard, et c'est celui-là qui est cru.

On peut dire qu'alors un des mécanismes de la pièce, un niveau auquel on peut démonter le mécanisme de la pièce, c'est le mécanisme par lequel on va passer du savoir qui est formulé par Tirésias au nom d'Apollon, et dans lequel toute la pièce et toutes les solutions de la pièce sont déjà dites, jusqu'au niveau où la vérité devient efficace dans le retournement de la situation et dans la dépossession d'Œdipe, dans la dépossession du savoir et du pouvoir d'Œdipe, c'est-à-dire [celui du] serviteur. Et je crois que le mécanisme est très simple : c'est le mécanisme du partage du savoir en deux morceaux. À chaque instant, je ne veux pas dire que le savoir est partagé une fois pour toutes en deux morceaux, mais à chaque instant le savoir est partagé en deux moitiés et ces deux moitiés fonctionnent – c'est dans le texte même d'*Œdipe* – comme un *sumbolon*, comme un symbole. Et vous savez que le *sumbolon*, c'était anciennement cette espèce de disque qui était brisé en deux, et deux personnes qui devaient se rejoindre ou se reconnaître étaient porteuses des deux moitiés et elles se reconnaissaient, elles authentifiaient le message qu'elles avaient apporté ou elles authentifiaient l'alliance qu'elles devaient nouer en ajustant l'un à l'autre les deux fragments de cette espèce de tesson ainsi brisé. C'était cela, le *sumbolon*, le symbole comme moitié cherchant la moitié qui lui manque et qui va venir exactement s'ajuster, grâce à quoi l'alliance pourra être nouée, ou la personne reconnue, ou le message délivré, bref la vérité passée. La vérité passera lorsque les deux moitiés du *sumbolon* viendront s'ajuster l'une à l'autre. C'est dans le texte ; Œdipe au vers 221 dit : « Je veux maintenant trouver le coupable, à partir du *sumbolon* que j'ai »[29] et qu'on traduit : à partir de l'indice que j'ai. Mais le *sumbolon* qu'il a, c'est en réalité la moitié de ce fragment cassé auquel l'autre moitié doit venir s'ajuster pour constituer la figure totale de la vérité.

On peut dire que toute la pièce est une série de cassures comme ça, de cassures à qui il va manquer une moitié. Prenez au début de la pièce le message d'Apollon ; Apollon dit : « Il faut purifier la souillure », ce qui n'est à vrai dire qu'une moitié de la solution, car l'autre moitié, celle qui manque, c'est de savoir qui a commis la souillure, qui a commis le crime. Et cette autre moitié, Apollon ne la donne pas, il la laisse en suspens. Or cette autre moitié est entre les mains de quelqu'un, et ce quelqu'un arrive et donne l'autre moitié : c'est Tirésias ; Tirésias qui dit : « Mais moi, je vais vous le dire, qui a fait la souillure, et je vais te le dire à toi, Œdipe : c'est toi. » Ces deux moitiés viennent donc ainsi s'ajuster. Mais ces deux moitiés, ce sont les moitiés d'une vérité qui est faite précisément pour n'être pas crue, d'une vérité qui reste cette vérité des prophéties et des devins que finalement ni Œdipe, bien sûr, ni Jocaste, mais pas même le chœur, et pas même les serviteurs, pas même les gens ne croient réellement. À cette vérité sans crédibilité, sans créance, manque une autre moitié qui est la croyance de la vérité. Et par conséquent la pièce va consister en la constitution de cette autre moitié qui manque à cette moitié primitive qui était elle-même faite de deux moitiés, vous voyez. On pourrait d'ailleurs dire que la prophétie d'Apollon se divisait en deux parties et qu'Apollon avait toujours dit la moitié de la vérité à chacun. Il avait dit une moitié de la vérité à Laïos et une autre moitié de la vérité à Œdipe. Enfin bref, il y a tout un jeu comme ça.

Donc première moitié, Apollon ; l'autre moitié, c'est Tirésias. Ces deux moitiés enfin rejointes ne donnent qu'une moitié, puisqu'il y manque encore la créance générale. Comment va-t-on obtenir cette autre moitié ? On va l'obtenir par tout le reste de la pièce. Et le reste de la pièce, ça consiste en ceci d'abord que Jocaste va dire une moitié de la vérité qui manque : elle va dire à Œdipe : « Tu sais, ce n'est pas toi qui a tué Laïos puisque Laïos, il a été tué par des gens qu'on ne connaît pas sur le chemin, cette fourche du chemin qui… que… » À ce moment-là Œdipe s'aperçoit qu'il a dans la main l'autre moitié du tesson, l'autre fragment, il sait parfaitement qu'un meurtre a été commis à cette fourche du chemin puisque c'est lui qui a commis le meurtre. Et par conséquent vous avez là l'autre moitié tenue par Œdipe dans sa main, qui vient coller, qui vient s'accrocher exactement à la moitié que Jocaste par hasard avait dite. Mais ce n'est encore que la moitié de ce qui manque à la moitié. Ce n'est que la moitié qui manque à la moitié car on ne sait toujours pas d'où vient Œdipe, et il y a au moins une moitié des prédictions qui n'a pas été réalisée, c'est l'inceste d'Œdipe, c'est le fait qu'Œdipe avait pour mère Jocaste. Cette autre moitié va être donnée maintenant par la fin de la pièce où on voit apparaître le Corinthien, le messager corinthien qui annonce que le faux père d'Œdipe est mort, qui annonce que le père d'Œdipe n'est pas le père d'Œdipe, et qui dit : « Œdipe, après tout, je ne sais pas qui c'est, je l'ai reçu. » Le Corinthien a dans la main cette moitié de la moitié de la moitié, etc., qui est : voilà, j'ai reçu Œdipe ne sachant pas d'où il venait, mais je sais qui me l'a donné. Par conséquent manque maintenant à ce récit du Corinthien une dernière moitié ; c'est : d'où venait Œdipe ? Qui a donné Œdipe au serviteur qui lui-même l'a donné au Corinthien ? Et le serviteur arrive et dit : « Œdipe, je l'ai reçu en réalité de ses parents », c'est-à-dire Laïos et Jocaste. La moitié qui manquait au récit du Corinthien vient s'ajuster exactement au récit du Corinthien. Ça forme un ensemble qui n'est lui-même que la moitié de ce que Jocaste et Œdipe avaient découvert à eux seuls. De sorte que Jocaste, Œdipe, le Corinthien, le serviteur donnent l'histoire tout entière : c'est Œdipe qui a tué Laïos et Laïos et Jocaste étaient les parents d'Œdipe. Et cette histoire est la moitié réelle, la moitié en termes de réalité historique de cette autre moitié donnée en forme de prévision, de prédiction, le discours d'Apollon et le discours de Tirésias.

C'est ainsi, vous voyez, que de moitié manquante en moitié manquante la totalité de l'histoire a été reconstituée et c'est ainsi, par ce jeu des moitiés, des tessons cassés, par ce jeu du *sumbolon*, des moitiés successivement ajoutées, ajustées, que finalement l'histoire d'Œdipe s'est effectuée et que le savoir de la vérité est venu à se formuler. Or ce savoir, la dernière moitié qui lui manquait, la moitié essentielle, ce qui a réalisé effectivement l'histoire, ce qui lui a permis d'entrer dans la réalité des choses et puis de balayer le savoir tyrannique d'Œdipe, ça a été ce dernier élément, cette dernière moitié, cette infime moitié de la moitié de la moitié de la moitié qui était ce qu'a vu effectivement et ce dont se souvient actuellement le témoin. Cet *istôr*, ce fameux témoin dont on voyait la présence à la fois énigmatique et insignifiante dans la contestation de Ménélas et d'Antilokhos, ce fameux témoin qui ne servait à rien chez Homère et qu'on ne consultait absolument pas lorsqu'il s'agissait de savoir qui, de Ménélas et d'Antilokhos, allait emporter le prix[30], c'est ce fameux *istôr* que l'on cherche avec tant de soin tout au long d'*Œdipe*, c'est ce fameux *istôr* qui intervient au dernier moment d'*Œdipe*. Et alors que dans le jeu entre Ménélas et Antilokhos la souveraineté des deux héros faisait que c'était simplement dans la procédure du serment qu'ils liquidaient leur conflit, là maintenant la souveraineté d'Œdipe, ce savoir tyrannique qui était le sien, se trouve entièrement basculé par le simple jeu d'un témoignage, d'un témoignage venant de quelqu'un qui n'était qu'un berger, d'un berger qui n'était qu'un esclave. Et c'est finalement ce savoir, ce savoir vu, ce savoir de témoignage de l'esclave, c'est l'esclave *istôr*, c'est l'esclave témoin qui fait basculer entièrement, qui renverse le savoir-pouvoir d'Œdipe.

Je voudrais maintenant un peu tirer les conséquences de tout cela. Je voudrais dire :

Premièrement, vous le voyez, analysée – enfin analysée, [disons plutôt] très légèrement quadrillée comme ça –, la tragédie d'*Œdipe roi* n'est pas le jeu du savoir et de l'ignorance, de la conscience et de l'inconscient, c'est le jeu entre différents types de savoir, et différents types de savoir politiquement caractérisés et situés.

Deuxièmement, *Œdipe*, c'est la tragédie ou c'est le jeu de ce savoir tyrannique qui refuse d'entendre aussi bien ce que dit le dieu par la voix des prophètes que ce que disent les gens du peuple qui se portent les uns aux autres les témoignages.

Troisièmement, c'est parce que ce savoir tyrannique refuse ainsi d'entendre et les prophéties et ces témoignages, parce qu'il refuse aussi bien le regard aveugle du devin que le regard ouvert et non oublieux du berger, c'est à cause de cela qu'il perd le pouvoir. Mais en première instance, puisque c'est bien de pureté qu'il est question, de crime et de souillure dans la pièce d'*Œdipe*, c'est parce qu'il refuse ce savoir-là, ce savoir des prophètes et ce savoir du peuple, qu'il n'est pas capable de résoudre le problème de la pureté. Le problème de la pureté, l'énigme de la souillure, ce qu'il faut faire pour être purifié de la souillure, ce qu'il faut pour que la pureté soit restaurée, ce n'est pas le tyran qui peut le savoir, ce n'est pas le savoir lié au pouvoir qui peut le dévoiler. C'est le pouvoir, au contraire, dans son *hubris*, dans son déséquilibre, dans sa solitude excessive, [qui fait que ce savoir qui lui est lié][a] est précisément incompatible avec la connaissance

a. Conjecture; nous complétons la phrase dont une partie semble manquer. Enregistrement : « C'est le pouvoir, au contraire, dans son *hubris*, dans son déséquilibre, dans sa solitude excessive, ce savoir est précisément incompatible avec la connaissance de la pureté, et par conséquent avec la connaissance de la manière d'effacer la souillure. »

de la pureté, et par conséquent avec la connaissance de la manière d'effacer la souillure.

De sorte que – et je voudrais en arriver là – c'est que d'une part on peut dire ceci : c'est que toutes les métamorphoses, tous les changements dans la vie et la pratique religieuse du VIe siècle ont bien effectivement amené à poser cette fameuse question : qui a fait quoi ? Ce sont ces nouvelles techniques de la purification, ou plutôt c'est cette application des techniques de la purification au crime individuel, c'est bien cela qui a produit à titre d'effet la question « qui a fait quoi ? » et tous les discours de vérité, toute cette recherche de vérité sur les faits. Le vieux monde homérique, où les événements se produisaient et puis n'avaient leurs conséquences, ne produisaient leurs conséquences ou leurs effets qu'au gré de la colère, de la vengeance, de la mémoire ou de l'oubli des dieux, ce vieux monde homérique est maintenant liquidé. On ne charge plus les dieux de se souvenir ou d'oublier, de punir ou de pardonner. On veut effectivement savoir, c'est-à-dire que tout événement dans la vie des hommes doit pouvoir être repris dans le filet du savoir et devenir ainsi un fait. Mais – et là je schématise un peu grossièrement les processus historiques –, cette acquisition, cette émergence d'un savoir qui prend la forme du « qui l'a fait, quand, comment, pourquoi ? etc. », c'est un phénomène sans doute qui doit s'être formé dans la pratique judiciaire du VIe siècle dans la plupart des cités grecques. À l'époque d'*Œdipe roi*, c'est-à-dire à l'époque de Sophocle, au Ve siècle, déjà une nouvelle forme de savoir est apparue, ou plutôt un certain déplacement de ce savoir ainsi né des techniques de purification individuelle, de purification des souillures et des crimes individuels, un certain déplacement s'est produit. Et au Ve siècle, il est dit dans *Œdipe* qu'au contraire, que désormais en tout cas ce ne sera pas le savoir-pouvoir, c'est-à-dire un savoir lié à l'exercice du pouvoir, qui pourra connaître, qui pourra tenir ce discours de vérité. Alors que vraisemblablement au niveau des processus de formation de ces discours de vérité, c'était bien en effet l'exercice du pouvoir et une certaine forme de pouvoir politique qui l'avait rendu possible et qui l'avait imposé, au contraire maintenant au Ve siècle, on voit que le pouvoir politique qui avait en quelque sorte rendu possibles les discours de vérité à propos des faits individuels, des puretés et des souillures individuelles, est dépossédé de la possibilité, du droit, de la capacité à connaître les choses. Désormais, c'est hors du pouvoir politique, c'est dans ses marges que, du côté des prêtres ou du côté des bergers, du côté du témoin naïf ou de celui qui voit en sa propre pensée et qui a les yeux fermés, c'est de ce côté-là que le discours de vérité pourra être tenu. Le pouvoir politique n'est plus capable de dire la vérité ; ou plutôt on affirme, on proclame que le pouvoir politique est maintenant incompatible aussi bien avec la vérité qu'avec la pureté. Œdipe ne peut pas savoir ce qu'il en est en vérité de la pureté. En revanche, ce qu'il en est de la pureté, on le demandera aux prêtres ou on le demandera aux bergers. Le savoir-pouvoir n'apparaît plus comme tel, il est caché, il est masqué, on affirme maintenant que le vrai savoir est lié à la pureté et que ce vrai savoir de pureté est dans les marges du pouvoir, il est hors du pouvoir.

Vous voyez que, vous le sentez bien, Socrate est passé par là, qui a affirmé que, pour savoir la vérité, il fallait être pur, et pour pouvoir être pur, il ne fallait pas exercer le pouvoir. Et vous voyez que nous avons là une espèce de figure symétrique de celle dont je vous parlais il y a quinze jours quand j'essayais de vous montrer par quel jeu, par quelle mystification le savoir-pouvoir transplanté d'Orient en Grèce s'était renversé par un certain nombre de mécanismes et était apparu, s'était masqué dans la forme de la vérité-justice[31]. Maintenant, avec Œdipe, on voit apparaître ceci : c'est que le savoir-pouvoir qui effectivement dans les cités grecques avait vraisemblablement organisé cette répartition, cette fixation de la pureté sur les individus, avait donc réglé cette purification des souillures individuelles, ce savoir-pouvoir se masque comme savoir et comme pouvoir, il est dit maintenant, il est affirmé que le pouvoir est quelque chose qui n'est pas capable d'atteindre la vérité ni d'être pur, et le savoir-pouvoir qui s'était masqué sous la forme de la vérité et de la justice se masque maintenant sous la forme et sous les espèces d'une vérité-pureté qui serait étrangère au pouvoir. Appartenance de la vérité et de la justice, appartenance de la vérité et de la pureté, ce sont les deux formes majeures sous lesquelles s'est masqué l'exercice réel du savoir-pouvoir dans notre société. Et les trois grands aspects du savoir-pouvoir, j'ai essayé de les repérer dans la mesure et la monnaie, dans la loi et l'ordre du monde, dans le fait, dans la transformation de l'événement en fait. Vous voyez qu'on a là les trois grandes lignes majeures de formation du savoir occidental : la mesure, la loi, l'établissement du fait. Le savoir occidental naît là, mais vous voyez qu'il ne naît que, d'une part, à l'intérieur d'une certaine organisation des rapports du savoir et du pouvoir, il ne naît que dans ce processus, dans cette mise en jeu d'un certain savoir-pouvoir dont on saisit les traces, dont on saisit le passage de l'Orient à l'Occident. Donc le savoir, la connaissance de la loi, de la mesure et du fait naissent bien dans le jeu de ce savoir-pouvoir, mais ce savoir-pouvoir ne donne lieu à la connaissance de la mesure, de la loi et du fait qu'à la condition de se masquer comme pouvoir, de se masquer comme exercice d'un pouvoir politique et de se masquer sous la forme d'une vérité qui serait la justice et d'une vérité qui, d'autre part, ne pourrait être atteinte que dans la pureté, et dans une pureté étrangère à tout pouvoir. Et ce qu'on peut dire – et c'est là-dessus que je voudrais m'arrêter –, c'est que, si ce que je vous ai dit est vrai, vous voyez comment la vérité telle que nous la connaissons comme vérité des choses dans leur mesure, vérité de l'ordre dans la loi, vérité de l'événement dans le fait, cette vérité, cet espace de la vérité, ce lieu où on requiert la vérité, n'est jamais que l'effet d'un certain processus politique qui est celui du savoir et du pouvoir, du jeu du savoir et du pouvoir. Mais cette vérité, si elle est l'effet de ce processus, ne l'est qu'au prix de cette espèce de fiction qu'est l'appartenance de la vérité à la justice et à la pureté. La vérité est donc un effet réel des processus politiques de l'organisation du savoir-pouvoir, mais l'effet dans la forme de la fiction. La vérité, c'est la fiction de l'Occident. Voilà ce que je voulais vous dire.

Si vous voulez poser des questions, je suis prêt à essayer de vous répondre.

— *Vous avez parlé de trois types de savoir : celui du devin, celui du tyran et celui du berger. Je me demande s'il y a également le savoir du poète, par exemple le savoir d'Homère ou d'Hésiode. Est-ce que vous partagez l'avis de Vernant quand il dit que le savoir du poète, c'est la mémoire*[32] *?*

— Quand j'ai essayé de définir ces trois niveaux du savoir du devin, du tyran et du berger, je ne le faisais bien sûr qu'à l'intérieur de la pièce d'*Œdipe.* Vous me direz : dans la pièce d'*Œdipe*, il y a bien le savoir du poète. Mais le savoir du poète est tout de même la condition de l'existence de la pièce, il est la condition de la pièce comme discours, ce savoir du poète n'est pas effectivement présent dans le texte même d'*Œdipe*; le poète n'est pas présent sur la scène d'*Œdipe.* D'accord ? Alors je crois, mais très schématiquement, qu'on pourrait dire ceci : c'est qu'en effet, au moins jusqu'au Ve siècle, le savoir du poète a eu à l'intérieur de la culture grecque une importance majeure, mais que cette importance n'a pas été la même et que ce rôle n'a pas été le même chez Hésiode par exemple, chez les philosophes ioniens d'autre part, et, disons, chez un poète tragique du Ve siècle. Dans le cas d'Hésiode le savoir du poète, c'était le savoir de l'ordre des choses, et ceci avant la grande mutation politique qui a permis au tyran ou au nomothète d'établir cet ordre des choses dans la cité et de lier ainsi l'ordre de la cité à l'ordre des choses. Dans une deuxième étape, encore une fois très schématiquement, et précisément à l'époque des nomothètes, vous avez le poète en tant qu'il est à la fois celui qui énonce l'ordre des choses et celui qui fait régner l'ordre dans sa cité. C'est pourquoi le poète grec a souvent été, sinon roi comme Héraclite, sinon fondateur de cité comme Pythagore, du moins nomothète, du moins personnage du chef, du guide; après tout Solon était lui aussi poète. Donc là, dire l'ordre des choses dans le poème et imposer à la cité ses *nomoi*, c'était au fond une seule et même activité. Et puis alors au Ve siècle, à partir du moment où se fait cette déchirure dont *Œdipe* porte la trace, exercer le pouvoir n'est plus de l'ordre du savoir, et autour d'un pouvoir qui par nature est aveugle comme celui d'Œdipe, vous n'avez plus que des gens qui savent à côté de celui qui détient le pouvoir, à sa place, mieux que lui, etc. Le couple Platon-Denys[33] est tout à fait symptomatique de cette dualité entre un pouvoir qui feint de n'être plus un savoir, qui feint d'être innocent du savoir, et un savoir qui feint d'être innocent du pouvoir.

— C'est le savoir du berger qui arrive à faire basculer le savoir-pouvoir du tyran. Quelles sont les conséquences pour la cité et comment le savoir-pouvoir du tyran va-t-il évoluer ?

— Ce que je proposais de dire, de montrer, c'est qu'à l'époque où Sophocle écrit et fait représenter *Œdipe* l'exercice du pouvoir est devenu aux yeux des Grecs quelque chose qui est étranger au savoir, et le savoir est quelque chose qui est devenu étranger à l'exercice du pouvoir, à la loi du pouvoir. Le savoir se donne directement du dieu à l'homme sans que l'homme puisse exercer le pouvoir. Il y a une série de textes à l'intérieur d'*Œdipe* où justement Tirésias se plaint toujours de la tyrannie d'Œdipe, et à un moment donné il lui dit : « Mais tu m'as forcé à parler »[34]. Il a le savoir, lui, Tirésias, mais le pouvoir est du côté d'Œdipe. Et à l'autre extrémité vous avez le berger qui lui est représenté comme évidemment totalement étranger au pouvoir, puisqu'il est l'esclave. Donc dans la tragédie d'*Œdipe*, le partage est donné comme étant fait.

— Vous avez dit que le mécanisme central dans la pièce, c'est en gros le mécanisme du partage.

— Je n'ai pas dit, je ne voudrais pas dire le mécanisme de la pièce. En faisant l'analyse des processus de savoir, vous comprenez, qui sont dans la pièce, il me semble que là le jeu du double…

— Il me semble que le mécanisme de la pièce, c'est plutôt le mécanisme même de l'énigme. Ce que nous avons, c'est le fait qu'il y a l'énigme, cette chose qui apparaît comme quelque chose, mais qui est en fait quelque chose d'autre. Il me semble que le problème dans la pièce, c'est que ce n'est pas un discours de vérité, mais c'est plutôt un discours de la déception puisqu'il est question, justement, de résoudre l'énigme, et c'est ce problème qui se pose à travers toute la pièce.

— Oui, mais comment est-ce que l'énigme est résolue ?

— *L'énigme est résolue parce qu'il faut justement qu'il y ait un savoir, qu'il y ait quelqu'un, le tyran, Œdipe, qui cherche un savoir. Mais ce savoir qu'il cherche est un faux savoir nécessaire à l'ordre de la ville, et celui cherche ce savoir est vraiment le criminel. Celui qui organise une recherche du criminel est vraiment le criminel.*

— Oui, ça bien sûr.

— *Et alors à la fin, la vérité, le savoir, c'est justement le savoir de son crime.*

— Le problème, ce que j'ai essayé de montrer, c'était : comment est-ce qu'on arrive à la vérité, par quel mécanisme, comment est-ce qu'elle est dite ? Je crois que, si vous voulez vous refaire un schéma, elle est dite par moitiés[35]. Vous avez la moitié *manteia*, la mantique. C'est une espèce de moitié à qui il manque la réalité. Tout ça, ça va être de la prophétie qui a été annoncée, mais il manque l'autre moitié, [celle de] la réalité. Au niveau de la mantique, vous avez ce que dit Apollon, qui est : « Il faut chasser le criminel. » Mais à ce que dit Apollon, il manque une moitié, c'est : qui est le criminel ? Et ça, Tirésias le sait, il le dit. Vous avez donc [*manteia*][a], qui constitue la première partie de la pièce, la première moitié de la pièce, et au niveau de la mantique tout est dit. Mais manque la réalité même. Alors, dans la réalité qui constitue l'autre moitié par rapport à la mantique, vous avez Jocaste qui dit : « Ne t'en fais pas, ce n'est pas toi, c'est quelqu'un à la croisée des chemins » ; et l'autre moitié est donnée par Œdipe : « Mais l'homme de la croisée des chemins, c'est moi. » Et vous avez Œdipe. Ils avaient chacun un fragment du savoir, ça s'ajuste, mais ça ne constitue que la moitié de la moitié de cette moitié qu'est la réalité. Il manque encore une autre moitié. C'est d'une part ce que dit le Corinthien, qui est : « Œdipe n'est pas le fils de Polybe ». Et à cette moitié – Œdipe n'est pas le fils de Polybe – répond ce que dit le serviteur : « Bien sûr, il n'est pas le fils de Polybe puisqu'il est le fils de Laïos ». Et toc, avec cette dernière

a. Conjecture ; mot inaudible.

moitié, [on arrive à la vérité][a]; Et, vous le voyez, la moitié de cette moitié, qui est elle-même la moitié de cette moitié, fait partie de cet ensemble – une moitié, une autre moitié, les deux moitiés, une moitié [...][b]; mais ça, cet élément dernier, c'est ce qu'il a vu, *horaô.*

— *Comment expliquer que ce soit Œdipe lui-même qui cherche la vérité? N'est-ce pas une sorte de masochisme?*

— C'est pour ça que je vous disais au début : il y a une espèce d'équivoque au [commencement][c] de la pièce. On vient trouver Œdipe et on lui dit : « Voilà ce qui se passe, ça va très mal ». Et Œdipe dit : « Ne bougez pas, je vais *faire* quelque chose ». Il dit : je vais faire et je vais dire. Alors avec l'espèce d'équivoque tragique, [de l'antiquité][d] tragique, il va finalement dire, mais enfin là, si vous prenez la chose au premier niveau, sans tenir compte de l'antiquité tragique, dire ou faire, ça veut dire remonter la formule ou accomplir le rituel. Mais, et c'est là où il est pris au piège, on lui dit : « Attention, si tu peux faire le rituel, c'est parce que tu es le chef de la cité, et si tu es le chef de la cité, c'est parce que tu es l'homme qui sait; tu sais, puisque tu as répondu à la [sphinge][e] ». Le savoir qu'on invoque, c'est en réalité le savoir du tyran, *gnômê*, *tekhnê*, qui ne se préoccupe pas de cet avenir ni du passé, qui ne s'occupe que du présent, qui est là, vu du gouvernail. Et pris au piège qu'on lui a tendu – tu dois bien savoir, toi, puisque tu sais gouverner – il est finalement basculé dans un savoir où il n'est plus le maître et où lui, le roi, il est maîtrisé par l'esclave qui, lui, sait.

— *Il y a quand même un fait qui est gênant : Œdipe reproche aux Thébains de ne pas avoir fait l'enquête après la mort de Laïos. Le paradoxe, c'est que, alors que ce savoir est dirigé contre le tyran, ce soit lui qui lance l'enquête.*

a. Conjecture; une partie de la phrase paraît manquer.
b. Quelques mots inaudibles.
c. Enregistrement : « au début ».
d. Conjecture; mot difficilement audible.
e. Mot manquant; Foucault ne termine pas la phrase.

— Ce n'est pas exactement [cela]. C'est plutôt Apollon. Apollon répond en termes de rituel, il dit : il faut chasser. Qui ? demande Œdipe, qui est responsable de la cité, qui la gouverne, et qui la gouverne parce qu'il est l'homme du savoir. Œdipe se trouve tout de même pris, enfin embarrassé par une ambiguïté, plutôt par une ignorance : c'est que, pour affronter ce rite, faut-il encore savoir à qui l'appliquer. Puisqu'Apollon a dit qu'il faut répondre à un meurtre par un meurtre, ou à un meurtre par l'exil, il se trouve, lui, Œdipe, pris par la prescription d'Apollon, dans l'obligation de savoir qui. Et son savoir technique ne peut pas. Alors qu'il dise à un moment donné : « Mais vous auriez dû chercher ça bien avant moi », moi, je vous dirais [que] ça veut dire : « Après tout, c'était à vous qui étiez les témoins, à vous les hommes du savoir qui se transmet de bouche-à-oreille, c'était à vous de faire l'enquête, mais pas à moi ». Mais lui, qu'il la fasse, c'est vrai, mais il l'a faite, précipité qu'il est par la prescription d'Apollon.

— *Mais dans le monde occidental, tout le monde est l'homme de la recherche.*

— Mais moi, je ne crois pas. Ce que j'essaie de montrer, c'est qu'il n'est pas du tout l'homme de la recherche ou de l'enquête. Il en sait finalement très peu lui-même ou il ne le sait que poussé…

— *[…]*[a]

— Mais encore une fois j'ai beaucoup insisté sur le fait que ce que je vous ai présenté ce soir n'est absolument pas, en aucune manière, une lecture exhaustive ni de la pièce ni du mythe ni quoi que ce soit. C'était en polémique avec un certain nombre d'interprétations qui sont, je crois, traditionnelles, et qui consistent à dire : Œdipe est aveugle, l'aveugle n'est pas celui qu'on croit, l'aveugle, ce n'est pas Tirésias, c'est Œdipe. Et alors tous les jeux, qui existent d'ailleurs, de l'ambiguïté tragique font qu'à chaque instant il est en train de dire quelque chose qui va lui retomber sur le coin de la

a. Longue intervention, en grande partie inaudible, qui paraît évoquer toute une série d'aspects de la pièce.

figure, [...][a]. Mais, vous vous souvenez, il y a toute cette dimension qui existe aussi dans la pièce, je crois, et qui est la spécificité des savoirs, et le fait que l'aveuglement d'Œdipe, si aveuglement il y a, n'est finalement que l'autre côté, le côté négatif de quelque chose qui est parfaitement positif, qui est la forme de savoir d'Œdipe, sur laquelle [...][b], qui est présente, qui est très clairement rattachée à son *hubris*, c'est-à-dire au fait qu'il est le tyran, qu'il exerce le pouvoir comme ça. Et je crois que là, il y a une possibilité d'analyser la pièce, mais ça ne doit absolument pas défaire, ça ne prétend pas effacer les effets en effet de symétrie qui la [...][c]. Je crois qu'il y a un savoir œdipien, enfin d'Œdipe, et que c'est bien la mort de ce savoir qui est racontée dans la pièce d'*Œdipe*. Autrement dit, ce que j'ai voulu montrer, c'est qu'Œdipe, ce n'est pas quelqu'un qui vient à la vérité et qui ouvre les yeux après les avoir trop longtemps fermés ; Œdipe, c'est une forme de savoir qui est maîtrisée, qui est dépouillée de son pouvoir et de son savoir par des savoirs qui sont présentés comme les vrais, comme des savoirs liés intrinsèquement à la pureté, des savoirs d'origine divine et divinement invoqués par les dieux ; et puis le savoir de manifestation, de spectacle, de témoignage, ce savoir-là s'empare et maîtrise complètement le vieux savoir tyrannique. Au fond et encore une fois, je suis tout à fait d'accord, c'est un côté de la pièce, ce n'est pas central du tout.

— *Il me semble que, dans la scène entre Œdipe et Tirésias, c'est le chœur, le peuple, qui rejette le savoir de Tirésias, et que ce n'est en aucune manière Œdipe qui le rejette.*

— Le savoir de Tirésias, il est rejeté par tout le monde. Personne n'y croit.

— *Mais c'est la vérité.*

— Mais par ce mécanisme de la moitié que j'ai essayé de vous montrer.

a. Quelques mots inaudibles.
b. Quelques mots inaudibles.
c. Quelques mots inaudibles.

— *Oui, mais ce n'est pas Œdipe qui le refuse.*

— Mais non, je vous le dis, c'est tout le monde.

— *Œdipe le cherche pendant toute la pièce. C'est le peuple qui le rejette et non pas lui.*

— Je crois que c'est vraiment tout le monde qui rejette le savoir de Tirésias comme savoir de prophétie. Il est rejeté et on a besoin d'autre chose. Maintenant, ce savoir et d'autres formes de savoir, Œdipe, en un sens, est bien obligé de le rechercher, puisqu'il se trouve engagé par tout ce mécanisme des moitiés et il l'a posé comme sérieux.

— *La dernière fois, vous avez parlé du problème de la série des vengeances. Il me semble qu'on trouve justement cela dans la trilogie d'Oreste. Allez-vous nous en parler ?*

— Non, maintenant, je voudrais en terminer avec le pouvoir grec, puis passer un peu au Moyen Âge. Vous savez, ce que je vous ai dit, ce sont absolument des linéaments… des linéaments pour quelque chose.

— *[...]*[a]

— À propos d'Œdipe, de ce qu'a fait Œdipe, je vous répondrai par une citation que Deleuze fait à propos du […][b] de l'inceste : « Peu profond ruisseau calomnié l'inceste »[36]. C'est bien, je trouve. L'important, c'est la [formule][c].

— *C'est marrant.*

— Ce n'est pas mal, c'est dans Deleuze, c'est Deleuze qui […][d]. Dans la pièce d'*Œdipe*, l'important, ce n'est pas de coucher avec sa mère ou de tuer son père, ce n'est pas grave…

a. Question incompréhensible.
b. Mot inaudible.
c. Conjecture ; mot difficilement audible.
d. Mot inaudible.

— *Ce n'est pas grave... c'est un tabou !*

— Mais je ne crois pas que ça soit ça précisément qui soit en question dans la pièce. Alors que le problème d'Antigone, par exemple, – va-t-on ensevelir contre les lois ? –, là en effet le problème est de savoir : est-ce que c'est grave ou pas grave ? Dans la pièce d'*Œdipe*, pour les Grecs, ça veut dire que coucher avec son père ou sa mère, tuer sa mère ou son père, tout ça c'est [...][a]. Le problème de la pièce, c'est : comment est-ce que ça va se savoir ? Le mécanisme ne consiste pas à montrer combien c'est ignoble, mais à montrer comment cette chose vilaine et [...][b] enfouie peut arriver à devenir vérité.

— *En fait, tout le monde le sait. La question est : comment le cacher ?*

— Pas exactement, dans la pièce d'*Œdipe*, pas tout à fait. Bien qu'on puisse en un sens dire, interpréter en tout cas et analyser beaucoup des choses que font Œdipe et Jocaste comme : comment le cacher ? [...][c] la pièce [...] comment faire paraître ? Comment est-ce que ça doit [...] étant entendu que dans [...] de la pièce, ça a déjà été dit. Tirésias a déjà tout dit.

a. Mot inaudible.
b. Mot inaudible.
c. La fin de la réponse de Foucault est en partie inaudible.

NOTES

1. Voir *supra*, p. 21, note 1.

2. Voir Sophocle, *Œdipe roi*, vers 95-111, *op. cit.*, p. 75-76. Dans le passage cité ici, Créon, envoyé par Œdipe pour consulter l'oracle d'Apollon, vient l'informer de la réponse du dieu.

3. Voir *supra*, p. 74-75.

4. Voir *supra*, p. 50-55.

5. Voir Sophocle, *Œdipe roi*, vers 15-57, *op. cit.*, p. 73-74. Le verbe *anorthôsein* est utilisé aux vers 46 et 51.

6. Voir *supra*, p. 253-254.

7. La traduction de Mazon dit : « dénonce ».

8. Sophocle, *Œdipe roi*, vers 96-120, *op. cit.*, p. 75-76.

9. Voir Sophocle, *Œdipe roi*, vers 35-39, *op. cit.*, p. 73.

10. Voir Sophocle, *Œdipe roi*, vers 397, *op. cit.*, p. 86.

11. Sophocle, *Œdipe roi*, vers 398, *op. cit.*, p. 86.

12. Voir Sophocle, *Œdipe roi*, vers 380-383, *op. cit.*, p. 86.

13. Voir Sophocle, *Œdipe roi*, vers 568, *op. cit.*, p. 93.

14. Voir Sophocle, *Œdipe roi*, vers 356-357, *op. cit.*, p. 85.

15. Voir *Œdipe roi*, vers 708-709, *op. cit.*, p. 98.

16. Voir Sophocle, *Œdipe roi*, vers 68-72, *op. cit.*, p. 74.

17. Voir Sophocle, *Œdipe roi*, vers 37-38, *op. cit.*, p. 73.

18. Voir Sophocle, *Œdipe roi*, vers 704, *op. cit.*, p. 97.

19. Voir Sophocle, *Œdipe roi*, vers 717-719, *op. cit.*, p. 98.

20. Voir Sophocle, *Œdipe roi*, vers 787-797, *op. cit.*, p. 100-101.

21. Sophocle, *Œdipe roi*, vers 922-923, *op. cit.*, p. 105.

22. Voir Sophocle, *Œdipe roi*, vers 353, *op. cit.*, p. 85.

23. Voir Sophocle, *Œdipe roi*, vers 715-716, *op. cit.*, p. 98.

24. Sophocle, *Œdipe roi*, vers 863-896, *op. cit.*, p. 103-104.

25. Le texte de l'édition citée par Foucault a été établi par Alphonse Dain et traduit par Paul Mazon.

26. Sophocle, *Œdipe roi*, *op. cit.*, p. 104, note 2.

27. Sophocle, *Œdipe roi*, *op. cit.*, p. 104, note 1.

28. Voir Sophocle, *Œdipe roi*, vers 1521-1523, *op. cit.*, p. 127.

29. Voir Sophocle, *Œdipe-roi*, vers 221, *op. cit.*, p. 80.

30. Voir *supra*, p. 50-51.

31. Voir *supra*, p. 144-145.

32. Voir J.-P. Vernant, *Mythe et pensée chez les Grecs*, Paris, La Découverte, 2008, p. 111-112.

33. Denys de Syracuse.

34. Voir Sophocle, *Œdipe roi*, vers 358, *op. cit.*, p. 85.

35. Foucault dessine un schéma au tableau. On trouvera ci-dessous une reconstitution possible de ce schéma. Voir également le schéma indiqué par Foucault dans les *Leçons sur la volonté de savoir*, *op. cit.*, p. 191.

<table>
<tr><td colspan="2">1re moitié
Mantique</td><td colspan="4">2e moitié
Réalité</td></tr>
<tr><td rowspan="2">1re moitié
Apollon :
il faut chasser
le criminel</td><td rowspan="2">2e moitié
Qui est
le criminel ?
Tirésias :
c'est Œdipe</td><td colspan="2">1re moitié</td><td colspan="2">2e moitié</td></tr>
<tr><td>1re moitié
Jocaste :
le criminel
était
à la croisée
des
chemins</td><td>2e moitié
Œdipe :
c'est moi
qui étais
à la
croisée
des
chemins</td><td>1re moitié
Le Corinthien :
Œdipe
n'est pas
le fils
de Polybe</td><td>2e moitié
Le berger :
Œdipe
est
le fils
de Laïos</td></tr>
</table>

36. Voir G. Deleuze et F. Guattari, *L'anti-Œdipe*, Paris, Les Éditions de Minuit, 1972, p. 190. Cette citation reprend quelques mots du sonnet de Mallarmé, *Verlaine caché dans l'herbe* : « Le peu profond ruisseau la mort ».

SÉANCE VIII
(18 avril 1972)

Je voulais commencer aujourd'hui par faire une espèce de petit bilan, tableau et reprise méthodologique de ce que je vous avais dit au cours des semaines précédentes à propos de cette histoire de la vérité chez les Grecs. Des événements qui se sont déroulés du VIIe au Ve siècle avant Jésus-Christ et dont j'ai essayé de repérer quelques-uns, qu'est-ce que j'ai essayé d'extraire ? Trois procédures qui portent le nom de mesure, loi et purification.

Dans cette procédure de mesure des choses, dont l'institution monétaire n'est qu'un des aspects, mais sans doute, tout de même, le plus essentiel, les choses se donnent, apparaissent comme pouvant entrer à l'intérieur d'un système ou être confrontées en tout cas à un système qui permet, premièrement de les compter, deuxièmement de les diviser en unités élémentaires, troisièmement d'établir entre ces choses des équivalences, et finalement de calculer leur cycle, leur durée, leur retour. Et c'est cette entrée des choses à l'intérieur d'un système de mesure qui est pour une bonne part monétaire, c'est à l'intérieur de ce système, c'est une fois qu'elles sont entrées dans ce système de mesure que les choses pourront éviter ce déséquilibre, cette inégalité indéfinie, cet excès, cette perpétuelle rupture qui caractérisaient aux yeux du paysan grec qu'était Hésiode le monde dans lequel il vivait. Donc première procédure : l'entrée des choses à l'intérieur d'un système de mesure.

Deuxième procédure, c'est la mise des choses selon un ordre régi par des lois. Les lois, les *nomoi*, ce sont les principes de délimitation du pouvoir entre les choses, entre les éléments, que ce soit l'eau, l'air, le feu, etc., entre les hommes, entre les groupes, riches et pauvres, entre les dieux. Et ce principe de délimitation du pouvoir entre les choses, entre les éléments et entre les hommes, les groupes, les dieux, est en même temps principe qui prescrit ce qu'il faut faire, qui prescrit ce que les hommes doivent faire, mais qui indique également ce qui arrivera dans la nature, et c'est finalement également le principe qui produit effectivement ce qui arrive aussi bien dans la cité des hommes que dans la nature.

Enfin troisièmement, pour que la loi assure ainsi le partage et l'ordre, pour que les choses soient effectivement mesurées, c'est-à-dire entrent en équilibre et abandonnent cet excès, ce déséquilibre auxquels elles étaient vouées, il faut que tout ce qui est impur, tout ce qui est souillé, tout ce qui est dangereux aussi bien pour les choses que pour les hommes, il faut que tout cela soit repéré, soit mis au jour et soit éliminé. Il faut donc que le mal ou le danger soient individualisés sous la forme d'une action commise par quelqu'un de déterminé, en un temps déterminé et en un lieu donné, et il faut que cette personne et ce mal soient éliminés dans l'adéquation de la faute et du responsable.

On a donc, et, vous voyez, d'une manière absolument corrélative, l'établissement de la mesure des choses, la formulation de la loi des pouvoirs et la découverte du fait de la faute. Ces trois pratiques, établissement de la mesure, formulation de la loi, découverte de la faute à purifier dans son événement et dans son fait, ces trois pratiques, ce sont celles à l'intérieur desquelles a commencé à se former le discours de vérité dont l'Occident n'a pas cessé de développer les virtualités jusque-là. Et, après tout, on voit, on ressaisit à l'intérieur de ces trois pratiques, de ces trois procédures, on retrouve déjà les trois grandes lignes selon lesquelles vont se répartir, ou les trois grands axes que va suivre le discours de vérité de l'Occident, puisque qu'est-ce que c'est, après tout, en Occident que connaître la vérité des choses, sinon, premièrement, pouvoir les mesurer, deuxièmement, pouvoir définir leur loi, troisièmement, pouvoir établir leur fait? Mesure, loi et fait, c'est bien autour de ces trois directions, c'est bien autour de ces trois lignes et à partir de ces trois lignes que tout le discours de vérité, tous les discours de vérité de l'Occident vont se déployer, à partir de ces pratiques, à partir de ces procédures, à partir de ce jeu, qui étaient aussi bien rites religieux que pratiques sociales.

En essayant de vous montrer à partir de quelles procédures le discours de vérité a pu naître en Occident, j'ai essayé aussi, et je voudrais également vous le rappeler, de vous montrer au prix de quelles fictions ou avec l'accompagnement de quelles fictions ces procédures avaient effectivement été mises en place et mises en jeu dans la cité grecque.

Premièrement, la pratique de la mesure n'a été mise en jeu qu'avec, au prix de quelque chose qui a été une fiction : ça a été la fiction selon laquelle [la mesure monétaire des choses, d'une façon plus générale la mesure économique des choses], d'une façon plus générale encore la mesure des choses était effectivement capable de dévoiler, de manifester les choses dans leur vérité intrinsèque. La pratique de la mesure, et de la mesure monétaire telle qu'on l'a vue fonctionner à Corinthe chez Kupselos, cette pratique de la mesure monétaire impliquait que le prélèvement économique sur le travail, sur les pauvres, au profit des plus riches et au profit de ceux qui ne travaillaient pas, le prélèvement économique sous la forme de l'impôt, sous la forme du prix de vente, du salaire, de la dette, etc., la pratique de la mesure impliquait que tout ce prélèvement économique soit masqué par le jeu d'une mesure qui était censée définir l'équivalence intrinsèque des choses, de sorte que la pratique de la mesure monétaire a été liée à la définition d'un certain plan illusoire d'égalité et d'équivalence des choses. C'est la première fiction liée à la première de ces procédures dont je vous ai parlé.

La formulation de la loi, qui est la deuxième procédure dont je vous ai parlé, elle aussi, a supposé et a impliqué une sorte de fiction. La fiction impliquée par la formulation de la loi, c'était la fiction d'un lieu neutre, antérieur et supérieur à tous les partages de pouvoir, une sorte de point impartial, de point zéro à partir duquel les pouvoirs allaient être répartis, allaient se distribuer, allaient s'articuler aussi bien dans la cité que dans l'ordre des choses. Solon était l'homme qui disait : « Mais je suis au centre de tout, je suis entre les pauvres et les riches, je suis le bouclier entre les adversaires, je suis la borne, je suis comme le loup que les chiens attaquent, mais qui est au centre même du cercle que les chiens aboyants forment autour de lui, je suis au point zéro »[1]. Et tous les nomothètes comme lui disaient : « La loi que je vous impose, ce n'est pas moi dans mon intérêt particulier, ce n'est pas moi en tant que représentant tel ou tel parti qui vient vous la formuler, je ne fais que formuler une loi qui est la loi de tous et qui est la loi antérieure à tous ; et la meilleure preuve, c'est que je la tiens du dieu lui-même, je la tiens d'Apollon – c'était le législateur de Thèbes –, je la tiens d'Athéna – c'est le législateur d'Athènes – », etc. De toute façon la formulation de la loi impliquait la fiction, impliquait cette espèce de lieu fictif d'où rayonne, d'où se formule et à partir de quoi s'applique la loi, grâce à quoi cette fiction était ce par quoi, ce grâce à quoi on masquait le pouvoir singulier, le pouvoir particulier, le pouvoir de classe, le pouvoir économique qui s'exerçait réellement à travers cette loi faite pour tous.

Enfin troisièmement, la troisième procédure, la procédure de purification dont je vous ai parlé, qui permet de découvrir, qui appelle la découverte du fait, de l'événement même de la faute, cette découverte du fait et de la faute suppose que le sujet même qui découvre la faute ne soit, bien sûr, ni celui qui a commis la faute, ni celui qui détient le pouvoir. Pour que la vérité du fait soit donnée, pour que la vérité du fait soit formulée, il faut qu'elle soit formulée par quelqu'un qui soit absolument innocent. Souvenez-vous du rôle du berger dans la fable d'Œdipe : c'est simplement de l'extérieur, au plus loin et de la faute et du pouvoir, dans cette innocence même du berger, que se retrouve à titre d'image et de symbole cela seul que sait le dieu. Dieu et le berger sont les seuls titulaires du savoir quand il s'agit de la pureté. On n'accède donc à la vérité que si l'on est pur : troisième fiction.

Première fiction : plan illusoire des choses, c'est la fiction impliquée par la pratique de la mesure. [Deuxième fiction] : lieu fictif d'où on parle, c'est la fiction impliquée par la formulation de la loi. [Troisième fiction] : sujet idéal et pur de l'énonciation, c'est la fiction qui est impliquée par ces pratiques de purification et la pratique de l'établissement du fait à purifier. Plan illusoire des choses dont on parle, lieu fictif d'où on parle, sujet idéal qui parle, ce sont là les trois grandes fictions qui sont impliquées par le discours de vérité de l'Occident au moment même où ce discours de vérité se constituait à travers la pratique de la monnaie, à travers la formulation de la loi et à travers la recherche de la faute, de la culpabilité et de la purification. Donc chacune de ces procédures impliquait sa propre fiction. Or chacune de ces procédures, j'ai essayé de vous le montrer, n'était pas le résultat ou la traduction d'un discours antérieur de vérité, la vérité est née de ces procédures. Ces procédures étaient liées, vous le voyez, à un travail de fiction, à la constitution, à la construction de ce plan illusoire, de ce lieu fictif, de ce sujet idéal, c'est-à-dire que la condition de la vérité, c'est [d'une part] ces trois procédures dont je vous ai parlé, mais d'autre part ces trois mensonges, ces trois illusions, ces trois fonctions qui leur sont intimement et intrinsèquement liées. C'est-à-dire que c'est le mensonge qui est condition de la vérité, c'est la fiction qui est condition de la vérité, ce sont la fiction et la procédure. On a affaire avec la mesure, avec la loi et la purification à ce que j'appellerais des procédures-fictions, à partir de quoi on peut faire l'histoire de la vérité. Et c'est là que je rejoins ce que j'avais promis un jour de rejoindre, c'est-à-dire de vous expliquer quel sens historique précis et articulé on pouvait donner à la consigne de Nietzsche : faire l'histoire de la vérité comme l'histoire du mensonge, l'histoire de la vérité comme moment du plus grand mensonge[2].

Or, à cela je voudrais ajouter quelque chose : c'est que ces trois fictions, au fond, elles ont produit, ou peut-être elles ont été produites, ou peut-être encore en les totalisant elles sont une sorte de mensonge à la fois plus général, peut-être plus fondamental. Ce mensonge plus général, plus fondamental dont je n'ai pas cessé de vous parler au fond et qui me paraît constitutif de l'histoire de la vérité en Occident, ce mensonge plus fondamental, c'est ceci : c'est que les savoirs de la mesure, de la loi et du fait ont été historiquement, et l'histoire le prouve, profondément liés à la manière dont s'est exercé, dont s'est déplacé le pouvoir politique en Grèce du VIIe au Ve siècle. Toute cette histoire de la mesure, de la loi et du fait ne peut pas être détachée de la lutte pour le pouvoir, ne peut pas être détachée de tous les problèmes, de tous les combats, de toutes les transformations qui ont tourné autour de l'appropriation du pouvoir politique à partir du VIIe siècle, c'est-à-dire à partir des grands conflits entre les paysans, les paysans armés, les paysans hoplitiques et puis l'aristocratie. Or si ces trois procédures-fictions, mesure, loi et fait, sont bien nées à l'intérieur de ces luttes politiques, le rôle de la fiction, de ces fictions dont je vous ai parlé, de ces trois fictions était précisément de cacher que, au cœur de cette constitution des discours vrais, ce qui était en jeu, c'était le pouvoir politique. C'est-à-dire que la fiction cachait cette espèce de rapport que j'ai essayé d'analyser et qui est le rapport savoir-pouvoir. Et chacune de ces fictions a fait naître, à la place du savoir-pouvoir et comme pour le masquer, l'idée d'une vérité qui serait par la mesure apparentée à la justice, l'idée d'une vérité qui par l'intermédiaire de la loi serait apparentée à l'ordre, l'idée d'une vérité qui serait par l'intermédiaire de la purification et de la souillure éliminée apparentée à la pureté. La justice, l'ordre et la pureté, ce sont les thèmes avec lesquels on a caché que la mesure, la loi et le fait étaient en réalité des fictions ou des procédures-fictions déterminées par la lutte pour le pouvoir. Le sujet de connaissance comme individu qualifié en termes de pureté et qui peut découvrir l'ordre des choses dans un juste rapport entre sa pensée et l'ordre des choses, ce sujet de connaissance qui est donc pur, ce sujet de connaissance qui connaît l'ordre du monde et ce sujet de connaissance qui s'ajuste aux choses, c'est, vous le voyez, la formidable fiction produite par ces trois fictions dont je vous ai parlé et qui vient en quelque sorte se substituer, ou occuper la place laissée vide, ou plutôt la place masquée du savoir-pouvoir. L'Occident, la Grèce, en masquant ce pouvoir-savoir qui avait produit mesure, loi et fait, a fait naître à sa place, a fait proliférer, a fait croître cette espèce de fleur fantastique et vénéneuse qu'est le sujet connaissant

Grâce au sujet connaissant, on a pu croire que la connaissance était apparentée à la justice, à l'ordre et à la pureté, et on a oublié que le savoir, qui est lié profondément au pouvoir, était donc lié à l'injustice, au désordre, au déséquilibre, à la tyrannie, à l'impureté. Le savoir est méchant, mais l'Occident ne le sait plus parce que l'Occident a substitué au savoir, à sa cruauté et à son injustice un sujet de connaissance, la grande fiction d'un sujet de connaissance qui serait sujet qualifié en termes de pureté, sujet découvrant l'ordre du monde et sujet accédant à cet ordre du monde par l'ajustement de lui-même aux choses.

À ce moment-là, je devrais faire un couplet sur Faust. Je voudrais vous faire un couplet sur Faust pour la raison que voici : c'est que Faust, c'est en un sens le grand mythe de l'Occident, c'est-à-dire que Faust, c'est exactement l'envers du sujet de connaissance ou c'est la fable négative, c'est l'envers de cette histoire que je viens de vous raconter. J'ai essayé de vous montrer comment, à partir de l'exercice du pouvoir, à partir de ce savoir-pouvoir naissaient donc ces trois fictions dont la figure composée donnait le sujet de connaissance. Qu'est-ce que raconte la fable de Faust ? C'est comment quelqu'un, le savant, l'ascète, le pur, le sujet de connaissance – Faust au départ n'est que le sujet de connaissance –, comment ce sujet de connaissance se défait par l'effet du désir, par l'effet du désir du pouvoir, désir de l'immortalité, désir des corps, désir de la femme, désir de la chair, et comment ce sujet de connaissance, se défaisant dans sa pureté, trouve – trouve quoi ? – le pouvoir, le savoir-pouvoir qui lui est offert, qui lui est donné, qu'il possède, mais qu'il possède sous une forme satanique. Faust, c'est le Satan du sujet de connaissance. Et le Faust de Goethe, le Faust du XIXe siècle, c'est précisément l'image inverse, l'image en négatif, la photographie négative du sujet de connaissance qui a été constitué du VIIe au Ve siècle avant Jésus-Christ.

Voilà en gros le résumé de ce que j'ai essayé de vous dire dans les semaines précédentes. Et là je piquerai, j'épinglerai une très légère réflexion méthodologique. La réflexion méthodologique consisterait en ceci. J'ai donc essayé de montrer comment ces procédures-fictions, ces mensonges constitutifs à la fois du discours de savoir, du discours de vérité et du sujet de connaissance, comment ce mensonge était lié à quelque chose qui était lutte politique, c'est-à-dire aussi bien lutte économique. Or ce que je voudrais vous montrer, ce sur quoi je voudrais en tout cas insister, c'est que, quand je vous ai parlé de ces fictions, quand j'ai essayé de vous faire cette histoire de la vérité comme histoire d'un mensonge, comme histoire de mensonges, je ne me suis jamais référé à cette notion qui est utilisée traditionnellement par les marxistes et qui est la notion d'idéologie. En effet la notion d'idéologie se réfère [à], désigne quelque chose qui est, je crois, un ensemble de représentations caractéristiques d'une classe sociale ou d'un groupe social ou éventuellement d'un individu, mais il s'agit toujours d'un ensemble de représentations qui brouille ou au contraire facilite l'accès à la vérité. Or, ce que j'ai essayé de vous montrer quand je vous ai parlé de ces procédures-fictions, j'ai essayé de me placer à un niveau tel, non seulement dans l'histoire mais dans l'analyse, qu'on se trouve situé à un niveau en quelque sorte antérieur à la représentation. La procédure par laquelle on fait entrer les choses dans le plan de la mesure, la fiction par laquelle on définit ce plan illusoire où les choses s'équivalent, ceci, ce n'est pas encore une représentation, ce n'est pas la représentation de la chose, ce n'est pas telle ou telle forme de représentation des choses, c'est ce à partir de quoi on pourra se donner des représentations des choses. De la même façon, quand j'ai parlé du *nomos*, de la loi à la fois comme procédure et comme fiction d'un lieu à partir de quoi la loi s'énoncerait, comme fiction d'un lieu à partir de quoi l'ordre des choses pourrait se révéler et se formuler, je n'ai pas essayé de définir là une représentation, mais ce à partir de quoi on pourra former un certain nombre de représentions. Dans cette mesure les procédures-fictions dont je vous ai parlé ne sont pas les équivalents dans mon vocabulaire paranoïaque de l'idéologie marxiste, c'est quelque chose d'autre, ça essaie d'être quelque chose d'autre qui [s'efforce][a] d'être à un autre niveau, à un niveau en quelque sorte historiquement conditionnant par rapport à ce qu'on appelle l'idéologie, historiquement déterminant. D'autre part, la seconde raison pour laquelle ces procédures-fictions ne sont pas des idéologies, c'est que, vous le voyez, ces procédures-fictions s'articulent directement sur le jeu des rapports économiques et des rapports politiques. Mettre les choses en mesure, mesurer le temps, mesurer la valeur des choses, mesurer la manière dont on peut les

a. Enregistrement : « essaie ».

échanger, dont les dettes peuvent être payées, etc., mesurer tout cela, ce n'est pas une manière de traduire ses intérêts, ses préoccupations, ses soucis de classe, etc., ce sont en réalité une procédure et une technique qui s'articulent directement et sans passer en quelque sorte par la conscience des individus, par leur système de représentations, sans passer par la conscience de l'individu, c'est une manière de régler un certain nombre de problèmes, de déplacer le pouvoir, de compenser un certain nombre de phénomènes économiques. Autrement dit la monnaie comme mesure, la loi comme mise en ordre, le fait comme établissement, procédure nécessaire à la purification, tout ceci est branché directement sur l'exercice du pouvoir et sur les processus économiques, c'est branché directement sur eux et ça ne passe pas d'abord par la conscience des gens, par la conscience des hommes, par leurs représentations, ça ne passe pas par le sujet connaissant. Au contraire le sujet connaissant est le produit, et le produit, je crois, fictif, de ces procédures-fictions. De sorte que l'idéologie, comme système de représentations caractéristique d'un sujet connaissant ou d'une série de sujets connaissants, me paraît d'un tout autre type et appartenir à un tout autre niveau que ces procédures-fictions que j'essaie d'isoler et qui me semblent se situer à un niveau plus archaïque, en tout cas qui sont plus enfouies dans la réalité historique que les représentations idéologiques dont parlent les marxistes. Autrement dit ce que j'ai essayé de montrer, c'est que la formation des discours de vérité avec leurs procédures et leurs fictions, ou la formation des discours de vérité comme procédures et comme fictions peut se déchiffrer dès le jeu des rapports politiques et économiques.

Je vous renvoie, à titre, là encore, de problèmes à poser et dont on pourra discuter, à Schumpeter[3], à tout le problème de ce qu'a été pour les économistes ou les sociologues le problème de quelle est l'incidence de la vérité, quelle est l'incidence du savoir, quelle est l'incidence du discours scientifique, quelle est l'incidence de la découverte dans l'ordre de l'économie et de la société. Là encore, ce n'est pas exactement cela que je veux faire. Il est certain que l'on peut faire des analyses comme celles-là comme on peut faire des analyses d'idéologie, mais je voudrais montrer, non pas que la découverte de telle vérité, de telle loi de physique ou de tel phénomène électrique a entraîné telle ou telle conséquence dans l'ordre de l'économie et par conséquent dans l'ordre de la politique, je voudrais montrer comment l'invention même, la fiction de ces discours de vérité s'est branchée directement et a fonctionné directement dans le jeu des rapports économiques et des rapports politiques. Le sujet idéal de connaissance, l'acte pur, désintéressé, neutre de connaissance, la connaissance de la nature intrinsèque des choses, tout cela est déterminé selon moi à partir d'un champ préalable, à partir des discours de vérité comme procédures et comme fictions. Le sujet connaissant, l'acte de connaissance, les choses connues, tout cela, ce ne sont que des effets, des effets historiques de ces procédures-fictions.

De sorte qu'on voit se dessiner deux méthodes, finalement, d'analyse de la connaissance ou du savoir, disons plus exactement deux méthodes dont l'une pourrait être caractérisée comme analyse de la connaissance et l'autre analyse du savoir.

L'analyse de la connaissance, c'est celle dont le premier niveau se caractériserait ainsi, répondrait aux questions que voici : qu'est-ce que les hommes ont dit, ont-ils bien dit ceci ou cela ? Et quand ils l'ont dit, est-ce que c'était vrai ou est-ce que c'était faux ? Le passage de la première à la seconde question – qu'est-ce qu'ils ont dit ? et est-ce que c'était vrai ou faux ? –, la discipline, l'espace de jeu de ces deux questions définit ce qu'on appelle traditionnellement l'histoire des sciences. Deuxièmement, le passage de la question : qu'est-ce qui était vrai, qu'est-ce qui était faux dans ce qu'ont pensé les hommes ? à la question : par quelles illusions, par quels mécanismes, par quel jeu d'erreurs ont-ils pu croire à toutes ces choses qui étaient fausses, comment est-ce qu'il s'est fait qu'ils n'ont pas accédé directement, de plein droit, d'entrée de jeu à la vérité ?, le passage de la question : qu'est-ce qui était faux dans ce qu'ils pensaient ? à : pourquoi ont-ils pensé toutes ces choses fausses ?, c'est le niveau qui caractérise l'épistémologie. Et enfin [troisièmement], quand on veut passer de la question : quelles ont été les illusions des hommes, qu'est-ce qui les a empêchés de découvrir la vérité ? à la question : quels intérêts, quelles déficiences y avait-il derrière tout cela, quel jeu d'oppositions, d'oppositions d'intérêts, de conflits économiques, de luttes de classes il y avait derrière ces illusions et ces erreurs, on fait ce qu'on pourrait appeler de l'analyse idéologique. On a donc, vous voyez, trois niveaux d'analyse : histoire des sciences, épistémologie, analyse des idéologies, qui passent par cette série de questions : qu'est-ce que les hommes ont dit ? Est-ce que c'était vrai ou est-ce que c'était faux ? Par quelles illusions sont-ils arrivés à de telles erreurs ? Quels intérêts, quelles luttes et quels conflits y avait-il derrière tout cela ? Cette analyse que j'appelle en gros l'analyse de la connaissance suppose, vous le voyez, toujours un sujet pur, constant de connaissance et un droit fondamental à la vérité.

En face de cela, on aurait une autre analyse, c'est celle que j'appellerais l'analyse du savoir. Elle partirait, elle aussi, de la question : qu'est-ce que les hommes ont dit ? Ont-ils bien dit ceci et cela ? Et ce niveau, c'est le niveau que j'appellerais la description des discours. Seconde série de questions, ce serait celle-ci : pour que les hommes aient effectivement dit ceci et cela, et en se foutant éperdument de savoir si c'est vrai ou faux, quelle pratique discursive a rendu possible qu'ils disent ceci, cela et encore autre chose ? C'est ce niveau de l'analyse des pratiques discursives que j'appellerais l'archéologie des pratiques discursives. Et, à partir de cette question, il faut passer à un autre jeu de questions, qui est : quelles sont les procédures et les fictions qui sont liées à ces pratiques et quels sont les rapports de pouvoir, c'est-à-dire aussi bien les rapports économiques, qui ont déterminé la constitution de ces procédures et de ces fictions ? On atteint là un troisième niveau que j'appellerais la dynastique du savoir. Et on a donc trois niveaux là encore : une description des discours, une archéologie des pratiques discursives et une dynastique des savoirs qui s'opposent, vous le voyez, terme à terme à l'histoire des sciences, l'épistémologie et l'analyse idéologique. Dans le premier cas, on avait l'histoire des connaissances, dans le second cas on a l'histoire du savoir, et l'histoire du savoir, c'est tout de même beaucoup plus amusant puisque, pour faire l'histoire du savoir, on n'a besoin de passer ni par la vérité, ni par la connaissance, ni par le sujet. Alors avouez tout de même que c'est un sacré bénéfice !

Voilà pour ma petite scolastique personnelle. Alors, ceci étant dit pour cette espèce de reprise un petit peu méthodologique de ce que je vous ai dit, et puis pour que vous puissiez à la fin du cours, quand on aura terminé tout ça, me faire toutes les critiques et objections que vous voudrez, parce qu'il est clair qu'avec une scolastique pareille vous pouvez vous en donner à cœur joie, me faire toutes les critiques que vous voudrez, maintenant, on va passer au second ensemble d'analyses historiques, qui concerne le Moyen Âge, et ça serait autour alors non plus tellement de la mesure et de l'ordre des choses, mais autour de l'enquête, de l'*inquisitio* au Moyen Âge que je voudrais retracer un autre épisode de l'histoire de la vérité ; un autre épisode qui d'ailleurs, très curieusement, chevauche celui dont je vous ai parlé, parce que malgré l'écart chronologique très considérable, quelque chose comme dix-sept ou dix-neuf, près de vingt siècles, malgré l'écart assez fantastique entre ces deux périodes, pour un certain nombre de raisons on retrouve les mêmes problèmes. Je recommencerai là aussi à faire quelques références proprement juridiques, proprement judiciaires même en me référant à la pratique pénale, à la pratique criminelle du Moyen Âge. Vous verrez qu'il y a beaucoup de points qui font penser aux problèmes, aux thèmes, aux formes qu'on a rencontrés chez Homère ou dans la société grecque archaïque ; et pourtant les solutions sont profondément différentes et elles conduisent, en se cumulant d'ailleurs et en se recroisant avec ce qui reste acquis des discours grecs de vérité, elles vont donner forme, donner naissance à un tout autre développement du savoir[4].

Je vais reprendre là encore à un niveau très empirique un certain nombre de petites constatations sur la manière dont se déroulaient les procédures judiciaires du Moyen Âge, très précisément les procédures pénales, en posant simplement cette question : comment est-ce que, dans les procédures pénales dans le système judiciaire du Moyen Âge, on établissait la vérité ? Et c'est [à partir de] ce petit problème empirique que j'essaierai, toujours dans les mêmes extrapolations paranoïaques, de retrouver quelques généralités.

Partons de quelques traits généraux du droit germanique qu'il faut garder, je crois, à l'esprit pour comprendre ce qui s'est passé au Moyen Âge. J'ouvre ici une parenthèse, ou je dis plutôt ce que j'aurais dû vous dire tout à l'heure : c'est que le point central autour duquel j'essaierai d'organiser les analyses que je ferai aujourd'hui, jeudi prochain et la semaine d'après, la période autour de laquelle je me situerai, c'est évidemment le XIIe et le XIIIe siècle, qui sont la grande période de cristallisation de la société ou encore d'ouverture de la société médiévale, selon que vous prendrez les choses dans un sens ou dans l'autre. Mais je vais donc maintenant me situer tout à fait en retrait par rapport à ces XIIe et XIIIe siècles, et je vais prendre, citer quelques traits généraux qui me semblent caractéristiques du droit germanique.

En gros, d'autant qu'on puisse le savoir, dans les sociétés germaniques à la veille ou au lendemain des grandes invasions, dans la plupart des sociétés germaniques – car là encore il y a eu beaucoup de décalages et un certain nombre de différences assez notables –, mais enfin d'une façon générale on peut dire ceci, je crois, sans erreur : c'est que dans ces sociétés, à la veille, au lendemain des invasions, l'ordre judiciaire ne se définissait pas par rapport à la vengeance privée, c'est-à-dire que, lorsque quelqu'un avait reçu un dommage, lorsque quelqu'un avait été lésé, lorsqu'un litige s'était produit, il n'y avait pas deux voies possibles et opposées : l'une qui aurait été celle de la vengeance privée (on répond à ce qu'on a reçu en fait d'offense ou de dommage : au coup on répond par le coup, au vol par le vol, ou encore au vol on répond par le meurtre, et [au] meurtre par le massacre) ; il n'y a pas cette voie-là et puis, en face de cela, une autre voie qui serait la voie judiciaire et qui serait caractérisée par le fait qu'on irait devant une institution spécifique qui réglerait de tout autre façon et d'une manière autoritaire le litige ainsi provoqué. Autrement dit, vous n'avez pas d'un côté la vengeance privée et puis de l'autre côté l'ordre judiciaire. En fait l'ordre judiciaire dans le droit germanique, ce n'est pas autre chose qu'une certaine régularité dans l'ordre de la vengeance privée. Pour nous, qui sommes contemporains de nous-mêmes, comme dirait de Gaulle dans ses aphorismes, on est dans l'ordre du droit lorsqu'on suspend la violence et qu'on passe à la paix ; on est dans l'ordre du droit lorsque ce qui est de l'ordre privé, on le porte devant une instance publique ; on est dans l'ordre du droit lorsqu'on substitue à un dommage qui a été fait autre chose qui sera réparation du dommage ou punition du dommage. Autrement dit, pour nous, il y a droit lorsqu'il n'y a pas violence mais paix, lorsqu'il n'y a plus ordre privé mais instance publique, lorsqu'il n'y a plus jeu indéfini des dommages qui s'affrontent ou s'enchaînent mais passage à la réparation. Or dans le droit germanique, le droit, ce n'est pas autre chose que la mise en place, l'institutionnalisation, la régularisation même de la lutte elle-même, de la lutte litigieuse et de la lutte privée. Être dans le droit, c'est une certaine manière de poursuivre la guerre, c'est une manière régulière, c'est une manière codifiée, c'est une manière institutionnelle de maintenir la guerre, la guerre privée, l'affrontement et le jeu, la série des litiges.

Quelles sont les règles auxquelles ce litige, dans le droit germanique, doit obéir pour devenir un litige de droit, pour que le droit en quelque sorte le reprenne à son compte ? La première chose pour qu'un litige passe dans l'ordre du droit, [c'est ceci] : il faut que, lorsqu'un dommage a été [infligé][a] à quelqu'un ou à une famille, quelqu'un qui appartienne obligatoirement à la famille lésée et qui ait avec la personne lésée un certain rapport de parenté, et de parenté définie, relève en quelque sorte le défi, reprenne en main cette affaire du dommage et réponde par un dommage symétrique à celui qui vient d'être appliqué à lui-même ou à tel ou tel membre de sa famille. Autrement dit un litige entre dans l'ordre du droit lorsque celui qui doit répondre en fonction d'un certain arbre des parentés ou d'un certain système d'appartenance familiale est effectivement entré dans la lutte et commence le système des réponses. C'est la première condition.

La seconde condition, c'est que pour un dommage défini, pour un dommage donné, celui qui réplique et qui est donc défini par l'appartenance à la famille et par sa place dans le système familial, il

a. Enregistrement : « commis ».

faut que celui qui répond réponde d'une certaine manière parfaitement appropriée. On ne peut pas répondre à tout par n'importe quoi. Tel dommage porté à quelqu'un entraînera, devra entraîner telle et telle forme de réponse. C'est-à-dire que, par exemple, si quelqu'un de votre famille a été victime d'un assassinat, c'est-à-dire d'un homicide qui a été commis la nuit et en secret, vous devez répondre en tuant évidemment quelqu'un qui n'est pas d'ailleurs le meurtrier forcément, qui peut être quelqu'un de sa famille, vous devez tuer donc ou le meurtrier ou quelqu'un de sa famille, mais vous ne devez pas le tuer n'importe comment : vous devez le tuer et poser son cadavre à un carrefour après lui avoir coupé les pieds et les poings. Pour je ne sais plus quoi, je crois alors que c'est pour l'homicide, simplement, c'est-à-dire non le meurtre, on utilise l'échafaud. Peut-être Howard Bloch peut me rappeler...[a]. Alors là, pour l'homicide odieux, enfin pour l'assassinat, par opposition à l'homicide, il y a donc ce châtiment par le carrefour. Et là j'ai noté sur mon papier que quelque chose doit être puni de l'échafaud, c'est-à-dire qu'on tue quelqu'un et on étale son cadavre à un endroit public, mais sans couper les pieds et les poings. Peut-être sais-tu ça[b] ?

Troisième condition pour que la vengeance entre effectivement dans l'ordre du droit, il faut que cette vengeance soit absolument publique. Le meurtre qui doit répondre au meurtre odieux, à l'assassinat fait de nuit et d'une façon cachée, ce meurtre doit être un meurtre absolument public, et lorsque l'on a commis ce meurtre de réponse, ce meurtre-vengeance, ce meurtre rituel par conséquent et prévu par le droit, alors, au moins dans certaines des communautés germaniques, on allait prévenir l'assemblée des anciens de la centaine[5] ou du groupe de ce qu'on avait fait et de la raison pour

a. La réponse d'Howard Bloch, professeur de français et spécialiste de la littérature du Moyen Âge, est en partie inaudible. On comprend néanmoins qu'il fait une distinction entre deux catégories d'homicide : « l'homicide simple, c'est-à-dire l'homicide « commis pendant le jour et où le corps n'est pas caché » et « l'homicide odieux », que Foucault appelle le meurtre ou l'assassinat.

b. Howard Bloch répond : « On ne brûlait pas », à quoi Foucault réplique en riant : « Ah oui, ça, forcément ».

laquelle on l'avait fait. Et dans un certain nombre d'assassinats – je ne sais plus lesquels –, pour répondre à je ne sais plus quelle catégorie d'assassinats, on avait le droit de couper la tête de celui qui avait commis l'assassinat ou de quelqu'un de sa famille, mais il fallait exposer la tête à un pieu à la porte de sa propre maison. À partir du moment où la tête de l'ennemi était ainsi plantée sur un pieu à la porte de la maison, alors c'était un geste rituel et par conséquent ce n'était plus un assassinat, on était dans l'ordre du droit. Et vous riez, mais l'affaire de la tête sur le pieu est une affaire qui, pour nous autres, au moins Français, nous touche directement au cœur, si je peux dire, puisque qu'est-ce que ça a été que ces fameuses promenades de têtes coupées sous la Révolution, sinon la résurgence de quelque chose qui d'ailleurs n'avait pas tout à fait disparu et qu'on retrouve dans toutes les émeutes populaires depuis l'époque germanique jusqu'à la Révolution; c'est-à-dire que l'ennemi, l'ennemi que l'on déclare comme ennemi, ce n'est pas simplement quelqu'un qu'on tue, mais c'est quelqu'un auquel on coupe la tête, de sorte que couper la tête et promener la tête, dans nos civilisations germaniques ou indo-européennes, en tout cas germaniques, couper la tête, ce n'est pas un supplément d'atrocité, c'est au contraire une manière d'inscrire le geste, d'inscrire le meurtre à l'intérieur d'une réciprocité juridico-rituelle. C'est donc par conséquent ne pas commettre un assassinat; c'est répondre à une série d'assassinats. Je [réponds à][a] un assassinat par un geste qui va être un geste juridique, par lequel on se débarrasse de celui qui a été ainsi classé comme ennemi.

À toutes ces règles, ces trois catégories de règles dont je viens de vous parler, il faut en ajouter évidemment une autre et qui, jusqu'à un certain point, modifie beaucoup ce que je viens de vous dire sur le droit germanique en tant qu'il n'est rien d'autre que le système de contrôle, de ritualisation, d'institutionnalisation de la justice privée. C'est le fait que, dans ce droit germanique archaïque, il est toujours possible que les deux partenaires, ou les deux groupes de partenaires, ou les deux familles qui s'affrontent ainsi à partir d'un dommage ou

a. Conjecture; mot incompréhensible.

d'un litige, il est toujours possible à ces deux parties, à condition bien sûr qu'elles en soient l'une et l'autre d'accord, de substituer quelque chose comme un arrangement ou une composition. Et la composition, c'est en général une somme d'argent qui est donnée par l'une des deux parties à l'autre, par la partie qui, bien entendu, est menacée d'un coût de réciprocité, soit parce qu'elle a commis elle-même le dommage, soit parce que dans la série des dommages, c'est sur elle que le prochain risque de tomber. En tout cas cette partie qui se sent menacée par un dommage, un danger, une réplique rituelle qu'elle ne peut pas affronter ou qui lui paraît trop lourde, il lui est toujours possible de proposer quelque chose comme un accommodement. Et si l'autre est d'accord, l'accommodement, ça va être une certaine somme d'argent qui va arrêter, et arrêter là, le processus de la vengeance, et de la vengeance privée. Mais il faut parfaitement garder à l'esprit le fait que cette somme donnée, ce *wergeld*, n'est aucunement une amende qui serait imposée au coupable parce qu'il a commis une faute ; c'est simplement le prix payé par l'un des deux adversaires en lutte pour que la lutte s'arrête. Avec ce *wergeld* on ne rachète pas une faute passée, on rachète les combats futurs ; on n'efface pas la faute qui a été commise, on se dispense et on demande à son adversaire de vous dispenser de la série des combats, des réciprocités et des affrontements qui risquent de se passer si on ne s'arrête pas là. La composition ne regarde pas vers la faute passée, elle regarde vers la lutte à venir. C'est un principe de clôture, ce n'est pas un principe de purification. C'est la fin de la guerre, ce n'est pas du tout la sanction de la faute[a].

Pour l'établissement de cette composition, il arrivait fréquemment que l'on ait recours à l'assemblée qui pouvait être l'assemblée des gens majeurs, ou l'assemblée des chefs, ou l'assemblée des plus anciens,

a. Foucault commence alors la phrase suivante, puis s'interrompt pour revenir au point précédent : « À partir de là je crois qu'on peut tirer un certain nombre de conséquences un peu plus générales en ce qui concerne, disons, l'ordre judiciaire dans les sociétés germaniques archaïques. D'abord celle-ci : l'instance du judiciaire... Pardon, j'oubliais de vous dire une chose importante : c'est que cette composition... ». Nous remettons ce passage à sa place.

enfin bref, l'assemblée qui détenait une espèce de pouvoir de décision à l'intérieur du groupe, qui pouvait être, disons, la centaine pour simplifier. Et à ce moment-là, ce groupe détenant le pouvoir jouait effectivement le rôle de quelque chose comme d'un tribunal. Mais vous voyez que chaque fois que l'on voit ce groupe des anciens ou des gens majeurs ou des chefs intervenir dans la chose judiciaire, ce n'est jamais que pour établir un fait de procédure, c'est-à-dire pour bien constater qu'effectivement un crime n'a été commis qu'en réponse à un autre, pour constater qu'il a bien été commis dans les formes prévues par la coutume ou pour établir encore la compensation qui doit avoir lieu. De toute façon, le tribunal ne porte lui-même aucun jugement sur ce qui s'est passé et ne porte aucune décision sur la manière dont il faudrait punir un coupable. Le tribunal, qui n'est au fond que l'assemblée traditionnelle des gens qui détiennent le pouvoir, c'est simplement l'instance de contrôle de la régularité judiciaire.

[À partir de là, je crois qu'on peut tirer un certain nombre de conséquences un peu plus générales en ce qui concerne, disons, l'ordre judiciaire dans les sociétés germaniques archaïques.]

C'est d'abord celle-ci : c'est que, vous le voyez, l'instance du judiciaire proprement dit, c'est-à-dire le passage devant un tribunal, devant des gens qui sont là pour juger, cette instance du judiciaire est au fond entièrement facultative ; on peut parfaitement régler entièrement son litige de manière juridique avec son adversaire à condition que l'on observe les règles, et jamais quelque chose comme un pouvoir public, jamais quelque chose comme un tribunal, jamais même quelque chose comme une assemblée de notables, jamais quelque chose comme des gens faisant un arbitrage, des arbitres, n'intervient. Le passage du juridique au judiciaire est toujours facultatif. Le judiciaire n'existe pas au fond ni de façon permanente, ni de façon autonome, ni de façon obligatoire. Le juridique, c'est la régularité de mes actions à moi, c'est la régularité de mes vengeances. C'est là un point très important et ça sera justement une des grandes transformations du Moyen Âge de faire apparaître à partir d'un certain moment une catégorie d'individus absolument et spécifiquement désignés pour contrôler juridiquement ce qui se passe entre les individus et pour intervenir aussi bien pour établir la vérité d'un fait que pour prendre une sanction. Tout ceci n'existe absolument pas dans le droit germanique. La procédure, la régularité de la procédure peut être vérifiée par un groupe de gens, mais rien ne les y oblige et personne n'oblige les partenaires du litige à passer devant cette assemblée des gens.

Deuxième conséquence qui est également importante : c'est que, vous le voyez, il n'y a jamais dans le droit germanique, d'intervention autoritaire d'un pouvoir quelconque pour punir une action. Lorsqu'une action a été commise, même si c'est un meurtre, la collectivité n'a rien à y voir, seuls peuvent répondre, seuls peuvent réagir ceux qui sont effectivement lésés, c'est-à-dire la famille de la victime quand la victime elle-même ne peut pas le faire. Quelque chose comme une action publique, comme l'intervention d'une autorité de répression, cela est entièrement inconnu dans les sociétés germaniques archaïques. Et là encore, une des grandes acquisitions et des plus redoutables de la société médiévale, c'est d'avoir créé la possibilité pour les pouvoirs publics d'intervenir en tant que principe de châtiment, autorité de châtiment sur une action qui, après tout, ne lèse que des individus. Il y a cependant deux cas, ou deux séries de cas dans lesquels on voit le groupe germanique, le groupe de gens qui détiennent le pouvoir, intervenir pour punir. C'est dans deux cas dont l'un est assez évident et l'autre curieux, du moins à mon sens. Le premier, c'est le cas de trahison, de trahison à l'armée, de désertion, de lâcheté. Lorsqu'un combattant quitte le combat ou passe à l'adversaire, à ce moment-là le groupe tout entier peut s'en emparer et le condamner. À ce moment-là, il y a bien en effet une autorité collective et publique qui impose quelque chose qui n'est alors plus en effet de l'ordre du litige, du dommage qui répond au dommage, c'est effectivement de l'ordre de la punition. Et deuxièmement la transgression sexuelle, le viol d'une vierge et l'homosexualité, qui sont considérés, qui fonctionnent très curieusement comme espèce de crime d'État, au même titre que la trahison ou la lâcheté à la guerre. Ce statut très curieux, ce lien entre le crime d'État et la transgression sexuelle, c'est un lien que l'on va retrouver tout au long du Moyen Âge, qu'on retrouvera pratiquement dans beaucoup de législations européennes jusqu'à la fin du XVIIIe siècle. Je n'en prendrai pour exemple que deux faits : l'identité pendant tout le Haut Moyen Âge entre le châtiment des traîtres et le châtiment de ceux qui avaient violé une jeune fille, qui avaient violé une vierge. Le châtiment est exactement le même pour les uns et les autres : les traîtres et ceux qui avaient violé une jeune fille, on leur crevait les yeux et on les châtrait. L'autre exemple que je voulais vous citer, c'est à propos de l'homosexualité, de ce qu'on appelait la sodomie, qui à partir du XIIIe siècle est assimilée en France et, je crois, dans un certain nombre d'autres pays d'Occident au crime de lèse-majesté et punie comme tel : coucher avec un homme, c'est violer la majesté du roi. Et ceci durera jusqu'au Code pénal de 1810. Donc ceci à propos de la seconde conséquence sur laquelle je voulais insister, c'est le fait qu'il n'y avait pas d'intervention du pouvoir public comme principe de châtiment dans le droit germanique.

La troisième conséquence que je voulais indiquer, toujours pour caractériser un peu ce droit germanique, c'est que l'instance collective à laquelle on demande dans un certain nombre de cas d'intervenir, et d'intervenir pour vérifier la légalité de telle ou telle procédure, de telle ou telle action, de telle ou telle vengeance, cette collectivité à laquelle on demande éventuellement de fixer aussi le prix de la compensation, c'est-à-dire la manière dont on va arrêter la lutte, cette collectivité, vous le voyez, n'est pas du tout prête à intervenir d'elle-même, elle n'intervient que sur sollicitation, au fond elle n'exerce pas véritablement un pouvoir, ou elle n'exerce un pouvoir qu'en prenant un risque parce que le juge, à partir du moment où il donne son avis sur une régularité de procédure, où il fixe une compensation, peut toujours susciter l'irritation de l'une des deux parties, l'une des deux parties peut se considérer comme lésée par l'avis qui a été donné par les juges, et à partir du moment où l'une des deux parties, l'un des deux plaideurs s'est considéré comme lésé, du coup il peut entreprendre la guerre privée avec son juge, et le juge peut être pris à l'intérieur de ce système de la guerre privée. Ceci durera d'ailleurs très longtemps aussi dans les procédures du Moyen Âge où, lorsque l'on aura été mal jugé, on pourra toujours provoquer son juge à un duel judiciaire. Et même, selon les *Assises de Jérusalem*[6], il fallait, lorsque l'on avait été jugé par une cour, provoquer en duel judiciaire tous les gens qui avaient été juges, quand bien même il y en avait une douzaine, et l'on ne gagnait son procès que si on les avait tués tous les douze. Vous imaginez le travail…

Donc, et là c'est un point sur lequel aussi je voudrais insister, c'est que, vous le voyez, intervenir en tant que juge, ce n'est pas tellement faire preuve d'une autorité, ou plutôt ce n'est faire preuve d'une autorité qu'en prenant en même temps un risque, le risque de tomber dans le système de la guerre, du litige, de la vengeance. L'activité de jugement prend place au fond dans les périls mêmes de la guerre privée. Juger, c'est prendre un risque, et c'est contre ce risque d'ailleurs que les juges dans les vieilles sociétés germaniques demandaient aux parties, avant même de juger, de leur prêter serment d'obéir et demandaient également une espèce de compensation financière à leur propre activité de jugement ; et ils ne jugeaient pas, ils ne donnaient pas un avis sur les procédures ou sur la compensation sans demander pour eux-mêmes quelque chose qui était en quelque sorte la compensation du risque qu'ils prenaient, et c'est cette partie, cette somme d'argent que l'on appelait le *fredum* et qui lui non plus ne doit pas du tout être considéré comme une amende, mais comme l'espèce de compensation que l'on donne au juge pour le risque qu'il prend. De sorte que je veux insister sur le fait que, lorsque quelqu'un a été condamné, ou plutôt lorsque, à la suite d'une série de litiges, on en est arrivé à la composition, c'est-à-dire que la partie la plus faible a dit : « D'accord, je ne prends plus le risque de continuer la guerre privée, je suis prête à donner de l'argent », elle donne donc de l'argent, la somme d'argent qui est donnée se divise en deux parties : une partie qui est le rachat de la guerre future à la partie avec laquelle elle est en litige – c'est ce *wergeld* dont je vous parlais tout à l'heure – et l'autre partie, le *fredum*, c'est une somme d'argent qui est donnée aux juges pour, en quelque sorte, compenser le risque qu'ils ont pris en acceptant de juger. De sorte que vous avez une somme versée, une somme divisée en deux, *wergeld* et *fredum* ; c'est cela qui ensuite, et dans la suite de processus que j'essaierai de vous reconstituer, a fonctionné comme amende dans le système médiéval futur, c'est cela qui apparaîtra comme une amende, qui fonctionnera comme une amende, qui donnera d'ailleurs des revenus très importants aux juges par la suite, mais c'est à l'origine la compensation, la manière dont on achète le risque que prend le juge en intervenant dans ce si périlleux système de la guerre privée.

Voilà quatre ou cinq traits que je voulais souligner à propos du droit germanique. Alors j'essaierai tout à l'heure de vous montrer comment ça s'est un petit peu transformé.

Vous avez encore un peu de courage ? Je vais tâcher d'être bref. J'ai simplement voulu dresser cette espèce de fond de tableau extraordinairement schématique de ce qui me semble, en tout cas pour ce qui est de l'analyse que je veux faire ensuite, les caractères principaux du droit germanique. Vous voyez que de toute façon, dans ce droit ainsi caractérisé, le problème de la vérité n'est jamais posé, c'est-à-dire qu'il n'est à aucun moment dans ces procédures telles qu'on les a définies, il n'est jamais question du moment où quelqu'un, quelque chose comme un témoin, quelque chose comme un juge, quelque chose comme une autorité quelconque viendrait formuler la vérité, ou encore chercherait à savoir ce qui s'est passé pour confronter les prétentions de chacune des parties à cette vérité. Lorsque quelqu'un en attaque un autre sous prétexte qu'il a été lui-même victime d'un dommage, jamais une autorité quelconque ou un personnage tiers n'intervient pour savoir si c'est vrai ou pas. On se demande simplement si les règles ont été effectivement appliquées. Le seul contrôle ne porte jamais sur l'exactitude du fait allégué, mais sur l'application de la règle. Et la décision ne prend pas appui, la décision finale, en tout cas la clôture de la procédure, la compensation ou la composition, s'il y en a, ne s'établissent pas, ne prennent pas appui sur une vérité qui aurait été dégagée au cours de la procédure ; la décision, c'est la manière dont entre les parties s'est arbitré le litige. La vérité donc n'intervient jamais. La procédure n'est pas l'ensemble des techniques qui garantissent l'établissement de la vérité et l'établissement d'une justice reposant elle-même sur la vérité, la procédure c'est l'ensemble des régularités qui doivent ritualiser un système qui est au fond celui de la vengeance ou encore celui de la guerre privée.

Toute l'évolution du système médiéval à partir de là, à partir de cette espèce de fond solide, toute l'évolution du droit médiéval, à quoi ça va consister? Ça va consister bien sûr à constituer un appareil judiciaire permanent et spécifié, c'est-à-dire, [premièrement,] à inventer cette chose curieuse qu'est le juge, le juge en tant qu'individu spécifié et chargé exclusivement de porter des jugements. Deuxièmement, le Moyen Âge inventera un appareil qui détient une part de l'autorité publique et qui va être, par exemple en France, le Parlement, les parlements. Enfin troisièmement, le droit médiéval va inventer, ou réinventer, ou mettre au point, utiliser – justement on essaiera de parler de tout ça –, a inventé un système de procédure qui est, pour une part au moins, entièrement ordonné au problème : comment établir la vérité, comment être sûr que la vérité sera bel et bien effectivement établie à travers cette procédure, une vérité garantie, une vérité juridiquement garantie ? Cette mise au point d'une procédure permettant l'établissement d'une vérité garantie, c'est cela où l'on peut, je crois, repérer, un peu comme j'ai essayé de le faire à propos des Grecs, le moment où une réorganisation du pouvoir, de la distribution du pouvoir et de l'exercice du pouvoir politique donne effectivement lieu, donne effectivement naissance à un discours de vérité. Et c'est le lien entre cette redistribution des pouvoirs politiques et l'émergence d'un certain type de discours de vérité, c'est cela que je voudrais montrer. En gros, la procédure de vérité que le Moyen Âge inventera, c'est ce qu'on appelle l'enquête, c'est ce que le Moyen Âge appelait l'*inquisitio*, c'est cette fameuse inquisition, vieille pratique administrative, vieille pratique ecclésiastique – on essaiera d'établir tout ça –, qui a laissé dans le terme même qui la désigne un assez mauvais souvenir à la civilisation européenne, mais dont il ne faut pas oublier que ça a été le modèle juridico-politique, la matrice juridico-politique de tout un système, de tout un ensemble de discours de vérité qui sont en gros les discours de vérité de la science empirique. Toute science reposant sur enquête, toutes les procédures par lesquelles l'Occident a essayé d'établir une série de faits empiriques ne sont pas autre chose que la dérivation, la transformation, la réorganisation de ces procédures d'enquête, de ces procédures d'*inquisitio* que la pratique judiciaire du Moyen Âge avait empruntées à l'Église et d'ailleurs à l'administration civile. C'est donc [l'histoire de][a] la naissance de la vérité d'enquête que je voudrais faire après avoir, à propos des Grecs, parlé de la naissance de la vérité de mesure.

Alors pour parler de cette naissance de la vérité d'enquête, je crois qu'il faut tout de même rappeler une chose, c'est ceci : c'est que ces traits fondamentaux du droit germanique dont je vous ai parlé tout à l'heure ne vont s'effacer que très lentement au cours du Moyen Âge. Pratiquement, les traits du droit germanique, on les retrouvera tout au long du Moyen Âge, certains même d'entre eux ne s'effaceront pas avant la Renaissance, certains même persisteront jusqu'au XVIIIe siècle, et il y a encore dans le Code pénal de 1810 en France un certain nombre de traits qui sont plus proches encore du droit germanique que du droit romain. Cette persistance, cette lenteur du droit germanique à se résorber à l'intérieur des formes politiques de la société médiévale est sans doute liée au fait que la disparition du droit germanique n'a pu se faire que par la constitution et à travers la constitution d'un système étatique. Ça tombe sous le sens à partir du moment où on a compris que le droit germanique, c'était essentiellement la régularisation et la ritualisation d'une guerre privée, d'un système de justice qui était au fond l'équilibration, ou la déséquilibration plutôt, mais la déséquilibration contrôlée, des vengeances et des litiges. Si c'est bien cela la justice en droit germanique, vous comprenez qu'elle est absolument incompatible avec l'État. Et chaque fois que l'État médiéval commencera à prendre son départ, on verra le droit germanique se résorber légèrement. Il s'est résorbé d'une façon assez notable, par exemple, au moment de la formation de l'État mérovingien, au moment de la formation de l'empire carolingien il est entré en retrait jusqu'à un certain point, dans

a. Conjecture ; mots manquants.

un certain sommeil. Puis il est reparti au contraire de plus belle, il a réapparu très violemment et avec beaucoup d'insistance au moment de la décomposition du grand empire carolingien, c'est-à-dire à partir du Xᵉ siècle, et du Xᵉ au XIIIᵉ siècle, le droit germanique va connaître une espèce de renaissance, de développement nouveau. Et c'est la constitution lente et difficile des États, des nouveaux États de type nationaux à la fin du XIIᵉ et dans le courant du XIIIᵉ siècle, tout au long de la guerre de cent ans ensuite, c'est cela qui finalement va petit à petit contrôler, disloquer le droit germanique mais sans en faire disparaître un certain nombre d'éléments qui vont continuer en quelque sorte dans les marges de cette reprise étatique, dans les marges de cette organisation et de ce développement étatique.

À travers les filets et les mailles de l'étatisation de la société, le droit germanique va subsister et va vivre encore pendant longtemps, il va vivre précisément sur un point qui est pour nous très important en ce qui concerne la vérité, c'est-à-dire qu'il continue à vivre en ce qui concerne le système et le problème de la preuve. On va prendre pour point de repère un peu arbitraire ce personnage qui a été sacralisé dans l'histoire, mais qui s'avère finalement assez funeste quand on regarde ce qu'il a fait et qui est saint Louis. Ce diable d'homme, c'est autour de lui que finalement va tourner le problème, l'organisation du nouveau droit. Or le système de la preuve jusqu'à saint Louis au moins, et d'ailleurs encore un peu après lui, mais enfin jusqu'à saint Louis au moins, qu'est-ce que c'est que la preuve dans le droit médiéval, qu'est-ce que c'est que prouver quelque chose ? Ce n'est pas du tout établir la vérité d'un fait. Les preuves dans le droit médiéval, ce n'est pas autre chose que le concentré, en quelque sorte le résumé, le point terminal, le symbole et le moment décisif de la lutte. [Premièrement,] le concentré de la lutte, c'est-à-dire que la preuve dans le droit médiéval, c'est une sorte de résumé de la lutte elle-même, c'est une manière de tasser en un seul épisode, en un seul moment, en un seul affrontement ce qui, autrement, si on laissait courir la guerre privée, si on laissait courir le système des litiges et des mensonges, risquerait de se multiplier en épisodes infinis. Deuxièmement, c'est le point terminal, c'est-à-dire que, à partir de cette curieuse preuve qui n'est qu'un concentré de la lutte, à ce moment-là la procédure s'arrête et la chose est considérée comme close, la procédure est close. Troisièmement, je vous ai dit que c'était un symbole, c'est-à-dire que l'issue de cette espèce de preuve est considérée comme étant, non pas tellement ce qui emporte avec soi la décision judiciaire, mais ce qui indique d'une manière comme analogique, d'une manière comme symbolique celui a raison dans le jeu du litige. Et enfin [quatrièmement, la preuve] emporte la décision, c'est-à-dire que, à partir du moment où dans cette espèce de petit résumé, de petit concentré de la lutte qui est l'épisode final on voit analogiquement qui a raison et qui a tort, alors la décision tombe automatiquement aux dépens de celui qui est ainsi représenté comme ayant tort et au profit de celui qui est représenté comme ayant raison. Donc c'est une espèce de petit miroir concentré où apparaît celui qui doit avoir raison et celui qui doit avoir tort. Cette définition de la preuve fait que la preuve est en réalité beaucoup plus une *épreuve* qu'une preuve au sens moderne du mot. Il ne s'agit pas d'une démonstration, il s'agit d'une épreuve qui se substitue en dernière instance et en dernier lieu à la lutte réelle. Ces preuves, concentré, point terminal, symbole et décision de la lutte, ces épreuves, ces preuves ou épreuves, il y en a de trois catégories : c'est le serment, les ordalies et le duel judiciaire.

Le serment, c'est la plus ancienne forme de preuve-épreuve, c'est la plus ancienne forme d'épreuve, c'est-à-dire qu'il s'agit de quelque chose de tout à fait semblable à ce qu'on avait vu à propos d'Homère, vous savez, et du serment, du jeu, de l'affrontement entre Antilokhos et Ménélas, c'est-à-dire : est-ce qu'il va y avoir quelqu'un qui aura le courage de prêter serment ? Et lorsque dans la procédure accusatoire, lorsque quelqu'un est accusé d'avoir fait quelque chose, par exemple d'avoir volé, il lui est possible de répondre à cette espèce d'attaque et d'agression par le serment, de lever la main et de dire : « Non, je jure que je n'ai pas volé. » Faisant cela, il ne donne à dire vrai aucune démonstration, il accepte simplement de prendre sur lui le risque de commettre un parjure ; et à partir du moment où il prend ce risque, c'est à Dieu de le punir, ailleurs et plus tard, mais de toute façon son ennemi n'a plus prise sur lui à partir du moment où l'autre a prêté le serment. Et c'est ainsi que l'on trouvait la pratique de ce serment très généralisée au moment de la naissance de l'État mérovingien et encore de l'État carolingien, où le serment devenait finalement la forme évidemment très facile de liquidation de tout affrontement judiciaire ; ce qui a fait que les premiers souverains mérovingiens ont essayé de substituer au serment d'autres formes d'épreuve qui soient en quelque sorte plus solides que celle-là, et les deux formes d'épreuve qui se sont substituées au serment, ça a été les ordalies et le duel judiciaire qui, depuis ce moment-là, depuis les royaumes, les États mérovingiens jusqu'au XIIIe siècle pratiquement, ont commandé tout le système de la preuve médiévale.

Les ordalies, vous savez ce que c'est : lorsque quelqu'un avait été accusé d'avoir fait quelque chose, il pouvait récuser, repousser l'accusation en acceptant quelque chose qui était appelé *probatio*, que nous traduisons par preuve, mais qui est évidemment beaucoup plus une épreuve. Et la première, ça a été l'épreuve de l'eau bouillante, que l'on retrouve mentionnée déjà, alors avant même les invasions, dans la loi salique... – enfin non, la rédaction de la loi salique est postérieure aux invasions, mais j'avoue que je ne me souviens plus si on considère que l'épreuve de l'eau bouillante était antérieure ou non aux invasions, mais enfin peu importe –, épreuve de l'eau bouillante qui consiste en ceci : il s'agit à l'intérieur d'un bassin d'eau bouillante de plonger la main et d'aller chercher un objet, une pierre je crois, et si celui qui a fait cela se trouve encore porter des cicatrices de brûlure deux jours après, alors c'est qu'il a été marqué et il a été désigné de cette manière-là comme étant le coupable. Vous voyez, quand je vous disais que c'était à la fois une sorte de concentré, de point terminal, de symbole et de décision, c'est bien exactement cela : il s'agit bien d'une espèce d'affrontement – est-ce que le type acceptera effectivement d'affronter la situation, d'affronter l'eau bouillante ? –, c'est l'élément dernier, à partir de ce moment-là la décision sera prise ; et c'est en même temps le symbole puisque, dans cette espèce de marquage, dans cette espèce de désignation par la blessure est censée s'exprimer une sorte de désignation par Dieu ou de désignation du coupable, le coupable est désigné par cette espèce de signe ou de marque qui renvoie à sa culpabilité. Ce système des ordalies a été très généralisé, et dans les formules carolingiennes alors on trouve tout un tas d'ordalies toutes plus merveilleuses les unes que les autres. Vous avez l'eau chaude. Vous avez l'eau froide, alors là qui consiste à savoir… et curieusement, c'est un peu un autre système de désignation ; l'eau froide, c'est le système de la flottaison et qui consiste en ceci : on attache quelqu'un par le bras droit et la jambe gauche et puis vous le jetez dans l'eau, et de deux choses l'une évidemment, ou il flotte ou il coule ; et s'il flotte, c'est que l'eau l'a rejeté, c'est que la pureté de l'eau ne peut pas se reconnaître dans l'impureté de celui qui flotte, elle le rejette, elle ne veut pas de lui, il est donc coupable ; en revanche, s'il coule, alors c'est qu'il était innocent. Il y a l'épreuve du fer rouge qui consiste, un peu comme l'épreuve de l'eau chaude, à porter entre les mains une croix de fer, de métal rougi. Et, comme l'épreuve était considérée comme trop simple, elle a été compliquée ; en particulier je crois que c'est en Bourgogne qu'elle était compliquée du fait qu'il fallait marcher sur neuf socs de charrue portés au rouge, et si on n'avait pas de cicatrices le surlendemain, ça allait ; enfin… Donc, vous voyez, système ordalique qui est désigné comme *probatio ; probatio* qu'on ne peut vraiment pas traduire, qui ne désigne aucunement, qui ne signifie aucunement la preuve, mais effectivement l'épreuve comme substitut de la lutte et en même temps épisode symbolique terminal à partir de quoi la lutte sera terminée au profit de quelqu'un et aux dépens d'un autre.

L'ordalie est restée en pratique encore assez longtemps, mais c'est surtout le duel judiciaire dont on peut dire qu'il a recouvert absolument toute la vie judiciaire du Moyen Âge jusqu'à saint Louis et même au-delà. Le duel judiciaire, c'était également une *probatio* de ce genre, c'est-à-dire une épreuve et non pas une preuve, c'était une pratique que l'on pouvait invoquer à chaque instant dans une procédure de litige. Lorsque l'adversaire avait prêté serment, et comme le serment était évidemment très facile à formuler, on pouvait contre lui le provoquer dans un duel judiciaire, on pouvait provoquer aussi des témoins au duel judiciaire, on pouvait provoquer les juges eux-mêmes au duel judiciaire. Et encore dans les *Assises de Jérusalem* dont je vous parlais tout à l'heure, c'est-à-dire en plein cœur des croisades, lorsque dans le royaume de Jérusalem on a voulu reconstituer, constituer une sorte d'État féodal idéal, conforme au modèle le plus pur, le duel judiciaire était considéré comme la pratique judiciaire la plus saine et la plus rigoureuse. On donnait aux gens qui étaient condamnés, contre lesquels les juges s'étaient prononcés, la possibilité d'entrer en duel judiciaire contre les juges, contre toute la cour. Et comme évidemment c'était un peu difficile de tuer tout le monde, il y avait une formule rituelle qui permettait de ne provoquer qu'une personne – je ne sais plus quelle était [cette formule], peut-être Howard Bloch se souvient bien –, il y avait une formule qui faisait que quelquefois, quand on ne connaissait pas la formule, si on se trompait, on croyait ne provoquer en duel qu'une personne et on se trouvait avec douze adversaires, ce qui faisait que cette… Alors le duel judiciaire, bien entendu, au niveau même de son déroulement le plus simple, n'est pas autre chose évidemment que le développement de la guerre privée. Le duel judiciaire, c'est le concentré absolument de la guerre privée et c'est en même temps l'institution par laquelle, le rituel par lequel elle va s'interrompre. Le problème n'est évidemment pas de savoir qui a raison, où est la vérité, le problème est de savoir qui va gagner, et celui qui gagne la bataille judiciaire est désigné symboliquement comme était celui qui a gagné et qui doit gagner à l'intérieur de la procédure. Vous le voyez bien, dans son théâtre même, le jugement est encore une lutte, il est encore un épisode de la guerre, il est toujours une rivalité, et en plein cœur du Moyen Âge, cet élément reste solidement attaché aux pratiques judiciaires. Ce qui se donne comme preuve à l'intérieur même du droit médiéval, c'est encore et toujours ce jeu de la lutte, de la lutte privée qui caractérisait le fond même du droit germanique. À l'époque où la scolastique était en train de naître, au moment où des discours de vérité pourtant se tenaient de partout, à l'intérieur du monde judiciaire la vérité n'était pas invoquée ni convoquée, ou ne l'était que très partiellement. La forme la plus généralisée de preuve, c'était cette épreuve de la guerre, c'était cette continuation de la guerre privée sous cette forme à la fois concentrée et symbolique.

Je m'excuse, j'ai traîné, j'aurais voulu commencer à vous expliquer comment et pourquoi ce droit germanique, dont on trouve donc les traces si tard encore, s'était transformé. Alors, je vous le dis en deux mots, puis je redévelopperai ça la prochaine fois. En deux mots, la transformation du droit germanique dans un droit médiéval dont le nôtre va dériver, à quoi est-elle due essentiellement ? Elle est due à une véritable lutte politique qui s'est menée à partir de la décomposition de l'État carolingien, une lutte politique qui s'est menée autour de l'appropriation du droit de juger. Vous me direz : droit de juger, mais vous disiez tout à l'heure que juger, c'était un risque que dans les sociétés germaniques les gens ne prenaient pas sans une certaine réluctance. C'est vrai, c'est resté vrai longtemps, et encore souvent dans le Haut Moyen Âge on a des témoignages de la difficulté avec laquelle les gens acceptaient de juger, à la fois parce que ça leur prenait du temps, parce que c'était dangereux et parce qu'on risquait de basculer dans le système de la guerre privée. Comment et pourquoi ce jugement, cette activité de juger qui était si risquée, si dangereuse encore au Haut Moyen Âge est-elle devenue quelque chose à propos de quoi, autour de quoi, pour quoi on s'est battu ? Elle est devenue quelque chose autour de quoi on s'est battu à cause de ce développement de la pratique de la composition, de la compensation, à partir de la généralisation de ce *wergeld* avec lequel on achetait la paix et le développement aussi de ce *fredum* par lequel on compensait l'activité périlleuse du juge. Et au cours du Moyen Âge on a vu la pratique judiciaire devenir de plus en plus ouverte à tout ce système de la compensation financière et en même temps du paiement du juge, du paiement au juge d'une somme donnée, de sorte que l'activité judiciaire, toute l'activité du système pénal au Moyen Âge était doublée et jusqu'à un certain point consistait en une énorme activité de translation et de transfert de biens et de richesses. Rendre la justice, c'était pouvoir s'approprier les richesses. Entreprendre une action judiciaire, c'était essayer d'obtenir une compensation, d'obtenir une composition en argent, d'obtenir par conséquent des richesses. La circulation des richesses au Moyen Âge est passée certes par des canaux traditionnels comme la vente des biens par exemple, comme la rapine et le pillage aussi, mais également par le canal de l'institution judiciaire. L'institution judiciaire a été une institution économique tout autant, et sinon plus qu'une institution judiciaire proprement dite. Source de revenus énormes : pratiquement, un historien comme Duby a calculé que plus d'un tiers des revenus féodaux consistait en revenus judiciaires. Vous comprenez dans cette mesure-là que rendre la justice, contrôler la justice, était aussi important que de contrôler un marché, que de contrôler une voie de communication, que de contrôler, que de posséder un domaine ou une somme d'argent. Le contrôle de la vie économique au Moyen Âge passait en partie par les institutions judiciaires. Et alors c'est à partir de cela et dans cette mesure-là que l'appropriation de ce pouvoir finalement si dangereux et si risqué de juger, qui était si risqué de juger à l'époque germanique, est devenue au contraire objet d'une très haute convoitise.

Et du coup vous voyez apparaître un très curieux problème – et je m'arrêterai là-dessus – qui est celui-ci. Les délits, les infractions, par conséquent les interdits qui les définissent, les condamnations qui sanctionnaient ces délits entraînaient d'une façon directe ou indirecte – j'essaierai de vous montrer comment – une énorme circulation de biens et d'argent. Autrement dit, dans une société comme la société médiévale, entre la circulation des biens et l'existence de l'interdit, vous voyez un lien. Dans les sociétés étudiées par Lévi-Strauss, dans les sociétés dites primitives, vous avez également un lien entre l'interdit et la circulation de l'argent ; mais dans les sociétés étudiées par Lévi-Strauss, c'est dans la mesure où on applique les interdits, les interdits de mariage, c'est dans cette mesure-là que les biens peuvent circuler[7]. Au contraire, dans une société comme la société médiévale, c'est dans la mesure où on franchit l'interdit, où on commet une infraction, c'est dans cette mesure-là qu'on entre dans un système judiciaire qui fait circuler les biens. Donc vous avez, dans les sociétés dites primitives et dans les sociétés médiévales, un lien entre l'interdit et la circulation des biens ; mais dans la société dite primitive, c'est l'observance de l'interdit qui assure la circulation des biens, dans la société médiévale, c'est au contraire l'infraction à l'interdit qui amène à la circulation des biens. Alors vous comprenez bien la raison sans doute pour laquelle une société comme la nôtre peut être à la fois la société de la propriété privée et la société de la conscience chrétienne de la faute. C'est parce que l'on commet des fautes que l'on devient riche. C'est parce qu'il existe quelque chose comme la faute, c'est parce que l'infraction à la loi est source de circulation de richesses, donc est source d'enrichissement, que vous voyez un certain nombre de liens se dessiner entre la forme de notre économie et la forme de notre morale. Et vous comprenez bien, pour n'en citer que la dernière des manifestations, ce que peut signifier par exemple cette pratique, qui a été très importante aussi dans la circulation des richesses, qu'est la charité. On fait la charité parce que l'on a commis une faute. Et ce n'est, sous une forme résiduelle et marginale, que le reflet de cette pratique, qui n'était pas d'ailleurs du tout une pratique chrétienne, mais qui était une pratique médiévale liée, non pas du tout à la conscience chrétienne, mais à tout le système de l'économie et de la propriété médiévale. Donc la charité, c'est le résidu de cette espèce de lien entre l'infraction et la circulation des richesses. Si faute il y a, l'argent doit circuler, l'argent doit partir, l'argent doit tourner. Il y a faute, donc il doit y avoir un déplacement de richesses. Si une faute a été commise quelque part, il doit y avoir quelque part quelqu'un qui s'enrichit. Et vous avez là, alors, comme une espèce d'esquisse, au niveau des mécanismes de l'interdit et de la circulation des richesses, d'une pratique comme la charité, d'une pratique comme la réversibilité des mérites, du salut chrétien, etc. Vous voyez tout ça qui se dessine, le jeu de l'interdit et de la circulation, mais dans un sens tout à fait différent de ce qu'on trouve dans les sociétés primitives, puisque dans celles-là, c'est l'observance de l'interdit, alors que là, c'est l'infraction. Voilà un petit peu les choses que je voudrais développer la prochaine fois en vous montrant le jeu entre richesses et interdits au Moyen Âge. Voilà.[a]

a. S'il y a eu une discussion à l'issue de la séance, l'enregistrement ne semble pas en avoir été conservé.

NOTES

1. Voir *Poètes élégiaques de la Grèce archaïque*, *op. cit.*, p. 42 : « Moi, au milieu des armes, je suis resté ferme, comme une borne entre eux ».

2. Foucault fait ici allusion aux premières lignes du texte de Nietzsche intitulé *Vérité et le mensonge au sens extra-moral*. Voir *supra*, p. 150, note 9.

3. J. Schumpeter, *Histoire de l'analyse économique*, trad. fr. J.-C. Casanova, Paris, Gallimard, 1983, p. 61-82.

4. Foucault étudie l'évolution qui conduit du droit germanique jusqu'à l'apparition d'une justice d'État au Moyen Âge, thème de cette séance et des deux suivantes, dans les leçons des 2, 9, 16, 23 février 1972 et des 1er et 8 mars 1973 de *Théories et institutions pénales*, *op. cit.*, p. 114-119, 128-140, 149-161, 168-176, 184-192 et 198-211. Il y revient dans la troisième conférence de « La vérité et les formes juridiques », dans *Dits et écrits*, I, *op. cit.*, p. 1438-1458.

5. La centaine, dans les sociétés germaniques, est une subdivision territoriale correspondant à un groupe de familles.

6. Les *Assises de Jérusalem* sont un ensemble de recueils décrivant le droit et les institutions du royaume chrétien de Jérusalem au Moyen Âge.

7. Voir Cl. Lévi-Strauss, *Les structures élémentaires de la parenté*, Paris, P.U.F., 1949.

SÉANCE IX
(20 avril 1972)

Je voudrais[a] d'abord revenir un peu sur deux choses sur lesquelles je suis passé un peu rapidement la dernière fois et sur lesquelles je crois n'avoir pas dit des choses bien claires. Ces deux points, c'est d'une part le maintien de la guerre, de la guerre réglée comme manière, non pas simplement acceptée, non pas simplement fréquente, mais comme manière régulière, comme manière juridique de régler, de parvenir à la liquidation d'un litige au Moyen Âge. Donc le maintien de la guerre comme pratique ordinaire de liquidation d'un litige. Et deuxième point sur lequel, aussi, je n'ai pas donné, je crois, d'explication bien satisfaisante, c'est le caractère d'épreuve de la pratique judiciaire, le caractère d'épreuve de cette espèce de théâtre du tribunal où les adversaires s'opposent selon un mécanisme qui ne tend pas du tout à découvrir la vérité, qui ne tend pas du tout à mettre au jour la vérité, qui ne tend pas à provoquer, à donner lieu à un discours de vérité, mais qui tend simplement, ce théâtre du tribunal, à désigner celui qui l'emporte, à désigner celui qui doit être le vainqueur. En gros, le point sur lequel je voudrais insister, c'est ceci : c'est [premièrement] que tout autour de l'institution judiciaire, tout autour des tribunaux, indépendamment d'eux, mais en même temps comme pour les soutenir, la guerre, la guerre privée, la guerre juridiquement régulière, continue à se dérouler. Et deuxièmement,

a. Avant de commencer le cours, Foucault dit aux auditeurs : « Aujourd'hui, je ne vais pas parler très longtemps, parce que demain matin je dois aller visiter Attica, et on visite Attica, comme les prisonniers se lèvent tôt, à sept heures du matin – c'est incroyable. Alors il faut donc que je me couche tôt » (voir, au sujet de cette visite : « À propos de la prison d'Attica », entretien avec J. K. Simon, dans *Dits et écrits*, I, *op. cit.*, n° 137, p. 1393-1404).

la guerre se maintient non seulement autour des tribunaux, mais au tribunal lui-même, dans la pratique judiciaire : la guerre est au Moyen Âge une forme d'affrontement des adversaires et elle est le mode de liquidation du litige. Alors ce que je voudrais vous montrer, en insistant très fondamentalement sur ce caractère essentiel de la guerre au cœur même du processus juridique, c'est en gros comment la vérité se substitue à la guerre ou par quelle série de processus la guerre comme secret, comme âme, comme ressort, comme moteur, comme forme aussi de la procédure juridique, comment la guerre va finalement être petit à petit résorbée et comment, à ce grand jeu qui est celui de la victoire et de la défaite, du succès et de l'insuccès, de celui qui l'emporte et de celui qui doit céder, va se substituer progressivement un autre jeu, qui sera celui de la vérité et de l'erreur : où est la vérité ? Qu'est-ce qui s'est passé ? Qui a dit vrai ? Et comment peut-on démontrer que c'est un tel qui a dit vrai et tel autre qui a dit faux ? Le jeu de la vérité et de l'erreur à la place du jeu de la victoire et de la défaite, c'est la question que je voudrais maintenant étudier. Et le schéma – je ne veux pas dire la démonstration, car j'aurais l'air de dire que ce que je dis est vrai, alors que je parle de la vérité, ce qui est tout à fait différent, je n'ai pas besoin que ce soit vrai puisque j'en parle –, le processus de transformation, je voudrais l'analyser en montrant que ce passage de la guerre à la vérité, du succès/défaite à la vérité/erreur, ce passage s'opère, je crois, par trois, selon trois processus qui le commandent. Premièrement, la fiscalisation de la justice, c'est-à-dire le lien entre la justice et une certaine forme d'appropriation des richesses ; c'est ce lien de la justice avec l'appropriation des richesses que j'étudierai d'abord. Deuxièmement, le déplacement des armes. Et troisièmement, la constitution de l'État.

Ces trois processus, fiscalisation de la justice, déplacement de la force armée, constitution de l'État, c'est cela qui, je crois, va donner lieu à une certaine forme de discours de vérité qu'on peut appeler en gros l'enquête, l'*inquisitio*, comme on disait au Moyen Âge, l'enquête qui va être non seulement une pratique judiciaire, mais qui va être aussi un modèle de savoir pour toute une série de discours qui vont être tenus non seulement sur les choses en procès, non seulement sur les matières judiciaires, mais finalement et petit à petit sur toutes les choses du monde, les choses de la cité d'abord, les choses administratives et puis les choses mêmes de la nature. Tout ce grand savoir d'enquête, ou plutôt tout ce grand discours d'enquête va petit à petit recouvrir, avec les grandes conquêtes maritimes, la surface tout entière du globe. Et de l'*inquisitio*, de cette enquête née sur le pourtour de la Méditerranée et avec quoi l'Église a lutté contre l'hérésie jusqu'à la grande enquête du Hounan où s'est formée la pensée de Mao Tsé-Toung[1], c'est cette grande activité d'enquête à travers laquelle est passé, s'est filtré, s'est accumulé ce qui constitue actuellement notre savoir. Donc, vous le voyez – et ce sera alors le thème de ce cours-ci et des cours qui suivront, des deux autres qui suivront et qui termineront –, ce que je voudrais montrer finalement, c'est que la vérité, et la vérité entendue non pas du tout dans son contenu, non pas du tout dans ses critères – j'ai déjà assez insisté là-dessus –, mais la vérité entendue comme caractéristique d'un certain nombre de pratiques discursives, cette vérité naît comment, elle naît dans quel élément ? Elle naît dans un paysage qui est marqué et caractérisé par les jeux de l'exercice du pouvoir, de l'appropriation des armes et de la circulation des richesses. La circulation des richesses, l'appropriation des armes et l'exercice du pouvoir, voilà qui me paraît les éléments constituants de la formation des discours de vérité.

En ceci, vous voyez que nous n'avons pas quitté les éléments principaux et fondamentaux qu'on avait déjà rencontrés à propos de la Grèce, à propos du *dikaion*, à propos de ces luttes sociales et politiques qui avaient amené selon moi la formation d'un certain type de discours de vérité au VIIe, VIe, Ve siècle avant Jésus-Christ. En Grèce, de quoi était-il question ? Vous vous souvenez, il s'agissait bien également de la circulation des richesses, il s'agissait bien de l'endettement, du paiement des dettes, il s'agissait bien du système des impôts aussi, il s'était agi, vous vous souvenez, de la constitution de l'armée hoplitique et de la manière dont la constitution de cette armée avait été déterminante dans les jeux qui avaient été ceux de l'exercice du pouvoir. Et en Grèce comme au Moyen Âge, ces jeux de l'exercice du pouvoir, de l'appropriation des armes et de la circulation des richesses avaient conduit à la formation d'un certain type d'unité et d'un certain type d'exercice du pouvoir, de concentration du pouvoir qui est le type de l'État. Autrement dit, au Moyen Âge comme en Grèce, ce qu'on voit, c'est la formation d'un discours de vérité lié à la constitution de l'État par le jeu du pouvoir, des armes et des richesses. En ceci, on peut donc dire que ce qui s'est passé au Moyen Âge non seulement est de même type, mais jusqu'à un certain point constitue la répétition de ce qu'on avait vu se passer au VIIe, VIe, Ve siècle avant Jésus Christ. Cependant il y a un certain nombre de différences que je voudrais marquer pour terminer cette espèce d'introduction. Les différences sont celles-ci :

[Premièrement,] c'est que chez les Grecs, c'est autour de la dette et du paiement de la dette, et du remboursement de la dette que va se faire, que s'est faite la transformation. Autrement dit, le type de circulation de richesses autour de quoi la formation de l'État et la formation du discours de vérité se sont faites, la forme de circulation de richesses, c'est l'endettement, la dette et son remboursement. Au Moyen Âge, la forme de circulation de richesses autour de quoi se sont formés et l'État et le discours de vérité, ce n'est pas tellement l'endettement que, [premièrement,] la propriété privée, c'est-à-dire la fixation de la propriété entre certaines mains et, deuxièmement, le prélèvement fiscal ou le prélèvement de la rente. Propriété privée et rente, c'est cela qui va constituer au Moyen Âge la forme de circulation ou de fixation des richesses – ce qui revient au même – autour de quoi s'est formé l'État, autour de quoi s'est formé le discours de vérité.

Deuxièmement, alors que chez les Grecs, la forme de concentration des appropriations des armes autour de quoi se sont formés l'État et le discours de vérité, cette forme d'appropriation des armes, c'est la constitution de ces armées de type populaire dont l'armée hoplitique est l'exemple si célèbre, au Moyen Âge au contraire la formation de l'État et la formation du discours de vérité tournent autour d'un événement tout à fait différent, le contraire même de ces espèces d'armées, d'armées de citoyens, d'armées populaires, d'armées quasi nationales (si on prend les cités grecques pour des nations) ; c'est tout le contraire qui s'est passé au Moyen Âge, ça a été la constitution d'une armée de métier, d'une armée de mercenaires, d'une armée entre les mains du pouvoir, et d'une armée entre les mains du pouvoir toute tournée contre ceux, en tout cas pour la surveillance de ceux sur qui le pouvoir s'exerçait ; l'insertion par conséquent, entre les détenteurs du pouvoir et ceux sur qui il s'exerce, d'une armée qui est entièrement entre les mains de ceux qui détiennent le pouvoir, et tout entière tournée vers la surveillance, le contrôle et la répression de ceux sur qui s'exerce le pouvoir. C'est le second événement important et qui, vous voyez, s'oppose tout à fait à ce qui s'est passé en Grèce.

Enfin, troisième différence, cette fois à propos de la forme même du pouvoir : chez les Grecs, le grand événement du VIIe au Ve siècle, ça a bien été l'instauration de ce fameux *nomos*, de cette fameuse loi qui définit le mode de partage et de distribution du pouvoir entre des citoyens qui peuvent être d'ailleurs peu nombreux, mais de toute façon il s'agit d'un pouvoir partagé et il s'agit de la loi de distribution du pouvoir ; au Moyen Âge l'événement autour de quoi se sont formés l'État et le discours de vérité, c'est la constitution d'un pouvoir central, d'un pouvoir concentré, d'un pouvoir ultra-concentré dans la personne de ce monarque qui, à la fin du Moyen Âge apparaît, se met à fonctionner déjà, ou presque, comme un monarque absolu.

En gros, et pour résumer tout ceci, s'il est vrai que dans la formation du discours de vérité au Moyen Âge comme en Grèce, c'est bien de la naissance de l'État qu'il s'agit, c'est bien de la distribution du pouvoir, des armes et de la richesse, cependant il y a une différence fondamentale : c'est qu'à l'époque grecque, chez les Grecs, le discours de vérité est essentiellement ordonné autour donc de cette espèce de *dikaion*, de justice, qui devait présider aussi bien au retour de la dette, à la répartition des armes qu'à la distribution du pouvoir, autrement dit le discours de vérité chez les Grecs peut se caractériser, se définir par le rapport entre la justice et la mesure ; alors qu'au Moyen Âge le discours de vérité qui va se former se forme non pas tellement autour de ce *dikaion* qu'autour de ce qui va permettre précisément le prélèvement de la rente, de ce qui va permettre la concentration des armes entre les mains d'une armée de métier et la concentration du pouvoir entre les mains d'un seul homme ; c'est-à-dire que ce n'est pas tellement le *dikaion* et la mesure qui vont être ce autour de quoi tourne le discours de vérité et s'organise le discours de vérité au Moyen Âge, ça ne sera pas justice et mesure, ça sera répression et enquête. Et à ce savoir de la mesure lié à la justice va faire suite maintenant, s'articulant sur lui d'ailleurs, à la fois le repoussant jusqu'à un certain point et le réorganisant sous un autre point de vue, ce qui va se constituer, c'est un savoir d'enquête autour d'une pratique politique qui sera celle de la répression.

Voilà donc le schéma dans lequel je voudrais maintenant inscrire un peu ce que je vais vous dire. Et je reprends alors les deux points que je n'avais, je crois, pas suffisamment expliqués la dernière fois : ce sont le maintien de la guerre privée et le caractère de l'épreuve judiciaire.

Donc j'avais essayé de vous montrer comment, dans le droit germanique, ce qu'on appelait, ce qui était considéré comme conforme au droit, ce n'était pas autre chose que la régularité, le caractère institutionnel et rituel de la guerre privée comme série ouverte, série indéfinie des vengeances, des répliques, non pas tellement la liquidation du litige que sa prolongation régularisée. Au Moyen Âge, j'avais essayé de vous le montrer, cette tradition de la guerre, de la guerre privée et régulière comme forme de liquidation du litige, est loin de disparaître, et j'avais essayé de vous en donner quelques exemples. Mais j'avais omis, et c'est pour ça que je reviens là-dessus, de marquer tout de même ce qui est le point le plus important dans cette histoire de la guerre privée ; et le point le plus important, c'est celui-ci : c'est qu'autour des institutions proprement judiciaires, autour des tribunaux, à une époque même où les tribunaux ont effectivement commencé à exister et à exercer leur contrainte, la guerre privée s'est maintenue autour d'eux. Et les tribunaux, l'activité judiciaire proprement dite, le fait qu'un litige soit porté devant un tribunal pour que le tribunal donne ou son arbitrage ou même éventuellement sa décision, tout ceci n'était au fond que des îlots à l'intérieur d'une pratique beaucoup plus générale qui s'est maintenue partout et pendant longtemps et qui est la tradition de la guerre privée. Cette guerre privée, on la trouve bien entendu, et vous me direz que c'est tout à fait normal, dans la pratique féodale, dans la pratique des seigneurs, des suzerains féodaux. Ceci est en effet tout à fait normal : il est bien clair qu'à partir du moment où les seigneurs féodaux disposent effectivement d'une force armée ils essaient toujours de liquider aux moindres frais et sans risquer aucune défaite judiciaire, il est normal qu'ils essaient au moins, s'ils sont les plus forts ou s'ils pensent être les plus forts, de régler leurs problèmes par ce moyen-là.

Il est de toute façon, et ceci doit être noté, fort difficile de faire au Moyen Âge le partage entre des guerres privées et des guerres publiques. Pratiquement toutes les guerres du Moyen Âge sont en fait des guerres privées. Certes, à mesure que la concentration du pouvoir et des armes commence à se faire, à partir du moment où commence à se dessiner la figure du souverain par-dessus tous les seigneurs féodaux, on commence à trouver des guerres qui impliquent, qui enveloppent, qui entraînent finalement la participation d'une masse de gens de plus en plus considérable, à travers lesquelles quelque chose comme une figure nationale s'esquisse, la découpe d'une géographie nationale se fait. Il n'en reste pas moins que même ces guerres-là sont en réalité des guerres privées. La guerre de Cent Ans qui a opposé la France et l'Angleterre n'a été, je ne dis pas qu'une guerre privée, ça a été cent guerres privées, ça a été mille guerres privées, ça a été un terrible entrecroisement de guerres privées dans lequel, à tous les échelons, à tous les niveaux depuis le plus petit seigneur jusqu'au roi d'Angleterre et jusqu'au roi de France, les guerres privées se mettaient à jouer selon des systèmes qui, [à] nous, nous paraissent, que nous, nous réinterprétons comme systèmes d'alliance, comme systèmes de coalition, et qui étaient en réalité des enchaînements de types féodaux de guerres privées qui se déclenchaient les unes les autres et s'emboîtaient les unes [dans] les autres. Finalement – ceci est très important, je crois –, on peut dire que jusqu'au XVIe siècle toutes les guerres en Europe ont été des guerres privées ou des emboîtements de guerres privées, des enchaînements de guerres privées et les premières grandes guerres de type national, ça a été premièrement des guerres civiles et deuxièmement des guerres religieuses, enfin je veux dire, ça a été ces guerres qui ont été à la fois civiles et religieuses et qui se sont déroulées au XVIe siècle, et dont on peut dire qu'elles ont été les premières guerres dans lesquelles le système de la guerre privée féodale est nettement entré en régression. C'est à travers le partage religieux que la collectivité nationale a commencé à se faire jour dans la pratique de la guerre. En tout cas, au niveau de la féodalité, tout ce qui est guerre au Moyen Âge est au fond encore guerre privée et la justice, le recours au tribunal, le recours à l'arbitrage n'est qu'une sorte d'îlot perdu dans ce grand déchaînement ou ce grand enchaînement, ou plutôt guerre.

Mais deuxièmement, et ceci est plus intéressant peut-être que ce que je viens de vous dire, c'est que même dans la bourgeoisie, c'est-à-dire même dans des groupes sociaux où l'utilisation, l'usage des armes et la possession de soldats ne sont pas traditionnels, la guerre privée s'est pratiquement maintenue au Moyen Âge très tardivement. Et au XIVe, au XVe siècle encore, la guerre privée était un recours, au moins dans certaines régions, beaucoup plus familier que le recours au tribunal. On avait recours à la guerre privée lorsqu'un conflit d'intérêts naissait, lorsqu'un litige se produisait. Et alors – je suis obligé d'anticiper sur ce que je dois vous dire ensuite – une des raisons pour lesquelles la guerre privée a duré si longtemps et jusqu'à la fin du Moyen Âge, ça a été précisément le fait que d'un autre côté, au moment où la justice devenait publique, au moment où commençaient à apparaître ces institutions judiciaires, se développaient ces institutions judiciaires qu'étaient les tribunaux, ces institutions devenaient en même temps des institutions fiscales, c'est-à-dire que la justice était en train de devenir onéreuse et coûteuse. Plus la justice se développait, plus elle devenait coûteuse ; plus elle devenait coûteuse, plus on avait tendance à la fuir. Par conséquent le développement même de l'institution judiciaire, son inscription à l'intérieur du prélèvement fiscal, son jeu dans la distribution des richesses faisaient que tout naturellement les gens, et même les moins fortunés, et jusqu'à un certain point surtout les moins fortunés, répugnaient à avoir recours à la justice et préféraient finalement liquider leurs affaires à coups de bâton ou à coups de couteau. Et c'est ainsi que, d'une manière assez paradoxale, le pays dans lequel la guerre privée a duré le plus longtemps en Europe, c'est le pays dans lequel la féodalité s'est affaiblie le plus vite et le pays dans lequel la bourgeoisie est née et s'est développée le plus rapidement. C'est en Flandre que la guerre privée a été maintenue le plus tardivement en Europe. Elle s'est maintenue le plus tardivement en Europe en opposition précisément à cette féodalité, à ces seigneurs féodaux qui, à cause de la fiscalisation de la justice, s'étaient [appropriés] ou tendaient à s'approprier l'exercice de la justice. Alors pour échapper à cette justice coûteuse et onéreuse, on pratiquait la guerre privée et c'est petit à petit la communauté de la ville, des citoyens, la communauté bourgeoise qui s'est approprié au moins le contrôle de ces guerres privées. Mais, dans les villes flamandes au XIVe et au XVe siècle, un meurtre commis au cours d'une guerre privée n'était pas puni, n'était pas considéré comme un véritable meurtre et le meurtrier ne devait pas être puni à condition que la guerre privée ait été effectivement déclarée. On trouve des textes qui sont des déclarations de guerre privée, où les participants à la guerre viennent dire aux échevins : « Voilà, je suis en guerre avec untel ». Et à partir de ce moment-là, ils n'étaient plus punissables des gestes ou des meurtres, des violences en tout cas qu'ils commettaient au cours de cette guerre privée. Lorsque quelqu'un avait déclaré qu'il était en guerre privée avec un autre, il avait le droit de porter des armes dans les villes et dans les moments où le port même des armes était interdit. Dans un grand nombre de villes flamandes, il y avait une sorte de tribunal, d'organisation qui était faite en quelque sorte pour contrôler, à la fois enregistrer et contrôler ces guerres privées. Dans les villes flamandes, à côté des échevins qui étaient chargés de l'administration de la ville, il y avait un groupe de gens qu'on appelait les « paiseurs », les faiseurs de paix ; ces faiseurs de paix étaient ceux auprès desquels on déclarait qu'on était en guerre ou c'étaient ceux auxquels on venait déclarer que maintenant on voulait bien faire la paix ; et les paiseurs avaient d'ailleurs le droit d'intervenir, de solliciter des participants qu'ils fassent la paix, et lorsque la paix était faite entre les participants, entre ceux qui s'affrontaient dans les guerres privées, devant le tribunal, devant cette espèce de groupe de paiseurs, se déroulaient un certain nombre de rituels qui concluaient, qui terminaient la guerre privée, et la guerre privée se terminait traditionnellement par un serment, qui était celui aux termes duquel on déclarait que l'on était prêt « à boire, à manger et à marchander » avec untel. Le rapport avec l'autre, c'était manger, boire et marchander. Donc, vous le voyez, si j'ai cité ces exemples flamands, ce tribunal des paiseurs, tout ce rituel par lequel la guerre privée est évidemment contrôlée, mais en même temps inscrite et institutionnalisée dans la vie de la bourgeoisie flamande, c'est pour vous montrer que pratiquement, tout au long du Moyen Âge, cette pratique de la guerre privée, que ce soit chez les seigneurs, chez les féodaux ou que ce soit chez les bourgeois, c'est au fond le recours juridique immédiat, et par rapport à ce recours juridique immédiat et parfaitement reconnu par tout le monde, au-dessus de lui en quelque sorte, sont venues se former ces institutions judiciaires à l'intérieur desquelles vont se développer cette pratique de la vérité, ces discours de vérité dont je vous parlerai ensuite.

Mais, et c'est là le second point sur lequel je voudrais insister, toujours pour commencer, c'est que, à l'intérieur même de la pratique judiciaire, c'est-à-dire que même lorsqu'on a recours au tribunal, ou même encore lorsque le tribunal est intervenu d'autorité, c'est au fond toujours la guerre qui est en train de se dérouler au tribunal. La guerre entoure le tribunal, mais la guerre pénètre le tribunal et ce qui se passe au tribunal, c'est encore quelque chose comme la forme de la guerre. Et là, je vous en avais parlé la dernière fois, l'ordalie, le serment, le duel judiciaire, tout ça, c'est bien un jeu d'affrontement, c'est bien un jeu de guerre. Or il y a un point dont je ne vous avais pas parlé, et là encore je m'en excuse, je voudrais y revenir, c'est ceci : c'est que je vous ai parlé des ordalies, je vous ai parlé des serments, des duels comme espèces de preuves qui n'étaient pas en réalité du tout des preuves, mais qui étaient des sortes d'affrontement qui résumaient, symbolisaient la lutte et entraînaient la conclusion de la lutte. En dehors de cela et d'une façon plus générale, on peut dire que toute la procédure du droit médiéval était en elle-même à la fois une lutte et une épreuve. En particulier – et ceci est évidemment important pour cette histoire du discours de la vérité –, tout ce qui se disait au cours de la procédure médiévale, c'était, vous le savez, des formules, des formules préparées à l'avance, et des formules qui étaient extraordinairement complexes. Or à ces formules il était rigoureusement interdit de changer quoi que ce soit, ni dans l'ordre des formules, ni dans les mots employés. Le formalisme était la règle la plus rigoureuse. Or ce formalisme n'avait pas du tout pour fonction de garantir soit l'égalité entre les deux partenaires, soit la vérification, l'enregistrement, la conservation de la vérité. Dans ce formalisme rigoureux imposé aux adversaires, il n'était question ni de leur donner un seul et même statut ni non plus de constituer une sorte de plan commun à partir de quoi la vérité allait pouvoir être établie. La complexité des formules, l'obligation dans laquelle on se trouvait de les répéter exactement comme il fallait, dans leur ordre, dans leur séquence, dans leur contenu étaient en réalité une manière de lutte et d'épreuve. Il fallait savoir quel était celui des deux partenaires qui serait le mieux capable de se souvenir de ce qu'il fallait dire, de l'employer exactement à temps, de répliquer comme il fallait à une formule qui était en même temps une attaque de la part du partenaire. Il était permis à quelqu'un d'employer par ruse une fausse formule pour faire tomber son adversaire dans le piège. On pouvait par exemple glisser une formule d'accusation de meurtre, d'assassinat alors qu'il était question simplement d'une affaire d'homicide, et si on avait glissé cette formule par exemple en parlant très vite et sans que l'adversaire entende, ça y était : la formule avait été glissée à l'intérieur du procès, le procès en homicide se transformait immédiatement en procès pour meurtre ; et si l'adversaire était condamné, il était condamné non plus simplement pour homicide mais pour meurtre, c'est-à-dire à une peine beaucoup plus grave. Il était tombé dans le piège s'il n'avait pas fait attention. Si au contraire il avait relevé la formule de celui qui attaquait, s'il s'était aperçu que la formule de celui qui l'attaquait n'était pas la formule de l'homicide, mais du meurtre, à ce moment-là il pouvait l'accuser de s'être trompé et c'était lui qui gagnait. Autrement dit, les mots employés, les phrases formulées étaient des véritables armes ou des véritables pièges, c'étaient des coups en tout cas portés à l'adversaire, le discours des deux adversaires dans le tribunal n'était point le dialogue, le discours par lequel ou l'échange par lequel une vérité allait être obtenue, c'était une série d'épisodes à l'intérieur d'une bataille, et d'une bataille verbale. Bien sûr tout l'arrière-fond de croyances magiques au langage se trouve bien effectivement investi dans ces pratiques ou il se peut que ça soit investi dans ces pratiques, mais l'intéressant c'est de voir comment judiciairement ça fonctionnait au Moyen Âge : le langage, le discours, la discussion à l'intérieur de la procédure, c'était en soi-même une épreuve; ne pas se tromper, employer telle et telle formule, employer la bonne formule, ce n'était pas du tout une manière d'atteindre la vérité, c'était une manière d'atteindre son adversaire et de pouvoir en triompher. Toutes ces épreuves, par conséquent, en quoi consiste précisément la procédure médiévale, vous le voyez, ont pour caractère d'obéir à un système binaire. [Premièrement], il s'agit d'échouer ou de réussir, de vaincre ou d'être vaincu. Deuxièmement, il s'agit dans ces épreuves d'établir un rapport de force, de supériorité de l'un sur l'autre. Troisièmement, ces épreuves ont toutes pour caractère d'être des sortes d'opérateurs de droit, c'est-à-dire que celui qui a été désigné au cours de l'épreuve comme plus fort, comme favorisé par le rapport de forces, comme supérieur, celui-là, par le fait qu'on est dans une épreuve juridique, de caractère juridique, se trouve être désigné comme celui qui a le bon droit pour lui. Épreuve binaire qui manifeste, qui établit, qui sanctionne un rapport de force et qui établit par là même un droit, c'est ça qui caractérise le discours du droit de la procédure médiévale. Il n'est nullement finalement question de la vérité, ou si on peut dire qu'il y a vérité, c'est simplement dans la mesure où ces épreuves assurent l'adéquation entre la plus grande force et le meilleur droit. La bonne formule, et c'est en cela que c'est la vraie formule, la formule vraie dans la procédure médiévale, c'est celle qui est telle qu'elle montre comme ayant le meilleur droit celui qui détient la plus grande force.

Voilà les points sur lesquels je voulais un petit peu revenir parce que je crois que je n'avais pas été suffisamment clair la dernière fois à ce sujet. En gros on a donc ceci pour caractériser le système du droit médiéval[a]. Ce qui déclenche la procédure, plutôt le litige, ce qui déclenche le litige, c'est le dommage, c'est l'injure, *injuria*, qui a été faite par un adversaire à l'autre. Que va déclencher cette *injuria*, que va-t-elle amener ? Une réplique bien sûr, une vengeance qui amènera une autre vengeance, etc. L'*injuria* déclenche donc le *bellum*, la guerre. Or cette guerre, si elle est menée comme il faut, ce n'est pas autre chose qu'une pratique juridique, c'est-à-dire que c'est la justice elle-même, autrement dit *bellum sive justitia*. Ce n'est pas une alternative, vous n'avez pas à choisir entre la guerre et la justice. Si vous avez reçu une injure, un dommage, ce par quoi vous répondrez c'est une guerre, et si la guerre est bien conforme aux règles, ce sera *justitia*. Ce *bellum sive justitia* a pour épisode décisif, à partir de quoi tout va se déclencher et se clore, quelque chose qui est *probatio ; probatio*, mais au sens d'épreuve, pas au sens de preuve. Et cette *probatio* va conduire à quelque chose qui est la *victoria*, la victoire – la défaite, je ne sais pas comment on dit la défaite en latin. Comment ça se dit ? Oui, les Romains n'ont jamais eu de mot pour défaite –, la victoire ou la défaite, allez, ne soyons pas cuistres. Ce qui évidemment, puisque c'est une victoire et une défaite qui appartiennent à tout ce système de la *justicia*, conduit à la paix. Voilà comment se déroule [la justice][b]. Alors, voilà le point de départ. Le point d'arrivée – et ce que je voudrais expliquer, c'est précisément la transformation, c'est ce qui va se passer –, le point d'arrivée, c'est ce qu'on va trouver à la fin du Moyen Âge, au XV[e] et au XVI[e] siècle, où vous aurez, toujours pour déclencher la procédure pénale, *injuria*, mais l'*injuria* se trouvera être en même temps une *infractio*, le dommage et l'infraction vont, sinon coïncider, [mais

a. En même temps qu'il parle, Foucault dessine un schéma au tableau. Voir *infra*, p. 355, note 2.

b. Conjecture ; mot difficilement audible.

enfin ils sont en tout cas][a] profondément liés, et la procédure pénale ne sera pas déclenchée par l'*injuria* seulement, il faudra qu'il y ait de plus *infractio*. À ce moment-là, [pour] ce qui va se déclencher lorsqu'il y aura *injuria*, lorsqu'il y a dommage, et jusqu'à un certain point lorsqu'il y a *infractio*, il y a deux possibilités : l'une c'est *bellum*, et l'autre, mais en alternative, ça va être *justitia*. C'est-à-dire qu'à partir d'un certain moment ou bien il y aura guerre ou bien il y aura justice, mais la justice, ça ne sera pas une certaine forme de guerre et la guerre ne sera pas l'âme, le moteur et le principe même de la justice. Alors la justice, elle, s'identifiera avec *pax* : *pax et justitia*, *pax vel justitia*. Et on aura pour élément essentiel de cette justice la preuve, la *probatio*, mais entendue comme preuve qui entraîne l'apparition de la vérité sur laquelle s'établit la sentence. Vous voyez comment tous les éléments de ces deux chaînes deviennent entièrement différents[2]. Alors ce que je voudrais vous expliquer aujourd'hui en gros, c'est comment toute cette partie-là du système a été changée, comment on est arrivé à une alternative *bellum* ou *justitia*, à une coïncidence *pax et justitia* et à une liaison d'*infractio* et *injuria*. Et la prochaine fois j'essaierai de vous montrer comment se constitue cette *probatio*, qui est preuve, c'est-à-dire l'importance du discours de vérité et l'insertion du discours de vérité dans le système pénal.

Voilà les données du problème. Alors les éléments de la solution, je vous les ai dits : il faut chercher, selon moi, du côté de la circulation des richesses, du côté de l'appropriation des armes, et par conséquent au total du côté de la constitution de l'État.

Premièrement, la circulation des richesses et le rôle de la justice dans la circulation des richesses, le rôle de la circulation des richesses dans la justice. Vous me direz que tout le temps, de tout temps, en tout cas dans la civilisation, dans les civilisations indo-européennes que nous connaissons, l'attribution de la justice a toujours été liée d'une certaine façon à la circulation des richesses. Après tout, souvenez-vous de ce que disait Hésiode quand il se plaignait des fameux rois de Grèce qui étaient mangeurs de cadeaux et qui ne rendaient la

a. Conjecture ; passage difficilement audible.

justice, qui ne rendaient leurs *thesmoi* qu'en fonction de l'argent qu'ils recevaient[3]. Au Moyen Âge, après tout comme en Grèce, l'exercice de la justice est bien lié à la circulation des richesses, mais, je crois, sur un mode qui est tout à fait différent. Je vous avais dit la dernière fois que dans le droit germanique une guerre pouvait parfaitement être terminée par une composition qui faisait que celui qui était vaincu, beaucoup plus que celui qui était coupable, avait à payer une certaine somme d'argent. Cette somme d'argent était faite de deux parts, l'une qui était le *wergeld*, c'est-à-dire ce qu'il devait à son adversaire pour que l'adversaire renonce à la série des vengeances, et puis une part qui était le *fredum*, qui était l'espèce d'indemnité que l'on donnait à l'arbitre dans la mesure où l'arbitre prenait le risque de juger. C'est cette part du *fredum* qui ne va pas cesser d'augmenter au Moyen Âge, et même dans le Haut Moyen Âge, qui va augmenter d'abord au moment de la constitution des grands États carolingiens, l'État ou le pouvoir ayant évidemment de plus en plus intérêt à augmenter cette part qui maintenant constitue une ressource non négligeable. Et puis au moment de la disparition, de la dislocation du grand empire carolingien, des États carolingiens, les petits justiciers qui se sont mis à se multiplier à ce moment-là, héritant directement ou indirectement – c'est un problème complexe – des pouvoirs comtaux, ont essayé bien entendu d'augmenter le plus possible cette part du *fredum*, cette part de l'amende qui était imposée, cette espèce d'amende qui était imposée à celui qui était vaincu au cours de la procédure judiciaire. En tout cas, quand on se place à une époque un petit peu plus tardive, c'est-à-dire au XIIe siècle, au XIIIe siècle encore, on s'aperçoit que la peine qui est la plus fréquente, on peut même dire que la seule grande peine qui soit appliquée au Moyen Âge en alternative avec la mort, c'est l'amende, qui est la peine la plus générale, l'amende ou la confiscation. L'amende, c'est ce qui est donné à celui qui a reçu le dommage avec une part pour le juge. Quant à la confiscation, c'est au contraire une prise de biens qui non seulement porte sur la totalité des biens, mais qui transfère au juge, ou à l'instance qui juge, ou au pouvoir politique qu'il y a, qui existe derrière le juge, la plus grande partie de la somme ainsi prélevée. Or on s'aperçoit que la confiscation des biens est la peine principale dans des pays comme le Poitou, la Bretagne, la Normandie, Paris, qu'en Normandie toute fraude sur les droits du seigneur est sanctionnée par la confiscation des biens, qu'en Touraine et en Anjou la seule peine que l'on puisse appliquer aux nobles en dehors des amendes, c'est la confiscation. De toute façon, même lorsque la peine de mort est appliquée, ou l'exil, la confiscation des biens est peine accessoire pour tous les cas de blasphème, d'hérésie, de lèse-majesté, de désertion, de forfaiture, de brigandage, de guerre privée, d'homicide, d'incendie volontaire, d'adultère, de viol, de rapt, de sodomie, d'inceste, de vol, de fausse monnaie et de faux témoignage. Vous me direz : quand est-ce que les biens n'étaient pas confisqués ? Ils étaient toujours confisqués. Et si on ajoute à cela que, chaque fois qu'il y avait duel judiciaire, celui qui était vaincu encourait la confiscation même s'il était le demandeur, même s'il était celui qui avait lancé l'accusation, c'est-à-dire qu'au terme d'un duel judiciaire, il arrivait pratiquement tout le temps que l'un des deux adversaires, quel qu'il soit, en tout cas le vaincu subisse la confiscation. Si on ajoute à cela que, lorsque le duel judiciaire n'allait pas jusqu'à son terme, le seigneur pourtant ne renonçait pas entièrement à prendre une partie du bien et, selon le point où le duel judiciaire était interrompu, le prélèvement de richesse, cette espèce de confiscation partielle, la confiscation partielle était plus ou moins importante ; un duel judiciaire qui s'arrêtait tout de suite ne rapportait que peu de choses au seigneur, mais si le duel judiciaire était interrompu presque avant la fin, à ce moment-là, la confiscation était importante. De toute façon, la confiscation des biens au profit du justicier était l'accompagnement régulier, général, de tout ce qui était peine de mort et mutilation. Et lorsque quelqu'un qui était en prison en attendant son procès s'enfuyait, la confiscation était aussi de règle. De sorte qu'on peut dire que la confiscation, et l'amende bien sûr, étaient à ce moment-là la forme la plus générale de la pénalité[4]. Si on ajoute en plus qu'en termes de droit féodal chaque fois qu'il y avait une infraction à la légalité féodale, chaque fois qu'un vassal commettait une faute à l'égard de son suzerain, son fief, vous savez, était en quelque sorte suspendu, il y avait la procédure, la peine de commise, c'est-à-dire qu'en gros son fief était remis au suzerain qui en reprenait la libre disposition, ce qui était une sorte de confiscation correspondant à la forme de propriété propre à la féodalité, on peut donc dire que, d'un bout à l'autre du système pénal, ce dont il était question au Moyen Âge, c'était de la prise des biens, de la rapine des biens. Ce dont il s'agissait, c'était de la prise en main par celui qui jugeait des biens de ceux qu'il était en train de juger. Il n'y avait pas pratiquement d'activité judiciaire sans cette menace et, la plupart du temps, sans réalisation de ce prélèvement de biens. Bien sûr, il arrivait très souvent, très régulièrement même, que la confiscation n'ait pas tout à fait lieu, c'est-à-dire que la confiscation soit prononcée, et puis après la confiscation alors commençait toute une série de marchandages, d'accommodements, de menaces, de compositions, de sorte qu'il était permis à quelqu'un de racheter sa propre confiscation au prix d'une sorte de don qui était une partie de la confiscation. Et lorsque le juge ne se sentait pas assez fort pour appliquer la confiscation, il était déjà bien content de pouvoir se faire racheter cette confiscation, et puis on pouvait racheter le rachat de la confiscation, etc. De sorte que tout au long de l'acte de justice, au niveau des gages que l'on donnait au début de la procédure, au niveau de la confiscation qui se produisait après, au niveau des marchandages qui avaient lieu après la sentence, on avait donc toute une série de transactions, de dépenses, de profits, de bénéfices, toute une partie de la richesse circulait et constituait en quelque sorte l'arrière-fond économique de cette activité judiciaire.

Vous comprenez dans ces conditions un certain nombre de choses. La première chose, c'est celle-ci : c'est qu'un procès était bien une lutte, continuait bien à être une lutte, mais c'était au fond une lutte de fortune. C'était en quelque sorte la transposition de la joute armée en joute de fortune et cette tradition de la joute de fortune va se poursuivre en Europe, particulièrement en France, jusqu'au XVIIIe siècle où, vous le savez, dans une sorte d'activité de spéculation quasi bancaire, les grandes fortunes se lançaient les unes contre les autres dans des espèces de grands procès où il était question d'héritages, où il était question de droits, où il était question de traités, d'actes de vente, etc., procès qui duraient indéfiniment, procès qui au fond n'étaient jamais perdus d'avance, puisqu'à chaque instant, les influences politiques venaient jouer, mais en même temps la concussion, et puis le système des amendes, et puis le système des confiscations, le système des rachats. Et comme ça, de génération en génération, les fortunes luttaient les unes contre les autres dans cette espèce de spéculation judiciaire. La justice, la procédure judiciaire comme élément de spéculation économique a été une des grandes constantes de la société occidentale jusqu'au XVIIIe siècle. Mais la seconde conséquence, et qui est beaucoup plus importante, c'est que l'activité judiciaire s'est littéralement inscrite et s'est inscrite directement dans les processus mêmes de l'appropriation. La justice n'a pas été simplement au Moyen Âge ce par quoi on contrôlait la régularité des achats ou des ventes, la régularité des propriétés ou des appropriations, la justice a été effectivement un moyen de s'approprier quelque chose, ça a été un moyen de déplacer les fortunes et on a là le principe de toute une très curieuse justice de spoliation ou de spoliation judiciaire dont on trouve les exemples là encore profondément liés à toute la vie économique du pays. Ça a par exemple été les grands procès traditionnels qui se sont déroulés au XIIIe, au XIVe et encore au XVe siècle contre les gens qui détenaient à ce moment-là la fortune, essentiellement la fortune mobilière et financière de la France, ça a été les grands procès qui ont été faits aux Lombards, qui ont été faits aux juifs, qui ont été faits aux Templiers. Quand on regarde par exemple ce que faisait ce bon saint Louis avec les juifs, par exemple, il avait banni les juifs en [1254][a] – c'est vrai que ce n'est plus lui ensuite. Banni les juifs, qu'est-ce que ça veut dire ? Ça veut dire évidemment les chasser et confisquer leurs biens. Les juifs bannis par saint Louis sont rappelés par son successeur[5] en 1288, ils se réinstallent, ils recommencent à faire fortune, ils sont bannis et spoliés en 1306. Ils sont rappelés et puis ils sont bannis et spoliés à nouveau en 1312. De même les Lombards qui détenaient la fortune,

a. Foucault indique comme date 1288, alors que Saint Louis est mort en 1270. Nous rectifions la date.

une partie de la fortune financière du Midi de la France, sont bannis en 1291, rappelés en 1295, chassés à nouveau en 1311-1312. Procès des Templiers : même chose. Or de quoi s'agissait-il là-dedans et comment est-ce que ça se passait ? On a souvent dit : le Moyen Âge était tout de même une époque paradoxale puisque, théoriquement, on condamnait l'usure, le prêt à intérêt, et puis, pratiquement, on laissait les gens commettre, pratiquer ce prêt à intérêt quitte d'ailleurs à les chasser de temps en temps. Il ne suffit pas de dire, je crois, que le Moyen Âge condamnait théoriquement, laissait faire en pratique et se fâchait de temps en temps. En réalité tout ceci est une pratique économico-politique de l'usure parfaitement cohérente, c'est-à-dire que les Lombards et les juifs prêtaient effectivement de l'argent et à des taux usuraires étant donnés d'ailleurs les risques qu'ils prenaient. À qui prêtaient-ils de l'argent ? Essentiellement aux petits paysans et aux petits artisans des villes et des villages de France, essentiellement du Midi de la France. Le système de l'usure leur permettait de se rembourser et de faire fortune très rapidement. Et lorsqu'ils avaient fait fortune intervenait à ce moment-là une procédure judiciaire venant soit des seigneurs, soit du pouvoir royal, procédure judiciaire qui permettait de les chasser, de confisquer leurs biens, de s'emparer de cette fortune, c'est-à-dire que c'était finalement une véritable pratique fiscale qui s'opérait à ce moment-là et qui faisait que finalement sur qui et sur quoi le pouvoir royal faisait-il une ponction ? Sur le travail et la richesse des paysans et des petits artisans. C'était de cette manière-là que le pouvoir royal arrivait à faire main basse sur une partie de cette richesse ainsi accumulée par l'intermédiaire de ces prêteurs à gage. Donc la condamnation pénale de l'usure fait absolument partie du système économico-politique.

Mais il y a à cela des conséquences qui sont plus directement importantes pour ce que je voulais vous dire et qui sont celles-ci : c'est qu'à partir du moment où la justice se sanctionne essentiellement par le jeu de la confiscation et de l'amende, vous comprenez que tout naturellement le fait de rendre la justice devient lucratif ; et puisque l'acte de justice devient lucratif, il devient désirable, cesse d'être un risque : rendre la justice, ce n'est plus dangereux comme ça l'était à l'époque germanique et par conséquent la justice va devenir l'objet d'une convoitise à la fois politique et économique. On voudra se procurer ce pouvoir qui permet de juger, on voudra s'en emparer et, du coup, la justice elle-même deviendra objet de cession, de transmission et de vente. C'est ainsi qu'on a pu voir circuler, surtout dans la deuxième moitié du Moyen Âge, ces espèces de droits de justice que quelqu'un pouvait parfaitement vendre sans même vendre le fief ou le territoire auquel ce droit de justice était lié. Et le droit de justice va passer ainsi de main en main et finalement, bien sûr, tomber entre les mains de ceux qui sont assez riches pour se procurer le plus de justice possible, et petit à petit vous voyez la concentration de la justice, du pouvoir de justice suivre les mêmes lignes que la concentration de la richesse elle-même.

À partir du moment où la justice devient ainsi quelque chose de profitable, à partir du moment où la justice, c'est ce qui permet de prélever des biens par le jeu des amendes et des confiscations, des gages, etc., à partir du moment où la justice devient ainsi profitable, vous comprenez que la justice ne peut pas ne pas tendre aussi à cesser d'être facultative. Ces éléments, ces institutions judiciaires dont j'ai essayé de vous montrer qu'au fond, pendant très longtemps, on n'était pas forcé d'y avoir recours, ces institutions judiciaires, à partir du moment où quelqu'un a investi de l'argent dedans pour se les acheter, à partir du moment où, en tout cas, il espère de cette justice tirer un certain nombre de profits, vous pensez bien qu'il n'aura de cesse que la justice soit devenue obligatoire. Exercer la justice, ça ne va plus être cette espèce de risque qu'on prend et qui à l'époque germanique était suffisamment dangereux pour qu'on demande aux gens de vous en rémunérer un peu, la justice, ça ne va plus être quelque chose de dangereux, ça va être quelque chose de profitable et d'obligatoire, et on tendra à faire intervenir la justice le plus souvent possible et partout. Et c'est ainsi que, partout où il y a eu du pouvoir politique, partout où au cours du Moyen Âge la souveraineté politique a commencé à se dessiner, à s'affirmer, à prendre son autonomie ou sa force, autour de ces centres de justice a commencé à se former une institution judiciaire, et une institution judiciaire obligatoire.

De sorte que commettre une infraction a commencé à devenir à partir de ce moment-là non plus simplement commettre à l'égard de quelqu'un un dommage qui réclame vengeance, mais le crime, ça a commencé à être ce comportement dont la nature est telle que celui qui détient le pouvoir politique ne peut pas ne pas intervenir pour le punir. Autrement dit cette *injuria* qui provoquait simplement la réponse de l'autre, du partenaire, va devenir, maintenant que la justice est obligatoire, ce comportement intolérable qui demande, ou plutôt qui autorise celui qui détient le pouvoir politique à intervenir pour imposer son amende, sa confiscation, sa punition. *Injuria* ne veut plus dire simplement dommage, *injuria* commence à vouloir dire infraction, c'est-à-dire atteinte au pouvoir politique. Le pouvoir politique commence à intervenir comme tiers élément entre, ou plutôt en plus des deux partenaires. Autrefois, dans le droit germanique, dans le droit médiéval archaïque, vous aviez deux personnages : celui qui commettait l'injustice et puis celui qui en était la victime ; à eux de se débrouiller et, s'ils le voulaient, ils pouvaient faire appel à un arbitrage. Maintenant, quand il y a dommage, deux personnages surgissent simultanément, à la fois jumeaux et rivaux ; deux personnages surgissent en face de celui qui a commis le dommage : celui qui en est la victime, bien sûr, et qui continue à réclamer que le dommage soit compensé et puis un autre personnage, le pouvoir politique qui vient, en tant qu'il est le maître des amendes et des confiscations, se porter à côté de la victime en face de l'auteur pour réclamer lui aussi son dû. C'est ainsi que vous voyez non seulement la notion d'*injuria* se doubler de la notion d'*infractio*, mais vous voyez en même temps la notion de vengeance se doubler de la notion de punition. On dit que le crime, ce n'est pas simplement un dommage qui appelle la vengeance, c'est une infraction qui appelle la punition. Et vous savez parfaitement que dans notre curieux système de morale, la vengeance, c'est ce qui est méprisé, c'est ce qu'on vous apprend à ne pas faire, alors qu'on essaie de vous apprendre que, si vous avez commis une faute, vous devez être puni. En fait ces deux affirmations sont en quelque sorte la sanction finale de cette espèce de longue évolution par laquelle [d'une part] l'*injuria* a commencé à être doublée et finalement a été remplacée par l'infraction et d'autre part la vengeance a été doublée d'abord par, puis finalement et en dernière instance, remplacée par la punition. Et c'est là le résultat de quelque chose qui n'est rien de plus que l'appropriation de la justice, de la pratique judiciaire entre les mains d'un certain nombre de gens, appropriation de la justice qui était liée au fait que la justice était devenue une ressource, que la justice était devenue profitable. Entrant dans le système des richesses, l'exercice de la justice devient obligatoire, le dommage devient infraction et la vengeance doit céder le pas à la punition. Nous sommes dans l'univers de la punition et nous avons définitivement, hélas, quitté celui de la justice dans la mesure où la pratique judiciaire s'est trouvée, comme j'ai essayé de vous le montrer, liée à toute une série de circulations économiques.

Je vais m'arrêter là un instant. Je ne reviens pas sur ce que je vous avais dit à propos – on pourra en rediscuter un peu – de ce rapport [entre] interdit et circulation des richesses comparé avec les sociétés primitives[6].

Je vais être bref, cinq ou dix minutes maximum, pour vous parler des institutions de paix, qui sont tout de même une pièce essentielle là-dedans, mais au fond je me rends compte d'ailleurs – ce n'est pas pour cette raison que je vais à Attica, mais c'est peut-être la vraie raison pour laquelle je serais bref –, je me rends compte qu'au fond, là, on est obligé d'entrer dans des considérations d'histoire institutionnelle qui ne sont peut-être pas très importantes pour vous. Bien qu'en même temps je crois que c'est assez important.

Voilà ce que je voulais vous dire, c'est ceci : c'est que ce que je viens de vous expliquer ne tient absolument pas debout. Ça ne tient pas debout, ça ne peut pas tenir [parce qu]'il manque une pièce essentielle. En effet je vous ai dit : la justice est en train de devenir au Moyen Âge de plus en plus onéreuse ; plus elle devient onéreuse, plus elle devient en quelque sorte désirable, plus on cherche à se l'approprier et plus en même temps on cherche à l'imposer une fois qu'on se l'est appropriée. Mais vous me direz : comment tout ce processus peut-il tenir s'il n'y a pas précisément une autorité pour imposer une justice qui est onéreuse, une justice par conséquent qu'on devrait avoir tendance à fuir, et une justice dont j'ai essayé de vous montrer en commençant qu'on avait effectivement tendance à la fuir, puisque les guerres privées, cette espèce de liquidation, non pas spontanée parce qu'elle était régulière, mais cette liquidation d'homme à homme ou de famille à famille du litige, se maintenaient et même se développaient jusqu'à un certain point à mesure que le Moyen Âge avançait ? Autrement dit, pourquoi est-ce que la fiscalisation de la justice, son caractère de plus en plus profitable et de plus en plus obligatoire, comment est-ce que ça a pu s'affirmer alors que de toutes parts le système devait foutre le camp, alors que de toutes parts il semblait qu'il y avait possibilité pour qu'on échappe à cette justice ? Pour qu'elle devienne ainsi à la fois et plus profitable et plus obligatoire, il a fallu que ce système de la fiscalisation judiciaire, de la fiscalisation de la justice recoupe un tout autre processus – enfin un tout autre –, un processus de nature différente qui a permis au système de tenir et cette autre série d'institutions, c'est ce qu'on appelle les institutions de paix ; les institutions de paix, c'est-à-dire ces espèces de paix, de moments ou de régions de paix obligatoire au cours desquels ou dans l'espace desquels ceux qui détenaient le pouvoir faisaient régner la paix, interdisaient les guerres privées, suspendaient par conséquent ce système de la vengeance régularisée et faisaient par conséquent régner d'autorité une justice judiciaire et non plus simplement une justice comme système et série de vengeances. Autrement dit l'organisation de la justice comme j'ai essayé de vous la montrer, cette substitution de l'infraction à l'injure n'a été possible que dans la mesure où se sont établies ces institutions de paix qui étaient en quelque sorte l'organisation de sphères ou de domaines ou de lieux ou de moments d'activité exclusivement judiciaire, temps ou espaces pendant lesquels l'usage des armes était suspendu ou interdit.

Ces organisations de paix, elles ont été très nombreuses au Moyen Âge. Elles n'avaient pas toutes ni le même régime ni le même statut. Vous aviez des institutions de paix qui étaient par exemple essentiellement urbaines, c'est-à-dire que c'étaient des villes qui déclaraient par exemple qu'à tel moment et à l'intérieur de leurs murs ou définitivement à l'intérieur de leurs murs l'usage des armes était interdit, sauf à ceux qui étaient chargés d'établir l'ordre. Ou encore c'était l'Église qui imposait – et ça elle l'a fait très tôt, dès le concile de Charroux à la fin du Xe siècle – que certaines personnes soient par nature protégées du système de la vengeance privée, de sorte qu'à partir du moment où on avait un litige avec ces personnes qui étaient soit les paysans pauvres, soit les prêtres, quand on avait un litige avec eux, il fallait nécessairement en passer par la justice. Ça a été les féodaux eux-mêmes qui ont imposé ce système de la paix. Ou encore ça a été le roi de France, enfin le souverain ou les grands feudataires, qui imposaient la paix pendant un certain temps ou au profit d'un certain nombre de gens. Le roi de France, par exemple, donnait des « assurements » à telle ou telle personne : cette personne ne pouvait plus être atteinte par la guerre privée ; elle devait par conséquent passer en justice, ou il fallait passer par la justice si on voulait l'attaquer. Et finalement la plus grande institution de paix et en même temps la plus caractéristique, ça a sans doute été celle des dernières, celle de Philippe le Bel, lorsque Philippe le Bel a dit aux féodaux français et à tous les gens qui relevaient de sa souveraineté : « Désormais il n'y aura plus de guerres privées pendant tout le temps où je ferai la guerre ». Et vous avez là [un moment important][a] : je vous disais que c'étaient les guerres de religion qui avaient été les premières grandes guerres nationales, [mais] à partir du moment où Philippe le Bel au début du XIVe siècle a confisqué en quelque sorte à son profit, et à son seul profit, le droit de faire la guerre, où nul autre que lui ne pouvait faire la guerre pendant que lui la faisait, c'était déjà le moment où commençait à s'esquisser un fonctionnement, on peut dire, pas encore national bien sûr, mais déjà étatique de la guerre.

Or on voit très bien comment fonctionnaient ces systèmes d'institutions de paix. Ils fonctionnaient de deux façons. Premièrement, ces institutions de paix ne pouvaient effectivement tenir qu'à la condition que ceux qui les établissaient aient ou bien un pouvoir moral, religieux ou magique comme l'Église, ou bien encore un

a. Conjecture ; Foucault ne termine pas la phrase.

pouvoir politique, c'est-à-dire militaire, qui leur permettait de faire respecter la paix. On ne pouvait établir la paix que par la guerre, on ne pouvait établir les institutions de paix, elles ne pouvaient tenir qu'à la condition, bien sûr, que ceux qui les établissent puissent se permettre de châtier, et de châtier par les armes, ceux qui ne les acceptaient pas. C'est donc une concentration de la force armée qui était impliquée par l'institution de paix. Il n'y a eu d'institutions de paix qu'à partir du moment où les armes se sont trouvées concentrées, ont commencé à se concentrer en certaines mains. Deuxièmement, [cet autre aspect] : ces institutions de paix avaient ceci qui était précisément très avantageux pour ceux qui les établissaient, c'est que dans le domaine de leur souveraineté les vengeances privées qui au fond ne leur rapportaient rien étaient suspendues et, au contraire, les gens étaient contraints d'aller devant les tribunaux, qui présentaient précisément cet avantage de la lucrativité. Les tribunaux rapportant au souverain, il était tout normal que l'on pousse vers les tribunaux ceux qui autrement, qui naturellement auraient été plutôt porté vers la guerre privée. C'est-à-dire que plus il y avait d'institutions de paix, plus il y avait de ressources fiscales, d'abord évidemment parce que la fiscalité était plus facile à lever dans une terre qui n'était pas ravagée par la guerre, et [ensuite][a] parce que la justice rapportait à plein au moment où les gens n'avaient plus le droit de pratiquer la guerre privée, à partir du moment où ils étaient contraints d'aller devant les tribunaux. C'est-à-dire que plus il y avait de paix, plus on s'enrichissait, plus on s'enrichissait, plus on pouvait se procurer quoi ? Se procurer précisément cette fameuse force armée avec laquelle on établissait la paix. Mais vous voyez bien qu'établir la paix dans son propre pays ou dans sa sphère de suzeraineté ou de souveraineté impliquait que cette force armée soit tout de même d'un type très particulier parce que, si vous prenez le système féodal dans sa forme très archaïque, la force d'un seigneur, en quoi consistait-elle ? La force militaire d'un seigneur consistait dans le nombre d'hommes et d'armes qu'il pouvait lever sur sa propre terre. Or à partir du moment

a. Enregistrement : « deuxièmement ».

où on a besoin d'une armée pour faire régner sur sa propre terre la paix, une institution de paix, on ne peut pas avoir recours aux gens qui habitent sur cette terre, car ça serait précisément les laisser en possession d'armes avec lesquelles ils feraient la guerre privée. Pour les empêcher de faire la guerre privée, il faut premièrement qu'ils soient privés d'armes et deuxièmement que la force armée qui établit et maintient l'institution de paix vienne d'ailleurs ou soit directement entre les mains du pouvoir souverain. Ça ne peut pas être les paysans eux-mêmes, ça ne peut pas être le peuple lui-même, sur place, qui assure [la paix][a], c'est-à-dire qui s'empêche lui-même d'avoir recours aux armes. Il y a là une contradiction immédiate qui fait que l'institution de [paix][b] ne peut fonctionner qu'à partir du moment où une armée extérieure, ou en tout cas une armée de mercenaires directs interviennent pour la soutenir. Or qui dit armée de mercenaires dit évidemment armée stipendiée, dit nécessairement un pouvoir économique qui est évidemment de plus en plus rare. Vous voyez comment se lient, dans une espèce de spirale, à la fois l'augmentation des revenus de justice, l'extension des régimes de paix et le renforcement du pouvoir militaire, du pouvoir mercenaire de ceux qui détiennent le pouvoir politique : plus l'institution de paix est étendue, plus elle est efficace, plus la fiscalité est grande ; plus la fiscalité est grande, plus on peut se payer de soldats ; plus on peut se payer de soldats, plus évidemment on peut assurer une véritable paix, on peut étendre sa propre paix dans le temps et dans l'espace, et par conséquent plus on peut gagner d'argent, avec quoi on s'achètera des soldats ; et ceci indéfiniment. Et vous voyez au moins le principe de ce phénomène politique très curieux qui fait qu'on a d'un même coup accumulation de la richesse, accumulation de l'armée, de la force armée, et accumulation de la justice.

La justice, l'armée et l'argent finissent par aboutir finalement en un nombre de mains de plus en plus limité, et c'est ainsi que peu à peu est en train de naître un pouvoir, et un pouvoir centralisé, qui aura précisément quel caractère ? La monarchie française, à partir

a. Enregistrement : « la guerre privée ».
b. Enregistrement : « de guerre privée ».

du moment où elle commence à s'affirmer comme pouvoir central, disons à partir de saint Louis, c'est celle précisément du roi qui est à la fois justicier et chef d'armée, celui qui rend la justice et celui qui commande à la guerre, qui est représenté par le connétable d'une part pour l'armée, le chancelier [d'autre part] pour la justice. Le roi de France n'est rien d'autre que celui qui a dans la main le glaive de la justice et le glaive de l'armée. Or la justice, c'est ce avec quoi on gagne de l'argent, ce par quoi on draine une masse fiscale importante, l'armée, c'est ce qu'on peut se procurer avec cette justice et l'armée, c'est également ce qui permet de se procurer d'autres justices, d'une façon générale d'autres ressources fiscales, etc. La grande spirale du pouvoir, du pouvoir à la fois armé et fiscal, armé et justicier, cette spirale du pouvoir est en train de s'amorcer de cette manière-là. Et vous voyez comment s'établit cette espèce d'alternative dont je vous avais parlé tout à l'heure : *bellum aut justitia* qui commence à se substituer au *bellum sive justitia* de l'ancien système. Chez les Germains, faire la guerre, c'était une certaine manière de mettre en jeu des règles qui étaient des règles juridiques. Mais à partir d'un certain moment, à partir de ces institutions de paix, dont je vous parle au Moyen Âge, alors, lorsqu'un litige aura été déclenché, lorsqu'un dommage aura été produit, il reste deux possibilités : ou la possibilité du *bellum*, de la guerre qui n'est réservée, de plus en plus, qu'à ceux qui ont de quoi se faire la guerre, c'est-à-dire ceux qui sont armés, ceux qui ont le pouvoir politique de faire la guerre ; ou bien alors on leur impose quelque chose qui est à la fois *pax* et *justitia*, la paix et la justice, et une justice qui est précisément une justice fiscalisée. Et c'est le pouvoir militaire de ceux qui détiennent le pouvoir politique, c'est cette puissance militaire qui impose la *pax et justitia*. Cette formule que vous voyez répétée si souvent au Moyen Âge, *pax et justitia*, formule reprise d'ailleurs des vieilles formules latines et romaines qui avaient [du reste][a] un sens tout à fait différent, où *justitia* voulait dire système judiciaire et pas exercice de la fonction de juger, la formule *pax et justitia* va se développer et être

a. Enregistrement : « d'ailleurs ».

reprise à partir du Xᵉ et du XIᵉ siècle dans une espèce de synonymie qui renverra en réalité à ces très curieuses institutions de paix, qui ne sont pas autre chose que l'envers d'une justice fiscalisée. Vous voyez comment circulation des richesses d'une part et appropriation des armes [de l'autre] sont finalement les conditions pour l'exercice d'une justice nouvelle, et c'est à l'intérieur de cette justice nouvelle qu'on va voir fonctionner – c'est ce que j'essaierai de vous montrer la prochaine fois – cette fameuse *probatio*-preuve, c'est-à-dire ce discours de vérité. Et c'est parce que la justice aura été organisée comme ça sur ce système d'appropriation des armes et de fiscalisation, c'est à partir de cela qu'il faudra dire la vérité devant les juges. C'est ça qu'on va voir la prochaine fois[a].

a. En raison de la visite de la prison d'Attica prévue tôt le lendemain matin, la séance n'est pas suivie d'une discussion.

NOTES

1. Foucault fait ici allusion au texte de Mao Tsé-Toung, datant de 1927 : *Rapport sur l'enquête menée dans le Hounan à propos du mouvement paysan*, Pékin, Éditions en langues étrangères, 1968.

2. On peut tenter de reconstituer de la manière suivante le schéma dessiné par Foucault au tableau :

– Point de départ :	*injuria* →	*bellum sive justitia* →	*probatio* (épreuve) →	victoire/ défaite →	*pax*
– Point d'arrivée :	*injuria* (= *infractio*)	→	ou *bellum*		
			ou *justitia* →	*probatio* (preuve) →	*pax*

3. Voir *supra*, p. 100.

4. Dans la leçon du 9 février 1972 de *Théories et institutions pénales*, *op. cit.*, p. 138-140, Foucault oppose le système pénal du Moyen Âge, qui prélève des biens, au système pénal moderne, caractérisé par l'exclusion des individus par l'emprisonnement.

5. Il s'agit de Philippe IV Le Bel, qui n'était pas le successeur direct de saint Louis, celui-ci étant son fils Philippe III le Hardi, mort en 1285.

6. Voir *supra*, p. 323-324.

SÉANCE X
(25 avril 1972)

Pour cette avant-dernière fois, je voudrais essayer de vous montrer comment, à l'intérieur de la pratique judiciaire du Moyen Âge, est apparue cette très curieuse et pour nous très familière, mais à l'époque très étrange pratique de l'enquête, qui a servi par la suite de modèle à finalement toute une série de formes de savoir, dont la connaissance empirique, dont la collection des connaissances empiriques aux XVe, XVIe, XVIIe siècles a donné naissance à tout un domaine de savoir. De sorte qu'en gros, tout comme on a pu voir au tournant du VIe et du Ve siècle en Grèce la naissance de ces grandes disciplines formelles qu'étaient les mathématiques, de la même façon on peut voir au tournant, je crois, du XIIe ou XIIIe siècle au Moyen Âge, non pas tellement la naissance que le modèle, le modèle politico-juridique à partir duquel a pu naître et se développer un certain discours de vérité, mais discours de vérité qui est cette fois le discours de celui qui a vu, de celui qui a constaté, de celui qui porte témoignage, de celui qui rapporte et qui enregistre.

Alors comment donc naît cette forme de discours de vérité ? La dernière fois j'avais essayé de vous montrer très schématiquement l'espèce de spirale, de sorte d'enclenchement réciproque entre le phénomène de l'accumulation des richesses, celui de la concentration des armes, celui de la centralisation politique du pouvoir et puis la fiscalisation de la justice, c'est-à-dire le processus par lequel au milieu de tout cela, de cette accumulation des richesses, cette concentration des armes, cette centralisation du pouvoir, la justice devenue rentable, la justice devenant source de profit avait été petit à petit à la fois appropriée par un certain nombre de gens et était devenue une institution qui commençait déjà à être institution d'État. C'était là l'espèce de processus tendanciel que j'avais essayé de caractériser. Or ce processus tendanciel, ce processus lent a été brusquement accéléré par un événement, par une crise ou une série de crises, très exactement par l'enclenchement de deux crises économiques et sociales qui se sont fait suite à la fin du XIIIe et au début du XIVe siècle. Fin du XIIIe, ça a été cette espèce de grande butée dans le développement économique du Moyen Âge. C'est-à-dire que depuis la décomposition de l'État carolingien, le Moyen Âge n'avait pas cessé de se développer, l'économie médiévale n'avait pas cessé de se développer et elle s'était développée en grande partie grâce à la conquête d'un certain nombre de terres en Europe même, qui avaient été progressivement acquises à la culture ; et cette mise en culture d'un certain nombre de terres jusqu'alors infertiles, jusqu'alors en jachère, avait permis un accroissement de richesse et en même temps un accroissement démographique. Or à la fin du XIIIe siècle, ce à quoi on assiste, c'est à ceci : c'est que les terres qui devaient être, qui pouvaient être cultivées, celles que la technologie de l'époque pouvait rendre fertiles, toutes ces terres-là se sont trouvées finalement effectivement occupées, effectivement mises en culture, de sorte que la poussée démographique, qui a continué après que cette limite technologique ait été rencontrée, [s'est] évidemment [heurtée][a] à ce moment-là [à] un obstacle, c'est-à-dire qu'on a vu apparaître à la fin du XIIIe siècle un nombre considérable de gens qui ne pouvaient plus vivre de la terre et qui étaient obligés soit de se replier sur les villes comme artisans, soit encore de devenir cette fameuse main-d'œuvre armée, cette main-d'œuvre du pouvoir politique qui constituait les armées de métier, ces fameuses armées de mercenaires que l'on voit apparaître à cette époque-là. Et toute la fin du XIIIe siècle a été dominée par cette crise économique, cette crise sociale, cette poussée démographique qui continuait sur la lancée d'un développement économique qui lui-même ne pouvait plus se poursuivre ; la production s'est stabilisée, la poussée démographique

a. Enregistrement : « a évidemment rencontré ».

a continué, d'où appauvrissement général, luttes sociales, luttes entre les communautés urbaines et les féodaux, etc.

Or cette crise s'est trouvée très curieusement, non pas du tout enrayée, non pas du tout stoppée, mais au contraire multipliée avec des effets évidemment différents par un phénomène tout à fait opposé qui a été la fameuse grande peste du milieu, du deuxième tiers du XIVe siècle. Ce phénomène de la grande peste qui a amené la disparition, la mort d'environ, je crois, entre un quart et un tiers de la population européenne, désastre démographique qui n'a jamais eu son équivalent dans l'histoire au moins notariée, l'histoire enregistrée du continent, cet effondrement démographique du milieu du XIVe siècle a eu quels effets ? Il a eu comme effets ceci, c'est que le potentiel économique de l'Europe s'est trouvé effondré ; mais en même temps, la population à nourrir étant de moins en moins grande, il s'est produit ceci : c'est que la main-d'œuvre nécessaire pour produire ce qui devait être produit pour la population restante, cette main-d'œuvre raréfiée ainsi par la peste est devenue évidemment d'autant plus coûteuse. C'est-à-dire que le prix de production calculé en prix de rétribution de la main-d'œuvre est monté en flèche au milieu du XIVe siècle, le travail manuel, qui était extraordinairement bon marché au moment où la poussée démographique se continuait, est devenu brusquement à la fois rare, précieux et coûteux, et les augmentations de salaires sont devenues le grand phénomène, ont été le grand phénomène du milieu du XIVe siècle. Augmentations de salaires qui impliquent évidemment l'augmentation du coût de la vie et en même temps une diminution très importante du revenu féodal, puisque désormais les féodaux, les propriétaires ou leurs fermiers, pour se procurer la main-d'œuvre nécessaire pour cultiver la terre, ont été obligés de donner à titre de salaires des sommes beaucoup plus considérables. D'où un double phénomène, qui a été celui-ci. [Premièrement,] les salariés, c'est-à-dire finalement les classes les plus pauvres et les plus populaires se sont trouvées pour la première fois depuis le début de Moyen Âge dans une situation économique et politique qui leur permettait de faire valoir leurs revendications. Et deuxièmement, la féodalité appauvrie, brusquement appauvrie par cette augmentation des salaires, s'est trouvée dans l'obligation d'assurer autrement, d'assurer ailleurs, ou d'assurer mieux des revenus qui étaient en train de fondre. Augmentation des prix, capacité politique et économique pour la main-d'œuvre de revendiquer, lutte des féodaux pour le maintien de leurs revenus et de leurs conditions d'existence, c'est ça qui caractérise la crise du milieu du XIVe siècle. Et en effet vous voyez autour des années [1360-1380][a] toute une série de grandes émeutes populaires dont on peut dire que ce sont les premières grandes émeutes sociales du monde moderne. Ça a été soit des luttes urbaines, comme par exemple en France les Maillotins[1], ça a été ensuite en Angleterre puis en France la grande série des émeutes paysannes et urbaines des années [1380][b] à peu près, et à cela, la féodalité a répondu comment? Par la solution qui devait fonder précisément les structures politiques du monde moderne, c'est-à-dire par le renforcement de la monarchie absolue, enfin d'une monarchie qui n'était pas encore absolue mais qui allait le devenir. Le renforcement du pouvoir monarchique, l'instauration d'un État centralisé, avec entre les mains de cet État une force armée capable d'écraser les révoltes populaires, c'est cela qui a été la solution trouvée par les grands féodaux dans cette seconde moitié, dans cette fin du XIVe siècle. Et [comme vous le voyez][c] en France d'abord au moment de la lutte entre Bourguignons et Armagnacs, et puis un petit peu plus tard ensuite en Angleterre au moment de la lutte entre les Lancastre et les York, cette grande lutte amène en apparence, au niveau de la surface, amène, traduit, manifeste en tout cas comme une disparition, un effacement, une éclipse du personnage royal. Mais à vrai dire ces luttes des grandes familles autour du pouvoir royal prouvent en réalité que le pouvoir royal est en train de devenir maintenant le lieu où se concentre tout le pouvoir économique d'une féodalité qui ne peut plus en quelque sorte résister sur place et qui est obligée de déplacer vers un point central, vers une tête, vers une organisation étatique l'essentiel de son pouvoir. D'où le fait que ce personnage royal, cette place royale,

a. Enregistrement : « 1460-1480 ».
b. Enregistrement : « 1480 ».
c. Enregistrement : « lorsque vous voyez ».

ces insignes royaux, ce pouvoir royal soient devenus l'enjeu d'une lutte, et d'une lutte aussi acharnée entre les grands féodaux. De sorte que, [en cette place vide du roi fou en France qui a régné à la fin du XIVe siècle[2],] ce qui est en train de se constituer, et par l'acharnement même des grands féodaux à vouloir s'emparer du contrôle et du roi fou et de son pouvoir, dans cette lutte même, ce qui se dessine et ce qui s'affirme, c'est précisément le renforcement du pouvoir royal. En gros, on ne se serait pas tellement battu en France et en Angleterre autour du pouvoir royal, on ne l'aurait pas amené, les grands féodaux ne l'auraient pas amené à cette quasi-disparition si précisément ils n'avaient pas voulu s'en emparer ; et ils n'auraient pas cherché à s'en emparer si le pouvoir royal n'était pas devenu, à ce moment-là, le lieu où précisément se noue et se fomente le pouvoir politique. De sorte qu'on peut dire qu'au cours du XIVe siècle ce lent phénomène de constitution et de concentration du pouvoir politique dans l'État s'est trouvé prodigieusement accéléré par la crise économique et par les émeutes populaires auxquelles la féodalité a été obligée de répondre par l'acceptation et la constitution, et finalement le renforcement sans cesse croissant du pouvoir monarchique.

Ce pouvoir monarchique ainsi précipité par la crise, ce pouvoir monarchique et centralisé, a inventé deux grandes choses, deux grands systèmes. L'un qui a été le système généralisé de l'impôt, et de l'impôt qui, en France comme d'ailleurs dans la plupart des pays d'Europe, a d'abord été le prélèvement général par lequel le pouvoir royal a essayé de se constituer une armée, et une armée de métier. Le premier grand impôt royal se surimposant, se superposant aux impôts féodaux, ça a été en France la taille qui devait être l'impôt avec lequel le pouvoir royal allait se payer une armée, avec laquelle précisément il s'agissait de pouvoir réprimer les émeutes populaires. Et d'un autre côté, ça a été l'établissement d'une justice d'État. La constitution d'une justice d'État, la constitution d'un impôt et la constitution d'une armée de métier sont les trois phénomènes absolument caractéristiques de la constitution de l'État au cours du Moyen Âge ou dans ce début de la fin du Moyen Âge qu'est le XIVe siècle.

Cette justice d'État, comment est-ce qu'elle se caractérise, en France au moins ? Elle se caractérise par trois institutions dont je voudrais vous parler maintenant avec un peu plus de détails après ce survol évidemment très schématique, trois institutions qui sont, je crois, les matrices politiques et juridiques à l'intérieur desquelles on va voir s'esquisser le lieu où un certain discours de vérité va pouvoir, va devoir être tenu.

La première de ces institutions, évidemment c'est le Parlement. Le Parlement, après tout, il y a longtemps qu'il existait, et qu'il existait avant le XIVe siècle ; il existait, en France au moins, depuis les origines en gros de la monarchie capétienne, en tout cas assez tôt dans la monarchie capétienne, et la cour du roi n'était en son origine rien d'autre que la cour seigneuriale du roi en tant qu'il était un seigneur, c'est-à-dire ses parents, son entourage immédiat, les grands vassaux et tous ceux qui avec lui, à l'intérieur de sa seigneurie mais de sa seigneurie seulement, partageaient jusqu'à un certain point le pouvoir. Et ce pouvoir, ce n'était pas simplement un pouvoir judiciaire, c'était un pouvoir de décision concernant la levée, par exemple, des impôts féodaux, c'était également un pouvoir concernant les droits féodaux, les droits de vassalité, et c'était également éventuellement un tribunal. Or à partir du XIIIe siècle, ce Parlement du roi, cette cour du roi, va être modifié dans deux directions : premièrement, dans ses fonctions et deuxièmement, dans sa constitution même.

Dans ses fonctions, à partir du XIIIe siècle, on voit que le Parlement est en train de devenir, premièrement, le tribunal devant lequel doivent être nécessairement traduits les conflits entre les vassaux du suzerain qui est le roi. Deuxièmement, et ceci est une modification importante par rapport aux vieilles fonctions du tribunal, ou en tout cas le développement d'une fonction qui n'était encore qu'embryonnaire, c'est que le Parlement est en train de devenir au XIIIe siècle le tribunal devant lequel doivent être traduits ou sont régulièrement traduits les conflits d'attribution entre différents tribunaux féodaux, c'est-à-dire que le Parlement du roi n'est plus simplement un tribunal féodal parmi les autres, un petit peu plus puissant que l'autre, mais c'est un tribunal qui se superpose à tous les tribunaux féodaux, et lorsque deux tribunaux féodaux ont à débattre pour savoir de la compétence duquel relèvent tel et tel conflit, tel et tel procès, c'est le tribunal du roi qui va et qui doit donner la solution et arbitrer le problème. C'est-à-dire que par rapport au tribunal féodal, le tribunal le Parlement est en train de devenir un tribunal de souveraineté : c'est dans sa souveraineté qu'il va définir le rôle et les attributions, qu'il va jusqu'à un certain point définir ou délimiter les attributions des tribunaux féodaux. Troisièmement, le Parlement est en train de devenir aussi le tribunal personnel d'un certain nombre de gens qui sont des privilégiés. Le roi s'accorde le droit, s'attribue le droit, ou on attribue au roi le droit de désigner n'importe où à l'intérieur du royaume un certain nombre de gens auxquels il adresse des lettres dites de committimus, enfin peu importe, et à partir du moment [où] quelqu'un a ces lettres-là, désormais il peut échapper à n'importe quelle juridiction, aussi bien féodale qu'ecclésiastique et tout procès qu'on lui fait, il peut, lui, parce qu'il a des lettres de committimus, le porter devant le Parlement royal. C'est-à-dire que le Parlement royal se trouve là encore dominer, transcender n'importe quelle autre juridiction et appeler en quelque sorte directement à lui n'importe quelle affaire si elle concerne tel ou tel personnage désigné à l'avance. À travers tout le royaume, la juridiction royale est en train de s'instaurer comme juridiction ordinaire pour des gens extraordinaires. Et enfin quatrième fonction que prend le Parlement, c'est qu'il commence à devenir le tribunal d'appel ; non pas pour toutes les affaires et par rapport à tous les tribunaux féodaux, mais par rapport à un certain nombre de tribunaux féodaux, et dans un certain nombre de cas on peut faire appel au Parlement comme le parlement de qui relèvent finalement les appels que l'on porte lorsque l'on n'est pas satisfait de la justice qui vient de vous être rendue. Vous voyez que le Parlement royal cesse à partir du XIIIe siècle d'être simplement un tribunal féodal parmi les autres, un petit peu plus puissant sans plus. Le tribunal royal, le Parlement est en train de devenir la justice de toutes les justices. Il intervient où il veut par les lettres de committimus, il détermine les attributions des tribunaux féodaux et il est finalement l'instance d'appel vers laquelle on se dirige de plus en plus souvent.

C'est-à-dire que le Parlement apparaît maintenant comme l'instance juridictionnelle suprême par rapport à laquelle les autres instances de juridiction sont en quelque sorte comme dérivées.

C'est-à-dire qu'à partir de ce moment-là vous voyez tout le système de la justice qui en quelque sorte bascule. Dans le vieux système médiéval, avant le XIIIe siècle, le rapport de justice, le fait d'être justiciable d'un seigneur, était essentiellement défini par l'exercice de la suzeraineté de ce seigneur en cet endroit-là. Autrement dit, c'était le rapport du seigneur, du suzerain à son vassal ou du seigneur à son homme qui localisait en quelque sorte le lien, et qui définissait le lien de justice ; le lien de justice était entre le suzerain et le vassal, entre le seigneur et son homme. Par conséquent, s'il y avait une hiérarchie entre les justices, c'est dans la mesure où ces liens montaient et, de vassalité en vassalité, atteignaient jusqu'au suzerain lui-même. Et si finalement un homme quelconque, ou si finalement le dernier des vassaux se trouvait relever du roi, c'était toujours par l'intermédiaire de toute cette chaîne de liens de justice, mais de liens de justice qui naissaient en quelque sorte du sol lui-même, qui naissaient de la suzeraineté, qui naissaient du fief en tant que tel ; c'était le seigneur, dans son rapport immédiat avec l'homme dont il était le seigneur, qui était le justicier premier et naturel. À partir du moment où le Parlement commence à fonctionner dans le sens que je viens de vous dire, alors tout le système bascule et la justice apparaît ; et le lien de justice et le rapport de justice commencent à se définir à partir du pouvoir royal. C'est-à-dire que c'est le roi en tant que tel et en tant qu'il est roi qui est, comme dit la formule qu'on voit apparaître à ce moment-là, *fons justitiae*, il est source de justice, c'est lui qui détient tous les rapports de justice et ce rapport de justice va redescendre de lui jusqu'à son vassal, de son vassal au vassal du vassal, et ceci indéfiniment jusqu'à ce que l'on arrive enfin au dernier des hommes et au dernier des paysans. Et si le dernier des paysans, dans ce système-là, relève d'un seigneur, c'est dans la mesure où en quelque sorte la justice n'a pas cessé de dériver et de ruisseler à partir de cette *fons justitiae*, de cette source de justice qu'est le pouvoir royal. Vous voyez comment à la fois vous avez interversion dans la direction de la justice et en même temps changement dans le lien même de justice. Parce que, lorsque dans le vieux système on était justiciable de quelqu'un, qu'est-ce que ça voulait dire ? Ça voulait dire bien sûr qu'on devait subir la justice de ce quelqu'un, de ce seigneur ; ça voulait dire tout aussi bien qu'on pouvait exiger de ce seigneur la justice, c'est-à-dire qu'être justiciable, c'était tout aussi bien un droit que l'on pouvait revendiquer à l'égard du seigneur. Maintenant le système de justice va au contraire entièrement dériver de celui qui détient le pouvoir, c'est-à-dire que finalement c'est le roi et le pouvoir émanant du roi qui va imposer le système de la justice : être justiciable, ça sera essentiellement relever, non plus de cette espèce de lien réciproque qui caractérise la suzeraineté et la vassalité, ça voudra dire essentiellement relever purement et simplement de la souveraineté politique du roi ou de ceux qui le remplacent. Car c'est un autre des aspects essentiels du changement : c'est que, puisque toute la justice émane du roi, qu'est-ce que va être le vassal qui par exemple rend la justice sur place ? Il ne va être rien d'autre que le détenteur provisoire de la justice, mais d'une justice qui relève essentiellement du pouvoir royal, c'est-à-dire que l'exercice de la justice est concédé et apparaît en tout cas à partir de ce moment-là comme concédé par le roi à tel ou tel vassal. Et cette commission de justice, cette concession de justice assimile désormais la justice à un fief : le roi donne à qui il veut la possibilité de rendre la justice et de prélever de cette manière-là le profit de justice. Vous voyez donc tout le système de la juridiction médiévale s'inverser ainsi et entièrement dériver de cette source désormais unique de justice qu'est le pouvoir royal. Voilà la première caractérisation, la première institution caractéristique de ce changement dont je voulais vous parler.

Le second élément caractéristique dont je voulais vous parler, la seconde institution, c'étaient les cas royaux. Les cas royaux, c'est également quelque chose qui existait au fond bien avant, non pas l'apparition du Parlement, en tout cas bien avant cette crise du XIIIe siècle et du XIVe siècle dont je voulais vous parler. Les cas royaux, à l'origine, c'étaient tout simplement les affaires qui concernaient les propriétés du roi en tant que seigneur ou en tant que suzerain, c'est-à-dire qu'il s'agissait essentiellement du domaine royal. Les affaires de propriété, d'héritage, de fiscalité, de vol, de dommages, qui touchaient les terres appartenant au roi, c'était cela qui relevait de ce qu'on appelait les cas privilégiés ou les cas retenus. Et puis peu à peu, au cours du XIIIe et du XIVe siècle, alors on a vu apparaître toute une série d'autres cas qui remodèlent entièrement au fond le rapport de justice. Ces autres cas, ce sont d'abord tous les cas qui concernent la personne des officiers du roi, c'est-à-dire que relèveront directement de la justice royale tout attentat, non seulement bien sûr contre la personne du roi, mais contre les officiers du roi et contre tous les gens auxquels le roi a accordé sa protection. Enfin, et c'est là la modification la plus essentielle qu'on voit apparaître à la fin du XIIIe et au début du XIVe siècle, on voit apparaître comme cas royal, c'est-à-dire comme cas relevant directement de la juridiction royale, tout attentat contre la monnaie royale, contre les sceaux royaux, contre les signes, insignes et marques du pouvoir. On voit définir comme cas relevant directement de la juridiction royale ce très étrange délit pour un homme du Moyen Âge qu'est le fait de porter les armes, la *portatio armorum*. Pour certaines catégories d'individus, c'est-à-dire pour ceux qui ne sont pas des soldats, pour ceux qui ne sont pas des seigneurs, en dehors du temps de guerre, etc., le fait de porter les armes, sauf dispense spéciale, devient une infraction qui relève directement de la justice royale et pas de la justice seigneuriale. Les attaques contre les marchands, contre les convois, sur les grands chemins, deviennent cas royaux et là encore échappent à la juridiction seigneuriale, ou échappent la plupart du temps en tout cas à la justice seigneuriale pour devenir cas spécifiquement royaux. Enfin le fait même de contrevenir aux ordres du roi, aux ordonnances royales qui sont promulguées pour toute l'étendue du royaume, ce fait lui-même ne relève pas de la juridiction des seigneurs, relève de la juridiction royale proprement dite. De telle sorte que, à travers ces cas royaux dont l'énumération est un peu austère et ennuyeuse, vous voyez à vrai dire une modification absolument décisive, je crois, non seulement dans le fonctionnement même de la justice, mais dans la définition de l'exercice du pouvoir politique. En effet, à partir du moment où le roi décide que relèvera de sa juridiction, et de sa seule juridiction, la circulation de la monnaie et des marchandises, le fait de porter les armes et le fait de contrevenir à des lois, vous voyez à ce moment-là se définir au fond un nouvel espace politique qui est l'espace quasi moderne du royaume. Le royaume à partir de ce moment-là n'est plus simplement le point de rassemblement, l'ensemble des lieux où s'exercent hiérarchiquement les suzerainetés des différents vassaux les uns par rapport aux autres jusqu'au roi finalement et en dernière instance. Le royaume, ce n'est plus cette pyramide féodale des liens et des vassalités, le royaume devient un lieu de circulation contrôlée des forces armées, un réseau de communication pour les marchandises et pour les richesses et enfin un espace de validité pour les ordres, les interdictions, les décisions. C'est-à-dire que le royaume, c'est devenu maintenant le lieu de circulation réglé des marchandises, de la monnaie, des armes et des prescriptions. C'est le lieu d'un ordre économique, militaire et, on peut dire en anticipant un peu sur la réalité, législatif. Là en tout cas où règne l'ordre sous les deux aspects du mot ordre, c'est-à-dire circulation réglée des gens, des armes, des marchandises, des richesses, et ordre au sens de prescription, commandement, décision, ordonnance même du roi, ces deux aspects de l'ordre, là où règnent l'ordre du roi, l'ordre des richesses, l'ordre des armes et l'ordre de ses ordonnances, le royaume est devenu le lieu de l'ordre royal, le roi apparaît maintenant non seulement comme le suzerain en haut de la pyramide féodale, mais il apparaît comme souverain au sens de gardien de l'ordre. Sa souveraineté, ce n'est plus le comble de la suzeraineté féodale, sa souveraineté consiste à maintenir, à assurer, à garder l'ordre, à être le garant d'un ordre public qui est caractérisé par le contrôle des armes, la sécurité de l'échange marchand, l'obéissance aux ordres qui sont donnés par lui. Du coup, au moment même où le Parlement apparaît comme, commence à se dessiner comme l'instance judiciaire propre au pouvoir royal, lié à son exercice, en même temps et corrélativement, vous voyez apparaître une espèce de figure politique nouvelle qui est cet espace géographique sur lequel règne l'ordre royal dans les deux sens du mot ordre. Et du coup, vous voyez que toute une série nouvelle de délits est en train d'apparaître ou plutôt la justice ne va plus simplement se contenter, et ne peut plus désormais se contenter d'arbitrer le conflit entre deux personnes ou entre deux groupes de gens ou entre deux familles qui ont entre elles un litige. Désormais une nouvelle fonction de la justice va apparaître. Cette nouvelle fonction de la justice, ça va être précisément de punir ceux qui ont enfreint l'ordre, de punir ceux qui ont provoqué le désordre. La justice va être un instrument, à côté de l'armée, pour maintenir et garantir cet ordre, c'est-à-dire à la fois cette régularité et ces ordonnances. Une catégorie pénale apparaît, qui est tout à fait nouvelle : à côté, en plus, se superposant à la vieille catégorie du dommage fait par quelqu'un à quelqu'un, apparaît maintenant une nouvelle catégorie pénale qui va être absolument décisive dans toute l'histoire non seulement de notre droit, non seulement de notre système pénal, mais bien sûr de notre morale et finalement de notre vie tout entière, c'est la catégorie du désordre. Celui qui commet un crime, ce n'est pas simplement celui qui porte dommage à son voisin, c'est celui qui rompt l'ordre, la régularité de ces circulations dont je vous parlais et l'ordonnance même, les ordres mêmes du roi. Je ne prends qu'un exemple. Le fait de porter les armes, c'est quelque chose qui ne constitue aucun dommage pour qui que ce soit ; après tout, au niveau des personnes privées, c'est bien effectivement porter un dommage, créer un dommage que d'envoyer un coup d'épée à quelqu'un ; le fait de se servir des armes peut être un dommage, le fait d'en porter n'est en aucun cas un dommage et n'entre pas dans le jeu des litiges entre les personnes privées. En quoi la *portatio armorum*, en quoi le fait de porter des armes pourrait-il être un crime et qu'est-ce que ça signifie que l'apparition, à l'intérieur de la catégorie des délits, de cette *portatio armorum* ? Qu'est-ce que ça signifie, sinon que maintenant ça devient un crime que d'enfreindre l'ordre, la régularité, les ordonnances mêmes du roi ? Et je pense qu'on a là l'espèce de redoublement, le principe du redoublement qui va caractériser le système pénal à la fin du Moyen Âge, pendant toute l'époque classique et à notre époque encore, c'est-à-dire que dans quelque chose qui s'appellera plus tard une infraction il va donc y avoir deux éléments : un élément qui est le vieil élément du dommage et qui provoque le litige entre deux personnes, et puis un autre élément, lui tout à fait nouveau, qui apparaît au XIIIe siècle et qui est l'élément du désordre. Or, alors que dans le vieux système du Moyen Âge, pour qu'il y ait crime, il fallait, mais il suffisait qu'il y ait dommage et litige entre deux personnes ou entre deux groupes de personnes, dans la seconde moitié du Moyen Âge il faut qu'il y ait les deux, c'est-à-dire à la fois et dommage et litige et puis désordre. Mais déjà, avec la *portatio armorum*, vous voyez s'esquisser une forme d'infraction, de délit, de crime qui ne porte dommage à personne, mais qui est crime dans la mesure où il y a contravention à un ordre. Et puis finalement, avec le XVIIe siècle, vous verrez apparaître un système pénal dans lequel après tout le litige lui-même, le dommage lui-même n'aura pas besoin d'être défini, n'aura pas besoin d'être présent ; il suffira qu'il y ait désordre, infraction à un ordre, pour que la machine pénale soit mise en marche. Donc on sera passé ainsi d'une pénalité tout entière ordonnée au dommage et au litige à une pénalité tout entière ordonnée au désordre et à l'infraction. Et la sanction, le point certainement pas terminal, bien sûr, mais enfin le point décisif dans cette évolution, vous le trouverez dans le droit pénal français, dans le Code pénal de 1810, lorsque, vous savez, le code de 1810 renoncera à définir ce qui est l'objet de la pénalité. Le Code [pénal][a] ne dira pas : il y a crime lorsque tel et tel dommage aura été fait à quelqu'un, le code pénal se contentera de dire : il y a infraction lorsque quelqu'un fait quelque chose qui est puni par la loi. C'est-à-dire que le seul fait de provoquer du désordre en contrevenant à un ordre, c'est cela, en soi seul, dans le Code pénal de 1810 qui doit définir le délit ou l'infraction. Cette définition des cas royaux et leur histoire, c'est là le second élément dont je voulais vous parler et qui me paraît la seconde pièce institutionnelle de la justice qui est en train de se former à ce moment-là au cœur du Moyen Âge.

a. Enregistrement : « civil ».

Et la troisième institution, c'est une institution qui est corrélative des deux premières, le Parlement et les cas royaux, c'est celle des procureurs royaux. Là encore, comme le Parlement, comme les cas royaux, les procureurs, ce sont au fond de vieilles institutions, c'est-à-dire que, du temps où le roi ne fonctionnait guère que comme le suzerain des suzerains, ne fonctionnait guère qu'à l'intérieur d'un système féodal de suzeraineté et de vassalité, le roi avait un procureur, c'est-à-dire quelqu'un qui pouvait le représenter en justice, lorsqu'il s'agissait précisément de ses propres intérêts domaniaux ou patrimoniaux, lorsqu'il s'agissait de prélever des amendes, etc. Le roi était, les intérêts du roi étaient représentés devant ses propres tribunaux par quelqu'un qui était le procureur. Mais le procureur ne prenait en main que les intérêts mêmes de la personne royale en tant que la personne royale était détentrice d'un domaine, et d'un domaine féodal. Or à partir du XIIIe et du XIVe siècle, à partir justement de l'apparition, du développement de ces cas royaux, le procureur va prendre maintenant une autre fonction, c'est-à-dire que le procureur ne va pas simplement être celui qui représente les intérêts de la personne royale en tant qu'elle possède un domaine, le procureur va être celui qui prend la défense des intérêts royaux en tant que le roi est garant de l'ordre. C'est-à-dire que le procureur sera celui qui sera chargé lorsqu'il y aura non pas dommage, mais désordre, lorsqu'il y aura non pas litige entre deux personnes, mais infraction par rapport à l'ordre, le procureur sera celui qui est chargé en quelque sorte de se lever et puis d'introduire une action en justice contre celui qui a commis le désordre, quand bien même ce désordre n'a entraîné aucun dommage et quand bien même il n'y a aucun partenaire qui, en face de l'accusé, en face du coupable, en face du présumé coupable demanderait réparation. Autrement dit on voit disparaître ou en tout cas s'effacer, reculer en grande partie, le vieux caractère de la procédure accusatoire ; c'est-à-dire que dans le vieux droit, celui germanique bien sûr, mais celui également du Haut Moyen Âge, dans ce vieux système de droit, il ne pouvait y avoir de débat devant un tribunal qu'à condition qu'il y ait deux partenaires, l'un qui se plaignait d'avoir subi un dommage, et puis celui qui était censé avoir commis le dommage; et si le premier ne portait pas plainte, il ne pouvait pas y avoir d'affaire pénale. Au contraire, à partir du XIIIe siècle, vous voyez commencer à poindre une nouvelle procédure dans laquelle l'accusateur n'est pas du tout la personne lésée, ce n'est pas du tout celui qui a subi le dommage, celui qui se porte accusateur, c'est le procureur. C'est le procureur du roi qui en tant que tel a le droit de poursuivre, et ce droit de poursuivre, il l'avait d'abord acquis, lui, le procureur, lorsque les victimes ne pouvaient pas se défendre elles-mêmes. À l'origine, à partir du XIe-XIIe siècle il avait le droit de porter accusation à la place par exemple d'un orphelin ou à la place d'une femme qui n'était pas soutenue par sa famille; puis il a acquis le droit de porter accusation lorsqu'il y avait un crime notoire quand bien même personne d'autre ne relevait le litige, quand personne d'autre ne se portait accusateur contre le dommage; et puis finalement, à partir du XIVe siècle, le procureur va être celui qui de toute façon, qu'il y ait ou non un accusateur, va être accusateur lui-même. C'est-à-dire que dans certains cas comme par exemple la *portatio armorum* où personne n'est lésé, il n'y a qu'un accusateur, c'est le procureur du roi, et puis dans les autres cas, là où il y a un accusateur, le procureur du roi va être toujours co-accusateur, c'est-à-dire que celui qui est soupçonné d'avoir commis un délit, d'avoir commis un crime, celui-là aura devant lui désormais deux adversaires, l'un qui est son adversaire normal au niveau du litige, celui qui prétend avoir subi un dommage, et puis il y aura cet autre personnage qui représentera le roi comme si effectivement le roi se trouvait lésé par tout crime. Et ainsi le roi se trouve dans le système judiciaire occuper maintenant une place tout à fait curieuse et paradoxale : le roi, c'est celui qui est de toute façon lésé par tout crime, que ce soit un désordre pur et simple comme la *portatio armorum* ou même que ça soit un dommage porté à quelqu'un. Il est toujours co-lésé, il est toujours lésé quand un crime est commis, et un crime, c'est toujours maintenant quelque chose qui lèse le roi, sinon dans sa personne – bien sûr, ce qui est un crime de lèse-majesté –, mais également dans son pouvoir; et le pouvoir du roi est effectivement ce qui est atteint dans tout crime, il est la victime générale et on appellera un crime tout ce qui victimise le roi. Ce qui veut dire en un autre sens que tout crime est maintenant défini comme atteinte ou infraction au pouvoir. Ce qui veut dire également que ce qui est en train de se mettre en place, c'est une définition entièrement politique du crime. Autrefois le crime, c'était ce qui lésait quelqu'un ; maintenant le crime, que ça lèse quelqu'un ou que ça ne lèse pas quelqu'un, peu importe, le crime de toute façon, ça sera ce qui lèsera le pouvoir. Le pouvoir est présent partout là où se commet le crime comme ce qui est atteint par le crime, c'est-à-dire qu'au fond, à partir de ce moment-là, il n'y a plus de crime que politique. Le crime politique prend simplement un aspect privé lorsqu'en plus de cette lésion du pouvoir un intérêt particulier se trouve secondairement lésé. Et vous voyez là encore toute la prodigieuse inversion à laquelle on assiste : à l'origine, il n'y a qu'un débat entre des partenaires, et puis le pouvoir royal devient en quelque sorte partenaire de celui qui est lésé et, au terme de l'évolution, on aura le pouvoir, et le pouvoir politique, comme étant ce qui est toujours mis en question et lésé par le comportement criminel. Voilà le premier aspect de cette transformation.

Mais le second aspect de cette transformation que l'on voit apparaître avec le procureur royal, c'est que non seulement le roi est toujours présent derrière l'individu lésé au bout du crime, le roi est toujours, le pouvoir politique qu'il représente est toujours atteint dans le crime, mais d'autre part le roi va se trouver représenté *deux fois* à l'intérieur du tribunal : premièrement, par ses juges, puisque ce sont les juges qui vont décider si quelqu'un est coupable ou pas, mais à l'intérieur de son tribunal il va être représenté une seconde fois par le procureur. C'est-à-dire que l'accusé va se trouver pris maintenant entre deux instances ou deux manifestations du pouvoir royal : le pouvoir royal en tant qu'il l'accuse par la voix du procureur et le pouvoir royal en tant qu'il le juge par la voix des juges. Donc le pouvoir politique s'empare ainsi totalement de la machine judiciaire, le roi est celui qui est lésé, mais c'est celui qui accuse et c'est celui qui juge, il est donc présent partout : victime, accusateur et juge. Le système pénal tout entier est confisqué par les ramifications du pouvoir royal. Et du coup, vous comprenez dans ces conditions comment on peut arriver à cette situation qui est celle du système pénal en somme à la fin du Moyen Âge, à la sortie du Moyen Âge. Cette situation, c'est celle-ci : d'un bout à l'autre du phénomène criminel et pénal, ce qui est rencontré, ce qui est présent, ce qui est manifeste, c'est le pouvoir royal, c'est le pouvoir tout court, le pouvoir politique est présent d'un bout à l'autre de la chaîne ; ce pouvoir politique, c'est la victime, ce pouvoir politique, c'est l'accusateur, ce pouvoir politique, c'est le juge. Il n'y a dans notre société de crime que politique. Et lorsque le pouvoir n'accepte pas de reprendre à son compte à titre au moins de co-accusateur et par la voix du procureur ce qu'il considère comme un crime, l'individu lésé peut toujours dire qu'il est lésé, ça ne constituera pas un crime. La constitution, la définition de la criminalité est devenue entièrement politique. Le jeu du pouvoir a été précisément de toujours faire croire, ou en tout cas de faire croire à partir d'un certain moment, à partir de la fin du Moyen Âge, qu'en fait s'il intervient, ce n'est pas bien sûr pour se défendre en tant que pouvoir, il a toujours prétendu que s'il intervenait, c'était pour défendre la nature, la vertu, le droit des gens, le droit naturel, le droit de propriété, etc. Et la référence au droit naturel, la référence au droit des gens, la référence à la vertu, à l'ordre public, au bien-être général, au bien général de la société n'est que la manière dont le pouvoir politique a justifié le fait qu'il avait entièrement récupéré à l'intérieur de sa sphère le domaine de la pénalité. C'est pourquoi vous voyez apparaître à la fin de la Renaissance toutes ces théories du droit des gens, du droit naturel, de l'ordre social, du bien-être général, finalement du contrat, etc., tous ces thèmes-là qui ne sont que le corrélatif de cette immense transformation par laquelle ce qui était lutte entre les hommes, guerre entre les individus, a été entièrement repris à l'intérieur de la forme de l'État qui est au fond maintenant présent partout comme victime, comme accusateur et comme juge.

C'est à l'intérieur de cette espace entièrement politisé qu'émerge quelque chose qui est la matrice, une espèce de matrice, de forme juridico-politique, qui donne lieu là un nouveau discours de vérité, et ce nouveau discours de vérité a la forme de l'enquête. C'est là-dessus que je voudrais apporter un certain nombre de précisions et je dirais ceci. Reprenons le schéma que je vous avais fait la dernière fois[3], et qui était celui-ci. On avait donc dans le vieux droit germanique et encore médiéval, comme premier élément à partir duquel le processus pénal était enclenché, le dommage ; le dommage qui donnait donc lieu à une guerre ; une guerre qui était en même temps la justice et qui avait comme moment décisif une épreuve, une *probatio* comme épreuve, à la suite de quoi il y avait victoire ou défaite. Et à partir du moment où le dommage est entièrement confisqué à l'intérieur du désordre, entièrement défini par lui et confisqué par lui, désordre avec l'infraction comme définition juridique du désordre en tant qu'il relève du système judiciaire, vous avez l'intervention d'une justice qui se fait autoritairement sous la forme de la vengeance interdite, de la guerre suspendue, de la paix, et vous avez le système *pax et justitia* dont je vous parlais la dernière fois. Vous avez maintenant, pour conduire à la sentence finale, quelque chose qui s'appellera encore *probatio*, qui s'appellera épreuve si vous voulez, mais une épreuve qui n'est plus épreuve mais preuve. Et cette preuve, elle prend la forme de l'enquête, et de l'enquête qui substitue à l'épreuve-événement, à l'épreuve-vie, quelque chose qui est censé, qui doit fonctionner comme la découverte et l'énoncé de la vérité.

Quel est le système par lequel on va substituer à la *probatio*-épreuve cet autre *probatio* qu'est la preuve ? Je crois que le problème peut se caractériser de la manière suivante. À partir du moment où le procureur se trouve être l'accusateur en quelque sorte généralisé, il est bien évident que le système de l'épreuve, de cette espèce de lutte à la fois symbolique et réelle à laquelle on assistait dans les procès médiévaux, ce système de lutte et d'épreuve ne peut plus tenir. En effet, dans l'épreuve du vieux système médiéval, de quoi s'agissait-il ? Il s'agissait de deux partenaires absolument égaux dans la lutte, l'un se prétendant la victime et l'autre étant accusé d'être le dommageur. Ces deux personnages étaient placés sur le même plan, ils avaient à lutter l'un contre l'autre, l'un avait par exemple à proposer à l'autre une ordalie, l'autre pouvait répondre en proposant un duel judiciaire, et dans ce jeu des épreuves, des épreuves réelles ou qui pouvaient être aussi des épreuves verbales dans l'échange des formules, l'un pouvait gagner et l'autre pouvait perdre. Donc [les chances de gagner et de perdre étaient égales] pour l'un et pour l'autre. Or le second caractère de ces épreuves du vieux droit médiéval, c'était que quand l'accusateur perdait, autrement dit quand ce n'était pas l'accusé, celui à qui on reprochait d'avoir fait telle et telle chose, lorsque ce n'était pas l'accusé qui perdait, mais celui qui avait prétendu qu'il avait fait telle et telle chose, si c'était l'accusateur, le demandeur qui perdait au cours de l'épreuve, de l'épreuve verbale, de la joute, au cours de l'ordalie, au cours du duel judiciaire, lorsqu'il perdait, il était considéré comme non pas exactement le coupable, mais comme le perdant, c'est-à-dire que la peine s'appliquait à lui. Et dans un duel judiciaire, lorsque l'accusateur se trouvait être vaincu, il était tué comme s'il avait été le coupable et ses biens étaient confisqués comme auraient été confisqués les biens de celui qui était accusé s'il avait perdu. Autrement dit, non seulement les deux personnages, l'accusateur et l'accusé, étaient sur le même plan, mais la réversibilité de la peine était totale. La peine était en quelque sorte suspendue de la même façon au-dessus de la tête de l'un et de l'autre et par conséquent la peine pouvait s'abattre aussi bien sur l'accusé que sur l'accusateur du moment qu'ils se battaient, et qu'ils se battaient sur un plan d'égalité. À partir du moment, en revanche, où tout le système pénal se met à fonctionner à l'intérieur d'un grand réseau de rapports de pouvoir, à partir du moment où le plus de pouvoir s'est porté du côté de l'accusateur et à partir du moment où l'accusateur, c'est le procureur du roi, vous comprenez bien qu'il ne peut pas dans la logique du système être ni sur le même plan que l'accusé ni surtout être passible de cette peine réversible. Il ne peut pas être puni comme l'accusé si en tout cas l'accusé n'est pas reconnu comme coupable. Par définition le procureur du roi ne peut être que toujours innocent; quand bien même son accusation est fausse, quand bien même celui qui est accusé est reconnu comme n'étant pas coupable, il est forcément hors du système de la peine. Il échappe par conséquent à la réversibilité de cette pénalité médiévale, il est hors du coup, il est l'accusateur toujours prêt à accuser, mais il n'est jamais celui qui peut perdre. Le problème qui s'est posé au système médiéval, ça a été de trouver le moyen pour que l'accusation, qui dans la procédure médiévale, dans le système médiéval était toujours de l'ordre de la lutte, [échappe à cette réversibilité][a] : comment faire échapper l'instance de l'accusation à cette égalité de la lutte et à cette réversibilité de l'issue ? Le système médiéval a trouvé un modèle, ou plutôt une série de modèles qui lui ont permis d'échapper à cela, qui lui ont permis de placer l'accusateur hors de la peine possible, hors du châtiment possible. Et ces modèles, cette série de modèles, ce sont ceux-là qui ont amené précisément à la pratique de l'enquête, et voici comment.

Dans ce droit et dans ces procédures médiévales dont je viens de vous parler, il existait cependant un cas dans lequel, dans la vieille procédure médiévale, avant les modifications dont je vous parle, il y avait tout de même un cas dans lequel il n'y avait pas deux partenaires l'un en face de l'autre, l'accusé et l'accusateur, et dans lequel il n'y avait pas égalité entre ces deux personnages ni réversibilité du châtiment de l'un à l'autre. Ce cas, c'était le cas du flagrant délit, c'est-à-dire que lorsque quelqu'un était saisi par des témoins en train de voler, en train de tuer, en train d'allumer un incendie, en train d'attaquer des voyageurs ou des marchands, à ce moment-là ceux qui étaient les témoins, les témoins directs, immédiats, sans aucun intermédiaire, ceux-là pouvaient s'emparer aussitôt de celui qui était évidemment coupable et le traduire aussitôt devant le tribunal, et sans qu'il y ait besoin d'un accusateur. Autrement dit, un système de témoins, mais de témoins directs saisissant une action au moment même où elle se déroulait, pouvait être substitué au jeu de l'accusateur et de l'accusé. C'est à cette condition, et à cette condition seulement que le vieux système binaire et réversible n'entrait pas en ligne de compte. Vous voyez par conséquent dans quelle ligne, de quel côté le système médiéval, le nouveau système médiéval pouvait chercher une solution. La solution qui allait pouvoir amener le remplacement de l'épreuve par la preuve, c'était la possibilité pour le procureur du roi, s'il voulait échapper au système de la réversibilité, de créer

a. Conjecture ; mots manquants.

quelque chose comme l'équivalent du flagrant délit. Si le procureur du roi pouvait être en quelque sorte dans l'institution le substitut du flagrant délit ou s'il pouvait établir autour de l'accusé un système de témoignages équivalent à celui du flagrant délit, du coup il pourrait en quelque sorte, comme s'il avait été lui-même le témoin, amener l'accusé devant le tribunal et le proposer au juge tout comme si l'accusé avait été effectivement saisi par des témoins en flagrant délit et sur le lieu même de son acte. Le procureur va donc être celui qui va se substituer à quoi ? À la présence même de l'accusé, à la présence de l'accusé sur les lieux du crime et à la présence même des témoins. Le procureur est le substitut de l'évidence, c'est le substitut de l'immédiat, c'est le substitut du présent, de l'actuel. Et c'est en se substituant à l'actualité du flagrant délit que le procureur va pouvoir trouver cette espèce de supériorité, d'extériorité en tout cas par rapport à ce jeu de balance entre l'accusateur et l'accusé qui était le caractère de la vieille procédure pénale.

D'où, second problème : si on voit bien dans quel sens la solution va être trouvée, comment concrètement va-t-elle être trouvée ? Comment est-ce que le procureur va pouvoir se substituer à l'instance même du flagrant délit, comment est-ce qu'il va pouvoir reconstituer fictivement le flagrant délit pour amener l'accusé devant les juges comme s'il y avait flagrant délit ? Cette fiction juridique du flagrant délit, on va la trouver bien sûr dans une procédure qui existait déjà à l'époque dont je parle, mais qui s'est trouvée revivifiée, confisquée par elle. Cette procédure, on la trouvait dans deux séries d'institutions, dans deux institutions de l'époque : premièrement dans l'administration monarchique et deuxièmement dans l'administration ecclésiastique. Et cette procédure, c'était la procédure de l'enquête. L'enquête, c'était quelque chose qui, en effet, existait avant le XIIIe siècle, surtout qui avait existé au moment de l'empire carolingien, qu'on avait retrouvé également à certains moments de constitution ou de renforcement du pouvoir royal. C'est ainsi que lorsque les Normands se sont installés en Angleterre, une vingtaine d'années après la prise de pouvoir par Guillaume le Conquérant, la monarchie normande, Guillaume le Conquérant tout à fait à la fin de sa vie d'ailleurs a fait faire cette fameuse grande enquête qui est actuellement le document que l'on possède sur l'Angleterre du XIe siècle, le *Domesday*[4], et qui était elle-même, cette enquête, dérivée d'un modèle carolingien. Le modèle carolingien en gros était celui-ci : lorsqu'il s'agissait de régler un problème de droit, un problème de pouvoir, une question d'impôt, de coutume, de redevance, de propriété, etc., le pouvoir ne prenait pas de lui-même la décision sans faire quelque chose qui était une enquête, c'est-à-dire [que] quelqu'un représentant le pouvoir était envoyé sur place; sur place il consultait un certain nombre de gens qui étaient considérés comme les témoins les plus valables, les plus fiables, ceux dans lesquels on pouvait avoir le plus de confiance, ceux qui étaient, qui allaient devenir les notables, à la fois parce qu'ils étaient remarquables en eux-mêmes par leur position et parce qu'ils connaissaient les choses; ces notables prêtaient serment, ces gens qui devaient être les témoins des choses prêtaient serment et après avoir prêté serment, ils disaient ce qu'ils savaient sur, par exemple, la délimitation d'une propriété ou sur les redevances de telle terre à l'égard de tel seigneur ou sur les impôts qui avaient été payés ou qui devaient être payés. Et c'étaient ces renseignements ainsi recueillis auprès des notables sous la foi du serment, en tant qu'ils étaient les témoins et les garants, c'étaient ces résultats-là qui étaient reportés au pouvoir central, à partir de quoi la décision était prise. L'état des propriétés, vraisemblablement plus que des impôts, en Angleterre, après la conquête normande, après les attributions de terre faites par Guillaume le Conquérant, cet état des terres a été ainsi en [1086][a] établi par la monarchie anglaise, la monarchie normande au cours d'une immense enquête qui au fond a été la dernière des grandes enquêtes de type carolingien. Ces grandes enquêtes que la monarchie, l'empire carolingien avaient utilisées, qu'on voit encore utilisées à certains moments comme celui dont je vous parle, étaient petit à petit entrées en régression, mais de temps en temps on faisait encore appel à elles, et lorsque les monarchies centralisées ont commencé

a. Enregistrement : « 1086-1087 ».

à réémerger au cours du XIIe et du XIIIe siècle, alors cette pratique est réapparue.

En revanche, si elle avait disparu de la pratique politique, administrative de la féodalité, l'enquête était restée une des pratiques ecclésiastiques absolument fréquentes, c'est-à-dire que dans l'Église même il y avait une pratique qui était celle de la visite, visite par exemple des évêques dans leur diocèse, visite également des supérieurs ou – je ne sais pas comment ça s'appelle – des grands responsables des ordres monastiques dans les différents couvents. Et lorsqu'ils venaient sur place, en un endroit, en une paroisse ou dans un couvent, alors ils pratiquaient une enquête qui pouvait avoir deux formes, qui avait successivement souvent deux formes. La première, c'était l'enquête générale, l'*inquisitio generalis*, qui consistait à ceci : on essayait de savoir, toujours par le témoignage d'un certain nombre de gens considérés comme notables, considérés comme fiables, on leur demandait si des péchés avaient été commis, si des irrégularités avaient été commises, s'il y avait quelque chose qui avait troublé l'ordre précisément, ce fameux ordre. Et lorsque l'*inquisitio generalis* avait établi que l'ordre avait bien été troublé, alors on passait à un second stade d'enquête avec de nouveaux témoins : c'était l'*inquisitio specialis*, c'est-à-dire déterminer qui avait commis le désordre. Quand par exemple il y avait débauche dans un couvent, le problème, c'était de savoir qui avait commis [cela] ; ou lorsqu'il y avait eu vente de biens ecclésiastiques dans des conditions irrégulières, l'*inquisitio generalis* l'établissait, l'*inquisitio specialis* établissait ensuite qui avait effectivement commis cela. Et, au centre de cette *inquisitio* ou au terme de cette *inquisitio*, vous aviez le phénomène, la conduite, la pratique absolument essentielle et déterminante qui était celle de l'aveu. L'aveu, héritage, mais juridique, non religieux, héritage juridique de l'exomologèse[5] qui avait été la reconnaissance des fautes en public dans le christianisme ancien, l'aveu, c'était ce par quoi celui qui était l'objet de l'*inquisitio specialis* pouvait en quelque sorte anticiper sur le résultat, venir de lui-même au-devant de ce qui allait être découvert et, par là même, limiter, borner, suspendre jusqu'à un certain point, la peine dont il aurait été l'objet s'il avait été découvert sans avouer. On a donc, dans cette *inquisitio* ecclésiastique, toute une série d'éléments qui sont très importants parce qu'ils vont précisément être utilisés ensuite à l'intérieur du système pénal et finalement dans tout ce type-là de discours de vérité. Premièrement, cette enquête ecclésiastique fait appel à la très importante notion de notoriété, c'est-à-dire l'*inquisitio generalis* établit ce qui est notoire, ce que tout le monde sait, d'où l'importance de ces notions de *fama*, d'*infamia*, de publicité, de notoriété, qui vont être si capitales ensuite dans tout le système pénal. Deuxièmement, cette enquête ecclésiastique donne un rôle évidemment très important, capital à la faute : l'enquête porte essentiellement sur le problème de savoir, non pas seulement, non pas tellement ce qui s'est passé, mais qui est coupable, et qui est individuellement coupable. Enfin troisièmement, l'enquête ecclésiastique donne une place déterminante à l'aveu, avec le rôle ambigu qu'il peut avoir en ce sens que, [premièrement], l'aveu complète l'enquête, confirme définitivement l'enquête ; deuxièmement, l'aveu peut remplacer l'enquête s'il se produit assez tôt, et il dispense par conséquent l'enquête de se dérouler jusqu'au bout ; et enfin l'aveu qui confirme la culpabilité est lié jusqu'à un certain point aux rites de purification, et on est d'autant moins puni qu'on aura avoué plus vite.

C'est ce modèle de l'*inquisitio* ecclésiastique plus encore d'ailleurs que de la vieille *inquisitio* politique, administrative, mais enfin c'est tout ce modèle de l'enquête avec notoriété, témoignages, serment des témoins, détermination du coupable, aveu du coupable, c'est cela qui va être utilisé à l'intérieur de la procédure pénale, à l'intérieur de la procédure laïque, pour appuyer le rôle du procureur et pour permettre au procureur de n'être pas simplement un accusateur en face de l'accusé. Pour éviter que le procureur ne soit un accusateur tout aussi exposé que l'accusé lui-même dans l'espèce de situation binaire et duelle qui était la vieille situation, le procureur, ça va être celui qui va déclencher l'*inquisitio*, qui va recruter les témoins, qui va faire prêter le serment, qui va établir ce qui s'est passé, qui va obtenir l'aveu. Et c'est à ce moment-là, et à ce moment-là seulement, lorsque l'*inquisitio* aura été ainsi entièrement déroulée, que le procureur aura obtenu l'équivalent du flagrant délit, cette espèce d'évidence retardée et transférée qui se substitue très exactement au flagrant délit, mais qui permet de mettre en place au profit du procureur la procédure du flagrant délit. Je crois que là on peut repérer exactement le mécanisme de procédure à partir duquel l'*inquisitio*, l'enquête s'est insérée à l'intérieur de la pratique pénale, à l'intérieur de la pratique judiciaire.

De ce mécanisme il faut retenir, je crois, tout de même un certain nombre de points qui sont, me semble-t-il, assez importants.

Premièrement ceci : le pouvoir politique, qui dans les transformations dont je vous ai parlé jouait le triple rôle de victime, d'accusateur et de juge, va maintenant, et par le biais de cette espèce de procédure de flagrant délit différé et aménagé, jouer un rôle absolument nouveau et qu'il ne sera pas près d'oublier jusqu'à nos jours; ce rôle, c'est celui du surveillant et du questionneur, de l'inquisiteur. C'est-à-dire que le pouvoir politique représenté par le procureur, c'est celui qui surveille, qui exige de savoir ce qui s'est passé, le pouvoir politique maintenant s'arroge le droit d'être au courant, et d'être au courant en posant des questions, en s'adressant aux individus pour leur demander ce qu'ils savent. Le pouvoir politique devient maintenant un extracteur de savoir. Ça n'a l'air de rien, après tout, que ce droit du pouvoir politique de poser des questions aux gens et d'obtenir des gens un certain savoir dont il fera ce qu'il veut; ceci n'a l'air de rien, mais vous savez que ça a des conséquences tout de même capitales et importantes. Et la grande procédure à la fois judiciaire mais aussi politique, économique, administrative de l'enquête n'est pas autre chose que l'extrapolation de ce droit que s'est arrogé le pouvoir politique à un certain moment du Moyen Âge et qui est de poser des questions et d'obtenir des réponses pour en faire ce qu'il veut. Le pouvoir acquiert maintenant le droit de savoir, d'extraire du savoir. Le plus de pouvoir entraîne pour lui le plus de savoir. C'est la première conséquence.

Deuxième conséquence, deuxième chose sur laquelle je voudrais insister, c'est que le pouvoir politique introduit à l'intérieur de la procédure civile, dans le champ par conséquent de l'action pénale, un certain nombre d'éléments qui sont empruntés à la pratique religieuse, et en particulier il introduit premièrement la référence à la faute, deuxièmement la pratique de l'aveu. Là-dessus il faut être bien clair. On a l'habitude de dire que le vieux droit médiéval, celui de la première période, quand il faisait appel au duel judiciaire ou quand il faisait appel à l'ordalie, était encore profondément imprégné d'idées religieuses. À dire vrai, dans cette pratique de l'ordalie, de la lutte, du jugement de Dieu, certes la référence religieuse était évidente, mais à vrai dire cette procédure n'était pas autre chose que la dérivation, avec une modulation, avec une modalité religieuse, du vieux principe germanique et pas du tout chrétien de la lutte. Être en procès, c'est être en lutte ; être accusateur ou être accusé, c'est être pris à l'intérieur d'un système binaire de lutte ; tout ceci n'est pas chrétien, c'est germanique. En revanche, au moment où s'introduit cette technique de l'enquête que les historiens ont l'habitude de considérer comme l'avènement de la rationalité, qu'est-ce qui s'introduit dans la pratique pénale ? [Premièrement], il s'introduit la référence à la faute, à la faute individuelle, à la faute en quelque sorte appartenant, caractérisant, marquant un individu, s'inscrivant en lui, dans son passé. Et deuxièmement, la pratique pénale, en se référant à l'enquête religieuse, en introduisant l'enquête religieuse, introduit une pratique absolument religieuse, absolument chrétienne en tout cas, qui est la technique de l'aveu. Autrement dit, c'est ce droit pénal d'apparence moderne, faisant appel aux techniques de l'enquête, qui à vrai dire a introduit la religion chrétienne à l'intérieur de la pénalité et il ne s'est pas, comme on dit, rationalisé en passant de la lutte à l'enquête ; en passant de la lutte à l'enquête, il est passé d'une forme germanique de la lutte pénale, de la lutte et du litige, à une forme chrétienne de l'énoncé de vérité dans l'aveu et en référence à la faute. Le triangle vérité, faute et aveu est maintenant inscrit à partir de cette transformation dans le système pénal.

Troisième remarque que je veux faire, c'est ceci : c'est que cette introduction des techniques de l'enquête avec référence à l'aveu et à la faute avait pour but et pour effet de substituer à une perception immédiate, à l'événement de flagrant délit, quelque chose qui devait être le substitut du flagrant délit. Autrement dit, il s'est agi de trouver le moyen de communiquer l'effet juridique du flagrant délit à une situation dans laquelle il n'y avait pas flagrance. Autrement dit, comment transférer l'évidence? Comment transférer l'actuel? Comment le présent peut-il être maintenu? Vous voyez comment l'enquête, par le jeu des témoignages, des serments, [de] l'aveu, etc., est un instrument de transfert, de translation, de déplacement de la flagrance, du présent, de l'immédiat ou encore de l'évidence. Ou plutôt des techniques d'évidence sont en train de se mettre au point, des techniques d'évidence qui sont le témoignage, qui sont le serment, qui sont l'aveu et qui ont évidemment pour médium, pour moyen général ce qui doit à l'intérieur de ces procédures maintenir encore et prolonger cette évidence ainsi établie, qui est l'écriture. C'est en effet à partir de ce moment-là, lorsqu'on a voulu transférer la forme même du flagrant délit à quelque chose de passé par le jeu des témoignages, qu'il a bien fallu à l'intérieur du système pénal utiliser l'écriture, parce que, pour que le témoignage maintienne dans le futur, dans l'ultérieur cette évidence dont il est censé produire l'effet, cette immédiateté, cette flagrance dont il est censé produire l'effet, non seulement il faut qu'il soit formulé, mais après qu'il ait été formulé il faut qu'on puisse le reconstituer, le rétablir. Et vous voyez comment faute, aveu, évidence, écriture, enquête forment finalement une figure cohérente qui caractérise la grande mutation de la procédure du système pénal au XIVe siècle.

De telle sorte que ces éléments vont d'une part marquer bien sûr l'évolution du système pénal, les transformations et modifications ultérieures du système pénal, mais ils inscrivent là, à l'intérieur du système pénal, un modèle pour le savoir en général, le savoir non spécifié, non juridique dans la culture occidentale. Dans la culture occidentale à partir de cette mutation vous allez voir se développer, premièrement, toutes ces techniques de transfert de l'évidence, transfert de l'actuel, transfert de ce qui est présent et de ce qui est flagrant : les enquêtes, les récits, les récits de voyage, tout le système de l'observation transcrite et transmise va se développer à partir de ce modèle-là. Deuxièmement, l'utilisation de l'écriture comme véhicule de cette évidence va être généralisée à partir de là. Troisièmement, l'aveu, comme substitut à l'évidence ou à la flagrance, le fait que ce que l'on reconnaît soi-même, en première personne, dans une sorte d'adéquation immédiate à son propre discours, l'idée que cela est l'équivalent de ce qui peut être donné à l'expérience, trouve ici également son point d'ancrage. Enfin quatrièmement, le fait que cette évidence, cette possibilité d'arriver à la vérité soit en rapport avec la faute, que la faute, l'aveu de la faute, la reconnaissance de la faute soient en quelque sorte l'illumination de la vérité et le suspens du châtiment, cela est également une des grandes marques du système de savoir occidental : lorsque l'on sait, on supprime la faute, lorsqu'on efface la faute, on accède au savoir. Et vous voyez ainsi comment à la fois les liens de l'éthique et les liens de la recherche de la vérité, les techniques de recherche de la vérité, la forme de l'aveu comme discours en première personne absolument adéquat à cette vérité, bref tout ce qui est critère en forme d'aveu, technique de la recollection des connaissances empiriques, rapport de la connaissance à la morale, tout ceci est en train de se nouer autour de cette procédure pénale du Moyen Âge.

Voilà, très schématiquement, ce que je voulais vous dire sur cette formation du discours de vérité autour de la procédure pénale. Alors la prochaine fois j'essaierai de tirer un peu les conclusions de ce que je voulais vous dire, en tenant compte du fait qu'il y avait une troisième partie que je voulais mener à bien, mais que je n'ai pas eu le temps de mener à bien, et qui aurait concerné un troisième type de discours de vérité apparaissant au XIXe siècle[6].

Est-ce que vous avez des questions à poser, parce que je crains d'avoir été elliptique et pas parfaitement clair aujourd'hui, pressé par le temps ?

— *À propos du rôle de l'Église...*

— Bien sûr, le rôle de l'Église a été très important, mais le rôle de l'Église en tant qu'institution.

— *Je vais répondre.*

— Ou alors, si vous répondez, ça vaut beaucoup mieux !

— *Ce n'est pas la puissance publique, c'est l'Église qui fournit les juristes. Le savoir juridique est détenu par les gens d'Église, et c'est à eux que le pouvoir royal fait appel pour l'aider.*

— Alors là vous avez absolument raison, j'aurais dû le souligner. Le transfert des techniques d'enquête à la pratique juridique a été opéré effectivement par les hommes d'Église. Au moment où la monarchie, française au moins, a commencé à se centraliser, à devenir forte, en gros au milieu du XIIIe siècle, quels ont été les administrateurs auxquels on a eu affaire? Ça a été précisément les gens d'Église qui savaient administrer, qui avaient une technique administrative pour ses grands domaines. Donc, tout naturellement, le modèle de l'administration royale a été emprunté à l'Église, et les hommes de l'administration ecclésiastique ont été directement utilisés. Il faudrait peut-être aussi alors ajouter – j'ai complètement mis ça entre parenthèses – le problème précis de l'*inquisitio*, de l'inquisition comme événement historique. Je ne vais parler là que de la France, de l'*inquisitio* au XIIIe siècle. Au début du XIIIe siècle, l'*inquisitio*, ça a été toute une série de procès d'ordre entièrement religieux sous la forme de, précisément, ces enquêtes, etc. Or l'*inquisitio* a été institutionnalisée surtout dans le Midi de la France, c'est-à-dire dans cette région qui était en train d'entrer dans le domaine royal et sur laquelle le pouvoir royal et les grands féodaux du nord de la France ont fait main basse. De sorte que, entre l'appropriation des biens et des terres du Midi de la France pour des raisons de pure et simple conquête [et] l'*inquisitio* ecclésiastique qui sous prétexte de d'hérésie dépouillait les gens de leurs biens, les appropriaient à l'Église qui ensuite, par le système de la suzeraineté, les donnait en fiefs à des seigneurs du nord de la France, tout ceci a constitué une figure très complexe où il s'est trouvé que la technique même de l'*inquisitio* a été utilisée pour une confiscation de biens et finalement une guerre de conquête, une guerre de colonisation au profit du nord de la France. Alors ça a été aussi un moment absolument charnière, celui-là.

— *Il y a aussi le cas de la Normandie, dont le roi de France a fait la reconquête au XIIIe siècle, et où il y avait une administration...*

— C'est ça, une administration qui avait curieusement, bien que d'origine non européenne, gardé les formes de l'*inquisitio*, de l'enquête mérovingienne, carolingienne.

Plus de problèmes ?

— *Cette évolution, qui a commencé à la fin du* XI*e siècle, a été très lente.*

— Je suis bien d'accord avec vous, c'est un processus qui a été finalement très lent, qui a eu, je crois, son point de précipitation au XIIIe siècle à cause, je pense, des émeutes populaires et de toute la grande pression sociale qui s'est exercée à ce moment-là. Mais en effet, tout ça a été une longue série de processus avec, je pense, tout de même... Par exemple, l'organisation du Parlement, la généralisation des procureurs et la définition, enfin l'extension des cas royaux, ça, c'est tout de même typiquement du XIIIe siècle. Le Parlement commence à fonctionner dans la seconde moitié du XIIIe siècle. Et c'est au XIVe que ça...

— *Dans la deuxième moitié du* XII*e siècle.*

— Le Parlement comme *curia regis*, comme cour féodale, d'accord. Mais le Parlement comme institution d'État qui commence à coiffer les autres juridictions, ça c'est tout de même à la fin du XIIIe siècle, il me semble bien. Maintenant, vous êtes plus compétent que moi.

— *Quel a été le rôle de l'université dans le processus d'invention des savoirs ?*

— Je n'ai pas pu vous en parler. Mais au fond, derrière tout ce discours, il y a ceci : c'est qu'en fait il s'est établi au cours du Moyen Âge des circuits, des espèces de flux de savoir qui ont pour modèles et pour canaux des structures politiques, administratives, judiciaires, etc. Et l'université, transmettant un savoir qu'on peut appeler avant la lettre académique, a été complètement en dehors de ces circuits de savoir. De sorte que lorsque ces formes-là, par exemple de l'enquête, de la connaissance empirique, etc., ont commencé à donner lieu à des sciences ou à des savoirs comme l'histoire naturelle, comme le magnétisme, ou lorsque, encore, l'aveu va prendre la forme de l'évidence cartésienne, alors à ce moment-là, l'université aura été complètement laissée en dehors de ce circuit.

— *[...]*[a]

— Mais alors là, j'essaie de montrer des phénomènes entièrement différents de ceux-là et sans aucun rapport avec le savoir tel qu'il était transmis dans les universités ; entièrement, aucun rapport. L'université est toujours mort-née, c'est-à-dire quand elle apparaît, quand elle se développe au XIIe siècle en Europe, elle transmet déjà un savoir complètement mort par rapport à celui qui est en train de se former sur un modèle comme celui dont je vous parle. Alors je ne veux pas dire que l'université n'a pas eu de rôle, mais au niveau de la formation des types de savoir et des modèles auxquels obéissent ces savoirs-là, l'université n'a rien apporté. L'université n'invente rien. Pourquoi aurait-elle inventé au Moyen Âge et n'inventerait-elle plus maintenant ?

— *Lorsque vous parlez du roi comme surveillant, est-ce que vous impliquez déjà un système de « regard » comme on trouve au XVIIIe siècle ?*

— Non, mais c'est là un point de départ. À partir du moment où le roi fonctionne comme garant de l'ordre, il est censé en principe tout voir. Et cette fonction-là du pouvoir politique, interroger tout le monde et regarder tout le monde, voir tout et poser des questions à propos de tout, ces fonctions-là du pouvoir politique vont affleurer alors à l'état manifeste, explicite en effet au XVIIIe siècle, au XVIIe et au XVIIIe siècle. Chez Hobbes, vous avez déjà une théorie du contrôle absolument généralisé.

a. Ce que dit l'intervenant est complètement inaudible.

NOTES

1. La révolte des Maillotins est un soulèvement populaire qui s'est produit en 1382 à Paris.

2. Il s'agit de Charles VI qui a régné de 1380 à 1422.

3. Voir *supra*, p. 355, note 2.

4. Le *Domesday Book* est un inventaire des biens fonciers en Angleterre, réalisé en vue notamment de déterminer l'état des propriétés et l'assiette de l'impôt.

5. Sur l'exomologèse, voir Michel Foucault, *Du gouvernement des vivants*, *op. cit.*, p. 196-210 ; *L'origine de l'herméneutique de soi*, éd. H.-P. Fruchaud et D. Lorenzini, Paris, Vrin, 2013, p. 70-74 ; *Les aveux de la chair*, éd. F. Gros, Paris, Gallimard, 2018, p. 89-95.

6. Ce troisième discours de vérité, que Foucault n'a pas le temps de traiter en 1972 à Buffalo, a pour objet la norme et pour forme l'examen. Foucault l'évoque notamment dans les quatrième et cinquième conférences de « La vérité et les formes juridiques », dans *Dits et* écrits, I, *op. cit.*, p. 1456 -1491, ainsi que dans *La société punitive*, *op. cit.*

SÉANCE XI
(27 avril 1972)

Je voudrais ce soir, puisque c'est la dernière fois qu'on se réunit, tenir quelques libres propos sur ce dont on avait parlé la dernière fois, c'est-à-dire l'épreuve et l'enquête, le rapport entre l'épreuve et l'enquête, et surtout la suite, la dynastie historique de l'épreuve et de l'enquête. J'avais essayé donc de vous montrer comment, dans le droit médiéval, dans le droit pénal de la première partie du Moyen Âge, l'élément essentiel qui entraînait la décision en faveur de l'un des deux plaideurs, de l'un des deux partenaires, c'était cette épreuve au cours de laquelle les deux adversaires s'affrontaient, et cet affrontement menait à une victoire qui désignait ainsi celui qui était à la fois le plus fort et dans son bon droit. À cette pratique de l'épreuve a fait suite une pratique tout à fait différente qui était celle de l'enquête, c'est-à-dire de la recollection des témoignages, et d'une décision non pas en fonction d'une victoire, mais en fonction d'une vérité. Et cette substitution de l'enquête à la lutte, de la vérité à la victoire, c'est cela dont j'avais essayé de vous montrer le mécanisme à la fois historique et formel, de montrer comment historiquement ça avait été possible et comment, à l'intérieur même de la procédure du droit, cette succession s'était organisée.

Alors je voudrais maintenant un petit peu revenir sur la suite historique de l'épreuve et de l'enquête. L'épreuve donc, qu'est-ce que c'était ? C'était, je crois, premièrement, une série d'événements en forme de lutte, en forme d'affrontement, qui prolongeait en quelque sorte à l'intérieur même du droit la lutte qui avait provoqué la procédure. Donc la procédure ne faisait que reprendre la lutte, mais la reprenait dans des formes ritualisées, dans des formes codées, institutionnalisées. Et, au cours de cet affrontement, de cette lutte ritualisée à l'intérieur du droit, petit à petit ou brusquement, ou soudain, le sujet se trouvait qualifié comme étant le plus fort, comme étant du côté du droit, comme ayant le droit pour lui ; et c'était cette qualification du sujet qui le mettait en possession, par exemple, d'un héritage ou qui lui donnait raison sur quelqu'un d'autre, qui sanctionnait sa victoire. Donc série d'événements en forme de lutte, série d'événements ritualisée conduisant à une qualification du sujet, et qualification qui lui donnait accès à quelque chose, qui le mettait en possession de quelque chose. Voilà les caractères de l'épreuve. Alors cette épreuve, j'ai essayé de vous le montrer la dernière fois, a été supplantée en gros au cours du XIIIe, enfin du XIIe au XIVe siècle, par la forme juridique de l'enquête, mais, à vrai dire, elle n'a pas été supprimée pour autant. Et tout comme l'enquête était quelque chose, au fond, d'assez ancien qui petit à petit s'est juxtaposé [à l'épreuve] et finalement l'a emporté [sur elle], de la même façon, après la victoire de l'enquête sur l'épreuve, l'épreuve n'a pas disparu, loin de là. Sa non-disparition, on en a bien des signes, et je crois qu'on en a un signe tout à fait remarquable qui ne s'est pas effacé de longtemps et qui ne s'est pas encore effacé maintenant de la pratique, sinon judiciaire, du moins parajudiciaire : c'est la technique, c'est la pratique de l'aveu et de la torture, et de [l'aveu par la torture][a].

La torture et l'utilisation de la torture dans le droit pénal sont au fond jusqu'à un certain point un reste, une rémanence du système de l'épreuve. En effet en un sens l'aveu, auquel devait normalement ou auquel pouvait en tout cas conduire l'enquête, c'était comme la perfection même de l'enquête, c'est-à-dire que lorsque l'accusé avoue, c'est le moment où le principal acteur de ce qui s'est passé devient publiquement le témoin de l'événement. Donc cet écart, cette différence entre acteur et témoin qui caractérise l'enquête est en quelque sorte rabattue, effacée, et puis non seulement l'acteur et le témoin se conjuguent dans l'aveu, mais de plus le fait qui s'est produit une fois et sur lequel porte l'accusation se trouve dans

a. Enregistrement : « la torture par l'aveu ».

l'aveu même renouvelé par l'acteur lui-même sous la forme de cette déclaration en première personne. L'aveu, c'est au fond le flagrant délit recommencé. Et en ce sens on peut dire, je crois, que l'aveu, c'est bien en effet l'enquête à l'état parfait. Mais l'aveu a pratiquement toujours, en tout cas depuis qu'il a été institutionnalisé dans le système pénal, [été] accompagné de la torture, qui apparaît au premier regard comme un moyen finalement bref, commode et efficace d'obtenir l'aveu. Mais à dire vrai la torture, c'est un reste d'épreuve branché en quelque sorte sur l'enquête elle-même, parce que la torture dans son fonctionnement, au moins jusqu'à la fin du XVIIIe siècle, jusqu'au renouvellement du droit pénal avec la Révolution, n'a pas été simplement, exclusivement un moyen d'obtenir un aveu. La torture a été une sorte de duel, d'épreuve, de lutte entre celui qui était torturé et dont on essayait d'arracher l'aveu et celui qui torturait et qui essayait d'arracher cet aveu. Et que ça soit un affrontement en forme de duel, on en a la preuve dans la très curieuse coutume qui faisait que, lorsque l'interrogateur, l'accusateur, le procureur, enfin peu importe qui, ou le juge soumettait quelqu'un à la torture pour le faire avouer, si le juge, si celui qui torturait n'obtenait pas l'aveu, à partir du moment où il n'avait pas obtenu cet aveu, où il avait échoué dans cet affrontement avec le torturé, le tortureur n'avait plus le droit, quand bien même il aurait ensuite découvert toutes les preuves possibles et imaginables, d'infliger à sa victime la peine maximale. D'être sorti de la torture sans aveu garantissait celui qui avait été torturé qu'il n'aurait pas, qu'il ne subirait pas la peine maximale. Et le juge se trouvait en quelque sorte lié lui-même par l'épreuve, il ne pouvait pas appliquer, quelles que soient les preuves qu'il ait, la peine maximale. L'épreuve était en quelque sorte, sinon totalement, du moins, vous le voyez, partiellement gagnée par celui qui avait résisté à la torture.

Cette forme de torture, cette forme d'épreuve, d'affrontement de la torture, on la trouve très manifestement dans les procès de sorcellerie, et ça encore jusqu'au XVIIe siècle. Jusqu'au XVIIe siècle, dans les procès de sorcellerie, la torture est au fond une sorte de duel à trois, si j'ose dire, c'est-à-dire que vous avez trois personnages, le tortureur, le torturé et puis le démon qui est censé habiter le torturé et qui joue à l'égard du torturé et du tortureur son propre rôle. De sorte que dans les procès de sorcellerie vous voyez ce très curieux mécanisme qui consiste en ceci. On applique la torture à quelqu'un. S'il avoue, c'est bien le signe qu'il est possédé par le diable et, en quelque sorte, le tortureur a gagné l'épreuve, il a fait sortir le diable, il a fait manifester le diable par l'aveu. Mais si, au contraire, celui qui est torturé, le supposé sorcier, résiste à la torture, ça prouve quoi ? Ça ne prouve pas qu'il est innocent, ça prouve au contraire que le diable qui est en lui est si fort et le possède si bien qu'il lui permet de résister à la torture. De sorte que le non-aveu devient signe de la possession démoniaque, de sorte que le tortureur est obligé, pour obtenir un aveu, de prolonger encore la torture, puisqu'il a maintenant la certitude que le diable est là, et cette certitude lui est donnée par le fait que l'aveu n'est pas venu. De sorte que vous voyez les trois personnages du torturé, du tortureur et du diable qui s'affrontent ainsi autour de cet aveu qui vient ou qui ne vient pas. Et si, dans le cas au contraire où l'aveu est venu tout de suite, où dès le début de la torture le diable s'est monté sous la forme de l'aveu, ça prouve quoi ? Ça prouve que le diable a poussé la ruse à un point tel qu'il a fait avouer le torturé le plus vite possible pour le faire échapper le plus rapidement possible aux tourments de la torture. Donc cet aveu qui devrait normalement arrêter la torture – puisque ça y est, on a obtenu le résultat –, ne fait que reconduire la torture puisque c'est la preuve que le diable a voulu faire échapper le torturé à la torture. Si bien que, là encore, la torture se prolonge et l'affrontement est ainsi reconduit. Il y a un véritable duel judiciaire, qui se déroule à l'intérieur de ces pratiques de torture qui ont duré, dans ces procès mi-ecclésiastiques, mi-civils, de sorcellerie, jusqu'au XVIIe siècle ; et pour les procès civils, pour les procès devant les juridictions civiles, cette pratique de la torture comme épreuve, avec la clause dont je vous parlais tout à l'heure, a duré jusqu'à la fin du XVIIIe siècle. On peut dire que la torture, au moins jusqu'à la fin du XVIIIe siècle, ce n'est pas simplement la méthode brève [pour] obtenir un aveu, c'est-à-dire finalement [pour] constituer une enquête rapide, la torture, c'est le moyen de doubler ou c'est la persistance de l'épreuve, du duel, de l'ordalie à l'intérieur même de la technique de l'enquête et de l'aveu. La torture, c'est l'ordalie de la vérité. Si on prolongeait, on s'apercevrait que la pratique de la torture, même alors dans des régimes juridiques ou policiers beaucoup moins subtils que celui dont je vous parlais, la torture a toujours, enfin encore souvent, cette forme d'affrontement, d'affrontement de l'un contre l'autre. Et finalement les témoignages de ceux qui ont été torturés pour des raisons politiques montrent toujours que, s'ils ont pu résister à la torture, ça a été en prenant la torture, non pas simplement comme moyen technique d'extorsion de la vérité, mais comme lutte et affrontement, affrontement physique et affrontement politique avec ceux qui les torturaient. Sur un tout autre registre, le masochisme est sexuellement aussi à interpréter, je pense, non pas du tout en termes de désir, mais en termes de savoir et de pouvoir, c'est-à-dire en termes d'épreuve. Mais enfin ça, c'est une autre question. Là, je voulais vous indiquer, du côté de la pratique de la torture, et tout au long du système pénal classique, le maintien de cette forme de l'épreuve.

Il me semble aussi, et alors là sur un tout autre registre, que la forme de l'épreuve a subsisté, subsiste encore dans des formes d'organisation sociale, dans des formes de discours, dans des pratiques discursives qui sont d'un tout autre type. Et là, je pense à une forme de pratique discursive qui obéit aux lois, à la caractérisation, à la structure interne de l'épreuve ; et je pense à cette forme de savoir qu'est l'alchimie. L'alchimie, je ne pense pas qu'il faille l'interpréter comme une sorte d'esquisse préalable de ce que sera par la suite la chimie. C'est-à-dire que je dirais en gros ceci, que la chimie obéit, elle, à une forme de savoir, elle est régie par une pratique discursive dont la matrice, dont le modèle, c'est en effet l'enquête. En revanche l'alchimie, elle, est une pratique dont le modèle juridico-politique, c'est l'épreuve. Et que l'alchimie soit une épreuve et non pas du tout une sorte d'enquête rustique encore, d'enquête encore imprégnée de magie ou de religion, que l'alchimie ne soit pas une rationalité encore prise dans la gangue d'une pensée archaïque, on en a, je crois, la preuve dans un certain nombre de faits. Au fond la pratique alchimique, qu'est-ce que c'est ?

C'est un ensemble d'événements, et d'événements ritualisés par des codes. L'alchimie se transmettait par recettes, être alchimiste, c'était connaître des recettes et appliquer ces recettes. Or depuis que l'alchimie existait, tout le monde savait parfaitement que ces recettes n'aboutissaient à rien puisque précisément on n'avait toujours pas découvert l'or avec cette fameuse recette. Que signifiaient par conséquent ces gestes à faire, ces mélanges à opérer, ces combustions à assurer telles qu'elles étaient décrites dans les recettes, puisque les recettes n'aboutissaient pas et qu'on ne pouvait avoir jamais que la recette de ce qui avait échoué ? Chacun de ces gestes, chacune de ces opérations était au fond une sorte d'événement ritualisé un peu comme dans l'ordalie ou dans le duel judiciaire, c'était le duel avec quelque chose à trouver, c'était l'ordalie de l'or, c'était l'ordalie de la richesse, c'était l'ordalie du pouvoir, c'était cela que signifiait la recette, la ritualisation de ce combat. Et c'était en effet un combat que la pratique alchimiste. C'était un combat de quoi ? C'était un combat avec ce qui était caché à l'intérieur de la nature, c'était le combat qui permettait de découvrir sous le visible, sous l'apparence, le secret, le caché, c'était le combat qui force l'invisible. L'alchimie, c'était aussi le combat entre le permis et l'interdit, puisque précisément le savoir alchimique était un savoir qui n'était pas accessible à tout le monde, qui n'avait pas été donné par Dieu à tous les hommes, mais qui avait été donné peut-être par Dieu à certains hommes, peut-être par Satan à certains hommes. Bref, l'alchimie était toujours combat – combat avec Dieu, combat avec Satan, combat avec le caché, combat avec le visible, combat avec les éléments eux-mêmes, qui refusaient de déceler, de manifester, de libérer les éléments premiers qui étaient en eux, l'élément premier qui est en eux, à savoir l'or –, et il s'agissait de forcer les choses à extraire d'elles-mêmes et à manifester leur propre richesse. L'alchimie, c'est en effet un combat ritualisé par ces fameuses recettes. Et ce combat conduit à quoi ? À découvrir l'or, pas du tout ; il conduit à une certaine qualification du sujet, car lorsque le sujet alchimiste a fait un certain nombre de ces opérations, bien sûr un certain nombre de choses ont été modifiées dans l'objet, mais ce qui a surtout été modifié, c'est la qualification même du sujet, c'est sa position à l'intérieur du savoir, c'est son degré de puissance, c'est sa proximité par rapport au secret, c'est sa vertu ou au contraire son diabolisme, bref c'est sa qualification personnelle qui se trouve modifiée par l'opération alchimique beaucoup plus que la nature ou la combinaison de l'objet. Ce à quoi doit tendre l'opération alchimique, ce que doit permettre cette qualification du sujet, c'est l'accès de l'alchimiste à la sagesse, à la richesse, au pouvoir, à la toute-puissance, au statut démoniaque ou au statut divin, etc. C'est cet accès-là, c'est cette prise de possession du monde de la sagesse ou des richesses, c'est cela à quoi aboutit la qualification du sujet. Je crois qu'on peut reprendre toutes les opérations, tous les processus de l'alchimie et y retrouver exactement les principaux caractères de l'épreuve juridique, de l'épreuve pénale, de cette épreuve en forme d'événement, de lutte et de victoire qu'on a retrouvés à l'intérieur du droit. Le secret de l'alchimie, il est à chercher du côté de cette forme, de cette matrice juridico-politique de l'épreuve. Et le passage de l'alchimie à la chimie, ce n'est pas le passage d'une pensée encore magique ou religieuse ou archaïque à un rationalisme, ce n'est même pas, en termes bachelardiens, la psychanalyse de la connaissance se dépouillant de ses images fondamentales et archaïques et accédant à la rationalité[1], le passage de l'alchimie à la chimie, c'est le passage d'un type de savoir commandé par le modèle de l'épreuve à un type de savoir commandé par le modèle de l'enquête. La substitution d'un modèle juridico-politique à l'autre, c'est cette substitution dont on voit l'effet à l'intérieur de cette pratique ou de ce discours de l'alchimie ou de la chimie. Ce sont finalement des rapports de pouvoir qui ont été modifiés dans cela, ou plutôt c'est l'effet de la modification des rapports de pouvoir que vous enregistrez à partir d'un certain moment, à un certain niveau, après un certain décalage, bien sûr, dans ce type-là de discours.

Toujours dans cette espèce de dynastie et de série, de suite historique de l'épreuve, il me semble qu'on pourrait peut-être, à titre d'hypothèse, se demander si on ne trouve pas encore dans une tout autre pratique discursive les restes – les restes même pas –, l'effet, et l'effet peut-être fort contraignant de cette pratique de l'épreuve. Je me demande si la littérature, si le discours littéraire au sens très large du terme ne doit pas au fond, et par opposition justement à la science qui, elle, obéit au modèle de la mesure et de l'enquête, si la littérature ne peut pas être interprétée, comme une sorte de transposition, à l'intérieur de la pratique du récit, du schéma de l'épreuve. Et on pourrait repérer, je ne dis pas trois stades successifs, mais peut-être trois niveaux, où l'épreuve, le jeu de l'épreuve apparaît à l'intérieur de ce qu'on appelle très grossièrement et très généralement la littérature.

Disons qu'on pourrait repérer un certain niveau dans lequel la littérature, disons les récits racontent des épreuves, des épreuves véritables ou des épreuves vraisemblables, c'est-à-dire la manière dont, un dommage ayant été commis, une infraction ayant été faite, on arrive à la réparation par un certain nombre d'épreuves. À ce niveau-là, le récit ne fait pas autre chose que d'enregistrer la pratique de l'épreuve et de la raconter. C'est ce que vous trouvez par exemple dans *La chanson de Roland*[2], c'est ce que vous trouvez dans *Tristan et Yseult*[3]. Et là, la littérature, le récit, c'est donc tout simplement le récit d'une épreuve, d'une épreuve réelle, historique, fictive, mythique, peu importe, et ce récit de l'épreuve, c'est ce que j'appellerais le niveau épique. Disons en gros que l'épopée, c'est le récit de l'épreuve.

Deuxième niveau, c'est le niveau que j'appellerai romanesque, le roman étant le récit de l'épreuve, mais cette fois métaphorisée, c'est-à-dire que, [premièrement,] au lieu du dommage, du litige, de la dispute par quoi commence l'épopée depuis après tout l'*Iliade*, au lieu de cela, il y a quelque chose comme une faute, une naissance, une erreur, etc. [Deuxièmement,] au lieu des épreuves, des éléments mêmes de la lutte dans l'épreuve, vous avez, au lieu de ces événements-là, vous aurez des aventures au cours desquelles le héros va rencontrer, non pas directement son adversaire, mais en quelque sorte les substituts ou les métaphores de l'adversaire juridique : ça va être le rival par exemple, le rival en amour ou le rival de guerre, ça va être la loi, ça va être l'habitude, ça va être la conscience, ça va être les conventions de son milieu, ça va être sa famille, etc. ; et c'est tout ceci qui constitue ce contre quoi, ce avec quoi entre en lutte le héros. Troisièmement, vous avez à l'intérieur de ces récits de type romanesque, au cours de cette lutte vous voyez la qualification du sujet qui est en train de se déterminer et de se préciser; et le sujet apparaît comme bon ou mauvais, vertueux ou non vertueux, malheureux ou heureux, héros positif ou négatif, noir ou blanc, etc. Tout ceci le conduit à l'épreuve finale de cette qualification, ce à quoi lui donne droit, en quelque sorte, cette qualification au cours de ses épreuves, et ce sera le bonheur ou le malheur, ce sera la vie ou la mort, ce sera le salut ou la damnation. Et vous avez là le niveau romanesque de la narration.

Et puis, à un troisième niveau, vous voyez apparaître ce que j'appellerais la littérature au sens strict, c'est-à-dire lorsque le modèle de l'épreuve n'est plus simplement raconté directement comme dans l'épopée, non plus simplement métaphorisé comme dans le roman, mais où le modèle de l'épreuve est en quelque sorte appliqué à l'écriture elle-même; c'est-à-dire qu'il y a littérature au sens strict lorsque l'épreuve, ce n'est pas ce qu'on raconte directement ou indirectement, mais c'est ce par quoi passe l'écrivain lui-même au moment où il écrit, lorsque la lutte, c'est le risque qu'on prend par rapport aux autres, par rapport aux autres écrivains, par rapport au langage, par rapport aux autres œuvres, par rapport à la mort, par rapport à l'oubli, par rapport à la gloire, etc. Toutes ces épreuves, toutes ces luttes, tous ces risques qu'on prend au moment où on écrit, lorsqu'on écrit pour prendre ces risques et lorsque l'activité d'écriture consiste précisément à prendre ces risques et à ne référer l'écriture qu'à ces risques ainsi pris, c'est cela que j'appellerai la littérature. À travers ces luttes, à travers ces risques que l'écrivain prend au moment où il écrit, à travers ces risques pour lesquels il écrit, à cause desquels il écrit, et pour passer au travers desquels il écrit, ces risques le qualifient finalement lui, écrivain, et non plus le héros, le qualifient de quoi, le qualifient comment? Le qualifient précisément d'écrivain. On peut dire qu'il y a littérature lorsque quelqu'un se met à écrire dans la forme de l'épreuve, luttant, prenant des risques, affrontant un combat qui doit le qualifier de quoi? Non plus, comme son héros, de heureux ou malheureux, non plus, comme le personnage de l'épopée, comme gagnant ou perdant, vaincu ou vainqueur, mais le qualifie tout simplement d'écrivain. Et dans cette qualification, celui qui écrit ne découvre plus devant lui que l'infini de l'écriture.

On aurait donc trois niveaux dans le récit dit « littéraire » au sens très large du terme et entre guillemets : le niveau épique où vous avez la narration de l'épreuve, le niveau romanesque où vous avez la métaphorisation de l'épreuve et le niveau littéraire qui est comme l'implication discursive de l'épreuve, le moment où l'épreuve se rabat elle-même sur celui qui écrit. Ce sont ces trois niveaux qui, je crois, si on peut en effet les repérer, caractériseraient toute l'activité d'écrire comme littéraire. Immédiatement une remarque : quand je dis épopée, roman, littérature, je ne désigne pas une succession historique de formes ou de genres. Je veux bien qu'il y ait un certain décalage temporel et que le récit pur et simple de l'épreuve soit apparu avant sa métaphorisation romanesque, puis que l'implication de l'épreuve, l'implication du sujet écrivant dans l'épreuve vienne après, apparaisse à partir d'un certain moment et beaucoup plus tardivement – c'est également un fait –, mais ce que je voudrais souligner, c'est que dans une œuvre littéraire, et par exemple dans une œuvre littéraire actuelle, il est bien évident que ces trois niveaux existent, peuvent être repérés avec, [bien sûr][a], une majoration pour tel ou tel de ces niveaux. Prenez par exemple le roman policier, qui commence effectivement par une faute et dont le problème, c'est bien de savoir comment la faute va être réparée, ne serait-ce que par l'apparition du coupable : le roman policier est au fond le récit sous sa forme épique et à son niveau épique. Au contraire, dans la littérature sous sa forme la plus contemporaine et qui a précisément pour fonction de ne rien raconter sinon ce que c'est que d'écrire, au moment où l'œuvre n'a pas d'autre fonction que d'être précisément cette épreuve qualificatrice du sujet écrivant comme écrivain, les niveaux épiques et romanesques sont évidemment comme élidés dans la littérature[b].

a. Enregistrement : « évidemment ».

b. Foucault commence alors une phrase qu'il n'achève pas : « Mais de toute façon, ce que j'ai oublié de vous montrer en vous disant ces choses très approximatives… ».

À propos de ces trois niveaux, épique, romanesque, littéraire, la narration de l'épreuve, la métaphorisation de l'épreuve et l'implication du sujet écrivant dans l'épreuve, à ce sujet-là, au fond, il me vient à l'esprit qu'il y a une œuvre qui est centrale, majeure, qui est en surplomb de tout ça et dans laquelle vous trouvez absolument ces trois choses, peut-être pour la première fois dans l'histoire de la littérature vous voyez ces trois niveaux : c'est tout simplement *Don Quichotte*. Dans *Don Quichotte*, vous avez bien le niveau épique, c'est la narration des épreuves, c'est-à-dire que des fautes ont été commises, et Don Quichotte arrive comme le héros redresseur de torts, celui qui venge, le vengeur universel, il est le réparateur de dommages, il est l'homme des litiges. Puis, à un second niveau, ce même récit, c'est en même temps le récit romanesque de l'épreuve métaphorisée, c'est-à-dire que, au-dessous de cette épreuve chevaleresque de Don Quichotte qui redresse les torts, alors il y a le personnage fou qui croit que telles et telles choses sont devant ses yeux alors que c'est tout autre chose et qui, de désillusion en désillusion, fait l'épreuve prosaïque de ce qu'est le monde. Et finalement cette éducation, j'allais dire sensorielle, de Don Quichotte se termine par sa qualification de fou et l'aveu qu'il est fou, grâce auquel précisément il échappe d'un coup à la folie. Or ces deux niveaux, l'épique qui raconte Don Quichotte redresseur de torts et puis le niveau romanesque qui raconte l'éducation même de Don Quichotte à travers ses entreprises chevaleresques, ces deux niveaux sont, dans l'œuvre de Cervantès, joints l'un à l'autre par le fait que tout ceci se passe à l'intérieur, non pas d'un livre, mais *des* livres ; c'est-à-dire que finalement Don Quichotte ne se meut pas dans le monde réel des torts redressés, il ne se meut même pas dans le monde réel de l'Espagne qui lui est contemporaine, il ne se meut qu'à l'intérieur du livre, et c'est le repli du livre sur lui-même, du signe sur lui-même, de l'écriture sur elle-même, c'est cela finalement qui est raconté dans *Don Quichotte*. Et dans cette mesure, vous voyez qu'on peut repérer dans un livre comme celui-là le niveau de l'épique, le niveau du romanesque et ce niveau du littéraire. De toute façon, dans l'espèce d'optique que je me propose de vous indiquer là, la littérature, vous voyez, est au fond une pratique discursive de l'épreuve toute proche encore de l'alchimie, elle est la version actuelle de l'alchimie, elle est ce qui prolonge dans une tout autre forme, dans la forme du non-savoir, ce que l'alchimie offrait dans la forme du savoir. La littérature, c'est l'autre savoir, d'où cette fascination de la littérature pour le savoir ésotérique ou pour le savoir absolu. Faust a hanté la littérature, Faust est avec Don Quichotte l'autre grand personnage de notre littérature. La littérature, c'est dans la forme de l'épreuve ce qui renonce au savoir de l'enquête et ce qui par conséquent rêve indéfiniment à l'autre savoir, la littérature, c'est l'épreuve, la littérature, c'est le risque, la littérature, c'est quitte ou double, c'est *dobble or nothing*.

Deuxièmement, suite alors maintenant de l'enquête. Vous allez voir, vous vous doutez évidemment où je veux en venir : si la littérature, c'est l'épreuve, la science, c'est l'enquête – vous me direz que ce n'était pas la peine d'aller chercher si loin, ça va de soi. Mais je voudrais essayer d'articuler ça avec un peu plus de détails. L'enquête telle qu'on a pu la repérer alors dans la pratique juridique, politico-juridique du Moyen Âge, qu'est-ce que c'est ? Ce n'est pas du tout une série d'événements, c'est une extraction de savoir qui est obtenue par une série de relais, des témoins, des observateurs, des garants qui transmettent ainsi une vérité, une chose vue, un savoir d'un échelon à un autre, d'un personnage à un autre. Donc l'enquête, c'est un principe de circulation de savoir, et cette circulation de savoir, elle est assurée par des sortes de transferts d'évidence qui conservent, maintiennent ce qui a été su et vu à un certain niveau. L'enquête est une circulation, mais elle est en même temps une conservation de savoir, une réactualisation de savoir à l'intérieur de laquelle évidemment l'écriture, l'image, le livre, etc. ont une fonction essentielle. Et cette circulation et cette conservation, cette réactualisation du savoir permettent de découvrir, de mettre au jour, mais dans une lumière universelle et accessible à tous, et accessible même à ceux qui n'ont pas vu, même à ceux qui n'étaient pas là, même à ceux qui ne vivaient pas en ce temps-là, même à ceux qui étaient absents, l'enquête offre à tout regard possible une vérité entièrement ainsi détachée de l'événement même de son apparition. Vous voyez que, ainsi définie, l'enquête s'oppose, et s'oppose absolument terme à terme à l'épreuve. D'une part l'enquête supprime l'événement, elle transforme un événement en un fait, en un fait acquis une fois pour toutes, réactualisable indéfiniment, répétable et inscrit à jamais à l'intérieur du discours. Cet événement fulgurant qui fait décision dans l'épreuve, il ne va plus exister dans l'enquête. [D'autre part][a] l'enquête supprime la lutte, c'est-à-dire que, dans l'enquête, il n'y a pas deux personnages qui s'affrontent et qui s'opposent ; dans l'enquête, vous avez affaire à la découverte, garantie et désintéressée par la neutralité, la collectivité et l'accord de tous, de quelque chose qui s'est produit à un moment donné. Accord général, garantie, désintéressement, neutralité, espace vide et blanc où le témoin a remplacé le lutteur, c'est cela qui caractérise l'enquête et qui l'oppose, pour cette seconde raison, à l'épreuve. Et enfin l'enquête ne qualifie pas un sujet, alors que l'épreuve aboutissait à ceci que l'un était le vainqueur, donc le possesseur du droit, et que l'autre, au contraire, était le vaincu ; l'enquête ne qualifie pas un sujet, elle constitue un objet, c'est-à-dire qu'elle constitue comme fait, comme structure accessible à tous, observable et vérifiable, quelque chose, un événement, un droit, un fait, une propriété, etc. Constitution donc de l'objet et non pas qualification du sujet, c'est en cela que l'enquête s'oppose à l'épreuve.

Or vous voyez que, ainsi définie, si l'enquête s'oppose à l'épreuve, elle se distingue au moins aussi nettement de la mesure, de cette mesure dont j'avais essayé de vous parler à propos des Grecs. Et là, alors, je fais un court retour en arrière. J'avais essayé de vous montrer comment, autour du VIe siècle avant Jésus-Christ, la pratique, la recherche de la justice, du *dikaion*, les luttes sociales, politiques et économiques qui s'étaient menées autour de la naissance de la cité grecque, comment tout ceci avait conduit à une certaine pratique de la mesure, et que cette pratique de la mesure, cette procédure de la mesure avait été liée à la constitution d'un espace fictif, où les choses établissent entre elles des rapports mesurables d'équivalence. J'avais essayé de vous montrer comment cette mesure constituait aussi une

a. Enregistrement : « Deuxièmement ».

sorte de lieu également fictif et neutre où la vérité et d'où la vérité pouvait être prononcée, et puis comment elle constituait également, toujours fictivement, un sujet de connaissance. Donc la mesure et la procédure de la mesure étaient liées à la construction d'une triple fiction : fiction de l'espace des choses, fiction du lieu d'où s'énonce la vérité, fiction du sujet connaissant ; la mesure caractérisée par la procédure-fiction.

L'enquête ne procède pas par fiction, je crois, elle procède d'une tout autre façon : elle procède par déplacement, c'est-à-dire que l'enquête, c'est [premièrement] ce qui permet de déplacer une évidence, une chose vue, une chose présente, une flagrance, de la déplacer ailleurs, dans un autre temps, sous d'autres regards et pour d'autres sujets. Deuxièmement, l'enquête déplace l'élément décisif de celui qui est en train de lutter au témoin qui assiste. Et enfin troisièmement, l'enquête déplace le principe de la décision du lutteur lui-même ou du combat à l'instance qui juge, à celui qui, étranger au combat, entièrement désintéressé, regarde ce qui se passe ou réactualise sous les yeux de sa mémoire ce qui s'est passé et juge à partir de là le fait. Donc on peut dire, en gros, que le discours de vérité qui caractérise l'enquête ne repose pas sur une procédure de fiction, mais sur une procédure de déplacement. L'Âge grec, la cité grecque à sa naissance a produit l'espace fictif, le lieu fictif, le sujet fictif où s'énonce, d'où s'énonce et qui énonce la vérité ; l'État moderne à sa naissance, au XIIIe siècle, au cœur du Moyen Âge, a inventé les procédures de déplacement par lesquelles la vérité peut circuler. Et vous voyez en quoi là, du VIe siècle avant Jésus-Christ au XIIIe après, on voit deux décalages fondamentaux, à partir de quoi est en train de se bâtir cette grande fable de la vérité à l'intérieur de laquelle nous sommes pris.

Or ces deux types de discours de vérité, celui lié à la fiction inventé par les Grecs et le discours de vérité lié au déplacement pratiqué par l'État médiéval, l'État en train de se former au Moyen Âge, ces deux discours de vérité ont évidemment mis du temps à s'ajuster l'un à l'autre. Et tout comme on pourrait dire ceci, que la littérature, c'est le reste de la pratique ou le maintien ou la survie de la pratique de l'épreuve à l'intérieur de notre discours, je dirais que la science, la science moderne, et peut-être la science tout court, commence avec la mise en rapport de la mesure et de l'enquête, ou encore lorsque la fiction et le déplacement, la fiction corrélative de la naissance de la cité grecque et le déplacement corrélatif de la naissance de l'État moderne s'ajustent l'un à l'autre, bref lorsqu'on commence à ajuster la mesure et l'enquête dans une pratique discursive singulière. Et au fond à partir de quel moment est-ce que la mesure et l'enquête s'ajustent l'une à l'autre, à partir de quel moment est-ce qu'on enquête sur le mesurable ou on mesure ce sur quoi on peut enquêter ? C'est très exactement au début du XVIIe siècle, c'est avec Bacon, c'est essentiellement avec Galilée. Galilée, c'est la première grande enquête qui mesure, ou c'est la première grande mesure qui porte sur un matériel, sur un domaine d'objets, sur un champ de savoir qui a été acquis par enquête. Je dis Galilée, – on pourrait dire aussi Kepler ; enfin disons que c'est autour de la fin du XVIe et du début du XVIIe siècle que l'on voit cet ajustement des deux grands types de discours de vérité que l'Occident a constitué à la naissance de la cité grecque, à la naissance de l'État moderne. Et par conséquent on en arriverait, en poussant les choses un peu loin, à dire ceci : c'est que la science, ce n'est pas autre chose que l'effet, à l'intérieur de notre civilisation, de deux énormes procédures, l'une qui a instauré l'espace fictif dans lequel joue le discours de vérité, et l'autre qui règle les déplacements des choses dites et des sujets voyants. C'est cela, la combinaison de ces deux procédures, celle de l'espace fictif et celle du déplacement, c'est cet enchevêtrement et cet entrecroisement purement procédural et entièrement lié à l'organisation du pouvoir politique dans la forme de la cité et dans la forme de l'État, c'est cet entrecroisement qui a donné naissance, dans l'hypothèse délirante que je vous présente, à la science dite moderne. Par conséquent vous voyez bien que cette fiction et ce déplacement, cette espèce de grande fable, c'est bien cela qui constitue la trame ou le fragile rocher de notre savoir. Et quand on dit que la littérature, c'est la fiction et que la science, ce n'est pas la fiction, moi, je vous dirai tout le contraire : la science, c'est très exactement la fiction, c'est l'effet de la fiction, de ces deux gigantesques et prodigieuses fictions qui ont été inventées, mises en place au VIe siècle et puis au Moyen Âge, alors que la littérature, si elle est bien l'épreuve que je dis, c'est la maigre épreuve ruineuse de l'individu qui écrit, alors que c'est la science qui a pour elle la fiction, l'invention, l'imagination, le délire. Le jeu inventé par la science, c'est celui-là en quoi on retrouve toutes les puissances fictives de notre société. Alors que le très peu, le tout petit peu que la littérature invente ne sert à rien d'autre qu'à permettre à un certain nombre de gens de se qualifier d'écrivains. La littérature, ce n'est rien d'autre que le grand rituel qui permet de fabriquer, qui permet de qualifier, qui permet de disqualifier ceux qui s'appellent écrivains. La littérature ne mord que sur la mince réalité de ceux qui écrivent, alors que la science, elle, repose sur la gigantesque fiction, les plus grandes gigantesques fictions de notre civilisation.

Maintenant qu'il est établi que c'est la science qui est fictive et la littérature qui est réelle, – mais oui, qui mord sur la réalité –, je voudrais tout de même vous indiquer un point ou deux concernant un autre type de discours dont je ne vous ai pas encore parlé, qui est ceci : c'est que je vous ai parlé de Galilée comme étant le point où s'effectue, où s'opère l'ajustement du discours de la mesure et du discours de l'enquête. Or s'il est vrai que Galilée ou, disons Kepler, ont été ceux qui ont opéré et à travers lesquels s'est opéré cet ajustement, la première théorie de cet entrecroisement, la première réflexion qui ait été faite pour justifier et fonder l'entrecroisement, l'ajustement entre le discours de l'enquête et celui de la mesure, cette première théorie, c'est évidemment chez Descartes que vous la trouvez. Et l'évidence cartésienne, qu'est-ce que c'est ? À quoi est-ce qu'elle sert, sinon précisément à opérer le passage ? C'est-à-dire que l'évidence cartésienne, dont le modèle est mathématique et géométrique, cette évidence qui donne accès à la fiction au sens grec du terme, c'est cela que Descartes va déplacer systématiquement, va transporter, conserver, réactualiser à l'intérieur de son discours en la promenant sur toutes les choses du monde et en la réactualisant indéfiniment à l'intérieur de sa mémoire. L'évidence cartésienne, c'est donc ce qui donne accès à la fiction au sens où j'en parlais et c'est ce qui donne accès à ces déplacements dont je vous parlais. Les deux grands espaces construits par la science, celui de la fiction grecque et celui du déplacement médiéval, s'ajustent pour Descartes dans cet instrument qu'est l'évidence. Or pour qu'un sujet soit susceptible d'évidence, pour être sûr que ce qu'il a dans l'esprit, c'est bien une évidence, pour qu'il puisse faire le partage entre ce qui se présente comme évidence et ce qui, peut-être, n'est qu'opinion, et qu'opinion courante, qu'est-ce qu'il est obligé de faire, sinon précisément passer par une certaine épreuve, qui est celle, justement, du doute ? Le doute, la mise en question de toutes les opinions reçues, la mise en question même de ce qui paraît évident, cela, c'est l'épreuve par laquelle le sujet va se qualifier comme détenteur de cette évidence ou de ces évidences qui lui permettent à la fois de penser la géométrie et de saisir la rationalité du monde. Autrement dit, le discours philosophique, c'est l'épreuve par laquelle se justifie, par laquelle se théorise, par laquelle se réfléchit l'articulation des deux types de savoir dont je vous parlais jusqu'à présent. Au creux de ce rapport entre mesure et enquête, au creux de ce rapport qu'on a l'habitude de présenter comme étant souvent le jeu du rationalisme et de l'empirisme, de la déduction et de l'expérience, de l'inné et de l'acquis ou du sensible, la philosophie, c'est un discours en forme d'épreuve et, tout comme la littérature est l'épreuve, le discours en forme d'épreuve mais orienté vers le non-savoir ou vers l'autre savoir, la philosophie, elle, c'est ce discours lui aussi en forme d'épreuve, articulé sur le savoir et chargé, de Descartes jusqu'à Hegel, d'assurer cette articulation entre les deux savoirs, articulation que le savoir lui-même reprendra en charge à partir du XIXe siècle, rendant ainsi la philosophie vaine, inutile et dérisoire. Mais de toute façon, de Descartes à Hegel, le doute de Descartes lui-même, les trois genres de connaissance chez Spinoza[4], le scepticisme de Hume, la critique de Kant, l'*Erinnerung* hégélienne, tout cela, ce sont comme autant d'épreuves, d'épreuves discursives, de discours en forme d'épreuve qui permettent l'ajustement de ces deux types de savoir. Et Hegel étant au fond celui pour qui l'épreuve consiste à intérioriser en soi tout savoir quel qu'il soit, Hegel, vous le voyez, dans cette intériorisation de tous les savoirs et de toutes les épreuves, n'est pas autre chose que le répondant et l'image inversée ou l'image positive du Don Quichotte de la littérature. Hegel, c'est un Don Quichotte plein et ce que Don Quichotte, le parcours que Don Quichotte fait dans tous ces mondes illusoires et fictifs, cette série d'épreuves par lesquelles il passe et qui le laissent fou et vide, Hegel les reprend, mais cette fois ce n'est plus passage à travers toutes ces formes vides, c'est passage à travers tous les contenus de savoir, et la qualification à laquelle le sujet hégélien parvient au terme de toutes ces épreuves, ce n'est pas celle de fou, c'est celle de celui qui sait absolument, qui détient le savoir absolu, c'est-à-dire qui est l'envers ou peut-être la même chose que le fou lui-même. Mais Don Quichotte et Hegel, vous voyez, se répondent terme à terme autour de ce jeu de l'épreuve et du savoir.

Or je vous disais qu'à partir du XIXe siècle le savoir lui-même avait repris en charge l'articulation du discours de mesure et du discours d'enquête. Il l'a reprise en charge, rendant inutile la philosophie, c'est pourquoi Hegel est le dernier des philosophes et qu'il n'y a plus de philosophes après Hegel. Il n'y a plus que l'enseignement de la philosophie, car c'est précisément cela qui s'est passé : c'est que la fonction dont je vous parlais à propos de la philosophie, c'est-à-dire donner accès au savoir dans la forme de l'épreuve, passer par l'épreuve pour accéder au savoir, ce n'est plus la philosophie qui s'en charge. Vous savez très bien ce que c'est : c'est la pédagogie, c'est l'enseignement, c'est le monde scolaire, c'est la pratique scolaire, c'est l'université, c'est cela qui vous fait accéder au contenu du savoir dans la forme même de l'épreuve. L'existence de ces choses bizarres que sont l'enseignement, la pédagogie, les examens, le fait d'être reçu, d'être collé, d'être qualifié et de n'être pas qualifié, tout ceci, vous y retrouvez très exactement le jeu de l'épreuve médiévale, ou encore le jeu de la qualification et de l'épreuve philosophique au sens de Descartes. Les *Méditations* de Descartes, cette espèce de schéma pour penser, définition des épreuves par lesquelles il faut passer pour arriver à la certitude et au savoir, tout cela, ça vit toujours dans notre pratique, dans la pratique de l'enseignement, et l'enseignement retrouve très exactement et réactualise la fonction même de la philosophie, la fonction même de l'épreuve. Et, car l'enseignement est sans doute l'une des pratiques les plus indéracinables que nous ayons dans notre culture, il retrouve là une vieille fonction de l'épreuve, une vieille fonction prémédiévale de l'épreuve qui est l'épreuve au sens initiatique du terme : le jeune homme, pour entrer dans la société, doit passer par l'épreuve, et l'enseignement, c'est la superposition dans notre société, à l'heure actuelle, de l'épreuve initiatique des sociétés archaïques et de l'épreuve pénale de la société médiévale. L'épreuve, c'est ce par quoi on doit pouvoir accéder au savoir. C'est en ce sens que l'université est forcément étrangère au savoir, puisque le savoir, maintenant, reprend en charge cette articulation de l'enquête et de la mesure et n'a plus besoin par conséquent de cette initiation préalable. Et c'est pourquoi, je pense, l'antidote de l'université, c'est quoi ? Quelle est dans notre univers la fonction, l'image, la forme qui s'opposerait terme à terme à l'université ? Je n'en ai trouvé qu'une, mais elle est bonne, c'est la drogue. La drogue, c'est en effet une épreuve comme l'université, comme l'enseignement, mais une épreuve qui a un tout autre, qui repose évidemment sur un tout autre rapport de pouvoir, et qui donne accès à tout autre chose qu'au savoir.

Je termine là mon délire et je terminerai en vous disant qu'évidemment, si j'étais resté trois semaines de plus, vous auriez eu droit, j'aurais été obligé de vous infliger la troisième partie de mon discours[5]. La première, donc, portait sur l'analyse du *dikaion* et la manière dont, au moment de la naissance de la cité grecque, le problème de la justice et les luttes politiques que ce problème exprimait avaient entraîné la naissance d'un discours de vérité tout entier ordonné autour du problème de la mesure. Cette mesure, la pratique de la mesure, la procédure de la mesure, était liée à quelque chose que j'ai appelé en gros la fiction. Au Moyen Âge, au XIIIe siècle, il me semble que c'est autour de la guerre, de la guerre privée, de la fin de la guerre privée, de la paix, de l'apaisement, c'est autour de l'apaisement et non plus exactement autour du *dikaion* et de la justice que les problèmes ont tourné, et l'organisation d'un État assurant la paix et l'assurant à la fois par la guerre et par l'exploitation, [l'avènement][a] de cet État a donné naissance à un discours en forme, non plus de mesure, mais d'enquête. Et cette enquête a été liée à des procédures, non plus de fiction, mais de déplacement. C'est cela le second étage que j'ai essayé de repérer. Il me semble qu'au début du XIXe siècle, c'est-à-dire au moment de la naissance de l'État industriel, on voit apparaître un troisième type de discours de vérité. Ce discours de vérité n'est plus ordonné au problème du *dikaion*, du juste, ni au problème de la paix et de l'apaisement, il est ordonné au problème du normal, de ce qui est normal. Et il donne lieu à un discours de vérité qui n'est plus ordonné à la mesure ni à l'enquête, mais à quelque chose que j'appellerai l'examen, l'examen individuel ou l'examen collectif, celui en tout cas que vous trouvez mis en œuvre, cette forme de savoir que vous trouvez mise en œuvre dans la médecine clinique, dans la psychiatrie, dans la psychologie, dans la psychanalyse, dans la sociologie, bref dans toutes les sciences humaines. C'est ce savoir-là qui commence à croître au début du XIXe siècle. Tout comme la mesure grecque avait donné lieu, naissance à l'astronomie et à la géométrie, l'enquête aux sciences de la nature, on peut dire que l'examen, ordonné à ce problème du normal, donne naissance aux sciences humaines. Et si la mesure est liée à la procédure de la fiction, si l'enquête est liée à la procédure du déplacement, comme je vous l'ai dit, à quoi pourrait bien être liée la procédure de l'examen, sinon précisément à l'exclusion ? De sorte qu'on arriverait à ce résultat, que notre vérité, c'est une immense fable qui repose sur trois pieds, comme Œdipe, mais ces trois pieds sont fiction, déplacement et exclusion. Voilà ce que j'avais à vous dire.

Si vous avez des questions …

— *[…]*[b]

— Pardon, un discours qui ?

a. Enregistrement : « naissance ».

b. Les propos de l'intervenant sont inaudibles.

— *[...]*

— Il doit se situer par rapport au normal, mais je ne sais pas où.

— *[...]*

— Non, je pense en effet que tous ces discours-là, littéraires, vaguement philosophiques, etc., sont des discours en forme d'épreuve. On ne peut pas s'en sortir.

— *Où se situe le discours de Nietzsche ?*

— Alors là, ce qui manque, ce que j'aurais voulu faire, mais dans quoi je ne suis pas bien avancé, c'était précisément ce qui se passe à partir du début du XIXe siècle. Et quand je dis que [Hegel][a] est le dernier des philosophes, je veux dire ceci : c'est qu'il est le dernier des gens dont le discours fonctionne comme réflexion par rapport au savoir et sous la forme que j'ai dite. Mais alors au XIXe siècle, à partir justement de l'émergence de ces nouvelles formes de savoir, de nouveaux types de discours, on voit apparaître, de Marx à Freud, Nietzsche, etc., une tout autre forme de discours, que simplement les structures universitaires mettent sous la rubrique « philosophie », mais ça n'a rien à voir. Entre ce que Nietzsche fait et ce que Descartes, Spinoza font... Hypothèse, mais tout ça, c'est...

— *Vous employez deux mots-clés, l'épreuve et l'enquête. Il me semble que, selon vous, ils s'excluent mutuellement.*

— Non, au contraire. Même dans le droit, quand j'ai parlé de la torture et de l'aveu, c'est qu'on a à l'intérieur d'une même pratique le jeu entre l'enquête et l'épreuve. À l'intérieur du savoir, alors il est absolument évident que [l'on trouve l'une et l'autre][b]. Mais ce que j'ai essayé de repérer, ce sont ces deux formes qui reposent,

a. Enregistrement : « Nietzsche ». Il semble que Foucault veuille plutôt dire Hegel, qu'il a qualifié un peu plus haut (voir *supra*, p. 406) de dernier des philosophes. Quelques instants après d'ailleurs, il évoque Nietzsche qu'il rattache à une nouvelle forme de discours.

b. Conjecture ; Foucault ne termine pas la phrase.

qui sont dérivées de matrices ou de modèles juridico-politiques très différents et puis qui, à l'intérieur des pratiques discursives ou même des pratiques juridiques, ont pu parfaitement s'engrener et s'enclencher les unes sur les autres. Mais il n'y a aucune séparation fondamentale, essentielle.

On s'en va ? Allez.

NOTES

1. Voir G. Bachelard, *La formation de l'esprit scientifique. Contribution à une psychanalyse de la connaissance*, Paris, Vrin, 1938.

2. *La Chanson de Roland*, trad. fr. P. Gabaudan, Paris, Les Belles Lettres, 2020.

3. *Le roman de Tristan et Iseut*, éd. J. Bédier, Piazza, 1900.

4. Les trois formes de la connaissance chez Spinoza sont la connaissance par la perception sensible et l'expérience, la connaissance par la raison et la connaissance par l'intuition. Voir F. Alquié, *Le rationalisme de Spinoza*, Paris, P.U.F., 1998, p. 179-196.

5. Voir *supra*, p. 388, note 6.

INDEX DES NOMS

TABLE DES MATIÈRES

Dépôt légal : septembre 2025 - N° imprimeur : 092582320

Imprimé en France par Présence Graphique - Monts.